del niño

Biblioteca COGNICIÓN Y DESARROLLO HUMANO / 32

Títulos publicados:

1. S. Moscovici - *Psicología social, I*
2. S. Moscovici - *Psicología social, II*
3. J. Bruner - *El habla del niño*
4. S.E. Hampson - *La construcción de la personalidad*
5. D.A. Norman - *Perspectivas de la ciencia cognitiva*
6. K. Kaye - *La vida mental y social del bebé*
7. R. Schank y R. Abelson - *Guiones, planes, metas y entendimiento*
8. R.J. Sternberg - *Inteligencia humana, I. La naturaleza de la inteligencia y su medición*
9. R.J. Sternberg - *Inteligencia humana, II. Cognición, personalidad e inteligencia*
10. R.J. Sternberg - *Inteligencia humana, III. Sociedad, cultura e inteligencia*
11. R.J. Sternberg - *Inteligencia humana, IV. Evolución y desarrollo de la inteligencia*
12. R.E. Mayer - *Pensmiento, resolución de problemas y cognición*
13. R. Case - *El desarrollo intelectual: del nacimiento a la edad madura*
14. U. Bronfenbrenner - *La ecología del desarrollo humano*
15. H. Gardner - *La nueva ciencia de la mente. Historia de la revolución cognitiva*
16. M. Mahoney y A. Freeman - *Cognición y psicoterapia*
17. J.V. Wertsch - *Vygotsky y la formación social de la mente*
18. J. Dewey - *Cómo pensamos*
19. R. Harré, D. Clarke y N. De Carlo - *Motivos y mecanismos*
20. J. Bruner y H. Haste - *La elaboración del sentido. La construcción del mundo por el niño*
21. P.N. Johnson-Laird - *El ordenador y la mente. Introducción a la ciencia cognitiva*
22. M. Wertheimer - *El pensamiento productivo*
23. J. Lave - *La cognición en la práctica*
24. D. Middleton y D. Edwards - *Memoria compartida*
25. M. Hewstone - *La atribución causal*
26. D. Cohen y S.A. MacKeith - *El desarrollo de la imaginación*
27. B. Rogoff - *Aprendices del pensamiento*
28. J. Perner - *Comprender la mente representacional*
29. H. Gardner - *Inteligencias múltiples. La teoría en la práctica*
30. L. Vygotsky - *Pensamiento y lenguaje*
32. B. Inhelder y G. Cellérier - *Los senderos de los descubrimientos del niño*

BÄRBEL INHELDER
GUY CELLÉRIER
(compiladores)

LOS SENDEROS DE LOS DESCUBRIMIENTOS DEL NIÑO

Investigaciones sobre las microgénesis cognitivas

Con la colaboración de
Edith Ackermann
Alex Blanchet
André Boder
Denys de Caprona
Jean Jacques Ducret
y Madelon Saada-Robert

PAIDÓS
Barcelona • Buenos Aires • México

Título original: *Le cheminement des découvertes de l'enfant. Recherche sur les microgenèses cognitives*
Publicado en francés por Delachaux et Niestlé, Neuchâtel (Suiza) - París

Traducción de Juan Delval (cap. 1)
　　　　　　　Inés Marichalar y J. Luis Linaza (cap. 2)
　　　　　　　Cristina del Barrio (cap. 3 y notas finales)
　　　　　　　Cintia Rodríguez (cap. 4)
　　　　　　　Celina González (caps. 5 y 8)
　　　　　　　Montserrat Moreno (cap. 6)
　　　　　　　Amparo Moreno (cap. 7)
　　　　　　　Ileane Enesco y Ángel Rivière (cap. 9)

Cubierta de Ferran Cartes y Montse Plass

1ª edición, 1996

Quedan rigurosamente prohibidas, sin la autorización escrita de los titulares del «Copyright», bajo las sanciones establecidas en las leyes, la reproducción total o parcial de esta obra por cualquier método o procedimiento, comprendidos la reprografía y el tratamiento informático, y la distribución de ejemplares de ella mediante alquiler o préstamo públicos.

© 1992 by Delachaux et Niestlé, S.A., Neuchâtel (Suiza) - París
© de todas las ediciones en castellano,
　　Ediciones Paidós Ibérica, S.A.,
　　Mariano Cubí, 92 - 08021 Barcelona
　y Editorial Paidós, SAICF,
　　Defensa, 599 - Buenos Aires

ISBN: 84-493-0301-X
Depósito legal: B-24.920/1996

Impreso en Hurope, S.L.,
Recaredo, 2 - 08005 Barcelona

Impreso en España — Printed in Spain

Sumario

Prefacio a la edición española, *Juan Delval* 9
Colaboradores 13
Prefacio, *Annette Karmiloff-Smith* 15
Prólogo, *Bärbel Inhelder* 19

Primera parte
EL ESTUDIO DE LAS MICROGÉNESIS COGNITIVAS

1. Hacia el constructivismo psicológico: ¿estructuras?, ¿procedimientos? Los dos indisociables, *Bärbel Inhelder y Denys de Caprona* 25
   ¿Qué sujeto para la psicología? 25
   Problemas metodológicos 28
   Una psicología del funcionamiento de la inteligencia 32
   Permanencia estructural e innovaciones procedimentales 37
   De la construcción epistémica a las realizaciones pragmáticas ... 41
   El esquema, un organizador de la conducta 45
   Esquemas del sujeto y realidad 48
   Representaciones y modelos del sujeto 51

2. Una línea de investigación, *Bärbel Inhelder y Denys de Caprona* .. 57
   La centración en nuevos observables: las secuencias de acciones y su encadenamiento 58
   Procedimientos de descubrimiento y sistemas de comprensión .. 66
   La organización temporal de la conducta o, ¿cómo empezar por el final? 71
   El papel organizador de los procedimientos basados en representaciones espaciales 83

¿Cómo se orientan los avances del niño? 89
Conclusiones 95

3. Las unidades de procedimiento, causales y teleonómicas en el estudio de los procesos cognitivos, *Alex Blanchet* 97
   Las situaciones experimentales 98
   Definición de las unidades significativas 99
   Panorama genético 103
   Otros enfoques teóricos 103
   Algunos ejemplos experimentales 107
   Las tareas de representación 117
   Conclusiones 118

4. La construcción microgenética de un esquema elemental, *Madelon Saada-Robert* 123
   Utilización del saber y construcción microgenética 123
   Análisis de las representaciones y análisis de la tarea 124
   Microgénesis y significados. Los tres estatutos de un esquema: rutina, primitiva y procedimiento 127
   Microgénesis y control: la necesidad de reducir el problema a un prototipo; los cebos que le acompañan 134
   Significados y control: la unidad prototipo controla el cambio de significados, a la vez que depende de ellos 138
   Cambios de significados, cambios de control y problemas de valores 139

5. Didier y las muñecas rusas: análisis de un caso y conceptualización, *Madelon Saada-Robert* 141
   Construir unidades conceptuales 141
   El análisis del caso prototípico 143
   Primera fase: elaboración del protocolo 145
   Segunda y tercera fases: desglosamiento secuencial e interpretación en términos de las intenciones del sujeto 150
   Cuarta fase: interpretación en términos de los modelos del sujeto 157
   Evolución microgenética o paso del modelo 1 al modelo 2 174

6. Reconstruir la misma cantidad en otro lugar: ¿cómo proceden los niños pequeños?, *Edith Ackermann* 181
   Problemática 181
   Marco en el que se sitúa la investigación 182
   Situación experimental 184
   Análisis de la tarea 185
   Recogida y tratamiento de datos 185
   Tipología de las segmentaciones de la colección de partida 186

Discusión de los resultados 195
Conclusiones 196

7. El «esquema familiar», unidad cognitiva procedimental privilegiada, *André Boder* 199
   El papel del esquema familiar en la situación de solución de problemas 200
   El conflicto y su resolución en el problema de las jarras 201
   Naturaleza y función de los esquemas familiares en el problema de las jarras 204
   Modificación de la representación por descristalización de los esquemas familiares 206
   Control descendente y ascendente en un problema de construcción de orden inverso 207
   Esquemas familiares precursores de la inversión 209
   Procesos de construcción de la inversión 210
   El papel de la configuración espacial en la comprensión de la inversión (ítem 2) 214
   Evolución del esquema de inversión 216
   Conclusión 217

Segunda parte
LOS FUNDAMENTOS
DEL CONSTRUCTIVISMO PSICOLÓGICO

Introducción, *Jean-Jacques Ducret* 221

8. El constructivismo genético hoy día, *Guy Cellérier* 223
   Constructivismo epistemológico y constructivismo psicológico . 223
   Los sistemas de equilibración mayorante o *«value driven»* 228
   Conocimientos categóricos y conocimientos especializados 249

9. Organización y funcionamiento de los esquemas, *Guy Cellérier* .. 259
   «Superficie adaptativa» y transformación del sistema de los esquemas 259
   La adquisición de nuevos esquemas 265
   La organización de los esquemas 272

Notas finales, *Bärbel Inhelder, Guy Cellérier, Denys de Caprona y Jean-Jacques Ducret* 307
Bibliografía 310

Prefacio a la edición española

El libro que el lector tiene entre sus manos se titula, en su versión original, *Le cheminement des découvertes de l'enfant*. Es un título difícil de traducir porque en francés la palabra *cheminement* indica, ante todo, la acción de caminar, pero conlleva también una referencia al camino que se recorre. En términos machadianos podríamos decir que es el camino que se hace al andar. Por ello, en un sentido más figurado, la palabra se utiliza también para significar un progreso.

Cuando se lee este libro, conociendo otras publicaciones de su primera autora, se tiene la impresión de que constituye el resultado del prolongado *cheminement* recorrido por Bärbel Inhelder a lo largo de su dilatada y fecunda carrera intelectual. En efecto, esta obra representa el resultado de un itinerario que comenzó hace muchos años, pero al mismo tiempo quiere ser un punto de partida para nuevas investigaciones, mostrando de manera palpable una idea muy piagetiana: que la génesis no se detiene nunca.

Las investigaciones de Inhelder comenzaron en los años treinta, cuando llegó como estudiante al Institut Rousseau de la Universidad de Ginebra, donde enseñaba Piaget, quien se fijó pronto en las cualidades de su alumna y le encargó que realizara una pequeña investigación sobre las explicaciones infantiles acerca de la disolución de un terrón de azúcar en agua. Este problema, aparentemente nimio, se convirtió en un aspecto esencial de la explicación del desarrollo infantil: la construcción de las *nociones de conservación* y los *invariantes*, y años más tarde se plasmó en el primer libro que Piaget e Inhelder firmaron juntos: *El desarrollo de las cantidades en el niño* (1941).

En 1943 terminó y publicó su tesis doctoral sobre *El desarrollo del razonamiento en los débiles mentales*, en donde se aplicaban las pruebas que había utilizado con Piaget para estudiar la conservación de la sustancia, el peso y el volumen, con el fin de diagnosticar el nivel de desarrollo intelectual de los niños retrasados.

Luego continuó su colaboración con Piaget, participando en numerosas investigaciones, que hoy son clásicas, sobre el espacio, la geometría, el azar, las operaciones lógicas, las imágenes mentales o la memoria. Pero en los años cincuenta había comenzado también a estudiar la inducción de las leyes físicas en el niño y el adolescente, y en un interesante artículo lleno de ideas que se titulaba «Las actitudes experimentales del niño y del adolescente» (1954) se proponía no sólo un estudio del funcionamiento del pensamiento, sino de cómo el adolescente consigue «hacer hablar a lo real» cuando trata de explicar el comportamiento de dispositivos experimentales. Esas investigaciones se plasmaron en uno de los trabajos más importantes de la Escuela de Ginebra: *De la lógica del niño a la lógica del adolescente*, que apareció al año siguiente (1955) firmado junto con Piaget. Se examinan en él las explicaciones de los sujetos de distintas edades ante problemas como el funcionamiento del péndulo, el mecanismo de la balanza y otros muchos dispositivos físicos semejantes. Inhelder se interesaba sobre todo por estudiar las formas en que los sujetos abordaban los problemas, mientras que en la parte redactada por Piaget se trataba de extraer las estructuras subyacentes a su actividad, y en particular el grupo INRC y el retículo de las operaciones proposicionales. Ese libro constituye el estudio más amplio y sistemático sobre el pensamiento formal, y ha sido el punto de partida de una enorme cantidad de investigaciones posteriores. Pero, como es bien sabido, ha recibido también una gran cantidad de críticas, en las que se llega a poner en duda la generalidad del pensamiento formal. Sin embargo, esas críticas se han dirigido mucho más a los análisis lógicos y estructurales de Piaget que a los estudios de la inducción de leyes que eran el resultado del trabajo de Inhelder.

En los años setenta Inhelder inició un vasto programa de investigación destinado a estudiar los procedimientos que siguen los niños en la resolución de las tareas que se les presentan, distanciándose en esto del estudio de las estructuras que hacen posible la conducta y que han sido el objeto principal de las preocupaciones de Piaget. De esta manera Inhelder se aproximaba mucho más al sujeto real, al sujeto psicológico, y convergía con la psicología cognitiva desarrollada en Estados Unidos, que Inhelder conocía bien, pues había pasado algún tiempo allí y había establecido fructíferos lazos con algunos notables psicólogos que habían iniciado ese movimiento, como Jerry Bruner.

No se trataba entonces de estudiar los grandes progresos que el sujeto realiza en su organización del mundo, sino de los pequeños avances que tiene que llevar a cabo cuando se enfrenta con una tarea concreta. Estos estudios se plasmaron en el libro *Aprendizaje y estructuras del conocimiento*, publicado junto con Sinclair y Bovet en 1974.

Desde esa época, Inhelder, acompañada por un variado equipo de colaboradores, ha realizado numerosas investigaciones y ha perfilado una posición psicológica propia, un nuevo funcionalismo. El resultado de este trabajo es lo que se recoge en este libro, en el que se presentan diversas investigaciones, pero en el que se discuten también muchos problemas importantes de la psicología actual. No supone una ruptura con el trabajo de Piaget, sino más bien una continuación y una profundización en aspectos que se habían descuidado anteriormente, pero sin dejar por ello de ofrecer muchos aspectos originales y nuevos.

Prefacio a la edición española | 11

En este sentido este libro constituye un punto de llegada porque el enfoque general que propone lo habían avanzado ya muchos trabajos precedentes de Inhelder en los que se defendía un enfoque funcional que hoy resulta de gran actualidad, pero que estaba ya claramente explícito en sus trabajos de los años cincuenta.

En su investigación del sujeto real los autores nos proponen estudiar la solución de problemas, tema que tiene una larga tradición, primero en la psicología europea y luego en la norteamericana. Pero no lo hacen para comprobar los éxitos o los fracasos, cosa que constituía la preocupación primordial de los psicólogos empiristas, sino como «una ocasión para estudiar los procesos funcionales que intervienen cuando el sujeto aplica sus conocimientos en contextos particulares» (pág. 25). Esto establece también una diferencia fundamental con las tareas clásicas piagetianas en las que el sujeto no suele recibir información durante la prueba para saber si ha tenido éxito o no en su tarea (pensemos, por ejemplo, en los problemas de conservación de los líquidos, en el número o en las clasificaciones). Por el contrario, en el enfoque que se nos propone aquí el sujeto tiene un objetivo preciso y puede recibir una retroalimentación que le informa del resultado de su actividad.

En el capítulo primero se abordan algunos de los problemas principales de la psicología genética actual, con una enorme profundidad y sin esquivar las cuestiones más espinosas o controvertidas que no están ni mucho menos resueltas. No sólo hay una discusión de la relación entre microgénesis y macrogénesis, entre aprendizaje y desarrollo, del pensamiento preoperatorio (del que todavía sabemos poco, a pesar de los últimos trabajos de Piaget, porque su estudio, desde una perspectiva estructural, no es fácil), o del aspecto teleonómico y axiológico de las conductas, sino que se discute un enfoque que permite aproximarse a la conducta del sujeto real cuando se enfrenta con tareas limitadas, como son las que realizamos a diario cuando tratamos de resolver problemas.

El planteamiento de Inhelder y sus colaboradores se apoya sólidamente en la noción de *esquema*, que me parece una de las aportaciones básicas de la Escuela de Ginebra. La esencia de los esquemas es que constituyen una sucesión de acciones aplicables asimismo a otras situaciones semejantes, que son generalizables y que permiten reconocer las situaciones y los objetos. Tienen por tanto una organización para poder alcanzar su objetivo, puesto que el esquema trata siempre de alcanzar un objetivo. Creo que la concepción original de los esquemas, y la gran idea de Piaget, de la que se sirvió ya en *El nacimiento de la inteligencia en el niño* (1936), es concebirlos como esquemas de acción. La idea original de esquema incluye entonces un aspecto funcional, otro estructural y una meta, lo que establece una relación entre las conductas del sujeto y los objetivos que trata de alcanzar, que son el motor último de la acción. Por ello me parece que la concepción de los esquemas de Piaget es mucho más rica que la de la psicología cognitiva (por ejemplo, de Norman y Rumelhart) que los considera como estructuras de datos y como un conocimiento más declarativo que procedimental.

El libro contiene, pues, una discusión muy rica de la noción de esquema y de su relación con los procedimientos para resolver problemas, que se vincula con una discusión muy sugerente acerca del papel de la representación. La concepción clásica piagetiana de la representación era muy limitada ya que Piaget se ha dedicado sobre todo a estudiar las formas mediante las cuales se produce la representación (la función semiótica), pero en cambio apenas ha estudiado los modelos que el sujeto construye de la realidad y que le dirigen cuando tiene que resolver una tarea. Su preocupación por la estructura le ha impedido estudiar esas construcciones o modelos de la realidad que realiza tanto el científico como el hombre de la calle en su actividad diaria. Sin embargo, la concepción amplia de la representación que propone Inhelder nos permite considerar tanto los progresos del bebé (a los que se está dedicando abundante atención en la psicología actual), como los modelos que construyen los niños mayores o los adultos y que sólo ahora están empezando a recibir la atención que merecen. El enfoque de Inhelder tiene en cuenta que los niños, como los adultos, quieren alcanzar metas, para lo que necesitan representaciones, pero no quieren construir estructuras, aunque lo hagan a pesar suyo y en buena medida gracias a Piaget.

Tras la discusión de estos y otros muchos problemas de la psicología del desarrollo que se presentan en el primer capítulo, que merece una lectura muy atenta, aunque esté escrito con gran claridad, por la cantidad de ideas que nos sugiere, el libro presenta numerosos ejemplos de los problemas que los autores han estudiado, utilizando tareas muy ingeniosas que se someten siempre a un análisis muy detallado, en el que se muestra cómo procede el sujeto cuando quiere alcanzar un objetivo y para ello pone en funcionamiento los esquemas de los que dispone, que, a veces, le conducen a errores.

En los capítulos finales Guy Cellérier discute los fundamentos del constructivismo, desde una perspectiva muy interdisciplinar, tema que por lo sintético y la variedad de disciplinas a las que recurre no siempre resulta fácil de seguir. Sin embargo, se formulan en esas páginas muchas propuestas sugerentes que vale la pena considerar.

En conjunto, creo que el lector tiene entre manos una obra importante, que no sólo es el punto de llegada actual de una perspectiva muy relevante en la psicología, sino que será el punto de partida de nuevos trabajos que precisarán más y más nuestro conocimiento acerca de cómo se realizan los progresos cognitivos en la especie humana.

JUAN DELVAL
Universidad Autónoma de Madrid

Colaboradores

Edith Ackermann, Media Lab., M.I.T., Cambridge Mass., EE.UU.

Alex Blanchet, Centre vaudois de recherches pédagogiques, Lausana.

André Boder, NEUROPE Lab., Le Forum, Archamps, Francia.

Guy Cellérier, profesor honorario en la Universidad de Ginebra.

Denys de Caprona, Fundación Archivos Jean Piaget, Ginebra.

Jean Jacques Ducret, Servicio de Investigación Pedagógica, Ginebra.

Bärbel Inhelder, profesora honoraria en la Universidad de Ginebra.

Madelon Saada-Robert, Facultad de Psicología y Ciencias de la Educación, Universidad de Ginebra.

Prefacio*

«Es difícil imaginar a Piaget, el epistémico, sin Inhelder, la real.»

Cuando leí esta frase de Howard Gruber y Jacques Vonèche en el prólogo de su obra *The Essential Piaget* (1977) me sorprendió por su exactitud. Colaboraba desde hacía varios años con Bärbel Inhelder y sabía hasta qué punto le importaba ir más allá del «sujeto epistémico» de Jean Piaget. Bärbel Inhelder ha buscado siempre explicar al «sujeto psicológico», a ese *Homo quotidianus* del que habla en el capítulo de introducción de este libro. Sin embargo, no se podría inferir del pasaje citado más arriba que Piaget era el teórico del espíritu humano en su naturaleza abstracta e Inhelder no hacía más que aportar los datos obtenidos con los sujetos reales. Por el contrario, aunque nos refiramos a menudo a la teoría *piagetiana* o a la escuela *ginebrina*, el fascinante libro que estamos invitados a descubrir refleja numerosas ideas teóricas debidas a Inhelder y a sus colaboradores. Se impone otro calificativo: con este libro disponemos por fin de una ilustración de la escuela *inhelderiana* en psicología del desarrollo.

La obra presenta al mismo tiempo estudios de casos en profundidad y estudios transversales. Estos últimos son ricas descripciones microevolutivas de la conducta de sujetos individuales, muy alejadas de los estudios cuantitativos empobrecidos (aunque estadísticamente significativos) que caracterizan la mayor parte de los enfoques anglosajones. Los puntos débiles de las publicaciones ginebrinas están precisamente ahí: a menudo no se sabe exactamente cuántos sujetos han participado en las experiencias, qué se les ha preguntado exactamente, etc. Pero en cierto sentido en esto consiste el encanto de la obra, porque los autores se niegan a llevar el vestido estrecho de las formas de escribir admitidas en psicología experimental. Un crítico escribió un día que uno de mis artículos se leía como una novela: en su opinión, la observación era ofensiva, ¡pero yo la tomé como un elogio, pensando que había adquirido este estilo a orillas del lago de Ginebra!

* Trad. cast. de Juan Delval.

La presente obra ilustra una vez más el talento de los ginebrinos para definir tareas cautivantes para los niños (y para el lector). No resumiré el contenido del libro porque el capítulo introductorio lo hace elocuentemente. Al mismo tiempo que se esfuerzan en señalar las continuidades con relación a la perspectiva de Piaget, los autores muestran lo que es nuevo. Inhelder y sus colaboradores adoptan un enfoque decididamente funcionalista más que estructuralista. Las diversas investigaciones hacen amplia referencia a otros enfoques teóricos. Los capítulos finales de Guy Cellérier exploran las relaciones entre la sociobiología y la teoría «social del espíritu» de Marvin Minsky. Los otros autores conectan igualmente sus trabajos con marcos teóricos que van desde el tratamiento de la información simbólica a la inteligencia artificial. En mi opinión, esta tendencia se confirmará. En psicología del desarrollo, el presente decenio verá cómo la teoría se enriquece con relaciones establecidas entre las elaboraciones teóricas ginebrinas y los nuevos modelos conexionistas (Bates, 1991; Parisi, 1991, en prensa). Por mi parte creo que llegaremos a modelos híbridos, en los que se concederá mayor atención a las relaciones entre el tratamiento específico de ciertos dominios y el tratamiento independiente de dominios particulares, así como entre las presiones innatas y los aprendizajes (véase Karmiloff-Smith, 1991, y Gellman, 1990, en su introducción a un número especial de *Cognitive science*, dedicado a los principios específicos de los dominios en el desarrollo). Hay muchas posibilidades de que los conexionistas de la próxima generación vean en esta nueva obra de B. Inhelder una fuente de inspiración sobre el desarrollo microgenético de los niños.

Cuando Bärbel y yo publicamos *If you want to get ahead get a theory* [«Si quieres avanzar hazte con una teoría»] (1974-1975), uno de mis colegas escribió sobre la puerta de mi despacho: *But if you want to stay ahead get a plan!* [«¡Pero si quieres mantenerte en cabeza, hazte con un plan!»]. Mis planes me han conducido a otros lugares: al Instituto Max Planck en los Países Bajos, y a la Universidad de California en Berkeley para estancias cortas, y finalmente al Medical Research Council en Londres. Al abandonar Ginebra mi mayor tristeza se debió a tener que despedirme de lo que llamábamos el «grupo de las estrategias», compuesto entonces por Alex Blanchet, Edith Ackermann, Helga Kilcher, Madelon Saada-Robert, yo misma y... Didier, el niño cuyas conductas habíamos «disecado» durante horas, incluso durante semanas, sobre una pequeña pantalla de vídeo ¡hasta dañarnos los ojos! Didier, en cuyo espíritu habíamos tratado de penetrar, analizando cada una de sus acciones, cada movimiento de la mirada, duda, distracción, para intentar comprender lo que sucedía en su mente cada vez que se esforzaba en resolver una tarea. En ese momento teníamos enormes dificultades para transmitir toda la riqueza de nuestros descubrimientos a otros a no ser que los tomáramos de la mano y los pusiéramos delante de nuestra pantalla. Llegué incluso a dudar de que fuera posible alguna vez comunicar estos trabajos por escrito; sin embargo, se ha hecho y los autores pueden mostrar un legítimo orgullo.

Los capítulos de Bärbel Inhelder y de sus colaboradores son el fruto de este trabajo. Se dedican al modo en que los niños interpretan tareas específicas, «hacen hablar a los objetos» y desvelan sus secretos, elaboran modelos de la tarea, seleccionan algunos esquemas frente a otros, modifican, administran y controlan su conducta en función de las consecuencias de sus acciones. Para retomar una distinción de la psicolingüística, diremos que la obra tiene por objeto dar cuenta de la resolución de problemas en tiempo real, más que de la reflexión metacognitiva sobre estos problemas. De hecho, el libro testimonia una orientación nueva en el pensamiento psicológico de la Europa continental: el enfoque *inhelderiano* en la psicología cognitiva del desarrollo.

ANNETTE KARMILOFF-SMITH
Medical Research Council
Cognitive Development Unit
Londres, junio de 1991

Prólogo*

El conjunto de las reflexiones y observaciones sobre los caminos del descubrimiento en el niño que ahora presentamos al lector es el resultado del trabajo de un equipo que ha tenido el privilegio de seguir las enseñanzas de Jean Piaget y de participar en los trabajos del Centro Internacional de Epistemología Genética. Conscientes de la fecundidad del punto de vista constructivista en el estudio de la génesis de las categorías generales del conocimiento, tratamos de seguir los mecanismos funcionales subyacentes a los procedimientos del niño que está resolviendo problemas particulares. De este modo esperamos contribuir a una concepción constructivista de la psicología, complementaria de la de la epistemología genética.

Nuestra obra tiene una larga historia. Sin embargo, lejos de constituir el final, pretende ser esencialmente una apertura sobre el porvenir. Tres factores convergentes han contribuido a nuestra empresa.

El primero es mi antiguo y continuado interés por los aspectos funcionales de los progresos del conocimiento. Tras colaborar en el estudio de *El desarrollo de las cantidades en el niño* (Piaget e Inhelder, 1941), estudio encaminado a mostrar los invariantes lógicos que garantizan la cuantificación progresiva de las nociones físicas elementales, traté después de conocer la naturaleza psicológica efectiva de esta génesis epistémica examinando con los mismos métodos fenómenos hipo y paranormales del razonamiento de niños susceptibles de estar afectados por debilidad mental (Inhelder, 1943).

Una decena de años más tarde, examinando la formación espontánea de los procedimientos de experimentación en la resolución de problemas físicos y químicos en niños y adolescentes, me embarqué en un doble análisis estructural y funcional de los protocolos. El primero interesó vivamente a Piaget, puesto que le permitió extraer ciertos isomorfismos entre los esquemas estructurales inherentes a las conductas y los modelos de grupos y de retículos. *De la lógica del niño a la lógica del*

* Trad. cast. de Juan Delval.

adolescente (Inhelder y Piaget, 1955) expone este aspecto de la génesis. La redacción del análisis funcional, cuyas líneas generales había publicado (Inhelder, 1954), la interrumpió una estancia de algunos meses en Estados Unidos. La presentación de algunos resultados en el XV Congreso Internacional de Psicología en 1954 (Inhelder, 1955) suscitó un interés real, en particular en Jerome Bruner y George Miller, cuando ambos estaban comprometidos en la revolución cognitiva de esa época. Animada, pero también consciente de la complejidad psicológica de los procedimientos, dejé para más tarde la continuación de estas investigaciones, consagrando a mi vuelta a Ginebra la prioridad a *La génesis de las estructuras lógicas elementales* (Inhelder y Piaget, 1959), a *La imagen mental* (Piaget e Inhelder, 1966), a *Memoria e inteligencia* (Piaget e Inhelder, 1968), y a *Aprendizaje y estructuras del conocimiento* (Inhelder, Sinclair y Bovet, 1974). Como había mostrado claramente Zeigarnik, toda falta de terminación crea un efecto de demanda; había llegado finalmente el momento de retomar, pero de una forma nueva, el problema de los procedimientos de descubrimiento.

El segundo factor se encuentra sin duda en la contribución de las perspectivas surgidas de la cibernética y de la inteligencia artificial a los desarrollos recientes en psicología y en epistemología genéticas. Piaget, al que se ha llamado a veces un cibernético antes de tiempo, fue, salvo error, el primero en Europa en dotar a la cátedra de psicología experimental de la Facultad de Ciencias de Ginebra de una enseñanza de la cibernética que confió en 1962 a Seymour Papert y dos años más tarde, cuando éste fue nombrado profesor en el MIT [Massachusetts Institute of Technology], a Guy Cellérier. Han sido necesarios, sin embargo, muchos años para que las dos disciplinas lograran formular problemas pertinentes permitiendo una cooperación fecunda. Progresivamente iniciados en un enfoque heurístico nuevo más que en el detalle de los modelos de programación, nos resultó fácil pasar de un análisis estructural del pensamiento categorial general a los procedimientos que intervienen en la resolución de problemas particulares. Fue un estímulo muy grande para todos nosotros ver que, con ocasión de los cursos avanzados de la Fundación Archivos Jean Piaget, se interesaban por nuestras investigaciones sabios de la envergadura de Heinz von Foerster (1982), Herbert Simon (1982), Margaret Boden (1982), Léo Apostel (1982) y Seymour Papert (1982).

Finalmente, y sobre todo, debo mencionar como tercer factor la suerte que he tenido al encontrarme rodeada por un equipo de jóvenes investigadores animados por un dinamismo y un sentido de la innovación notables, equipo que no ha temido romper con algunos aspectos del pasado para observar y explorar de forma inhabitual los procedimientos de descubrimiento en el niño. Cuatro de ellos, autores de los capítulos 3 a 7, han elaborado simultáneamente sus tesis doctorales bajo la dirección conjunta de Guy Cellérier y yo misma. Además, el papel desempeñado por otros de nuestros colaboradores, en particular por Annette Karmiloff-Smith, se encuentra expuesto en el capítulo 2. El gusto por el riesgo, el inconformismo, la necesidad de desbrozar terrenos nuevos y de ampliar el sistema de estudio, caracterizan a estos investigadores que han querido trazar nuevos caminos.

Los procedimientos del «saber-hacer» del niño, cuyo desarrollo seguimos bajo la forma de una microgénesis, poseen todos una dinámica: centraciones que van recíprocamente de la planificación a los observables (*top-down*), y de éstos a nuevos heurísticos (*bottom-up*). Nuestra fascinante y delicada tarea fue desvelar cada vez más claramente en el niño la conducción de sus acciones. Se manifestó que la unidad de funcionamiento era el *esquema*, que Piaget había puesto de manifiesto admirablemente en sus estudios sobre la génesis de la inteligencia sensorio-motriz (Piaget, 1936), al que Cellérier (1987b) nos invitó a dar una importancia nueva en tanto que «esquema familiar», situado muy arriba en la jerarquía de accesibilidad, y productor alternativamente de descubrimiento y obstáculo provisional. El aspecto instrumental de las diversas representaciones de naturaleza simbólica (gestos, figuraciones espaciales, lenguaje) desempeña un papel particularmente importante en tanto que «objetos para pensar».

Sirvan estas breves indicaciones para sugerir la riqueza de un terreno de observación y de reflexión que hemos comenzado a explorar y que nos parece dotado de un gran porvenir.

El capítulo 1, bajo la forma de introducción general, señala hasta qué punto nuestra concepción de las relaciones entre estructuras y procedimientos se inscribe en la perspectiva constructivista al mismo tiempo que constituye una novedad. El capítulo 2 caracteriza el recorrido que nuestro equipo ha realizado en sus métodos de enfoque. Allí presentamos un resumen de trabajos publicados en otros lugares. Constituye una introducción a los capítulos 3 a 7, en los cuales cada uno de los coautores expone de forma autónoma los hechos y reflexiones que les parecen nuevos e importantes para esclarecer los caminos del descubrimiento en los niños.

En los capítulos 8 y 9 Guy Cellérier establece los fundamentos del constructivismo psicológico en un horizonte de interdisciplinariedad abierto por la concepción de Piaget de una epistemología fundada sobre la biología con la psicología como intermediaria. Se trata de una primera síntesis largo tiempo esperada, surgida directamente de esta nueva orientación y de la originalidad de las observaciones puestas en evidencia, síntesis que esclarece *a posteriori* la tendencia subyacente en las investigaciones presentadas en este libro. Las concepciones teóricas de Cellérier, que prometen un desarrollo fecundo, constituyen, en mi opinión, la prolongación más auténtica y original del pensamiento piagetiano, situando a éste en el debate contemporáneo de la psicología cognitiva en el sentido original del término, concepciones que contienen la promesa de desarrollos fecundos.

Tengo que dar las gracias muy calurosamente a mis colegas Christiane Gilliéron, François Bresson y Seymour Papert, que han tenido a bien realizar una lectura atenta y crítica del conjunto del manuscrito o de algunos capítulos, así como a Catherine Cornut por su revisión de estilo. Pascal Steenken ha tenido la amabilidad de realizar la bibliografía y una parte de los dibujos, lo que le agradecemos sinceramente. Asimismo, nuestra gratitud se dirige al equipo de la Fundación Archivos Jean Piaget, que nos ha acogido generosamente durante todo el período de redacción de la obra, a los Fondos Nacionales Suizos de la investigación Científica, así como a la Fundación Ford, por la subvención que ha concedido a algunas investigaciones y finalmente a la Fundación Jean Piaget para las investigaciones psicológicas y epistemológicas, por financiar la redacción final de la obra.

BÄRBEL INHELDER

Primera parte

EL ESTUDIO
DE LAS MICROGÉNESIS COGNITIVAS

1 Hacia el constructivismo psicológico: ¿estructuras?, ¿procedimientos? Los dos indisociables*

POR BÄRBEL INHELDER Y DENYS DE CAPRONA

La evolución reciente de la psicología genética del conocimiento ha estado marcada por la atención que se ha prestado a los aspectos funcionales de la cognición y por el intento de definir situaciones experimentales que favorezcan dicho enfoque. Las investigaciones presentadas en este libro tienen su origen en problemas que se han planteado en el marco de la psicología genética, y este primer capítulo se dedicará a señalar las novedades y las continuidades respecto a las perspectivas abiertas por la obra de Jean Piaget y sus colaboradores. En este contexto, nuestra intención no es estudiar la resolución de problemas** en sí misma, considerándola como la forma por excelencia de la inteligencia humana o como una clase de conductas cognitivas que faltaba a la psicología genética piagetiana. La resolución de problemas es para nosotros una ocasión para estudiar los procesos funcionales que intervienen cuando el sujeto aplica sus conocimientos en contextos particulares, es decir, cuando aplica sus estructuras a la asimilación de «universos de problemas» que encuentra en su actividad adaptativa.

¿Qué sujeto para la psicología?

En el conocimiento del niño se puede distinguir lo que depende de una interpretación general de la realidad, y los medios disponibles, así como los conocimientos específicos que intervienen en la resolución de un problema. En el primer caso, la interpretación de la realidad depende de una epistemología natural del sujeto que engendra una «visión del mundo» centrada sobre la comprensión de la realidad o de sí mismo en tanto que sujeto pensante. Así, el niño pequeño se pre-

---

* Trad. cast. de Juan Delval.
** Las autoras hablan de «resolución de problema» en singular, pero en castellano resulta más usual hacerlo en plural. (N. del T.)

guntará tanto sobre el modo en que se desplazan las nubes (Piaget, 1927), como por el lugar de las palabras y de los pensamientos (Piaget, 1926). En el segundo caso, los conocimientos que intervienen son esencialmente conocimientos particulares, y los modos de utilizarlos están fuertemente individualizados.

Esta diferencia nos parece bastante significativa como para constituir un eje de división importante respecto a los dominios y a los métodos aplicables en psicología genética. En realidad, al comienzo de nuestras investigaciones nos dominaba un sentimiento: la psicología genética había descrito de forma notable la epistemología espontánea del sujeto cognoscente y las estructuras que organizan sus conocimientos, pero no había procedido verdaderamente a realizar un análisis de los «saber-hacer» de cada sujeto en su individualidad. ¿No podía suponerse que la psicología genética había definido de este modo una arquitectura general del conocimiento, en suma las estructuras de un *sujeto epistémico*, pero que quedaba por explorar un vasto dominio de conductas que hacen intervenir toda un variedad de esquemas cognitivos más heurísticos que las estructuras generales del conocimiento?

Piaget había hablado de sujeto epistémico para delimitar mejor el centro de interés de sus estudios y para señalar el carácter reflexivo y formal de las estructuras. Lo había definido entonces como el núcleo común al conocimiento de sujetos de un mismo nivel de desarrollo, es decir, las características nomotéticas del sujeto cognoscente, en oposición a las características idiosincrásicas. En particular conviene distinguir al sujeto epistémico del sujeto de la clínica, cuando incluso ciertos psicólogos han reprochado a Piaget y a su escuela estudiar un sujeto «descarnado», vaciado de su realidad vivida. Pero este enfoque del sujeto del conocimiento, que se ha prestado a malentendidos, oculta un sentido más profundo y más constante: el sujeto epistémico es el sujeto del conocimiento racional, que no sería ya el sujeto del conocimiento filosófico, sino el del conocimiento científico ampliado con el conocimiento racional de sentido común o intuitivo (como se habla de la geometría intuitiva en oposición a la geometría formal).

La originalidad profunda de Piaget ha sido orientar su obra desde el comienzo hacia el estudio de las categorías fundamentales del conocimiento, sin las cuales ninguna adaptación a la realidad y ningún pensamiento coherente serían posibles, lo que le ha permitido crear una psicología fundamental que trata de la construcción de nociones constitutivas, como el espacio, el tiempo, la causalidad, etc. En este sentido es en el que el sujeto epistémico aparece sobre todo como el sujeto de un conocimiento normativo. Su estudio depende de una psicología que se pone de alguna manera al servicio de las normas y utiliza con este fin modelos escogidos del pensamiento científico. Lo que continúa siendo central para nosotros es la función de este marco normativo del sujeto epistémico como forma de aprehensión de lo real y de organización de las actividades del sujeto, cuyas conductas no podrían desarrollarse más que según las *conexiones* [*liaisons*] del sistema cognitivo que constituyen las estructuras. En contraste con esto, el *sujeto psicológico individual* (Inhelder y otros, 1976; Inhelder y Piaget, 1979) es estudiado por un observador que se ocupa de desentrañar la dinámica de las conductas del sujeto, sus fines, la elección de los medios y los controles, las heurísticas propias del sujeto y que pueden conducir a un mismo resultado a través de caminos diferentes, con el fin de que se pueda penetrar en el funcionamiento psicológico y extraer las características generales de los procedimientos o encadenamientos finalizados y organizados de acciones.

¿Quiere esto decir que a esos dos tipos de sujetos corresponden perspectivas psicológicas enteramente diferentes? La distinción entre el sujeto epistémico y el sujeto psicológico no tiene ningún carácter absoluto. Sabemos que las psicologías de orientación funcionalista tratan de preservar la globalidad del sujeto, teniendo en cuenta todos los aspectos que pueden contribuir a la elucidación del funcionamiento cognitivo, naturalmente sin poder agotarlos, puesto que sólo se suele estudiar lo que resulta accesible a un sujeto en un momento dado. Nos gustaría adoptar esta idea de un enfoque comprensivo global, que sería el del sujeto cognoscente. Las diferencias de problemas y de métodos, tan visibles cuando se pasa del análisis estructural al análisis funcional, por ejemplo, no deben enmascarar el hecho de que lo que se estudia siempre es al sujeto cognoscente en su globalidad. La distinción heurística entre sujeto epistémico y sujeto psicológico no hace más que reflejar formas de elaboración complementarias del conocimiento del sujeto, que tiende, bien hacia el conocimiento normativo, bien hacia el conocimiento pragmático y empírico.

Por consiguiente, hay que asegurarse de la comunidad de enfoque y de concepción del sujeto cognoscente en el seno de la cual el análisis categorial del sujeto epistémico y el análisis funcional del sujeto psicológico sean no sólo igualmente legítimos, sino legítimamente complementarios. Lo que hay en común es la idea de un sujeto activo y constructor que participa activamente en el conocimiento no sólo del universo, sino de sí mismo. Esta concepción común a enfoques psicológicos distintos no se debería aceptar, naturalmente, en cuanto tal a título de presupuesto dentro de toda investigación: siempre se debe elaborar, justificar y explicitar; pero nos parece que por lo menos presenta la ventaja de que permite la fecundidad de un programa de investigaciones que trata sobre el sujeto psicológico, pero que reconocerá plenamente que hay también funcionamientos epistémicos.

Una vez reconocida esta comunidad de enfoque, ¿cuál es la especificidad de la perspectiva funcional? El sujeto psicológico nos interesa en tanto que sujeto cognoscente, pero con sus intenciones y sus valores. Nos vemos abocados a conceder una parte importante a las dimensiones teleonómica y axiológica de la actividad cognitiva, es decir, a las finalidades y a las evaluaciones producidas por el propio sujeto. Se trata, por tanto, de considerar al sujeto con los fines que se propone y los valores que atribuye. Estos aspectos nos parecen constitutivos de lo que se podría llamar un proceso de individualización del conocimiento. Permiten reconocer que las diferencias entre las estructuras del sujeto epistémico y los funcionamientos del sujeto psicológico dependen de que la «estructura [...] era para Piaget (y continúa siendo hoy) un instrumento al mismo tiempo eficaz y adecuado para la caracterización epistemológica de lo que hay de "universal" en los conocimientos de los diversos sujetos, pero no del funcionamiento individual de la mente del sujeto cognoscente» (Cellérier, 1987a). Dicho con otras palabras, a través de la búsqueda de lo «universal», Piaget se interesaba sobre todo por estudiar las normas de lo que llamaba la «sociedad de las mentes», una comunidad fundada sobre un intercambio cooperativo de ideas. La epistemología genética ha proporcionado, sin ninguna duda, una contribución inestimable a la reconstitución genética de los conocimientos constituidos pero quizá hay que dar un paso más e ir al encuentro del sujeto en cuanto tal, es decir, en tanto que utiliza y construye individualmente sus conocimientos. Señalemos que en el contexto contemporáneo de una psicología cultural, E. E. Boesch (1991) ha elaborado una teoría de la acción según la cual «los seres humanos interactúan con el medio de forma dinámica y de este modo estructuran tanto el mundo objetal y social, como el yo y sus potencialidades de acción» (pág. 366).

Esta nueva orientación implica que las propias conductas cognitivas ya no son, o no lo son siempre, del mismo tipo que las que atraían la atención en el estudio del sujeto epistémico. De hecho, están fuera del campo epistemológico y psicológico que Piaget se había atribuido. En efecto, ya no se busca estudiar la construcción de las grandes nociones constitutivas de nuestro conocimiento de lo real, describir las organizaciones estructurales características de esos diferentes dominios epistémicos, sino mostrar procedimientos cuya elaboración se efectúa en contextos prácticos ordinarios y permite plantear preguntas del siguiente tipo: ¿cómo da el niño un sentido a la tarea? ¿Cómo se efectúa la elección y la especificación de los instrumentos de conocimiento? ¿Existen representaciones diferentes y diversamente adecuadas a las situaciones? ¿Cómo controla el niño la pertinencia de sus acciones?

Problemas metodológicos

Problemas planteados por el aprendizaje y el pensamiento preoperatorio

Esta perspectiva no deja de dar lugar a una serie de problemas de tipo metodológico. Como ya no son las estructuras generales del conocimiento las que constituyen el objeto de la investigación, es preciso de alguna forma desligarse de los estudios en términos de estadios macrogenéticos, que en adelante servirán esencialmente de marco de referencia. Las investigaciones sobre el aprendizaje (Inhelder, Sinclair y Bovet, 1974) han constituido una primera tentativa en este sentido. No se trataba, hablando en sentido estricto, de estudiar el aprendizaje de las estructuras cognitivas, sino de definir un método que permitiera comprender mejor la dinámica del progreso macrogenético y que se apoyara sobre análisis finos de las conductas efectivas del niño (que debía realizar equivalencias por sí mismo). La situación de aprendizaje ha sido considerada como un medio para estudiar los procesos de crecimiento y de evolución, es decir, las transiciones de un estadio de la macrogénesis al siguiente, y las similitudes, conexiones y divergencias entre las evoluciones de nociones diferentes. El acceso a los procesos finos de transición resulta posible gracias a que los sujetos se enfrentan repetidas veces con la situación de aprendizaje, lo que introduce una dimensión temporal que permite estudiar las modificaciones que se producen. Además, las experiencias se definen de tal manera que permitan al sujeto ejercer un control sobre los resultados de sus propias acciones. Este control toma esencialmente dos formas: o bien se produce en la confrontación entre los esquemas predictivos y los observables (comprobaciones), o bien en algunos conflictos que se producen entre esquemas en las diferentes evaluaciones a que dan lugar. Pero las formas de actuar y de responder siguen siendo limitadas y no se trata todavía de situaciones en las que un sujeto pueda servirse libremente de todo un conjunto de posibilidades para resolver un problema particular, como le permiten nuestras situaciones nuevas, en las que hay mayor lugar para la invención.

A esto podemos añadir que las investigaciones presentadas en esta obra se han visto favorecidas por haberse tomado conciencia de una laguna en la descripción del desarrollo cognitivo. El problema del pensamiento llamado «preoperatorio», ¿había sido dilucidado verdaderamente? Parecía existir un período del desarrollo que todavía estaba parcialmente en barbecho, que se prestaba mal a los análisis estructurales realizados hasta entonces. Hacia el final de los años sesenta, Piaget se enfrentó con este problema y mostró que era posible un análisis del pensamiento preoperatorio con ayuda de estructuraciones tales como las funciones matemáticas no reversibles (Piaget y otros, 1968), las correspondencias (Piaget, 1980) y los morfismos y categorías (Piaget, 1990), o incluso en los términos de una lógica de las significaciones (Piaget y García, 1987) que ponía de manifiesto inferencias elementales. Pero este período presentaba también un interés para el estudio del funcionamiento, porque el niño comienza a resolver tareas en el plano de la acción y en el de la representación sin que diferencie completamente los dos planos, como ha mostrado claramente Mounoud (1970) en su estudio sobre el uso de instrumentos en el niño. Por ello el pensamiento preoperatorio se presta muy bien a análisis de tipo funcional que pueden mostrar el papel desempeñado por las atribuciones de significaciones y los cambios de significaciones en el curso de la acción en una edad en que estas últimas no tienen todavía la estabilidad que adquirirán ulteriormente.

Las microgénesis cognitivas

Respecto a las investigaciones que se proponen ante todo analizar en detalle conductas cognitivas individualizadas, conviene definir un tipo de experimentación susceptible de desencadenar un largo proceso y, gracias al marco de referencia formado por los estadios de la macrogénesis, elegir sujetos respecto a los que se puede prever que tienen la posibilidad de comprender la tarea sin que puedan resolverla inmediatamente. De este modo se da la oportunidad de que se manifiesten las *microgénesis*. En la noción de microgénesis se encuentra la posibilidad de trabajar en una escala temporal distinta de la de la macrogénesis, pero principalmente de analizar las conductas cognitivas con el mayor detalle y en toda su complejidad natural. El estudio de las microgénesis pone de manifiesto las características del proceso interactivo entre el sujeto y el objeto que había sido analizado de forma demasiado global por Piaget. Permite desvelar la coordinación y la integración eventuales de soluciones y modelos parciales sucesivos del sujeto.

La identificación de procesos secuenciales (es decir, que conllevan sucesiones y desarrollos no continuos) reviste, por consiguiente, una importancia extrema y plantea todo el problema de los recortes respectivos característicos del sujeto y del observador. Creemos que sólo se pueden identificar progresivamente los recortes que establece el sujeto para mostrar sus procedimientos o encadenamientos de acciones. Hay una parte de inferencias en esta forma de proceder, pero le atribuiremos un cierto grado de objetividad mediante la confrontación entre observadores y la utilización razonada de registros en vídeo, lo que permite evitar tanto un mentalismo obsoleto, como la ilusión de que sea posible una lectura pura de la experiencia. El registro permite confrontar los puntos de vista y retomar el análisis volviendo a examinar la ejecución del sujeto, ya que distintas visiones precisan la descripción.

La definición de las situaciones experimentales y la naturaleza de las entrevistas que tratan de inferir la construcción macrogenética de los conocimientos deja paso a una forma de experimentación en la que el sujeto actualiza libremente los esquemas que le parecen adecuados a la situación. Al comenzar nuestro ciclo de investigaciones, el experimentador y el sujeto se encuentran implicados en diversas formas de «experiencias para ver» (lo que, desde un punto de vista heurístico, no ha dejado de recordar a Bärbel Inhelder las primeras investigaciones efectuadas muy al comienzo del estudio genético de las estructuras del pensamiento operatorio). Esas experiencias tenían esencialmente como objetivo identificar los elementos que había que observar. Esta fase previa de la investigación se ha referido a las exploraciones libres de sujetos enfrentados a situaciones con unas restricciones y consignas mínimas (véase capítulo 2, investigación 1). Era preciso partir del niño esforzándose en no dar un modelo del sujeto experto.

Ha ocurrido que la preocupación por explorar un dominio nuevo de actividades cognitivas se ha concretado de modo natural en la elección de situaciones en las que el experimentador se deja guiar ampliamente por el niño. Así, el estudio de las exploraciones libres es algo previo al de las resoluciones de problemas. Permite definir las tareas apropiadas y determinar los tipos de análisis correspondientes.

Se elegirán tareas que favorezcan en el niño un interés prolongado que le comprometa a llevar la resolución a su término, tanto más cuanto que el experimentador interviene poco. Esto significa que en los estudios de psicología funcional es importante que la tarea favorezca las actividades cognitivas y su ejercicio, que recurra a la imaginación y a la inventiva del sujeto, que debe experimentar la necesidad de tener éxito. Dicho con más precisión: la tarea debe presentar dificultades reales pero que sean asimilables por el niño, debe tener un sentido para él y también «constituir un problema». Además, se favorecerá el interés cognitivo eligiendo situaciones suficientemente ricas y abiertas para que permitan la aplicación de esquemas variados. En una tarea concreta que hay que resolver el niño decidirá por sí mismo las formas de hacerlo, en lugar de enfrentarse con una alternativa cuyos términos están planteados por el experimentador, como sucede a veces en las investigaciones de psicología genética que se ocupan del razonamiento, en particular en el estudio de la génesis de las nociones de conservación. Finalmente, mientras que en las investigaciones basadas en el método de exploración crítica, el experimentador se plantea constantemente preguntas y verifica sus hipótesis en el momento mediante un diálogo con el niño, en las nuevas investigaciones el experimentador da una tarea al sujeto, le deja la iniciativa y se abstiene de intervenir activamente pero debe mantenerse extremadamente vigilante en sus observaciones de los comportamientos (como gestos, mímica, etc.) que acompañan los procesos que subyacen a la resolución del problema.

Respecto al análisis, es posible con ayuda de los registros en vídeo realizados en todas las investigaciones de este libro —aunque debemos ser conscientes de que toda lectura es una interpretación—, llevar a cabo una descripción comentada de las conductas volviendo tantas veces como sea necesario a los momentos cruciales y señalando los ritmos de las conductas y las verbalizaciones, dividir en secuencias las diferentes fases de la resolución, analizar las modificaciones en el curso de la acción, y finalmente inferir los modelos subyacentes y su organización funcional.

Se ha vuelto usual hablar del problema como de una tarea que hay que realizar, la cual desencadena una actividad completa con el fin de lograr un objetivo (ya se trate de una tarea cotidiana o de trabajo, de un problema dado que hay que resolver mentalmente o mediante manipulaciones, de una tarea a largo plazo, etc.).

En el contexto de nuestras experiencias se atribuye una importancia nueva y una acepción particular al análisis de la tarea. Su importancia metodológica se vuelve manifiesta en tanto que la referencia a modelos de las ciencias constituidas no tiene ya un papel central. En las investigaciones anteriores toda la dificultad estaba en elegir modelos que pudieran esclarecer el desarrollo del pensamiento natural y ayudar a comprender mejor los progresos del pensamiento científico. Por el contrario, en las investigaciones actuales lo más importante es desentrañar las representaciones que el sujeto establece respecto a la tarea, y sobre todo de los medios para realizarla.

Por esto mismo el análisis de la tarea recibe una acepción que debemos precisar. En nuestro contexto se trata de una comprensión de la tarea fundada a la vez sobre la representación de la situación final y del «cómo hacer» para lograrla. Estos dos aspectos dependen del propio sujeto que los construye progresivamente. El desarrollo y las etapas de esta elaboración son extraídos poco a poco por el experimentador, que sigue de esta forma los descubrimientos del niño. Esto implica una vez más algunas diferencias con respecto a los análisis propuestos en el marco de los estudios psicogenéticos sobre los invariantes o sobre la lógica del niño. En esos estudios, llamados hoy «clásicos», se procede a un análisis con términos tomados de la lógica, de la física, de la geometría, etc., y se trata de esclarecer los pasos y las respuestas del sujeto por medio de un análisis que no concierne a la tarea, sino que se refiere a las formas de organización de la actividad cognitiva. Se analizan así las formas del razonamiento con ayuda de diversos modelos del pensamiento científico, sin proyectarlos en el sujeto. Por el contrario, el estatus metodológico de experiencias en las que se trata de favorecer la manipulación libre, la exploración de los contenidos y la invención de procedimientos, reduciendo las limitaciones ligadas a la consigna, hace menos significativo ese tipo de análisis. El interés se desplaza hacia las diferentes maneras en las que el sujeto realiza la tarea, es decir, hacia una representación del «cómo hacer». A este respecto, la distinción propuesta por Newell y Simon (1972) entre el medio del problema, es decir, el conjunto de datos racionales de un problema y el «dispositivo» físico o simbólico, y lo que constituye un espacio de problema para el sujeto, parece particularmente útil para el análisis.

Podríamos preguntarnos, sin embargo, si no sería preferible retomar los problemas operatorios, por ejemplo, bajo un ángulo que permita un estudio en términos de procedimientos de resolución de problemas. No hay ninguna objeción a estudiar en términos de procedimientos problemas de conservación, o de clases y de relaciones, y los resultados recientes muestran la pertinencia de esos estudios (Leiser y Gillièron, 1990). No hay, pues, especificidad de las situaciones elegidas, sino otra manera de proceder. Tampoco debería haber confusión entre el análisis de la tarea realizado por el experimentador y los momentos sucesivos de la tarea del niño. Pero nos ha parecido importante definir tareas que permitan observar actividades sucesivas en un desarrollo temporal a fin de descomponer las conductas en secuencias, mientras que la mayor parte de las experiencias anteriores daban lugar a una cierta inmediatez (*insight*) de resolución. Este nuevo método está bien ilustrado mediante experiencias cuyo fin no es accesible más que indirectamente por medio de un cierto número de desvíos o de actividades que consisten en reservar una posibilidad que sería utilizada ulteriormente por el sujeto (véase capítulo 2, investigación 10; y Blanchet, capítulo 3, más adelante). Este tipo de experiencia permite al observador darse cuenta paso a paso de las representaciones que el sujeto realiza de la tarea, y de que ellas mismas se modifican a medida que se van desarrollando.

Una psicología del funcionamiento de la inteligencia

El enfoque funcional en psicología genética

¿No resulta preciso entonces reconocer la necesidad de otra psicología que sería complementaria de la psicología estructural en la medida en que identifica procesos subyacentes en los conocimientos? Un análisis de este tipo no es enteramente nuevo en psicología genética. Tenemos en cuenta dos aspectos de psicología funcional presentes en esta disciplina.

En primer lugar, el propio Piaget se había situado en una cierta tradición de psicología funcional cuando había llevado a cabo su primer estudio sobre el lenguaje y el pensamiento en el niño. En el prefacio a la primera obra psicológica de Piaget, Edouard Claparède (1933) había subrayado entonces que «si el señor Piaget nos hace penetrar tan profundamente en la estructura de la inteligencia infantil, ¿no es también por haber comenzado a plantearse problemas funcionales? [...] La pregunta funcional fecunda la pregunta estructural». Piaget había ilustrado esta investigación funcional sobre todo en el ciclo de estudios sobre *El nacimiento de la inteligencia* (1936), pero sin llevarla más allá del nivel de la inteligencia sensoriomotriz. Queda, por tanto, retomarla en el análisis de conductas cognitivas que suponen procesos complejos que subyacen a la representación semiótica y la elaboración de procedimientos finalizados. En cierta forma necesitamos volver a enlazar con un tipo de estudio y una orientación teórica que se subordinó demasiado pronto al programa de investigaciones estructurales. Las razones de un cambio de este tipo en Piaget son complejas, pero una de ellas es sin duda la identificación de invariantes funcionales (tales como la asimilación y la acomodación) que garantizan la continuidad evolutiva a través de la diversidad de formas. Habiéndose garantizado de este modo principios generales de funcionamiento (Piaget, 1941), Piaget se dedicó a extraer una arquitectura subyacente a la construcción de los conocimientos. La preocupación por elaborar una epistemología del sujeto cognoscente a través del estudio de sus nociones fundamentales o categorías (espacio, tiempo, causalidad, y la lógica considerada como transcategorial) le condujo rápidamente a desarrollar análisis de tipo estructural. Esta perspectiva, que está ya presente en *La construcción de lo real* (Piaget, 1937) ha cambiado los tipos de preguntas y, por consiguiente, ha desplazado el acento de la psicología genética: en lugar de estudiar los funcionamientos del pensamiento, Piaget se ha interesado por la organización estructural de los conocimientos del sujeto, tal y como se puede inferir a partir de sus conductas y de sus respuestas. La psicología genética se ha convertido así en el instrumento científico de una teoría del conocimiento que define esencialmente este último a través de su génesis.

Hay que esperar al último período de la obra de Piaget para ver reaparecer en primer plano las preocupaciones funcionales. A partir del comienzo de los años setenta, Piaget ha tratado de desentrañar los mecanismos subyacentes en la construcción de las estructuras, en particular de la equilibración. Esta renovación de la problemática funcional se ha desarrollado en paralelo con una nueva formulación de la problemática biológica (Piaget, 1967a, 1974a, 1976a). El estudio funcional en tanto que estudio de los procesos de construcción no había perdido, por tanto, interés para Piaget, que debía mostrar cómo el desarrollo obedece a procesos de equilibración creciente (Piaget, 1975). Ahora bien, el aumento en cuanto tal no es un mecanismo causal ni lógico-matemático, sino que pertenece al orden del funcionamiento psicológico.

En esta época, Piaget designa explícitamente su epistemología como constructivista, oponiéndola a las formas de explicación preformista y empirista (Inhelder y De Caprona, 1985). Los grandes procesos funcionales identificados por Piaget, en particular la equilibración, describen a un sujeto activo que compensa las perturbaciones que resultan de su interacción con el ambiente y que las integra en su sistema cognitivo, superándolas. La equilibración funda la génesis de las estructuras y expresa un constructivismo de tipo epistemológico. Nos podríamos preguntar con Cellérier si este constructivismo no se debe completar con una dimensión más psicológica observando al sujeto en acción en microgénesis que conducen a la creación de novedades. En efecto, es esencial elaborar un constructivismo psicológico que sería una teoría de la innovación.

Hacia un nuevo funcionalismo

Hay dos maneras de considerar el funcionalismo en psicología. La primera consiste en explicitar la conducta por su función. Cuando una explicación de este tipo da lugar a «definiciones por el uso», merece el reproche de trivialidad o de demasiada generalidad: citemos la crítica del funcionalismo psicológico por Spearman (véase Claparède, 1933) o, en otra disciplina, la del funcionalismo antropológico por Lévi-Strauss (1962). Por el contrario, si se emprende el estudio de la función de las conductas cognitivas en el caso de «desadaptaciones» (Claparède) o de «desequilibrios» (Piaget), nos abrimos a un estudio extremadamente rico de procesos funcionales muy precisos mediante los cuales un sujeto se readapta a una situación que ha suscitado la desadaptación.

Una nueva forma de explicación funcionalista descompone un sistema en sus partes y explica el funcionamiento del sistema, y sus propiedades nuevas (en cada estadio), en tanto que construcción o todo integrado, mediante la forma en la que los subsistemas interactúan entre ellos. Este tipo de explicación tiene históricamente un origen doble: en la explicación del funcionamiento de las técnicas, y en particular de las máquinas; y en la explicación biológica del funcionamiento de los órganos. La ha retomado Piaget, que la había considerado como un tema de reflexión desde su juventud (Piaget, 1918), tema rescatado y profundizado mucho más tarde en *Biología y conocimiento* (1967a) y en *La equilibración de las estructuras cognitivas* (1975), en particular bajo la forma de una equilibración entre subsistemas.

Nosotros adoptaremos esta nueva perspectiva, conservando esa idea tan fecunda que consiste en considerar la conducta cognitiva bajo el ángulo de la adaptación, señalando con Papert que la adaptación es productora de equilibrio local en el nivel de las microgénesis y de equilibrio global en la macrogénesis.

A este respecto, la noción de esquema reviste una cierta importancia. Vivamente discutida, en el intento de dotarla de una acepción compatible con los *constructos* de las ciencias cognitivas contemporáneas (Cellérier, 1979a), esta noción es admitida actualmente por numerosos autores y útil en diversos enfoques de la psicología cognitiva. Se puede pensar que un estudio de los funcionamientos cognitivos se apoyará sobre la elaboración del concepto de esquema y tomará el sentido de un estudio de las relaciones funcionales entre esquemas. Pero el esquema, ¿es una unidad estructural o una unidad funcional? No es raro hablar, por ejemplo, de esquemas nocionales o presentativos (los «esquemas» de la psicología cognitiva actual) para designar formas organizadas y específicas de conocimiento. Pero incluso en este caso el esquema es al mismo tiempo organizador y organizado y tiene por tanto el sentido de un proceso. Es el sentido que mantendremos, y un proyecto de psicología funcional se concretará en un estudio de los procesos funcionales ligados a los esquemas y a sus interacciones (véase Cellérier, capítulo 9).

¿Quiere esto decir que la psicología sólo trata de procesos, y en particular que todo concepto, el «concepto de cantidad» por ejemplo, sólo es una «reificación» inducida de procesos que sólo existirían en la realidad psicológica? (Minsky, 1986, pág. 105). Muy al contrario, podemos ver ahí un estudio de múltiples realizaciones psicológicas individuales de estructuras del sujeto epistémico. Minsky sólo señala esta multiplicidad, pero, para nosotros, la potencia del concepto estructural de cantidad, por ejemplo, proviene precisamente: a) de que es invariante (intra e intersubjetivamente) con relación a sus múltiples realizaciones psicológicas, tanto en modalidades sensoriales como cognitivas diferentes; y b) de que permite definir el objeto de estudio de la psicología funcional como si fuera precisamente este conjunto de realizaciones psicológicas. Realmente resulta difícil eludir el problema kantiano de las categorías, que se podrá reformular completamente según los datos de algunas ciencias cognitivas contemporáneas. Nuestro proyecto de psicología funcional no está por lo tanto divorciado de la psicología genética precisamente en cuanto que ésta estudia precisamente los aspectos categoriales del conocimiento que garantizan una economía y sobre todo una estabilidad y una permanencia en el seno del pensamiento.

Sin embargo, esta forma de funcionalismo no es satisfactoria en psicología más que si tiene en cuenta las intenciones y valores que intervienen en el funcionamiento psicológico. Esto es lo que en cierta medida ha hecho Piaget, y nosotros mismos nos hemos visto conducidos a insistir sobre los aspectos teleonómico y axiológico de las conductas cognitivas. Es posible que esta exigencia dependa de las diferencias señaladas por Boden (1982) entre la hermenéutica «continental», que tiene plenamente en cuenta las intenciones del sujeto, y el objetivismo anglosajón, particularmente visible en las disciplinas próximas a la ingeniería. Pero puede ser también que estas diferencias se eliminen parcialmente por el desarrollo actual de las ciencias cognitivas. Como escribe igualmente Boden, «la concepción que Piaget establece de la psicología —que en esto es semejante a la de los cognitivistas (*cognitive scientists*)— es fundamentalmente intencional o hermenéutica» y por consiguiente recurre naturalmente a una explicación en términos de significaciones. Esta orientación intencional y hermenéutica estará, en nuestra opinión, particularmente bien ilustrada mediante el estudio del sujeto individual. Por ejemplo, del estudio de las finalidades generales de la evolución —de las que da cuenta la equilibración— se pasará al estudio de las finalidades particulares que busca un sujeto.

Esta perspectiva tiene sus fuentes en los orígenes mismos de la corriente funcionalista en Europa, pero también en Estados Unidos. Se trata de restablecer vínculos con una tradición de psicología funcional representada eminentemente al otro lado del Atlántico por William James, y en Europa por Binet en su estudio sobre el razonamiento, así como por Claparède, en particular en sus grandes ensayos seminales sobre la significación funcional del sueño, sobre la asociación de ideas y sobre la génesis de la hipótesis, y por el psicólogo funcionalista que aparece en Piaget como heredero de Claparède. No olvidemos que debemos a estos psicólogos las primeras grandes explicaciones de la conducta en términos de intenciones y de significaciones, explicaciones a las que habían sido conducidos al tomar conciencia de las insuficiencias del asociacionismo.

Hay que tener cuidado con no olvidar a Brunswik que, en la psicología de la percepción, se ha basado en una crítica del innatismo de las estructuras, al mismo tiempo que aceptaba la necesidad de representaciones globales (y no sólo de conexiones causales fragmentarias), para orientarse hacia un funcionalismo probabilista (Hammond, 1966). Desde el punto de vista del método, Brunswik ha sido un «ecologista» antes de tiempo, favoreciendo el estudio del sujeto en situaciones naturales y pidiendo que el psicólogo realice un muestreo de estimulaciones complejas en lugar de planes sistemáticos en donde los estímulos estén claramente enumerados. En esta concepción, el organismo se adapta a una realidad de la que recibe señales ambiguas, y por tanto toda conducta constituye una apuesta. Es posible proponer una explicación probabilista de la conducta, pero sin alcanzar la causalidad de los propios mecanismos. Brunswik sobrepasa un funcionalismo puro en el que todo se explica mediante las necesidades y las motivaciones para orientarse hacia una búsqueda de sistemas de naturaleza probabilista.

Es evidente que la «revolución cognitiva» que se ha producido en Estados Unidos hacia el final de los años cincuenta ha desempeñado igualmente un papel. Esta revolución ha ido más allá de una simple toma de posición anticonductista, buscando mecanismos subyacentes al conocimiento, en particular de naturaleza cibernética. Respecto a esto ha habido una cierta confluencia de estas corrientes de las ciencias cognitivas norteamericanas, en particular la cibernética y la inteligencia artificial, con la psicología piagetiana. Pero, como subraya Beilin (1987), el estructuralismo, bajo el impulso de las obras de Chomsky y de Piaget, ha encontrado ahí un terreno favorable y ha influido fuertemente en las orientaciones teóricas de la psicología en Estados Unidos y en otros lugares, dejando temporalmente a la sombra las corrientes funcionalistas. Ha sido necesario esperar a la aparición de un interés nuevo por el individuo, favorecido por algunas faltas de completud del estructuralismo, para asistir al retorno de un funcionalismo enriquecido a menudo con presupuestos estructurales. Este «nuevo funcionalismo» (Beilin, 1987) es particularmente vigoroso entre los teóricos del procesamiento de la información en su enfoque de los procesos de tratamiento simbólico y entre numerosos psicólogos que han dado interpretaciones funcionalistas de *constructos* elaborados en el marco del estructuralismo.

Estos trabajos, que han constituido una contribución importante a la revolución cognitiva americana, están próximos a nuestras propias preocupaciones e investigaciones. Citemos *A study of thinking* [*Un estudio del pensamiento*], de Bruner, Goodnow y Austin, libro que Piaget consideraba que renovaba completamente los grandes problemas en ese terreno, igual que *Plans and the Structure of Behavior* [*Planes y estructura de la conducta*] en el que Miller, Galanter y Pribram señalaban en 1960 que «la distancia entre el conocimiento y la acción es más pequeña que la que existe entre el estímulo y la acción, pero está siempre ahí, inmensa». Para comprender mejor el paso del conocimiento a la acción, estos autores se vuelven a vincular en cierto sentido con la psicología de la voluntad de James, estudiando cómo «la imagen se pone en movimiento», es decir, cómo operan las planificaciones de la acción, con la idea de que el enfoque cibernético y la psicología pueden fecundarse mutuamente.

En conclusión, para mantenernos en el espíritu de la psicología genética tan bien subrayado hace ya mucho tiempo por Claparède a propósito de Piaget, se trataría, en nuestra perspectiva de psicología funcional, de esclarecer el valor funcional de las estructuras. Las estructuras, en tanto que formas de organización de las nociones fundamentales, nos parece que garantizan en el seno del pensamiento una permanencia, una economía y una memoria. Esencialmente inconscientes, se traducen en la conciencia del sujeto mediante su carácter normativo. Sin embargo, la perspectiva funcional, en la medida en que se propone extraer los mecanismos de adaptación, debe también dar cuenta del modo en que el sujeto actúa y piensa cuando se enfrenta a situaciones particulares, a menudo mediante ensayos y errores, y debe describir la multiplicidad de los esquemas que se ponen en acción. Se trata por tanto de situarse más allá de los conocimientos generales aunque inconscientes y de poner de manifiesto conocimientos constituidos y utilizados por el *Homo quotidianus*. El problema es estudiar cómo, dentro del marco formado por sus conocimientos categoriales, el *Homo quotidianus* construye y utiliza conocimientos particulares y de «saber-hacer» acomodados a universos de problemas más prácticos y especializados, construcción que contribuye a su vez a la evolución de este marco estructural.

Permanencia estructural e innovaciones procedimentales

El sentido del enfoque estructural

Sabemos hasta qué punto el análisis estructural ha sido fecundo en la investigación de las semejanzas entre los conceptos fundamentales y categorías del conocimiento, así como en la de las semejanzas y diferencias entre los modelos subyacentes en las construcciones lógicas, numéricas e infralógicas (categorizaciones de lo continuo tal como el espacio, el tiempo y la causalidad). El análisis estructural ha permitido establecer así una arquitectura (es decir, una organización vertical y horizontal) de los conocimientos al establecer comparaciones entre los conceptos en términos de semejanzas y de diferencias, de plantear de una forma nueva las relaciones entre la psicogénesis y los progresos del pensamiento científico (Piaget, 1950; Piaget y García, 1983), y de mostrar cómo la sucesión de estructuras, desde la sensoriomotriz hasta la formal, representa caminos necesarios en la evolución de los conocimientos.

Las estructuras son ante todo instrumentos que corresponden a una metodología (Inhelder y De Caprona, 1990) que ha tenido un éxito histórico innegable, independientemente de la «moda» estructuralista que ha invadido durante un cierto tiempo la filosofía y los estudios literarios. En la misma época en que el concepto de estructura comenzaba a tener el éxito que todos sabemos, algunos autores no dejaban de recordar que el análisis estructural era esencialmente un método. Así, en un breve libro titulado *El estructuralismo*, Piaget (1968), como para prevenir los abusos que podrían realizarse de la noción de estructura, insistió sobre el hecho de que el estructuralismo era un método y no una doctrina. Gréco (1965) subrayaba que en psicología el método estructural permitía evitar el doble peligro del «cataloguismo» (o colección de conductas, de lo que son ejemplo los inventarios de Gesell, que ninguna estructura parecía organizar) al intentar dar cuenta de los vínculos que unen diferentes conductas o diferentes segmentos de conducta, y del «analogismo» indiferenciado que muestra analogías que corresponden a niveles o planos de conducta distintos. La distinción entre diversos planos de organización permite evitar la reducción de un plano a otro o la simple confusión de niveles cuando se trata, por ejemplo, de dar cuenta de éxitos precoces en ciertas pruebas o de regresiones aparentes.

Para Piaget, la estructura es un instrumento, puesto que no ha dudado en modificar su marco de referencia, estudiando sucesivamente los grupos y los agrupamientos algebraicos, después las correspondencias y los morfismos, hasta el punto de que a veces se tiene la impresión de encontrar en las publicaciones sucesivas de Piaget el propio curso de los descubrimientos matemáticos de nuestro siglo (como ha señalado con humor Papert en su prefacio a Piaget, 1990). De hecho, Piaget ha elegido siempre instrumentos apropiados para sus temas. Atribuye al sujeto sistemas de transformaciones subyacentes a una cierta lógica de la acción y del pensamiento, adoptando la posición epistemológica de un «realismo crítico».

Las estructuras son conexiones permanentes del sistema cognitivo que engendran sus posibilidades (apertura) y sus necesidades (cierre). En la psicogénesis son al mismo tiempo la terminación de una construcción y una apertura sobre nuevos posibles. Para nosotros tienen ante todo el sentido de una estructuración dinámica. Su pertinencia psicológica se pone en duda a veces porque el pensamiento natural no las tematiza, pero es indispensable recurrir a ellas porque son sistemas de transformaciones estructurantes y estructuradas que dan cuenta de la elaboración de inferencias que se convierten poco a poco en necesarias. Las estructuras dependen de lo que el niño «sabe hacer» independientemente de la conciencia que tiene de ello.

Ahora bien, en todo estudio genético un problema central es preguntarse cuáles son las posibilidades y las necesidades que permiten la elaboración de conocimientos ulteriores. Ya no se trata de emplear la estructura para predecir la conducta, sino de mostrar las condiciones de un progreso posible. Establecemos la hipótesis de que las estructuras constituyen el conjunto de posibles de partida que permiten desarrollarse a la actividad procedimental.

Procedimientos y estructuras: ¿alternativa o complementariedad?

Entendemos por procedimiento un desarrollo de acciones que se encadenan y están orientadas por fines. Los procedimientos son por tanto secuencias finalizadas de acciones. Se distinguen de los simples modos de proceder particulares por el hecho de que se pueden transponer y dar lugar a un uso interindividual. Además, si la acción efectiva como tal es observable, su carácter de procedimiento, es decir, su inserción en una secuencia organizada, no lo es sin más y la propia organización se debe inferir.

¿En qué se distinguen los procedimientos de las estructuras de la razón constituida o de su formación? El problema previo es, por supuesto, el de saber si existe fundamento para establecer un distinción de este tipo entre «dos indisociables», como los llama Frey (1983). ¿No es un artificio del análisis que vendría a añadirse a la larga lista de parejas de opuestos que pueblan la psicología y que no aportaría gran cosa a nuestra comprensión de la actividad cognitiva? ¿Por qué emplear dos lenguajes, si se trata en ambos casos de conductas cognitivas y de la forma en que se componen y se organizan?

Las diferencias dependen del hecho de que los procedimientos son el resultado de conductas temporalizadas que se orientan a fines particulares y variables, mientras que las estructuras subyacentes al pensamiento son el fruto de una finalidad que es la propia macrogénesis. En tanto que obedecen a un desarrollo temporal, los procedimientos no parecen alcanzar la reversibilidad. Tomamos como prueba las conductas que consisten en volver al punto de partida de un secuencia de procedimientos, a «volver a partir de cero», que se observan tan a menudo en las resoluciones de problemas y que no son interpretables en términos de reversibilidad porque no operan por medio de transformaciones efectuadas en el sentido inverso de su producción. La «vuelta a cero» puede sin embargo concebirse como un coordinador general de la acción que permite abandonar un camino procedimental elegido e indica el objetivo que hay que alcanzar o realcanzar, es decir, como un «reversibilizador» del procedimiento que tiene una función heurística en la resolución.

Añadamos a esto que el análisis del procedimiento se refiere a conductas finalizadas, puesto que se refiere al objetivo a alcanzar. A este respecto se puede distinguir una finalidad interna, en la que el objetivo es comprender por comprender («¿qué significa lo que he hecho?»), de una finalidad externa, en la que el objetivo es un resultado que se trata de alcanzar.

Además se pueden suponer diferencias en las formas de organización. Mientras que la organización estructural está marcada ante todo por integraciones de tipo jerárquico, lo que resulta sorprendente es la diversidad de encadenamientos de procedimientos, que no excluyen por otra parte subordinaciones. Esta diferencia en las formas de organización está ligada a los papeles respectivos de las estructuras y de los procedimientos en la economía del pensamiento. Mientras que en el caso de las estructuras, es la coherencia interna la que asegura la fecundidad, la pluralidad de procedimientos y la diversidad de encadenamientos permite la creatividad en el descubrimiento de heurísticas nuevas. Se pueden concebir así los procedimientos como «improvisaciones» o fuentes de variaciones adaptativas de la conducta.

Dicho esto, en los dos casos la actividad cognitiva trata de transformaciones y de correspondencias. Además, construir una estructura o inventar un procedimiento supone una asimilación de datos a esquemas y por consiguiente una atribución de significaciones. Finalmente, las innovaciones en los procedimientos contribuyen a la formación de las estructuras operatorias. Desde este punto de vista, el procedimiento puede concebirse como un candidato a la estructuralidad: para retomar la expresión de Cellérier, ¡lo procedimental sería el purgatorio de los esquemas!

Un problema importante es saber si los procedimientos elaborados en el curso de la resolución de un problema están ligados a una situación particular o si son susceptibles, y por medio de qué vías, de generalizarse a otras situaciones. Parece difícil concebir estos procedimientos en términos de simples transferencias a situaciones nuevas sin que esto exija una reorganización. Sin embargo, si el interés de un algoritmo consiste en poder aplicarse a una clase de problemas definida por criterios comunes dados anticipadamente, existe toda una gama de transferencias, que van desde transposiciones de lo particular a lo particular hasta verdaderas generalizaciones. El pensamiento natural, sobre todo en los niveles elementales que preceden a la lógica concreta, parece proceder a una reaplicación de procedimientos a situaciones particulares: la generalización a situaciones nuevas particulares y no a una clase de problemas, constituye también el objeto de algunas de nuestras investigaciones. En este caso es por lo tanto parcial (véase, por ejemplo, capítulo 2, investigación 3). Por el contrario, otras investigaciones (véase Boder, capítulo 7) tratan de mostrar cómo el sujeto logra determinar que un problema particular pertenece a una clase de problemas.

Un planteamiento de este tipo sobre las relaciones entre estructuras y procedimientos nos parece que permite responder a algunas observaciones críticas formuladas respecto a nuestro enfoque. La primera es de orden metodológico. En nuestras investigaciones, ¿los procedimientos estarían esencialmente descritos en términos de acciones efectuadas por el niño en el curso de la experimentación? Se ha objetado que este enfoque mostraría un «empirismo» que «conduce a no definir los procedimientos, sino a buscarlos *a posteriori*» (Bastien, 1987, pág. 47). Hemos visto más arriba que el procedimiento en cuanto tal no es observable. Sin embargo, no se puede inferir la organización de procedimientos sin apoyarse sobre los índices pertinentes que la propia conducta del sujeto proporciona. No olvidemos que la psicología genética ha buscado modelos al mismo tiempo que constituía los datos.

En esto se puede ver tal vez la manifestación de orientaciones divergentes en el seno de la psicología contemporánea. ¿No es preferible evitar una definición en términos de programas, en este caso en términos de procedimientos psicológicos programables y, puesto que el procedimiento es ante todo psicológico, favorecer un análisis tan detallado como sea posible que pueda constituir una fuente de inspiración para otros trabajos? Si no, se correría el riesgo de colocar de nuevo a la psicología en una situación que ya ha tenido históricamente, privándose del acceso a ciertos dominios y a ciertos hechos, limitando en particular la extraordinaria fecundidad que pueden presentar algunos estudios de casos, e introduciendo en la psicología, después del logicismo, un «logicielismo»* igualmente reduccionista.

Una segunda observación consiste en poner en duda la pertinencia y el valor heurístico de la distinción entre estructura y procedimiento. ¿No es reductible a la distinción entre competencia y actuación tal como la ha planteado y utilizado la lingüística chomskiana? Pero entonces, ¿cuál será su valor heurístico si se muestra que la distancia entre estructura y procedimiento es tan grande como entre competencia y actuación? ¿Estructuras y procedimientos no son inconmesurables? Esta objeción planteada por Newell (1972) merece ser considerada. Si hay inconmensurabilidad, el análisis del procedimiento corre el riesgo de perder toda consistencia. Pero se puede concebir que existen organizaciones en los procedimientos distintas de las formas de organización estructurales, que son de hecho las consecuencias estructurales de los procedimientos. Por otra parte, Newell señala con razón que en la psicología del desarrollo nos enfrentamos con mucha frecuencia a estructuras en curso de elaboración por los sujetos. Se puede pensar que estos últimos, en el proceso mismo de elaboración, recurren constantemente a procedimientos. Por ejemplo, el descubrimiento de los sistemas generalizables fundados sobre combinatorias de operaciones formales es bastante tardío, pero los sujetos logran combinar precozmente un pequeño número de elementos con ayuda de procedimientos semiarticulados que permiten construir fragmentos de estructura (Piaget y García, 1987). Señalemos también que la oposición entre competencia y actuación se trata hoy de una forma más matizada, por ejemplo, en el estudio de los «actos de habla» o de las variaciones socioculturales (Moreau y Richelle, 1981).

De la construcción epistémica a las realizaciones pragmáticas

Comprender cómo lograrlo

El enfoque de los procedimientos constituye un método privilegiado para estudiar la pertinencia de los conocimientos, en oposición a su formación o adquisición. Cellérier (1979a) ha precisado esta distinción oponiendo la «transformación

---

* «Logiciel» designa en francés lo que los anglosajones denominan *software*, es decir, los programas de ordenador. (N. del T.)

pragmática» del conocimiento en acción a la «transformación epistémica» de la acción en conocimiento. Vistas desde este ángulo, nuestras investigaciones pretenden ser una contribución a la pragmática en tanto que estudio de realizaciones pertinentes del saber en situaciones particulares.

¿Debemos decir entonces que la pragmática estudia conocimientos orientados hacia el logro,* distinguiéndola de los conocimientos orientados hacia la comprensión? Recordemos que esta distinción conlleva un significado epistemológico porque ha podido contribuir a establecer la distinción entre ciencia y técnica. En un estudio psicogenético, *Lograr y comprender*, Piaget (1974c) ha mostrado simultáneamente «la autonomía y el carácter cognitivo de la acción» de los que dan testimonio los logros que son frecuentemente más precoces que las conceptualizaciones, y el hecho de que estas últimas van dominando poco a poco y terminan por guiar el logro práctico. En el estado actual del asunto, parece que hay dos tipos de problemas que ocupan la atención de nuestro equipo.

En primer lugar, ¿cómo concebir la relación entre logro y comprensión? En la obra antes citada Piaget expresaba esta relación en términos de «filiación» mediante procesos formadores: «Aunque, para conciliar esta filiación del *conocer* a partir del *hacer* con sus diferencias cualitativas, el problema central consiste entonces en extraer el propio mecanismo de esa filiación con transformación: ahora bien, esto es precisamente lo que puede ofrecer el estudio psicogenético, mientras que la historia o la etnología comparada no logran proporcionar más que relaciones de sucesión o diferencias de niveles, sin alcanzar los procesos formadores ni transformadores». Si Piaget ha estudiado las filiaciones, por nuestra parte tratamos de determinar el papel funcional de los logros y los fracasos. En otras palabras, tratamos de estudiar la relación entre pertinencia y saber. Un estudio de este tipo parece conducir a relativizar la oposición entre logro pragmático y comprensión: el funcionamiento psicológico indica la existencia de diversos grados de comprensión y el *interplay* entre lograr y comprender parece actuar constantemente en el curso de una resolución de problemas.

La segunda pregunta se refiere al papel del conflicto cognitivo y puede formularse simplemente del modo siguiente: ¿los logros son en sí mismos fuente de progreso en la comprensión, o más bien debe encontrarse la fuente de las modificaciones cognitivas en los conflictos revelados por los fracasos parciales? En los trabajos de nuestro grupo de investigación, algunos autores parecen conceder más peso a los logros, admitiendo que el «fracaso» desempeña un papel en la invención de los «saber-hacer» implícitos, pero sugiriendo sobre todo que la estabilización de los logros es una condición previa de los progresos ulteriores de la comprensión (Karmiloff-Smith, 1985). Ahora bien, si se admite que los fracasos «interesantes» sólo son el signo de conflictos entre esquemas cognitivos, y que estos conflictos consti-

---

* Hemos procurado traducir *réussir* o *réussite* por «lograr», «logro», siempre que no resulte demasiado forzado en castellano. Pero en algunos casos nos hemos visto obligados a traducirlo por «superar». (N. del T.)

tuyen una fuente de la reorganización de los esquemas, intervienen tanto en los «saber-hacer» concretos como en las reorganizaciones conceptuales. Para Blanchet es preciso de alguna manera que el sujeto «supere» el conflicto, y para esto se plantea problemas que corresponden a su zona de asimilación. Las situaciones de aprendizaje habían puesto ya de manifiesto el hecho de que un conflicto entre esquemas nocionales diferentes produce perturbaciones que pueden incitar a un esfuerzo de comprensión. En el caso de las microgénesis cognitivas estudiadas en este libro, algunas investigaciones indican que los conflictos intervienen prioritariamente en la aplicación de los «esquemas familiares» (véase Boder, capítulo 7).

En lo que concierne a los «saber-hacer», el problema es sobre todo el de determinar por qué ha habido fracaso y cómo superarlo, «comprender cómo hacer», porque el «cómo hacer» en cuanto tal supone una forma de comprensión que es distinta de la comprensión conceptual y se relaciona con los procedimientos que han permitido una u otra solución. Nuestro enfoque ha tratado precisamente de extraer esa «comprensión del procedimiento» favoreciendo y analizando las repeticiones de la acción, las variaciones progresivas, etc.

Los aspectos teleonómico y axiológico de las conductas cognitivas

Cuando se presenta una tarea al sujeto, ésta exige de su parte un despliegue de acciones. La centración sobre el estado final parece a menudo importante, o incluso es preciso que el sujeto parta del objetivo y reconstruya sus pasos en orden inverso. Esto muestra que la pragmática debe abrirse a toda la riqueza de las conductas finalizadas. Este tipo de estudio tiene precedentes en la historia de la psicología. Por ejemplo, Pierre Janet (1926) había reconocido claramente, en el contexto de la patología, la importancia de las conductas finalizadas como clase de conductas cuyo análisis permitía el paso de una psicología de los estados de conciencia a una psicología de la acción (véase también Ducret, 1984). Recordemos igualmente que la psicología funcional de Claparède y los análisis de Piaget sobre el nacimiento de la inteligencia debían mostrar que las conductas finalizadas constituyen un terreno de estudio privilegiado de los funcionamientos cognitivos.

Se sabe que la cibernética ha permitido en nuestros días volver a considerar el problema de la finalidad definiendo, bajo el nombre de teleonomía, un marco de interpretación aplicable a las finalidades intencionales de las que se ocupa la psicología. Respecto a esto, Newell y Simon (1972), en su análisis de las relaciones entre medios y fines, han sido los grandes precursores del análisis teleonómico, aunque no lo hayan puesto en relación con el análisis causal. Tal vez porque el propio Piaget fue un cibernético antes de su tiempo, los epistemólogos formados en su escuela y que se ocupaban de la cibernética (Papert, 1967a y 1967b; Cellérier, 1976), igual que los psicólogos de nuestro grupo, han orientado bastante pronto la investigación hacia las relaciones entre las interpretaciones teleonómica y causal que parecen desempeñar un papel tan importante en la resolución de problemas.

En las conductas cognitivas, la teleonomía es una planificación de secuencias que proceden temporalmente en función del objetivo. Ésta obedece de alguna manera a una «finalidad sin finalismo» en donde no es el objetivo como tal el que determina la conducta, sino la representación del objetivo. La teleonomía se refiere por tanto a la organización de los pasos recursivos y no a la transformación de la realidad. Todas las relaciones medios-fines dependen de la teleonomía, que se ocupa también del poder organizador de la acción efectiva o cognitiva. Da cuenta de la intencionalidad psicológica, que por otra parte constituye también una toma de conciencia. La teleonomía es diferente del aspecto causal que se refiere a las transformaciones que se introducen en lo real con el fin de obtener un resultado y de comprender el mecanismo de las transformaciones. Señalemos que la causalidad estudiada en nuestras investigaciones no es primordialmente la causalidad de los fenómenos, sino la de la acción en tanto introduce modificaciones en lo real y corresponde a una forma de interpretación que da el sujeto de sus propias conductas. Desde esta perspectiva, el aspecto teleonómico debe conjugarse con el aspecto causal de las acciones porque el sujeto debe efectuar predicciones en función de las modificaciones introducidas, siendo diferente la situación después de que ha actuado. ¿Se trata de una paradoja epistémica, ya que lo teleonómico y lo causal parecen recurrir a tipos de explicación completamente diferentes? Pensamos más bien que se trata de puntos de vista cognitivos distintos sobre una misma situación que están llamados a conjugarse: del mismo modo que la representación del objetivo precede y determina la elección de los medios, la causa precede y determina el efecto producido. Un hecho sorprendente en nuestras experiencias es que estos dos puntos de vista se diferencian progresivamente (véase Blanchet, capítulo 3), contribuyendo así fuertemente a una dinámica de la investigación.

El aspecto teleonómico de las conductas cognitivas implica que el sujeto realiza evaluaciones sobre sus acciones y sobre los objetos con el fin de alcanzar el objetivo. Los sistemas de evaluación y de control son particularmente importantes pero están todavía poco estudiados en psicología genética. El análisis de la noción de valor es el que da cuenta del aspecto axiológico de las conductas cognitivas. Esta noción no es extraña al pensamiento de Piaget, que la ha abordado desde tres puntos de vista. En primer lugar, bajo el ángulo de los valores normativos, es decir, de las evaluaciones que intervienen cuando un conocimiento se convierte en normativo para el sujeto y va acompañado de un sentimiento de necesidad («esto debe ser así y esto no puede ser de otra manera»). Más tarde, en sus estudios sociológicos, en sus investigaciones sobre el juicio moral y sus reflexiones sobre las relaciones entre la moral y el derecho, Piaget (1965) ha estudiado las interacciones entre individuos en términos de escalas de valores y de intercambios cooperativos. Finalmente, en sus reflexiones sobre la voluntad (Piaget, 1962, 1987), alude al papel de los valores. Hacia el final de su vida veía la voluntad actuando esencialmente en el seno del sujeto individual en situaciones de conflicto, como una conservación de valores que permite reemplazar esta o aquella tendencia en una escala de valores, que a su vez está sometida a reequilibraciones constantes: «Si se reconoce al hombre de fuerte voluntad en la resistencia de su escala y en la continuidad de sus opciones, la inversión que le permite superar un conflicto no es más que un caso particular de las reequilibraciones que le son habituales» (Piaget, 1987).

Mientras que Piaget se ha interesado por la coordinación de los valores intersubjetivos, nosotros nos ocupamos de estudiar la atribución de valores a la que procede el sujeto cuando se encuentra frente a una situación problemática (Blanchet, 1986). En el terreno pragmático, cuando hay una aplicación de conocimientos la atribución de significaciones va acompañada de una atribución de valores. Además, el problema central del control es el siguiente: «*¿Lo he logrado? ¿Cuál es la próxima actividad que hay que emprender, qué hacer ahora para alcanzar el objetivo?*». También nos hemos dedicado al control práxico más que al control que garantiza la coherencia de un sistema de conocimientos. El control práxico se refiere a las evaluaciones que el sujeto realiza para asegurar la pertinencia de sus acciones ante la situación. Se puede suponer que una lógica precoz de la significación, tal como ha sido bosquejada por Piaget y García (1987), va acompañada, en el sujeto, de evaluaciones que le permiten juzgar la pertinencia de sus acciones con respecto a una situación.

En primer lugar, se puede distinguir el control que garantiza la coherencia y que es el único posible en la elaboración de invariantes del pensamiento y de lo real (por ejemplo, nociones de conservación, cuantificaciones no extensivas como en la inclusión de clases), y un control por confrontación y acomodación a una realidad externa. En segundo lugar, se distinguirán procesos que alternan en la dirección que se imprime a las conductas. En efecto, éstas pueden estar guiadas bien por anticipaciones o hipótesis, bien por observaciones realizadas sobre los objetos. El primer proceso se denomina habitualmente control descendente (*top-down*) y el segundo control ascendente (*bottom-up*). Las experiencias muestran que puede haber alternancias significativas entre las conductas centradas sobre el objetivo y las centradas sobre la exploración de elementos que pueden servir de medios (véase capítulo 2, sección E). Señalemos que en las teorías psicológicas actuales, el control toma un sentido muy amplio y recubre la organización de conocimientos en oposición al estado de los conocimientos (oposición entre el «sistema de control» y la «base de conocimientos»), mientras que nosotros hemos abordado sobre todo este aspecto bajo el ángulo de la adecuación y de la verificación de previsiones y elecciones cognitivas del niño.

El esquema, un organizador de la conducta

Esquemas presentativos y esquemas de procedimiento

Conviene ahora abordar el análisis de una noción que desempeña un papel esencial en la interpretación de nuestras investigaciones, la de esquema. Los esquemas son organizadores de la conducta que no son observables pero que se pueden inferir. Se sabe que, para Piaget, los esquemas no son otra cosa que el cañamazo de las acciones susceptibles de ser repetidas activamente. En esta fórmula se reconocerá una definición esencialmente funcional que insiste sobre el aspecto de ejercicio y de repetición, y que hace del esquema un instrumento de asimilación. El esquema es por tanto fundamentalmente asimilador, y tiene por función hacer cognoscibles los datos de la experiencia. Esta función corresponde por otra parte a la que Kant había asignado al esquema en su elucidación del «esquematismo del entendimiento» (*Crítica de la razón pura*, Analítica transcendental, II, 1,). Se sabe que Piaget había distinguido tres tipos de asimilación (recognitiva, reproductora y generalizadora) que, en el estudio de los funcionamientos del pensamiento, se manifiestan por el reconocimiento de las situaciones en las que el esquema es aplicable, es decir, reproducible, por su transposición generalizadora a situaciones nuevas, y por la significación implicativa que asigna a las acciones. A propósito de este último aspecto señalemos que Piaget (1987), en sus últimos trabajos, ha tratado de describir los lazos entre significaciones en términos de implicaciones significativas.

La noción de esquema ha dado y da lugar a diversas interpretaciones y aplicaciones. Se ha podido establecer su compatibilidad con la noción de procedimiento utilizada en inteligencia artificial, y las formalizaciones actuales en términos de «esquemas» recubren aspectos esenciales del esquema piagetiano, en particular su naturaleza relacional. Sin embargo, hay divergencias en cuanto a la generalidad más o menos grande que se atribuye a los esquemas cognitivos. Puede ser útil recordar que Piaget habla de «esquemas» ante todo para designar el carácter generalizable de la acción. Para fijar las ideas, proponemos establecer la distinción entre la noción de esquema empleada con el fin de dar cuenta de procesos cognitivos (ligados, por ejemplo, a las formas de asimilación evocadas más arriba) en donde la generalidad (generalización) es la que aparece como el rasgo más sobresaliente, y el carácter particular de esquemas en tanto que productos de la organización cognitiva. En todo caso se observará que en esta última situación, los esquemas, por sí mismos, pueden ser más o menos generales o particulares, transformarse y, sobre todo, cambiar de significación. Se observará igualmente que los «esquemas» del cognitivismo actual (trabajos de Schank y de su escuela) no nos parece que capten todavía el aspecto de proceso dinámico, constitutivo de la noción de esquema.

Si el esquema expresa así esencialmente las características de la acción, ¿no estamos autorizados a pensar que los esquemas son casi por naturaleza procedimentales? En otras palabras, ¿se puede imaginar un esquema que no sea de procedimiento, es decir, que no organice las acciones en secuencias de medios que tratan de alcanzar un fin?

Interesándose por nuestros trabajos sobre los procedimientos, Piaget (1976b) ha propuesto una distinción que reconoce plenamente la importancia de los esquemas procedimentales, al mismo tiempo que señala sus diferencias con otros tipos de esquemas. Llama *presentativos* a los esquemas que se refieren a los caracteres permanentes y simultáneos de objetos comparables y que engloban los esquemas representativos, o conceptos, pero también los esquemas sensorio-motores que no suponen representaciones semióticas elaboradas. Además de que expresan la permanencia y la simultaneidad, los esquemas presentativos se pueden generalizar y abstraer de su contexto con facilidad, y se conservan incluso si se integran en otros más amplios. Los esquemas re-presentativos son opero-semióticos: aplican operaciones a símbolos o significantes más que a objetos, y tienen una función inferencial que conlleva tanto aplicaciones prácticas (anticipar, planificar, reconstruir) como teóricas («modelizar», deducir, explicar).

Por el contrario, los *esquemas de procedimiento* son series de acciones que sirven de medios para alcanzar un fin, que son difíciles de abstraer de sus contextos. Además, su conservación es limitada, puesto que un medio para alcanzar un fin no tiene aplicación cuando el sujeto recurre al medio siguiente.

Las heurísticas procedimentales

Como se ve, esta distinción entre esquemas procedimentales y presentativos corresponde estrechamente a la distinción entre procedimiento y estructura evocada más arriba. Traduce esta distinción en términos de actividades cognitivas, es decir, de funcionamiento del sujeto cognitivo. Nos parece que reviste una importancia particular por dos razones principales.

En primer lugar, según Piaget, se pueden discernir dos sistemas complementarios en los cuales el primero trata de *comprender* la realidad, mientras que el segundo sirve para *lograr* una solución en todos los dominios, desde las acciones más elementales hasta los problemas más abstractos. Piaget establece así la hipótesis de dos sistemas de esquemas, el de los esquemas presentativos y el de los esquemas procedimentales, que darían cuenta del funcionamiento cognitivo. Habla claramente de «sistema» en el caso de los esquemas procedimentales. Esto permite corregir la impresión que se tiene a menudo leyendo a Piaget, de una multiplicidad y de un carácter transitorio de procedimientos que parecerían excluir toda organización y toda estabilización. Esta impresión es debida tal vez a que lo único que ha hecho Piaget ha sido bosquejar un estudio de los procedimientos. Sin embargo, no deja de precisar que es esencial comprender que los esquemas de procedimientos se coordinan también entre sí y forman un sistema, pero por otros medios, y a veces con más dificultades, puesto que se trata entonces de separarlos parcialmente de su contexto: «Estos medios consisten esencialmente en correspondencias y en transferencias de métodos que favorecen la formación de nuevos procedimientos mediante comparaciones con aquellos que han tenido éxito en otros contextos» (Piaget, 1976b). La identificación de estos «medios» que aseguran la coordinación de los esquemas procedimentales constituye precisamente un objetivo importante de nuestras investigaciones, que pretenden tanto reconocer el carácter huidizo de algunos procedimientos, como poner en evidencia procesos de estabilización y de generalización de procedimientos que han tenido éxito.

En segundo lugar, esta distinción establece claramente la diferencia entre actividades cognitivas que tienen esencialmente una función *heurística* (sistema de esquemas procedimentales) y otras actividades que ilustran «un sistema organizador y estructurante» (sistema de esquemas presentativos). Muestra también toda la fecundidad posible de un estudio de las heurísticas del sujeto. En tanto que utilizan procedimientos de invención y de descubrimiento, las heurísticas garantizan esencialmente la innovación; su esclarecimiento tiene la máxima importancia si se quiere acceder a ciertos mecanismos de la creatividad.

El estudio de las heurísticas se enfrenta en particular con el problema del «estatuto del error». En efecto, si en un conocimiento de tipo presentativo, el error no tiene un papel funcional importante, en las heurísticas desempeña un papel a título de «posible» entre otros. Como escribe Piaget, «desde el punto de vista de la invención, un error corregido puede ser más fecundo que un logro inmediato, porque la comparación de la hipótesis falsa con sus consecuencias proporciona nuevos conocimientos, y porque la comparación entre errores proporciona nuevas ideas».

Esquemas del sujeto y realidad

Los esquemas, instrumentos inmediatos de conocimiento

En la vida mental se puede hablar metafóricamente de un paisaje montañoso en donde los esquemas serían otros tantos caminos, algunos recorridos numerosas veces según un caminar personal y otros por el contrario abandonados o poco marcados. El ejercicio frecuente de los esquemas hace que éstos estén más fácilmente disponibles. Este tipo de esquema desempeña un papel organizador decisivo en el conocimiento «privado», es decir, en las formas en que el individuo utiliza sus conocimientos ante una situación nueva.

En efecto, todo sistema cognitivo tiene tendencia a «reducir, asimilar y redescribir lo desconocido y lo ininteligible en términos de esquemas muy familiares, en los que las transformaciones son operables de inmediato mental o materialmente, y en donde los estados se visualizan o reconocen de inmediato sin reconstrucciones, inferencias o planificaciones, etc., intermedias» (Cellérier, 1983). Estos esquemas no consisten necesaria y únicamente en unidades epistémicas que organizan el conocimiento general; conllevan igualmente un aspecto práctico y finalizado que les permite engendrar procedimientos adecuados. Este aspecto queda totalmente de manifiesto en los ejemplos de esquemas prácticos elementales dados por Saada-Robert en este volumen («apilar», «alinear»; véase capítulo 4). Boder (capítulo 7) subraya claramente que el esquema familiar debe concebirse al mismo tiempo como una unidad epistémica que atribuye una significación a la situación y como un útil heurístico que es responsable de la orientación y del control de la investigación.

Este papel heurístico de los esquemas familiares es primordial. Hemos señalado más arriba que permitía dar un estatus al «error». A ello podemos añadir que en la resolución de un problema, los esquemas conducen directamente a la solución o la dificultan, según que engendren procedimientos adecuados, o no, para la situación. En nuestras investigaciones, encontramos numerosas ilustraciones de este fenómeno de un esquema que dificulta la resolución, no ofrece ninguna ganancia de conocimientos, pero desempeña un papel heurístico en el sentido de que da una orientación a la conducta del niño.

Se plantea entonces un problema. ¿Los esquemas familiares son únicamente tributarios de contextos particulares o por el contrario preexisten a la experiencia? En cualquier caso, parece difícil admitir que los esquemas utilizados o constituidos en la resolución de un problema sean puramente contextuales. Como subrayábamos más arriba, el proceso de formación de esquemas tiende hacia la generalización. Si un esquema se desencadena en una situación particular, se especificará en función del contexto de forma que se convierta en pertinente, pero su enriquecimiento epistémico y su valor heurístico dependen de su capacidad para generalizarse a otras situaciones. Hemos analizado este proceso en los términos del paso de la unifuncionalidad a la plurifuncionalidad de los esquemas (Inhelder y otros, 1980).

No se podría por tanto negar que la resolución de problemas da lugar a organizaciones de acciones que están ligadas específicamente a contextos y que por consiguiente no son generalizables sin más, ni transferibles. Pero si éste es el caso, entonces no se trata de una organización de esquemas.

Guardémonos, sin embargo, de pensar que los esquemas familiares pueden subsistir, al modo de ideas preconcebidas, en tanto que unidades epistémicas y heurísticas constituidas, disponibles para un sujeto que sólo tendría que evocarlas y aplicarlas directamente. Ante una situación nueva, un esquema es un «posible», simultáneamente indeterminado y rico en virtualidades de actualización.

Es decir que debe ser objeto de una formación cuyo lugar y tiempo privilegiados serían la microgénesis. El carácter «familiar» de un esquema no está dado, sino que se debe construir, y esa elaboración tiene ante todo el sentido de una apropiación de esquemas generales por parte del sujeto individual. Todo esquema familiar es un esquema individualizado. Las particularidades de las construcciones que resultan tal vez no son lo más importante. No significan que la psicología que las reconoce se consagra a una descripción sin fin de construcciones particulares que a su vez son de una diversidad infinita. Lo importante es que el proceso de formación es un proceso de individualización de conocimientos. Se puede por tanto hablar de un devenir familiar de los esquemas familiares que se realiza ante todo mediante una apropiación individual de esquemas generales. Los esquemas no serán nunca familiares, si yo no los reconozco como *mis* esquemas.

«Hacer hablar al objeto»

Además, la propia situación le resulta familiar al sujeto. Pero entonces, lo que está en el origen del desencadenamiento inicial de algunos esquemas e interviene luego en su especificación en función de una situación particular, ¿es alguna propiedad de los objetos, o su configuración? Las condiciones características de la resolución de problemas invitan naturalmente a repensar el papel del objeto en la utilización y la formación microgenética de los esquemas. Pero en este caso se distinguirán dos problemas muy diferentes: el de la naturaleza de la causalidad física, y el del vínculo funcional entre los esquemas familiares y las situaciones a las que se refieren.

El primer problema no constituye aquí el centro de nuestras preocupaciones. La mayor parte de las investigaciones efectuadas por los autores del presente volumen no interrogan la comprensión que el sujeto tiene de la realidad, como hacía Piaget en el estudio de la causalidad física. El acento está puesto ante todo en el estudio de los procedimientos elaborados por un *sujeto*.

Sin embargo, en una experiencia en la que era necesario equilibrar bloques lastrados sobre una barra horizontal muy estrecha (véase capítulo 2, investigación 4), sin que el sujeto se diera cuenta de ello, hemos podido comprobar que las propiedades del objeto pueden oponerse a la aplicación de un esquema familiar (la búsqueda del equilibrio mediante el centro geométrico), provocar una exploración táctil y cinestésica, y luego la búsqueda de un nuevo principio físico (el del centro de gravedad). A este respecto, en sus estudios sobre la causalidad, Piaget había reconocido ya el hecho de que los objetos se comportan a veces de tal manera que resisten a los esquemas del sujeto (Piaget, 1971), o incluso, según sus propios términos, «nos golpean». De forma general, diremos que el papel del objeto sobre el que se actúa es plantear problemas nuevos.

Nos parece correcto decir que los esquemas familiares están ligados funcionalmente a los objetos, o configuraciones de objetos, que organizan. Éste es el problema que se aborda en las investigaciones, sobre todo en los casos en que los esquemas tienen un fuerte componente práctico, es decir, cuando están todavía ligados a acciones efectivas. Saada-Robert (capítulo 4) muestra que un esquema seleccionado por su pertinencia es un esquema familiar para el sujeto y funcionalmente asociado al objeto. Por ejemplo, los esquemas «apilar» o «alinear» no se aplican más que si corresponden inmediatamente a «bloques-para-apilar» o a «bloques-para-alinear». Esta conexión funcional indisociable del esquema y del objeto es una característica sorprendente de los momentos iniciales de la resolución del problema. En el propio curso de esta última, se puede observar que algunas acciones no tienen por objetivo actualizar conocimientos, sino que tratan simplemente de «hacer hablar al objeto». Las acciones exploratorias que consisten en interrogar o hacer hablar al objeto se observan en todas las investigaciones. Además, según Blanchet, en la perspectiva de un sujeto que posee diversos sistemas de interpretación del mismo objeto, éste aparece como el lugar de conflicto y de interacción de estas interpretaciones.

Sin embargo, el problema del objeto concierne también a la teoría psicológica, por ejemplo, en los autores que tratan actualmente de la relación entre epistemología y ontología. La posición de algunos autores se puede reflejar provisionalmente de la siguiente manera: ¿las estructuras de la realidad determinan inicialmente el conocimiento, y la teoría psicológica no debería ser entonces de tipo ontológico en lugar de ser una teoría del sujeto epistémico, que según Piaget nos había enseñado era constituyente respecto a la realidad? Feldman (1987), por ejemplo, ha propuesto recientemente distinguir las «representaciones ónticas» de la realidad de las «representaciones epistémicas», relativas a las operaciones cognitivas del sujeto, y ha sugerido que la elaboración de las primeras era previa a la de los aspectos puramente epistémicos del conocimiento, que constituyen el objeto de estudio privilegiado de Piaget. Señalemos por otra parte que, para Feldman, el estudio de las representaciones ónticas contribuiría a una «ontología genética», que concibe también como de tipo constructivista. Esta distinción parece fecunda en el estudio de los funcionamientos cognitivos, pero precisamente con la condición de que se disocien las descripciones funcionales de los problemas de constitución. Es evidente que, en toda resolución de problemas, la exploración del objeto y la representación de las situaciones y de los estados desempeñan un papel importante y se articulan con las representaciones que tratan sobre el «cómo hacer». Existen por tanto relaciones de naturaleza funcional entre los dos tipos de representaciones. Pero, ¿debemos concluir por tanto que la elaboración de representaciones ónticas es constitutiva respecto a las representaciones epistémicas? Pensamos, por el contrario, que el sujeto es igualmente «constructor» en los dos tipos de elaboración.

Representaciones y modelos del sujeto

El papel funcional de las representaciones

¿Es suficiente una interpretación de la resolución de problemas en términos de esquemas? Al hilo de las investigaciones hemos visto que se corría el riesgo de no captar algunos aspectos del funcionamiento psicológico si no se recurría a las representaciones. Por supuesto, en el curso de la resolución de un problema, el sujeto aplica y especifica esquemas cuyas funciones, de importancia primordial, son organizar un contenido nocional o práctico y atribuir significaciones; pero el sujeto *se representa* tanto los fines como algunas etapas de la resolución, y elabora procedimientos de codificación cuyas características pueden ayudar o dificultar la construcción de nociones. Por ello, el análisis de la resolución de problemas no debería eludir las representaciones, en cuanto que constituyen un nivel del funcionamiento psicológico.

Una primera razón de esta importancia funcional depende del hecho de que el sistema de esquemas, desde la aparición de la función semiótica, se apoya sobre representaciones, lo que conduce a Piaget a estudiar el papel de las representaciones de tipo semiótico que sobrepasan los simples reconocimientos precoces de la actividad sensorio-motriz. De esta forma, la función semiótica aparece como una función de conjunto, y el lenguaje, el juego, la imagen, tienen orígenes y funciones comunes y además proporcionan ciertas condiciones para la reconstrucción de los conceptos a partir de la acción sensorio-motriz.

Este enfoque de una representación de tipo semiótico en donde el propio sujeto es el que diferencia el significante y el significado interviene desde *La formación del símbolo* (Piaget, 1946). Más tarde, le siguieron investigaciones más profundas sobre la imagen mental. El estudio de las nociones fundamentales que permiten a un sujeto comprender el universo y su propia mente exigía, en efecto, que se elucidara la estructura operatoria del razonamiento en sus diferentes etapas genéticas. Sobre esta base se procedió al estudio de la imagen mental (Piaget e Inhelder, 1963, 1966) que tuvo por objetivo esencial establecer las relaciones que mantienen genéticamente las imágenes y los sistemas operatorios. Contrariamente a algunos autores, como, por ejemplo, Bruner, que concebían la representación mediante imágenes como una función constitutiva en el desarrollo intelectual, haciendo de ella casi un estadio (llamado «icónico») en la elaboración de los instrumentos de la inteligencia, Piaget e Inhelder concluyeron esencialmente que hay una subordinación genética de las imágenes a las operaciones; las imágenes pueden ser, según el nivel de desarrollo, una facilitación o un obstáculo. Es interesante señalar que fue en Estados Unidos, a comienzos de los años sesenta, cuando comenzó a plantearse con agudeza el problema de la representación; inspirándose en particular en la herencia de Peirce (que había sido el primero en plantear la distinción entre representación «icónica» y «simbólica» o lingüística), la psicología ha redescubierto el estudio de la imagen, que ha tenido desde entonces el florecimiento excepcional que todos sabemos.

Inhelder (1965) insistía ya no sólo sobre el aspecto de invención epistémica, sino sobre la función de la imagen en cuanto que hace simultáneos los fenómenos, asegura la anticipación o la evocación de las percepciones, y permite transmitir a otro configuraciones perceptivas cuando el uso del lenguaje es demasiado costoso. Este aspecto del papel funcional de las representaciones es el que adquiere hoy una importancia innegable.

Actualmente nos parece necesario mantener una cierta prudencia, porque la noción de representación es tanto más delicada de delimitar cuanto que su empleo se ha generalizado y es extremadamente variado. Hablamos de representación en sentido amplio desde que se observa que una modificación del comportamiento corresponde a una modificación del universo. En la conducta sensorio-motriz, por ejemplo, a las transformaciones exteriores corresponden transformaciones en el sujeto, sin que estas últimas sean necesariamente de naturaleza semiótica. Los estudios recientes sobre el recién nacido han contribuido en gran medida a poner de manifiesto esas representaciones infrasemióticas (aunque para designarlas nos falte siempre la palabra exacta). Sin embargo, las controversias que estos estudios han planteado muestran que conviene explicitar la actitud heurística que se adopta: está muy claro que los problemas se plantean de forma diferente si se piensa en términos de procesos formadores o, por el contrario, en términos de aparición o desaparición de algunas conductas, de presencia o ausencia de ciertas posibilidades utilizables (y no construibles) por un sujeto.

Tomada en un sentido estricto, la noción de representación conllevará para nosotros dos aspectos complementarios: la semioticidad y la posibilidad que tiene el sujeto de reflexionar sobre los fines y medios que decide asignar. Estos dos aspectos definen la función esencialmente instrumental de la representación. En este caso, la semioticidad se aborda bajo el ángulo de los tratamientos diferentes que permiten los diversos modos de representación (gesto, imagen, lenguaje). Respecto al segundo aspecto, hay representación del «cómo hacer», en particular bajo la forma de representaciones anticipadoras a las que recurre el sujeto para planificar sus conductas. Las representaciones tratan, por consiguiente, tanto sobre los caminos a seguir como sobre los resultados a los que conduce. Los dos aspectos de la representación son complementarios e indisociables: concurren a la formación de instrumentos cognitivos que se convierten, para el sujeto, en «objetos que ayudan a pensar» (*objects-to-think-with*).

Una distinción propuesta por Bresson (1987) ayudará a comprender el papel funcional de la representación: «Algunas representaciones pueden funcionar en sistemas de conductas muy diferentes, y estos sistemas, como el conjunto que constituyen, son abiertos: se pueden modificar y adaptar. Por tanto, estas representaciones parecen al mismo tiempo móviles y en alguna medida independientes de los sistemas de conductas que tratan de ellas [...] Inversamente, otras representaciones no pueden desempeñar este papel más que en el interior de un sistema de comportamientos bien determinado [...] Estas representaciones integradas en programas comportamentales se deben inferir como condiciones necesarias de los comportamientos observables a los que pertenecen».

La distinción entre «representaciones integradas» y «representaciones móviles» nos parece esclarecedora en la medida en que permita reconocer que el «"saber-hacer" implica representaciones tanto como el saber», y oponer las representaciones que funcionan en el interior de un sistema único, y por consiguiente restringido, y las representaciones móviles, *utilizadas* por un sujeto en diferentes sistemas de conductas, que hay que *utilizar* a título de instrumentos cognitivos.

En efecto, es importante tanto identificar cuándo tienen lugar representaciones específicas de ciertos «saber-hacer», como dar cuenta de resoluciones de problemas en términos de una movilidad creciente de representaciones. Esa movilidad parece garantizada por un funcionamiento intermodal, es decir, por la traducción de las representaciones de una modalidad en otra. Se observa, en efecto, que según que el sujeto realice una tarea mediante el gesto, la descripción verbal o el dibujo, inventa procedimientos y llega a resultados que pueden ser contradictorios o por lo menos plantear un problema (Ackermann, 1985). Por tanto, puede haber disparidad entre las diferentes representaciones producidas por un sujeto y es importante que, mediante la intermodalidad, el sujeto «trabaje» de alguna manera sobre sus representaciones, que se convierten entonces en «objetos que ayudan a pensar», sobre los cuales puede operar modificaciones de sus ideas iniciales. Esto puede conducir a progresos, pero también a regresiones temporales cuando un sistema de representaciones está en vías de constitución, pero no corresponde todavía a las secuencias de acciones, sobre las cuales tiene entonces un efecto perturbador (véase Blanchet, capítulo 3).

Los modelos del sujeto

Estas reflexiones sobre la noción de representación ayudarán a delimitar la significación psicológica de los «modelos del sujeto». El sujeto psicológico en situación de resolución de problemas construye «modelos *ad hoc*», locales, que utiliza tanto para organizar el encadenamiento de sus acciones, como para interpretar la situación con la que se enfrenta. Estas formas de organización difieren de las estructuras puestas hasta ahora en evidencia en psicología genética. Una vez más, estas diferencias no deben enmascarar las semejanzas. Los modelos *ad hoc* y las estructuras o modelos generales son organizaciones subyacentes a las conductas. Esencialmente garantizan también la coherencia de los conocimientos elaborados por un sujeto. Sin embargo, la coherencia del procedimiento no conlleva el carácter de estabilidad que tiene la coherencia estructural porque es el resultado más bien de modelos locales, provisionales o transitorios. Además, el marco de referencia del análisis estructural difiere del que se busca en el análisis de los procedimientos. El primero lo forman las matemáticas y la lógica consideradas en su historia y en su estado de desarrollo actual. Permite reconstruir la génesis de las categorías de la razón, inspirándose en modelos del pensamiento científico, para mostrar toda la especificidad del pensamiento natural.

El marco de referencia del análisis de los procedimietos es distinto. Hay muchas posibilidades de que esté menos unificado porque se trata de estudiar los «saber-hacer» múltiples y multiformes, ampliamente tributarios de los contextos y los contenidos. El psicólogo que trata de representarlos no puede recurrir solamente a los modelos abstractos utilizados en la psicología genética tradicional. Por el contrario, comprende que, en la perspectiva actual, los modelos de la inteligencia artificial se convierten en el nuevo marco de referencia y desempeñan para la psicología funcional el papel que las lógicas y las matemáticas han desempeñado para la psicología estructural. Este papel de la inteligencia artificial es innegable, pero plantea el problema de las relaciones entre disciplinas que tratan de esclarecer el funcionamiento del pensamiento y de la acción. La alternativa puede ser la siguiente: a) una teoría de inteligencia artificial realizada en programas, ¿constituye por sí sola una teoría del funcionamiento psicológico?. O: b) ¿la psicología no debe ver más bien en la inteligencia artificial esencialmente un instrumento y preservar la especificidad del funcionamiento psicológico y de sus modelos particulares? Si se opta por la primera perspectiva, la diferencia entre las dos disciplinas se esfuma, la inteligencia artificial se convierte *ipso facto* en productora de modelos del pensamiento natural. Por el contrario, si se adopta el segundo punto de vista (b) es posible delimitar los problemas y garantizar un intercambio interactivo entre las dos disciplinas. Por tanto, es fecundo proceder a un análisis de los procesos que conllevan necesariamente un aspecto de complejidad cualitativa, pero hay que cuidarse de no olvidar que, desde el momento en que se abandonan las formas estructuralmente organizadas del conocimiento para orientarse hacia la organización temporal de la conducta, los modelos de inteligencia artificial cuadran mejor con el análisis de lo que lo harían algunas lógicas, porque la inteligencia artificial trabaja sobre procesos teleonómicos. La aportación del análisis psicológico, tal como nosotros lo concebimos, parece situarse hoy en la descripción de modelos en formación que garantizan los heurísticos del sujeto inexperto.

El estudio psicológico de las resoluciones de problemas, y de las realizaciones de la inteligencia artificial, concierne esencialmente a la «transformación pragmática» del conocimiento en acción. Los modelos del sujeto desempeñan un papel en tanto que garantizan al mismo tiempo la acomodación de los conocimientos constituidos en función de los datos empíricos, y la guía de las acciones. En tanto que guían la acción, ejercen una función de evaluación que determina cuáles son las situaciones y acciones pertinentes, y que, por consiguiente, especifica la articulación de los medios y de los fines. Es eminentemente a través de los modelos construidos por el sujeto como se manifiesta el aspecto axiológico de las conductas cognitivas evocadas anteriormente.

Se estudiará cómo elabora el sujeto modelos *ad hoc* que constituyen acomodaciones de sus conocimientos a situaciones particulares. La función del modelo es esencialmente organizar procedimientos por medio de representaciones. Este papel de las organizaciones representativas es un problema fundamental para la inteligencia artificial y también para la psicología. Simon (1982) subraya la importancia de una «representación del problema» en las resoluciones del tipo *means-end analysis* [análisis medios-fines]. Presentando problemas algebraicos o físicos a sujetos adultos, observa que estos últimos, tanto si son expertos como novatos, producen a menudo dibujos o diagramas que les ayudan a pensar: «*Their problem-solving is done primarily by finding a good representation of the problem, which is not verbal but which is closer to a pictorial version*» [«su solución del problema se realiza primordialmente encontrando una buena representación del problema, que no es verbal, sino que está más próxima a una versión pictórica»]. Ahora bien, para Simon, una representación de ese tipo sería esencialmente una «representación semántica», una «representación semántica de significaciones». Igualmente nos vemos obligados a reconocer el papel de las representaciones en el funcionamiento psicológico, y a ver en él «representaciones significativas» que sirven para precisar y para expresar las significaciones atribuidas por los esquemas a los elementos de la situación y a las acciones del sujeto. El sujeto elabora, por tanto, organizaciones de representaciones significativas que desempeñan un papel central en la planificación progresiva de la solución en el sujeto novato. En esto es en lo que parece residir el principal papel funcional de los modelos del sujeto.

2. Una línea de investigación*

POR BÄRBEL INHELDER Y DENYS DE CAPRONA

En este capítulo vamos a basarnos esencialmente en las conductas infantiles que se pusieron de manifiesto en las investigaciones que han servido de apoyo a nuestro enfoque de los procedimientos y las representaciones de los niños. Pensamos que este tipo de exposición tiene un doble interés: por una parte, las ideas que anticipábamos en el capítulo 1 y las investigaciones que se expondrán en los capítulos siguientes reflejan una forma poco frecuente de abordar los problemas en la psicología genética, y es interesante señalar los progresos que se han hecho en este campo; por otra parte, las investigaciones cuentan con el apoyo de un rico conjunto de observaciones y experimentos que nos permitirán entender mejor su importancia.

Es necesario situarse en el centro de la microgénesis y ver los problemas que se le plantean al niño y cómo los resuelve. Conviene comenzar por los observables, y para ello no nos debe asustar el estudiar las conductas espontáneas, tal y como las elabora el niño. El observador puede delimitar nuevos observables y centrarse en las secuencias de acciones y en su encadenamiento (el problema se plantea a continuación en el apartado A). En cuanto a los comportamientos más elaborados, de entrada nos encontramos con un problema fundamental, que es el de tratar de establecer las relaciones entre los sistemas de comprensión y los procedimientos de descubrimiento (más adelante, en el apartado B). Pero lo específico de las microgénesis cognitivas es que los procedimientos se desarrollan en el tiempo subordinando los avances al objetivo perseguido, y es importante ver cómo se organizan progresivamente (apartado C). Además, cualquier planificación y organización de un desarrollo de acciones utiliza representaciones que, en lugar de ser puramente conceptuales, frecuentemente tienen una base espacial (apartado D). Por último, conviene plantear alguna hipótesis sobre los procesos que subyacen a la dirección de los avances del sujeto (véase el apartado E).

Nuestra exposición tendrá como punto de referencia una serie de investigacio-

---

* Trad. cast. de Inés Marichalar y José Luis Linaza.

nes publicadas entre 1972 y 1988, que no se abordan en los capítulos 3 al 7. Son centraciones sucesivas sobre nuevos aspectos de los procesos de descubrimiento. En ellas queda reflejado el trabajo de un equipo, con lo específico de cada uno y las convergencias propias del espíritu de equipo. En la elaboración del trabajo no ha habido una sucesión temporal en sentido estricto, pero sí una progresiva profundización dentro de un marco común de interpretación.[1] En cada investigación se puede acudir a los artículos y tesis cuyas referencias se incluyen en la bibliografía. Queremos añadir que en este mismo período de tiempo se presentaron en Ginebra cuatro tesis doctorales muy cercanas a nuestras preocupaciones: P. Mounoud (1970), M. Maier (1975), C. Dami (1975) y C. Gillièron (1976).

A. La centración en nuevos observables: las secuencias de acciones y su encadenamiento

Ordenar, clasificar, contar: la sujeto Katia

¿Cómo podemos acceder al funcionamiento cognitivo individual? Para hacerlo es necesario encontrar la forma de observar aspectos del comportamiento poco explorados hasta el momento por la psicología genética. El descubrimiento de nuevos observables representa el primer gran paso de la investigación, y tiene para el investigador una función heurística importante, pues da lugar a una disección que permite poner de manifiesto hechos psicológicos nuevos. En este caso, la centración se hizo sobre encadenamientos de acciones y sobre el desarrollo temporal del comportamiento.

Una observación de la génesis de las actividades que permiten el paso de la acción a la representación (investigación 1, Robert, Cellérier, Sinclair, 1972) hizo

1. Número y edades de los sujetos examinados:

Investigación	Número de sujetos	Edad de los sujetos
1	1	4,6
2	52	4,7 a 5,7
3a	57	3,2 a 8,10
3b	47	3,1 a 7,11
4	67	4,6 a 9,5
5	42	5 a 9
6	50	7,7 a 12,6
7	38	4 a 12
8	20	5,6 a 8,11
9	18	4,9 a 9,10
10	35	7,5 a 12,2
11	30	4 a 12
12	41	4 a 10
13	19	7 a 11
14	14	12,10 a 14,11
15	70	4 a 9

necesario un cierto cambio de enfoque. En lugar de centrarnos en los estados, es decir, en los resultados de la actividad cognitiva, y limitarnos a los bien conocidos índices estructurales que proporcionan las «colecciones figurales» (Inhelder y Piaget, 1959), nos dedicamos a observar el desarrollo de la actividad espontánea de una niña de cuatro años a la que se permitía organizar libremente y a su gusto una colección de animales: cuatro cisnes blancos, tres peces rojos y un pato. Los animales se presentaban a la niña sin ningún orden y se le invitaba a jugar con ellos libremente, sin intervención del adulto. La investigación se planteó como el estudio de un caso, basado en la observación de la actividad espontánea de la niña. El análisis de comportamientos como establecer correspondencias, clasificaciones y ordenar es muy conocido, pero era la primera vez que lo centrábamos en encadenamientos de acciones.

Observamos que, en el contexto más natural, Katia establecía alternancias, ordenaba en filas, por grupos, después, correspondencias término a término de dos elementos y luego de todos, apoyándose en la posición de dichos elementos en el espacio. El estudio del caso permitió observar el encadenamiento temporal de acciones de puesta en relación. Estos hechos muestran cómo espacio, clases, relaciones, etc., funcionan a la vez en la actividad espontánea. Antes de que el número se constituyera por abstracción de las cualidades del objeto se manifestaba una «realización» espacial de las cualidades aplicadas a dicho objeto. Estos comportamientos se interpretan como una realización psicológica de la construcción del número a partir de actividades que consisten en ordenar y reagrupar objetos según configuraciones espaciales, que tratamos como notaciones que traducen inferencias del niño. Así pudimos constatar en vivo la aparición de la acción de contar: después de múltiples ordenaciones en líneas, alternancias y parejas, Katia reagrupó todos los objetos en tres grupos alineados, luego hizo que dichos grupos formaran una única fila de objetos y, de repente, se puso a contarlos para dar un sentido al nuevo grupo (fig. 1).

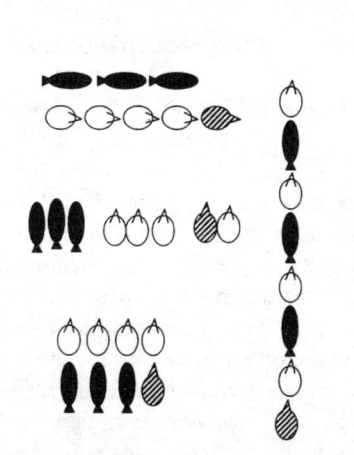

Figura 1

En este caso la enumeración tenía como objeto desposeer a los elementos de sus diferencias, diferencias cualitativas que había sido necesario establecer anteriormente, y además la enumeración, al eliminar las diferencias, se apoyaba en la disposición espacial (por ello el alineamiento) de los elementos. Aunque la investigación no estaba centrada en la construcción del número, en la microgénesis se pudo observar el desarrollo temporal de una construcción en el mismo sentido que las hipótesis de Piaget y Szeminska (1941). Pero el planteamiento central de la investigación era diferente: mientras que los trabajos anteriores mostraban cómo el niño se aleja de la espacialización de actividades elementales que anuncian la clasificación, la seriación y el número, en la investigación que estamos analizando se estudia la espacialización porque tiene una importancia fundamental en la constitución de las representaciones numéricas elementales. Más adelante veremos (apartado D) que el papel organizador del espacio nos parece de gran importancia para comprender cómo el sujeto elabora y trata los conocimientos en diversas situaciones de solución de problemas.

Ahora bien, estos resultados sólo se pueden obtener mediante la observación de actividades de una determinada duración que se desarrollen de forma natural y espontánea. En consecuencia, esta primera investigación ya planteaba el problema de la disección de las secuencias pertinentes. Mediante la observación de las pausas, los bloqueos, las explicaciones verbales, etc., se procedía a una disección secuencial de las conductas en las que se marcaba cada secuencia por la intervención de un esquema particular.

El estudio de la sujeto Katia fue el primer estudio de caso. Le siguió el estudio del sujeto Didier, que se desarrolló en varias fases, como veremos en el capítulo 5, y luego estudios referidos a grupos de sujetos en los que cada uno era estudiado en su singularidad.

Separar y reunir: las secuencias procedimentales elementales

Así pues, la novedad del método consiste en la observación del desarrollo de acciones insertas en un proceso largo. La primera investigación basada en este método de observación (investigación 2, Robert y Sinclair, 1974) consistió en presentar a niños de tres a cinco años una *tarea* que hacer. Tarea con un objetivo de éxito práctico, pero que revela unas invenciones elementales de medios basadas en las primeras inferencias. Esta investigación permite observar cómo descubre el niño que puede modificar la forma de un objeto para adaptarlo a un fin, lo que constituye un precedente importante de la elaboración de procedimientos.

La tarea comprende situaciones principales que implican acciones opuestas, pero que dan lugar a *feedback* en la actividad cognitiva: fragmentar una bola de plastilina muy grande a fin de hacerla pasar por un agujero hecho en una caja de plástico transparente (un acuario) y alimentar así a los animales (patos y peces); hacer una bola con trocitos pequeños para ponerlos en una cesta de rejilla. La consigna («¿podrías dar de comer a los animales con la bola grande?» o «¿podrías poner todos los trozos en la cesta sin que los trozos pequeños se cayeran?») se da a un primer grupo de sujetos, mientras que los sujetos del segundo grupo son libres de utilizar el material como mejor les parece, antes de proponer al niño la consigna, en el caso de que no llegue espontáneamente al proyecto correspondiente. Luego, es posible observar e inventariar sus acciones espontáneas a fin de señalar en el segundo grupo de sujetos cuáles se utilizan en la resolución de la tarea. Así, se pueden identificar las acciones pertinentes y ver hasta qué punto la invención de los medios modifica los esquemas existentes. No se trata de comparar los logros, las ejecuciones de grupos de sujetos, sino de establecer categorías de sujetos en función del grado de resolución de la tarea. Se da un tiempo para observar lo que pasa con el fin de abrirse a las novedades y a la originalidad de las conductas del niño. La identificación de un conjunto de acciones pertinentes y de invenciones recurrentes de medios permite reconstruir, desde el punto de vista del observador, los encadenamientos de acciones necesarios para cumplir la tarea.

Vamos a entrar un poco en el detalle de las conductas, pues esta investigación ilustra las descripciones finas de un estudio microgenético.

¿Cómo actúa el niño de tres a cinco años en una situación tan elemental? El niño sabe muy bien dividir en trocitos una bola de plastilina y volver a hacer una bola con ellos, y a menudo practica estas actividades. Lo sorprendente es que no llega a utilizar de forma espontánea estos esquemas como medios para conseguir un fin concreto. Por familiares que sean los esquemas, no se utilizan inmediatamente de forma adecuada. De hecho, el niño se dedica a actividades diversas que no conducen directamente al éxito en la tarea.

Dichas actividades muestran tres formas de proceder. En primer lugar, el niño multiplicará sus actividades antes de que se le dé la consigna o de que él la «descubra» espontáneamente. Llevará a cabo actividades espontáneas sobre los elementos, que a menudo tienen como finalidad un juego simbólico, o actividades en las que se relacionen las dos partes de la situación (el niño transforma la plastilina en animales, o la hace rodar en una zona divisoria entre las dos colecciones de animales). Al hacer esto el niño activa el conjunto de acciones pertinentes para la situación, lo que le permitirá elegir y componer las más significativas para conseguir su objetivo.

En segundo lugar, el niño puede intentar esbozar la solución, pero sin inventar medios para alcanzar el objetivo: por ejemplo, simplemente colocará la bola en el agujero del acuario, o pondrá un trocito de plastilina en el centro de cada agujero de la cesta, sin levantarla.

En tercer lugar, el niño inventará procedimientos de relación orientados a la solución, que serán diferentes según actúen sobre el material transformable (la plastilina) o sobre el material fijo (el acuario y la cesta) considerado un obstáculo a eliminar, modificar o soslayar. Por ejemplo, el niño «fuerza» el paso de la plastilina por el agujero del acuario empujando la bola, o la hace rodar y la aprieta con la idea de que así se hará más pequeña («la voy a hacer rodar y así se hará más pequeña»). En la situación de la cesta, echa de golpe todos los trocitos en ella, los pone en un rinconcito de la cesta o hace rodar un pedacito para hacerlo más grande («la mano hace que se haga más grande»). Al reflexionar sobre el acuario y la cesta, el niño trata de eliminar el obstáculo (retira el acuario o saca los animales y los pone cerca de la bola; propone coger otro cesto «que no tenga agujeros») o de modificar el material (quiere hacer un agujero más grande en el acuario o romperlo para hacer una puerta, o bien hacer un fondo al cesto o tapar los agujeros. En cuanto a las actividades consistentes en soslayar el obstáculo, una de ellas consiste en relacionar las dos partes del experimento reuniendo todos los elementos (el niño mete todos los trozos en el pequeño acuario y éste en la cesta, mete los trocitos de plastilina en la cesta, luego en el acuario, y de nuevo en la cesta poniendo las manos debajo).

Una vez enumeradas, estas conductas pueden analizarse desde el punto de vista de su encadenamiento en busca de la solución. Los casos más interesantes son los que alcanzan el éxito mediante el tanteo.

El encadenamiento de acciones parece seguir las siguientes etapas:

1) En primer lugar, el niño se hace una primera representación del estado final y sus acciones fijan el objetivo que hay que alcanzar más que el medio para hacerlo. Relaciona los distintos elementos: por ejemplo, hace un pastel con la bola, coge un trocito de plastilina y lo pone debajo del acuario; o pone todas las miguitas de plastilina en la cesta y, según se van cayendo, las vuelve a poner en la cesta, como si el hecho de «meterlas dentro» y de «meterlas todas juntas» bastara para hacer que no se salieran. Por tanto, esta primera representación da lugar a acciones de acercamiento de los trozos (ponerlos juntos, ponerlos dentro).

2) Luego el niño parece buscar el «buen» elemento susceptible de ser introducido en el acuario o transportado en la cesta. La representación inicial da lugar a acciones diferenciadas en función de propiedades de los elementos, pero sin que el tamaño (modificable) se tenga necesariamente en cuenta.

3) Como consecuencia del resultado de las acciones anteriores, el niño toma conciencia de que las dimensiones de los elementos tienen importancia para la solución del problema y entonces hace comparaciones. Se trata de comparaciones, que al principio no son funcionales, entre tamaños absolutos («es grande», sin que el niño se dé cuenta de que puede hacer trocitos de la bola para meterlos en el acuario) y después funcionales: («esto se puede hacer más pequeño»). Es evidente que estas comparaciones funcionales son las más importantes para resolver la tarea, pues suponen que el objeto se puede modificar.

En cada etapa de la solución, las representaciones y las acciones interactúan, permitiendo al niño afinar. Se estudian así las acomodaciones sucesivas de los esquemas del sujeto y los esbozos de control en la invención de los medios necesarios para la realización de la tarea. Ello permite seguir el «recorrido del comportamiento» que, desde una representación inicial del objetivo y la constatación de los primeros resultados de la acción, lleva al sujeto a inventar medios elementales que, en este caso, son las acciones que sirven para alcanzar el objetivo.

La investigación 2 muestra cómo unos esquemas elementales (dividir, hacer rodar, hacer una bola) permiten establecer los primeros medios para cumplir una tarea. Todo ello exige el paso de conductas sensoriomotrices, que suponen una lógica de los significados propia de la acción (Piaget y García, 1987), a conductas que se apoyan en las primeras representaciones del «qué hacer» para conseguir un objetivo.

Diversas formas de atravesar un río o subir un piso

La investigación 3 (Kilcher y Robert, 1977) está basada en situaciones que, a la vez, permiten describir procedimientos para hacerse una idea de su variedad y delimitar mejor lo que se pone en juego en un estudio procedimental. Los procedimientos, como sucesión de acciones finalizadas, se distinguen de los resultados, que sólo informan sobre las soluciones aportadas a una tarea y no sobre los avances del sujeto. La existencia de diversos avances que conducen a una misma solución justifica tal distinción y pone en evidencia el interés de un estudio de los procedimientos subyacentes a un determinado resultado.

Para mostrar la existencia de diversos procedimientos, describir sus formas de organización, sus modificaciones en función de un determinado material y su aplicación a contextos nuevos, es decir, las transferencias parciales a que dan lugar, es importante presentar a los sujetos diferentes situaciones. La investigación 3 también consiste en presentar dos tareas que ofrecen la posibilidad de varias soluciones y avances que llevarán al sujeto a acomodar sus esquemas a las propiedades del material.

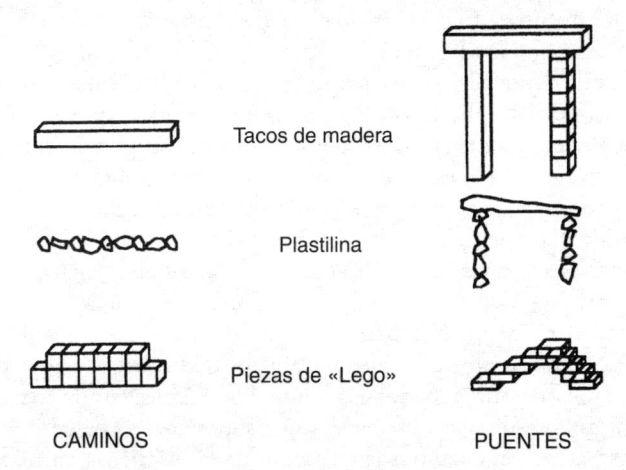

Figura 2

En el experimento llamado de los «puentes» (fig. 2), una cinta azul representa un río por el que el niño tiene que hacer cruzar a una muñeca; la consigna se limita a preguntar «qué se puede hacer para que la muñeca pase el otro lado», sin ofrecer una representación del medio que hay que inventar (sin decir que «hay que construir un puente»); el sujeto debe resolver la tarea sucesivamente y por separado con ayuda de diversos materiales (elementos de madera, piezas de «Lego» y plastilina).

En el experimento de las «escaleras» (fig. 3) se presenta al sujeto un cartón vertical en el que están dibujadas las ventanas de una casa sin puerta, y se le pide que construya «algo para que el hombrecito pueda entrar en su casa por una de las ventanas». Como en el caso de los «puentes» el sujeto debe resolver una misma tarea sucesivamente con ayuda de cubos, plaquetas y bastoncillos de distintos tamaños. Sin embargo, mientras que el experimento de los puentes da lugar a diversas acciones (apilar los bloques de madera, encajar las piezas de «Lego», moldear y pegar o enrollar la plastilina), el sujeto en este caso sólo procede a apilar elementos de la misma naturaleza pero de diferente tamaño, que es lo que constituye toda la dificultad de la tarea.

Figura 3

Estas tareas dan lugar a una gran diversidad de acciones elementales y de combinaciones de medios y fines. Esta diversidad se ve favorecida por la escasa intervención del experimentador, que deja que la actividad del niño se desarrolle de la forma más libre posible, permitiendo así que las actividades cognitivas se desplieguen de forma natural y favoreciendo la representación del fin y de los medios que el propio sujeto construye. Este método permite estudiar desde una edad muy temprana (tres años) las relaciones entre acción y representación. Es importante estudiar con toda la atención requerida estas primeras manifestaciones de la actividad procedimental, que tiene ciertos orígenes sensoriomotores, pero que es especialmente interesante observar en las edades en que los encadenamientos de acciones comienzan a conjugarse con representaciones semióticas.

¿Qué hace el niño? En el experimento de los «puentes» actúa de dos formas: contruye «caminos» o alineamientos de objetos que unen el punto de partida y el de llegada por acciones repetidas, o construye puentes en los que se combinan construcciones horizontales y verticales que suponen una descomposición de la tarea en dos partes. En cuanto a la situación de las escaleras, da lugar a diversas construcciones, apilar por simple repetición de la acción de «poner sobre» (para «hacer una altura»), construcciones en las que el sujeto trata de mantener en equilibrio una placa sobre otra con un descalce máximo (para «que se sostengan»), construcciones en las que el descalce se establece de forma empírica en función del conjunto de la construcción: las placas grandes abajo y las pequeñas arriba, construcciones en las que el orden del tamaño de las placas se establece por comparaciones sistemáticas y construcciones de diferentes tamaños con placas únicas y plataformas-unidad.

La observación de las formas de actuar del sujeto permite identificar procedimientos que difieren, sobre todo, en cuanto a la importancia que tiene en ellos la representación. El procedimiento más elemental consiste en rellenar el espacio entre el punto de partida y el de llegada sobre la base de la experiencia vivida (igual que al andar un paso sigue al otro), sin que el sujeto se represente previamente toda la construcción. En el otro extremo se encuentra el procedimiento basado en una reflexión organizada en el que no sólo hay una representación del resultado final, sino también de las posibles dificultades en la disposición de los medios.

¿Qué transferencias hay que hacer cuando hay un cambio del material que se pone a disposición del niño? Cuando esto ocurre es necesario hacer una abstracción de las propiedades generales de los medios. El niño no puede transferir sin más los procedimientos que llevan a un resultado concreto, pues debe tener en cuenta nuevos materiales. Por ejemplo, un sujeto de cuatro años acababa de construir correctamente un cruce encajando una serie de piezas de «Lego». Cuando se le dieron unos cubos y barras, trató de que se mantuvieran en pie para construir un nuevo cruce y luego abandonó el intento confesando su fracaso. Por el contrario, un sujeto de seis años que había empezado con las barras y los cubos y había elegido una barra para hacer el cruce cogió las «Lego», descubrió que eran más pequeñas, luego cogió dos, las manipuló y descubrió la forma de encajarlas para hacer el cruce. En este caso es la propiedad general del medio (construir o utilizar un objeto suficientemente alargado como para permitir la travesía) lo que se descubre y transfiere.

La primera fase de las investigaciones permitió captar las consecuencias procedimentales y descubrir la fecundidad de un análisis de la microgénesis. Como veremos en los capítulos 4 y 5, este tipo de análisis trata de inferir los significados atribuidos por los sujetos a los objetos y a sus acciones. Por supuesto, no se trata de significados de lo real interpretado por el sujeto, tal y como pusieron de manifiesto anteriormente la psicología y la epistemología genéticas, sino de significados particulares de las acciones orientados a un fin concreto.

En general, los procesos psicológicos en juego en las tareas elementales que acabamos de describir ponen de manifiesto el papel desempeñado por los esquemas procedimentales y las relaciones entre procedimientos y significados subyacentes. Un proceso esencial es, en efecto, que tal o cual esquema, en el curso de una solución, da un sentido a la situación (es decir, a los objetos y acciones) y es susceptible de cambiar él mismo de significado. Así se puede abordar el tema de la transferencia de esquemas a nuevas situaciones: un esquema con un significado inicial fijo puede llegar a ser progresivamente multifuncional (o por el contrario, varios esquemas al coordinarse pueden adquirir un nuevo y único significado).

B. Procedimientos de descubrimiento y sistemas de comprensión

Las investigaciones expuestas en el apartado anterior se remontan a los medios cognitivos elaborados entre los tres y los cinco años, y permiten comprender mejor la organización de las secuencias más articuladas que aparecen con posterioridad. Pero estos medios son aún muy «cortos», y un cierto número de investigaciones muestran cómo se elaboran secuencias procedimentales o encadenamientos de secuencias más extensos, cuáles son sus formas de organización y qué relaciones tienen con los sistemas responsables de la comprensión. Nos volvemos a encontrar así con el problema de las relaciones entre estructuras y procedimientos, esquemas presentativos y procedimentales, presentado en el capítulo 1.

«If you want to get ahead, get a theory!»

Las microgénesis son un terreno privilegiado para el estudio de los procedimientos que se ponen en juego en la adquisición de la destreza que conduce a los conocimientos. Pero entonces se plantea un problema mayor: ¿estos procedimientos reflejan directamente la comprensión subyacente o los procedimientos de descubrimiento son por sí mismos creadores de novedades? Para responder a esta cuestión fue necesario cambiar las perspectivas de las investigaciones ginebrinas. Al recibir un artículo en el que se exponía la investigación 4 (Karmiloff-Smith e Inhelder, 1974-1975), Bruner llegó a hablar de un cambio de paradigma en Ginebra. Esta investigación pone en evidencia el papel que desempeñan en la resolución de problemas las formas de interpretación llamadas «teorías en acción», para significar que se trata de sistemas implícitos en la acción que pueden manifestarse en anticipaciones no tematizadas, y que se basan en un principio subyacente.

Un experimento realizado sobre un dispositivo físico sencillo muestra que, efectivamente, la dinámica del descubrimiento procede de una especie de alternancia entre teorías en acción y tanteos exploratorios dirigidos a delimitar las acciones del sujeto y las propiedades del objeto.

El experimento (fig. 4a) consiste en pedir al sujeto que consiga que se mantengan en equilibrio dos piezas alargadas sobre un soporte estrecho («para que no se caigan»). En algunas piezas el peso está distribuido de forma homogénea (el centro de gravedad coincide con el centro geométrico), en otras es más acusado en uno de los extremos, de forma evidente u oculta. La dificultad procede, precisamente, de esta diferencia de lastre, y en determinados casos se acentúa porque el lastre no es evidente, y así el efecto de los primeros intentos de puesta en equilibrio contradecía enseguida las anticipaciones previas e inducía a descubrir soluciones nuevas.

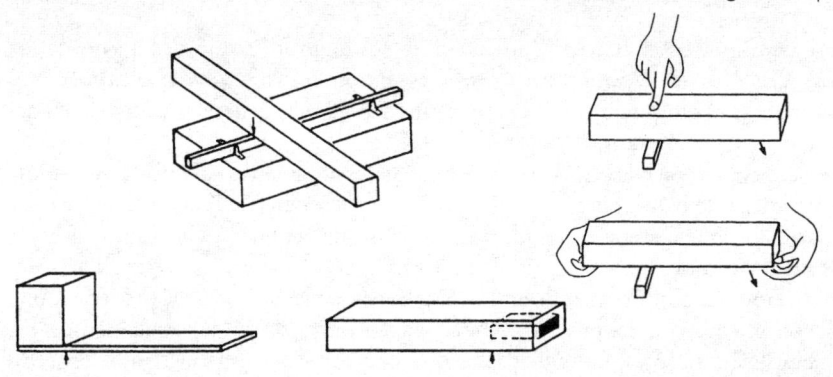

Figura 4a. Dispositivos   Figura 4b. Gestos del niño

En este experimento la atención del observador se centra no sólo en las secuencias de acciones, sino también en la forma de reaccionar el niño ante los resultados de sus manipulaciones. Las reacciones del niño, que él interpreta como éxito o fracaso, parecen revelar la existencia de teorías en acción. ¿En qué consisten estas teorías? Se rigen por dos principios: el niño actúa según el principio del centro geométrico y coloca la pieza sobre la barra apoyada en el centro para conseguir el equilibrio, antes de descubrir progresivamente, por un cambio de teoría implícita, que el equilibrio se consigue mediante el principio del centro de gravedad, por supuesto sin tematizarlo.

En un grupo de niños de cuatro a nueve años, los más pequeños con frecuencia comienzan colocando el bloque de cualquier manera sobre la barra. Asombrados porque se cae, vuelven a colocarlo apoyando su dedo con fuerza sobre el bloque, demostrando con ello la indiferenciación de su acción y de las propiedades del objeto (fig. 4b).

Estos fracasos inesperados y repetidos a menudo incitan al niño a abandonar momentáneamente la consecución de su objetivo, para analizar meticulosamente las propiedades de los bloques que coloca a lo largo, a lo ancho, de pie sobre la barra. Algunos niños siguen con esta exploración incluso después de conseguir un buen resultado por primera vez, como si intentaran comprender plenamente el porqué de ese resultado. Esta búsqueda al principio es sensoriomotriz y propioceptiva: cogen con los dedos los dos extremos del bloque, lo balancean mediante ajustes progresivos hasta que encuentran el equilibrio.

Los niños de seis a ocho años proceden de otra forma: colocan los bloques sistemáticamente apoyados en el centro geométrico y si algunos bloques no responden a sus previsiones exclaman sorprendidos: «¿Qué ha pasado? Esto funcionaba hasta ahora», y siguen haciendo lo mismo contentándose con hacer pequeños ajustes. Sin embargo, basta con pedirles que cierren los ojos para que recurran al procedimiento propioceptivo de los más pequeños, lo que no les impide, al abrir los ojos, volver a colocar el mismo bloque apoyado en su centro geométrico. Parece como si los niños hubiesen construido una teoría en acción según la cual cualquier bloque se equilibra en el centro geométrico de su longitud, como decía uno de los niños: *«Los bloques se equilibran siempre cuando se los coloca en el medio».*

¿Cómo se abandonará o integrará en una teoría más general esta teoría en acción tan persistente aunque raramente confirmada por la observación?

Podemos plantearnos qué papel desempeñan las «respuestas» del objeto y la toma de conciencia de la acción. Los éxitos prácticos permiten al sujeto establecer unas regularidades que aparecen cuando la repetición de las mismas acciones da lugar a los mismos resultados positivos. Sin embargo, en determinadas fases de la solución de la tarea, el niño abandona los objetivos que se ha fijado y procede a una exploración empírica del procedimiento o de las propiedades de los elementos. En los ejemplos anteriores, el éxito da lugar a una investigación relativa al procedimiento (apretar el bloque con el dedo para conseguir que se mantenga en equilibrio, o sujetarlo por los extremos) o a las propiedades del objeto (encontrar la posición de equilibrio con los ojos cerrados, por ajustes sucesivos). Los éxitos, al provocar las fases de exploración, dan lugar a nuevos observables y son en sí mismos condiciones del progreso, pues dan lugar a una investigación de qué es lo que provoca el fracaso. Así, fenómenos que en principio se consideraban excepciones adquieren a su vez una regularidad.

Pero es necesario que los nuevos observables tengan la característica de negar un sistema basándose en otro. En principio los sujetos tratan de dar cuenta de los fenómenos mediante una teoría general implícita, a la que se aferran hasta el punto de sobregeneralizarla. Después, cuando tienen en cuenta un hecho imprevisto, descubren poco a poco que tiene sus regularidades y crean una teoría distinta de la que estaban utilizando hasta entonces. En general, es preciso tomar conciencia de determinadas regularidades para dar sentido a las excepciones en función de una nueva teoría implícita.

Procedimientos y explicación

La investigación 5 (Montangero, 1977) retoma problemas análogos a los de la investigación anterior, demostrando la pertinencia de las distinciones propuestas por Piaget para dar cuenta de la dinámica entre éxito y comprensión. Como ya veíamos en el capítulo 1, los esquemas presentativos expresan propiedades permanentes y simultáneas, mientras que los esquemas procedimentales constituyen medios para conseguir una meta. Como en la investigación 4, se trata de establecer qué relaciones mantienen los principios de explicación y los procedimientos, pero basándose esta vez en la distinción entre esquemas presentativos y esquemas procedimentales. Este problema se aborda en un contexto de experimentación física.

Se trata de una tarea de elevación del nivel del agua mediante la inmersión de objetos. Utilizada en psicología genética para estudiar las explicaciones causales en el niño (Piaget, 1927), la disociación de las relaciones de peso y volumen (Piaget e Inhelder, 1941) y el principio de flotación de los cuerpos (Inhelder, 1955), esta tarea tiene la ventaja de ser bien conocida en cuanto a las explicaciones que el niño da y a los principios que las sostienen.

El material consta de dos recipientes idénticos, B1 y B2, en los que aparecen dos marcas de nivel, 1 y 2, y tres tipos de objetos a sumergir: cubos de tres cm de arista (rojos: unos llenos de plastilina y otros abiertos y lastrados, de forma que al llenarse de agua caen al fondo del recipiente; y amarillos: cerrados pero vacíos, que por tanto flotan); bolas de diferentes diámetros (cinco de plomo y cinco de plastilina) y una reserva de plastilina.

El análisis trata de identificar las conductas que aparecen en cada parte del experimento y de describir las secuencias procedimentales propias de sujetos individuales. Las conductas son de dos tipos:

1) En la parte 1, un primer tipo de conducta es aquella en la que el sujeto se marca un objetivo que implica una pequeña planificación y exploración de los objetos. Por ejemplo, un niño de seis años se fija como objetivo conseguir una diferencia de nivel entre B1 y B2 utilizando objetos de la misma clase (cubos o bolas), pero con efectos distintos. Sumerge un cubo lleno y cerrado en B1, y en B2 uno abierto y lastrado en el que entra agua. Después de sacar los cubos, reproduce esta configuración metiendo una bola de plomo grande en B1 y una pequeña en B2. Al no ser visible la diferencia de volúmenes, retira la pequeña bola de plomo de B2 y pone la grande que tenía en B1; después sumerge el cubo lleno de plastilina en B1. Tenemos entonces: cubo en B1 con un nivel más alto, y bola grande de plomo en B2 con un nivel más bajo. El niño saca entonces los dos objetos, los compara sopesándolos («el plomo pesa más»), los sumerge de nuevo y, en función de su principio de explicación (basado en la dinámica de peso y no en la de volumen), estima que es la naturaleza la que se equivoca: «¡Pero es falso!, porque esto (el cubo lleno de plastilina) es menos pesado que esto (la bola de plomo) y es esto (el cubo lleno de plastilina) lo que tiene más agua!». Las explicaciones ofrecidas por el niño se pueden interpretar en términos de un esquema presentativo basado en el peso como único factor de la subida del líquido. Las conductas observadas también hacen intervenir esquemas procedimentales, que son esencialmente responsables de la organización de la conducta.

2) En una segunda forma de proceder, el niño se deja guiar por aproximación a un objetivo que no consiste en otra cosa que obtener un resultado determinado (altura del nivel del agua). Cuando la consigna incita simplemente a la libre experimentación, el sujeto se fija el objetivo de hacer subir el nivel de uno de los recipientes. Por ejemplo, el niño citado anteriormente sigue realizando la tarea a través de las siguientes secuencias: sumerge dos bolas de plomo grandes y luego un cubo lastrado y abierto en B2 («Hay más aquí [B2]»); mete un cubo lastrado en B1 y observa que «es aquí (B1) donde hay más»; multiplica los ensayos observando los resultados; finalmente se fija el objetivo de hacer subir el agua hasta el nivel 2. En este tipo de conducta los procedimientos se ven sometidos constantemente a los resultados que el sujeto obtiene sucesivamente y que son etapas orientadas

a conseguir el objetivo. Por tanto, es la actividad procedimental la que predomina, y su función esencial es la de corregir un estado obtenido anteriormente. Esta forma de actuar se encuentra en la parte 2 del experimento, pues corresponde a lo que se pide en la consigna.

Un mismo sujeto puede pasar del tipo de conducta a) al b) durante la realización de la parte 1. Es interesante señalar que en el conjunto de los sujetos los esquemas procedimentales son relativamente independientes de los esquemas presentativos en el sentido de que su utilización no está relacionada con un tipo de explicación preciso del nivel del agua.

En la parte 3 del experimento, en la que se trata de conseguir que B2 alcance el nivel de B1, el sujeto no tiene que elegir entre dos elementos, sino inventar nuevos medios (abrir los bloques cerrados y lastrarlos). La invención de nuevos medios supone que el objetivo, de alguna forma, se desdobla: el sujeto comprende que hay que elegir un cubo cerrado, es decir, que ocupe lugar, si se quiere que suba el nivel, y que es necesario sumergir dicho cubo, lo que le crea dificultades, pues los cubos cerrados de que dispone flotan, por lo tanto hay que abrirlos y lastrarlos. Estas dificultades son fuente de actividades procedimentales intensas que incitan a un ejercicio de los esquemas procedimentales en sí mismos, con independencia de los presentativos.

La investigación 5 permite distinguir diversos tipos de interacción entre el plano de la acción acabada y las representaciones conceptuales. En unos términos diferentes de los de la investigación 4, llega a una conclusión parecida: un esquema presentativo sólo se modificará si los resultados de las acciones no sancionan simplemente un éxito o un fracaso, sino que crean también observables imprevistos. Desde esta perspectiva, las dificultades encontradas por un sujeto, la lectura de unos resultados inesperados, modifican la acción y, por ello, «aumentan la probabilidad de nuevas constantes en el marco de situaciones "privilegiadas" que permiten más fácilmente que otras una reestructuración conceptual del problema» (Montangero, 1977).

En lo referente a la microgénesis, nos volvemos a encontrar con las conclusiones de la investigación 4: los avances del sujeto alternan entre unos procedimientos dirigidos a la consecución de un objetivo y una exploración de los medios como tales. Además, la solución de un problema supone que los esquemas procedimentales se descomponen y ejercitan por separado. Por tanto, puede haber independencia de los procedimientos y la comprensión de las nociones. En los experimentos que hacen los niños en la parte 1, un mismo principio de explicación (el peso, por ejemplo) puede acompañarse de procedimientos muy diversos. Únicamente cuando los sujetos se acercan a un tratamiento de la experiencia por el razonamiento, los esquemas procedimentales están estrechamente relacionados con los esquemas presentativos, como en la investigación 4, en la que los procedimientos del niño dependen de «teorías en acción» subyacentes.

Las investigaciones 4 y 5 permiten plantear el problema de las relaciones entre procedimientos y sistemas de comprensión subyacentes a la acción. Estas investigaciones demuestran que los aspectos nocionales y los aspectos procedimentales del conocimiento se ejercen de forma independiente o concertante. Al parecer hay independencia mientras un esquema presentativo se aplica tal cual, sin que se explicite ni cuestione, e interdependencia cuando las exploraciones procedimentales llevan a modificar el esquema presentativo.

C. La organización temporal de la conducta, o, ¿cómo empezar por el final?

Planificar un avance es tener en mente un objetivo y organizar las acciones en función de un orden, en avances precursivos o teleonómicos. Es posible abordar la cuestión de la organización temporal de la conducta, es decir, del orden de acciones en encadenamientos que provocan la intervención de avances anticipatorios, presentando al niño tareas que impliquen una lógica oculta basada en la noción de orden (investigaciones 7, 8 y 9).

Además, hay que tener en cuenta la importancia de los procedimientos indirectos en la organización temporal de la conducta. Al resolver un problema, el sujeto procede a una articulación de subobjetivos, con retrocesos, rodeos, subobjetivos que, aparentemente, se alejan del objetivo. Este tipo de organizaciones, al diferir el acceso al objetivo, enriquecen procedimientos demasiado lineales y a veces ineficaces. Este problema es el tema de la investigación 10.

Además, todas las conductas manifestadas en el marco de estas investigaciones pertenecen a la clase de las conductas acabadas. En consecuencia, es conveniente abordar en primer lugar los métodos que permiten estudiar dichas conductas (investigación 6).

¿Cómo poner de manifiesto las conductas acabadas?

El estudio de los procedimientos plantea un problema metodológico específico, ya que se trata de obtener los medios experimentales para acceder al desarrollo de la conducta. La investigación 6 (Blanchet, 1977) trata de precisar la metodología de un estudio de los procedimientos que dé acceso al desarrollo de la conducta cuando el sujeto se enfrenta a una situación en la que tiene que alcanzar un objetivo concreto.

La elección del experimento dependerá de dos exigencias elementales: será necesario elegir situaciones que permitan un gran número de manipulaciones y ofrezcan un objetivo que haya que alcanzar. Una vez satisfechas esas exigencias, el método de experimentación específico para las situaciones de resolución del problema consistirá en hacer variar el entorno del problema para acceder mejor al espacio de problema del propio sujeto (para esta distinción véase capítulo 1). Esta variación debe referirse a las limitaciones propias de una determinada situación y, en consecuencia, a la libertad que éstas permiten a las actividades del sujeto y al grado de finalización de dichas actividades. En un experimento *princeps* sobre el equilibrio de un móvil, se pueden imaginar y aplicar cuatro técnicas interdependientes que representan cuatro posibles variaciones de esta situación concreta.

Supongamos un móvil formado por cuatro barras unidas por hilos provistos de pinzas (fig. 5).

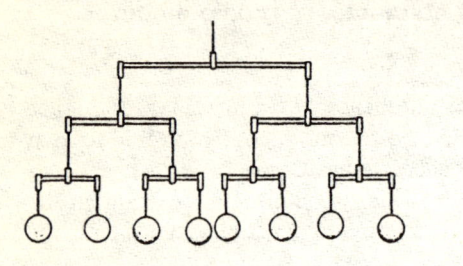

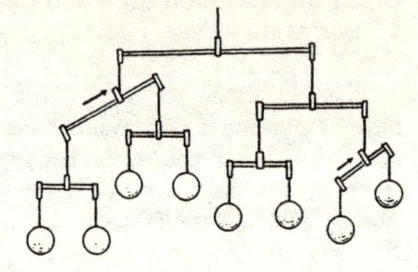

Figura 5

En las barras inferiores se pueden colgar bolas. Hay dos formas de modificar el equilibrio del móvil: por el desplazamiento de una de las barras de suspensión o colgando una bola. Una primera técnica de trabajo consiste en hacer anticipar al sujeto el efecto de una modificación introducida en el sistema en equilibrio, sin que haya manipulación por parte del niño.

Una segunda técnica consiste en dar un objetivo a alcanzar a partir del móvil (añadir una bola o restaurar el equilibrio del móvil anteriormente roto por el experimentador). El objetivo es muy concreto, ya que el niño ha visto el estado final antes de que el experimentador desequilibre el móvil.

Para no imponer un objetivo al sujeto, una tercera técnica consiste simplemente en proponerle juegos a partir del móvil.

Por último, para liberar al sujeto de las dificultades inherentes a un material ya preorganizado al comienzo de la experiencia, una cuarta técnica invita al niño a hacer construcciones con los elementos desordenados. La forma de construcción es aparentemente libre, sólo se le imponen las reglas de construcción (utilizar todo el material, hacer que todas las barras sean horizontales, poner al menos una pinza en cada extremo de las barras. Esta última técnica, basada en unas limitaciones puramente prácticas (que con frecuencia el sujeto se toma la libertad de ignorar en parte), es la que nos puede ofrecer mejor información sobre el desarrollo de la conducta. Volvamos a esbozar las etapas que llevan a este enfoque.

De la técnica 1 a la 4 hay una disminución progresiva de las limitaciones y una gradación controlada de la parte que se concede a las actividades espontáneas del sujeto. La investigación demuestra que es necesario favorecer estas actividades si se quiere acceder a los procesos finales en juego para resolver el problema.

Para alcanzar este objetivo es necesario que se dé la interacción entre acción y representación, esencial para la resolución de problemas. La técnica 2 (dar un objetivo que hay que realizar en el móvil ya construido) permite observar *conductas acabadas* que, para el análisis psicológico, tienen la doble ventaja de realizarse a la vez mediante encadenamientos de acciones y, como hay un objetivo que alcanzar, mediante representaciones anticipadoras. La dinámica entre acción y representación se hace así accesible. Permite captar mejor lo que ocurre a lo largo del experimento, sin que ello excluya consideraciones macrogenéticas: en efecto, a través del estudio de las relaciones entre esquemas y representaciones es precisamente como esta investigación consigue mostrar notables éxitos prácticos a los siete y ocho años, seguidos de numerosos fracasos a los nueve, debidos a los conflictos entre las representaciones que acompañan al progreso de la interpretación.

Pero hay que ir aún más lejos, pues en esta técnica el objetivo sigue impuesto desde el exterior y se refiere a un material preorganizado, no construido por el propio niño. Las posibilidades de solución, por tanto, se reducen y las técnicas 3 y 4 permiten que esas posibilidades resurjan. La técnica 3 (juego libre con el móvil construido) revela qué objetivo es capaz de marcarse el sujeto, sus posibilidades de invención, pero sigue siendo insuficiente para hacer evidente la planificación de las acciones, cosa que permite la técnica 4, que propone reglas de construcción.

La planificación se puede estudiar aún mejor con una técnica elaborada por una investigación que compara la solución de un problema concreto (el móvil) con la solución del problema en una situación simbólica (programación LOGO). En este experimento (Blanchet, 1988), las dificultades de la planificación se modifican de dos formas: se proponen al niño diferentes objetivos con el fin de variar la complejidad de las construcciones que tiene que realizar, y dos condiciones experimentales permiten cambiar el tipo de información que el sujeto puede recibir durante la construcción.

En la técnica 4 sólo se dan reglas de construcción sin que un estado-objetivo permita al niño constatar fácilmente su éxito o fracaso. En la técnica que estamos analizando sólo se da una regla. Las posibilidades de construcción, sin embargo, son más reducidas, porque se pide al sujeto que coloque una de las bolas (en este experimento se trata de anillas metálicas) en un punto determinado del plano de trabajo. En concreto, el experimentador fija ese punto colocando la figurita de un pájaro y el objetivo consiste en rodearla por una de las anillas del móvil. La distancia entre el objetivo y el soporte central del móvil delimita la complejidad de las construcciones posibles (con o sin ramificaciones) y su carácter simétrico o asimétrico.

Para variar el tipo de información de la que puede disponer el sujeto, el plano de trabajo puede colocarse vertical u horizontalmente. En la situación habitual (plano vertical) una barra suspendida busca automáticamente su posición de equilibrio. El sujeto puede utilizar esta información, pero también se puede sentir entorpecido por ella si no es capaz de coordinar el equilibrio local, que él puede constatar, con el equilibrio global que debe organizar. Cuando el plano de trabajo se coloca en horizontal, el niño puede disponer las barras según su propio planteamiento, sin recibir información durante la construcción. La comparación de los comportamientos de planificación en las dos condiciones experimentales permite delimitar el tipo de intercambios que el sujeto establece con el objeto en distintos niveles de desarrollo.

Esta última técnica permite controlar con más precisión la planificación del niño proponiéndole objetivos fáciles de evaluar, sin intervenir más que en las condiciones generales de la situación.

A alturas iguales, bases desiguales

En cualquier resolución de un problema conviene establecer una distinción entre lo que el sujeto sabe hacer y lo que es capaz de descubrir para ir más allá de sus propios límites. Estudiar «cómo» se lleva a cabo la apertura hacia nuevas conductas potencia el análisis microgenético. Se trata de mirar «con lupa» lo que el sujeto pone en juego para acceder a posibilidades que no tenía al principio, es decir, cómo utiliza lo que sabe hacer para aprender lo que aún no sabe cómo hacer.

Ahora nos vamos a limitar a definir las tareas que favorecen a la vez la aplicación de los conocimientos adquiridos y la creación de novedades. Así, la investigación 7 (Ackermann-Valladão, 1977) se basa en una situación de composición de alturas de objetos que supone la utilización de operaciones de orden y relación y que se ve dificultada por una serie de limitaciones que obligan al sujeto a construir igualdades con elementos desiguales. Vamos a analizar cómo superan los sujetos esas dificultades inventando avances precursores.

Como material, el sujeto dispone de una gran caja con seis casilleros en los que tendrá que construir torres apoyadas en sus bases por placas insertas en sus cajones (fig. 6).

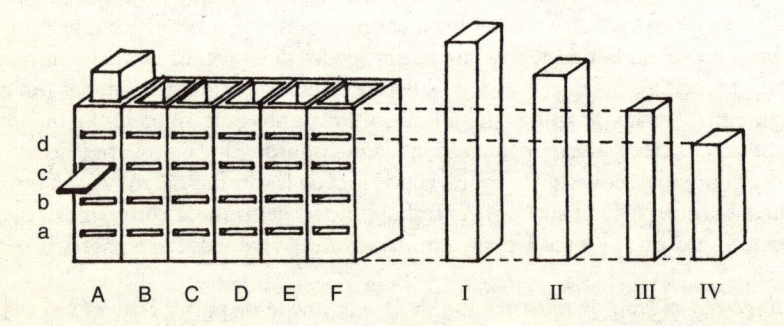

Figura 6

La tarea consiste en construir torres de la misma altura. Como ya hemos mencionado, la dificultad está en el hecho de que el niño debe construir torres iguales a partir de bloques de alturas desiguales, lo que le obliga (para conseguir la altura total) a regular la colocación de las placas dependiendo de la altura de los bloques de que dispone. Desde el punto de vista metodológico, se trata de introducir las limitaciones en el material y no en la consigna. En el análisis de las conductas, la centración se da en la materia en la que el niño se representa la tarea y, sobre todo, en la materia cuya representación evoluciona a lo largo de la solución. Estudiar cómo planifica el niño su actividad permite al investigador acceder a las representaciones subyacentes, comprobando que el niño planifica sus acciones de dos formas: bien a partir de un procedimiento único o a partir de procedimientos mixtos.

En el primer caso, las acciones están dirigidas por un plan de conjunto que se basa en una representación del estado final de la tarea, esto es, un alineamiento de alturas. Por ejemplo, un niño de siete años coloca un primer bloque (el mayor) en el primer casillero de la izquierda de la caja; la altura de la torre que obtiene de esta forma le sirve de referencia para el resto. Elige después otros dos bloques de tamaños diferentes, y anticipa correctamente la colocación de las bases para conseguir la alineación de las alturas. Cuando trata de colocar el cuarto bloque se encuentra con dificultades. Es entonces cuando tiene la idea de mantener el bloque en el aire, alineando su altura en relación con las alturas ya alineadas (así llega satisfactoriamente al estado final), lo que, a la vez, le hace evidente el lugar en el que debe colocar la base. ¡Ya no tiene que pensar en ello, pues lo está viendo! Una vez descubierto este procedimiento, lo utiliza repetidamente hasta agotar los elementos. Se trata de un procedimiento precursor en el sentido de que el desarrollo de las acciones se hace siguiendo una dirección constante en función del objetivo, y en el que cada paso es necesario para el siguiente.

En el segundo caso, los procedimientos no están coordinados por un plan de conjunto. Por ejemplo, los sujetos más jóvenes comienzan a fijar las bases insertando las plaquetas en un nivel igual o desigual, sin tener en cuenta la altura de los bloques. Un niño de cinco años insertó todas las placas en el mismo nivel, comprobó que la altura de los bloques era desigual y decidió que no podía seguir. Otro niño de cinco años continuó con la tarea llegando a un compromiso: construyó dos subplataformas de alturas diferentes, sin intentar ajustar las bases. Es como si, para intentar alcanzar el objetivo (alineamiento de las alturas), los sujetos se propusieran alinear las bases olvidándose de una variable tan evidente como la altura de los bloques. Los sujetos que comienzan por insertar las placas en los cajoncitos en distintos niveles intentan conseguir la igualdad de alturas utilizando sólo los bloques que van a encajar. Su plan de acción es local: consiste en fijar las bases para «llenar» inmediatamente el espacio hasta la altura del primer elemento colocado (referencia). Estos sujetos proceden por «complementaciones» sucesivas y no por «compensación», haciendo variar dos alturas simultáneamente.

Dadas las limitaciones del material, cualquier procedimiento que mantenga las bases fijas lleva a un callejón sin salida. Después de explorar las propiedades del material (clasificar los bloques según su altura, etc.), los niños que son capaces de resolver la tarea generalmente proceden en dos tiempos:

— en primer lugar fijan la base para hacer variar la altura,
— después mantienen fija la altura para reajustar la base.

Estos procedimientos múltiples tienen un doble interés. En primer lugar, favorecen centrar el análisis en los «planes de acción» que elabora el sujeto, y en las representaciones que pueden dar cuenta del «cómo» de la solución: el sujeto, al representarse la situación, obtiene una idea del objetivo que hay que alcanzar y elabora un primer plan de acción que luego modifica en función de las contradicciones surgidas de la experiencia. En segundo lugar, el análisis de los procedimientos nos remite a los mecanismos finos que aseguran la adquisición de nuevos conocimientos. Cuando hay procedimientos múltiples, el sujeto no hace variar simultáneamente dos elementos, como ocurre en el caso de una compensación, sino que efectúa sucesivamente los dos procedimientos. Señalemos una vez más que el sujeto procede por pasos precursivos, y la planificación permite componer poco a poco, en simultaneidad, procedimientos inicialmente sucesivos.

Los últimos serán los primeros: la coordinación del orden inverso y del orden directo

Como la investigación 7, la investigación 8 (Boser, 1978, 1982), retomada y desarrollada en el capítulo 7, se dedica a estudiar la invención de procedimientos en situaciones que implican una inversión de orden. Que el niño, a partir de los seis años, pueda hacer una alineación de objetos en orden inverso paralela a un determinado alineamiento espacial (Piaget e Inhelder, 1948) no es lo mismo que el hecho de que el sujeto tenga que inventar un procedimiento de inversión de orden como medio para resolver una tarea.

Presentamos al niño, sobre un tablero horizontal, un círculo rodeado de zonas amarillas y azules en el siguiente orden: AM1, AZ2, AM3, AZ4, AZ5 (fig. 7a).

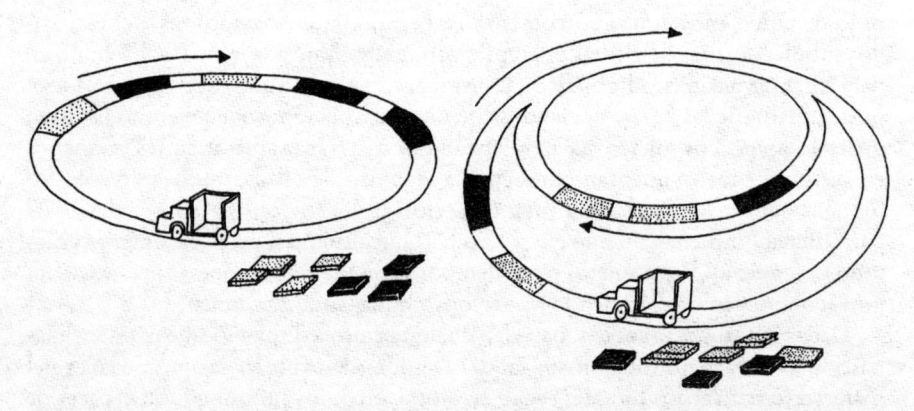

Figura 7a. Configuración sencilla   Figura 7b. Configuración compleja

El niño dispone de un camión de bloques igualmente amarillos y azules que deberá colocar en las zonas correspondientes, pero cuyo número es mayor que el número de zonas. La tarea consiste en apilar los bloques sobre el camión para poderlos descargar después cada vez que se pase delante de una zona del mismo color. La consigna especifica que el camión sólo puede avanzar en una dirección y no puede ir hacia atrás. Por tanto, el orden de carga debe ser inverso al orden de descarga: el último bloque cargado será el primero que se descargue.

Podemos pensar que esta situación no plantea *a priori* ningún problema. Esto está claro en el caso de un adulto, pero el niño de entre cinco y ocho años encuentra todo tipo de dificultades y debe inventar procedimientos cuyo análisis permite poner en evidencia los procesos resultantes de la confrontación entre planificación y realización. De hecho, para conseguir realizar la tarea con éxito el sujeto debe establecer correspondencias entre el orden de recorridos de zonas y la descarga de bloques, es decir, subordinar la idea de partida a los procedimientos de carga y descarga. Esta directriz a menudo consiste en una representación anticipatoria del trayecto de derecha a izquierda, en la que se relaciona una «zona de salida» con una «zona de llegada» y se establecen «zonas siguientes» y «zonas anteriores» en relación con las «zonas centrales» establecidas por el sujeto.

Más adelante veremos (apartado E) que esta situación y su tratamiento por el niño se prestan a un análisis en términos de procesos de control, un control «descendente» facilitado por la idea directriz que alterna con un control «ascendente» a partir de la lectura de los efectos de una acción de carga. En principio nos vamos a dedicar a describir cómo se elaboran los procedimientos y se activan los esquemas pertinentes para el problema.

Se observaron cinco formas de proceder en el niño:

1) El sujeto carga los bloques al azar. Lo hace en función de la disposición fortuita de los bloques en la mesa. Si acaso puede tener en cuenta la correspondencia de los colores, pero no inventa procedimientos en función de una idea directriz que relacione el punto de partida con la zona de llegada, y efectúa la carga activando simplemente un esquema que es «llenar» el camión.

2) El sujeto procede a establecer una dicotomía de colores. Necesita organizar la carga y el ensayo de planificación se basa en la dicotomía de los colores, cargando primero todos los bloques amarillos y después todos los azules o a la inversa. Esta conducta es frecuente, pero la propiedad que se tiene en cuenta y que permite organizar todos los elementos respetando en general la igualdad entre el número de bloques y el número de zonas, no está integrada por acciones organizadas para resolver la tarea. El sujeto se desvincula, en cierto modo, de la tarea que hay que resolver.

3) El sujeto establece parejas de zonas y bloques del mismo color. Mientras que la conducta anterior organiza los elementos mediante un esquema de dicotomía que se aplica sólo a los bloques sin referencia al problema, en esta conducta, por el contrario, la idea directriz se rige por una centración sobre los aspectos pertinentes de la situación: el sujeto se centra sobre las dos zonas azules terminales y carga los dos bloques azules correspondientes («comienzo por ahí porque hay otro azul y así es más fácil»).

4) El sujeto alterna los colores. Esta conducta, frecuente, consiste en activar el esquema de dicotomía, pero teniendo en cuenta la mezcla de zonas, que se interpreta en forma de alternancia de colores (AM, AZ, AM, AZ, AM, AZ, etc.), pero de nuevo, como en el caso 2, sin que se dé una verificación en relación con la sucesión real de las zonas.

5) El sujeto carga los bloques siguiendo el orden directo de las zonas. Esta conducta es general y, en consecuencia, tiene gran interés. Consiste en cargar los bloques en el orden directo de sucesión de las zonas, lo que permite conseguir resolver la tarea al descargar, ya que el último bloque apilado corresponde a la última zona que hay que recorrer.

6) El sujeto lleva a cabo inversiones locales de los bloques ya cargados. A partir de la conducta 5, el sujeto lee el efecto que tendrá su carga sobre la solución del problema, y procede a hacer inversiones locales de los elementos cargados en el camión. Establece, pues, un inicio de coordinación entre el orden directo y el orden inverso. Una forma más primitiva de esta conducta consiste simplemente en redistribuir después los bloques en sus zonas, pero sin modificar la carga en orden directo.

Veamos un ejemplo de la conducta 5, que es una buena ilustración de la importancia que pueden tener las representaciones anticipatorias. Un niño, que se enfrenta por primera vez con el material, coge con una mano un bloque amarillo y con la otra uno azul y los aplica a sus correspondientes zonas (AM1, AZ2) sin soltarlos. Después coloca el amarillo sobre el azul, simulando de forma activa, con sus manos, el orden de descarga (mediante una representación activa). Vuelve la cabeza para ver el emplazamiento amarillo y coloca el bloque de ese color en el fondo del camión: reconsidera la representación y efectúa la carga en el orden directo correspondiente a la sucesión de zonas. Anticipando el error, el niño se detiene, aplica de nuevo los bloques a sus zonas, se concentra, pone el amarillo sobre el azul en sus manos (orden inverso) sin mirar el camión y después los coloca juntos en el camión.

Este ejemplo sirve de ilustración a la vez para la aplicación de esquemas (correspondencia espacial, carga y descarga) y para las representaciones necesarias para los sucesivos pasos de la planificación. Debemos prestar atención a la aparición de las inversiones locales. ¿Esas inversiones suponen que el sujeto coordina el orden de las zonas con el orden de carga? Parece que las inversiones locales están relacionadas con determinadas situaciones: si se presenta otra configuración de zonas (véase fig. 7b) se ve que los sujetos de siete y ocho años que hicieron con éxito la inversión de orden en la primera tarea basan sus avances de inversión precisamente en la configuración espacial de las zonas. Cuando el orden de las zonas en el trayecto recorrido por el camión en la segunda tarea implica que se tendrían que cargar los bloques en orden inverso AM5, AM4, AZ3, AZ2, AM1, muchos niños hacen la carga en el orden AZ3, AM4, AM5, AZ2, AM1, que es el orden espacial de las zonas de derecha a izquierda. Por tanto, fracasan en esta tarea, aunque hicieron con éxito la inversión de orden en la primera situación. Las primeras soluciones prácticas del problema estarían basadas en una disposición espacial simple de los elementos, sirviendo dicho soporte espacial para formar las primeras representaciones que servirán como orientación para la solución del problema. En el apartado siguiente (D), veremos que hay varias investigaciones que demuestran la importancia del espacio en la elaboración de procedimientos.

La introducción de una nueva configuración plantea el problema de la transferencia de los conocimientos elaborados a otra situación. Se trata de determinar qué tipo de transferencia lleva a cabo el sujeto cuando dispone de un modelo sólo parcialmente elaborado, en una situación concreta: ¿se da una utilización directa del modelo o éste sufre una acomodación en función de unas determinadas situaciones nuevas?

Para abordar este tema se presentan sucesivamente a los mismos sujetos dos situaciones análogas (investigación 9, Giddey). Una se toma de la investigación 8 (camión que hay que cargar y descargar), la otra consiste en presentar al niño una plancha de madera en la que se ha hecho una hendidura en forma de herradura (el raíl o camino a seguir). A lo largo del raíl hay pintadas cuatro zonas de color (verde, rojo, verde, amarillo). Al comienzo del trayecto se coloca un vagón transparente que se abre por detrás y el niño puede poner dentro algunos elementos que simulen paquetes. La consigna que se da al niño es la misma que en la primera situación: colocar en cada zona un elemento del color correspondiente, pero está prohibido volver atrás. Un grupo de sujetos pasa los experimentos en el orden de C (situación del camión) a T (situación del tren), el otro en el sentido de T a C.

En la solución de la primera tarea presentada (se trata de T o de C), se observa que en todas las edades el orden directo aparece después de la dicotomía y la alternancia. En la segunda tarea destacan dos fenómenos interesantes. En primer lugar, la dicotomía aparece en la tarea C cuando se presenta después de T, pero no a la inversa: cuando T se presenta en segundo lugar la situación no es «familiar» para ese esquema y por tanto no se aplica. En segundo lugar, el esquema de alternancia no se activa cuando C se presenta como segunda tarea: como no es natural en la situación T (nunca aparece en ese contexto) no forma parte del repertorio de esquemas utilizados por el sujeto después de la primera tarea. La conclusión que podemos sacar de estos dos fenómenos es que la aparición de un esquema depende a la vez de la propia situación (que debe ser «familiar») y del repertorio de esquemas creado para la solución de una tarea anterior. Además, si el procedimiento elaborado en la primera situación no está suficientemente completo como para que se aplique directamente, el sujeto podrá recurrir a título heurístico a esquemas ya activados en la primera situación pero que no «forman parte» del procedimiento, por ejemplo, el esquema de dicotomía se podrá reactivar en la situación T incluso después de que se abandone en el curso de la solución de la tarea anterior C.

En cuanto a la transferencia de conocimientos de una situación a otra, podemos inferir que los sujetos más pequeños (de cinco y seis años) elaboran con frecuencia un modelo aproximativo, de tipo práctico, que no basta para integrar todos los conocimientos necesarios para la solución, pero cuya flexibilidad permite al sujeto reactivar, con fines heurísticos, esquemas que no forman parte de ese modelo y que tienen un papel organizador en la nueva situación.

En los sujetos mayores (nueve años) se observa que los esquemas de dicotomía y alternancia no aparecen: los niños comienzan con un orden directo y, a continuación, hacen inversiones locales. En ese caso las similitudes entre las situaciones están bien controladas y el sujeto llega a elaborar un modelo que se libera del contexto concreto: los esquemas heurísticos se abandonan rápidamente cuando se descubre el orden inverso, el modelo construido sobre la base de este último esquema se aplica inmediatamente a la segunda situación y permite, esencialmente, controlar la acción.

Retroceder para avanzar mejor: la articulación de subobjetivos

Las conductas que recurren a retrocesos necesarios en el curso de la acción o que consisten en poner a un lado un elemento del material para utilizarlo posteriormente son muy interesantes, pues permiten estudiar la descomposición de un objetivo en subobjetivos, lo que representa un aspecto central de la activación procedimental, es decir, su dimensión teleonómica. Dichas conductas entran en la categoría general de las conductas que vuelven a inventar subobjetivos que se oponen temporalmente a la solución final, permitiendo diferir la solución directa y reservar una posibilidad utilizable posteriormente.

Estas conductas se han estudiado en dos investigaciones. La primera se refiere al desplazamiento de un tren cuyo vagón debe situarse temporalmente en el lugar que ocupará al final el tren entero. De esta forma el vagón parece bloquear la salida final del tren y el problema para el niño es descomponer la resolución en etapas, algunas de las cuales parecen contrarias a la solución. Este experimento se describe en el capítulo 3.

En el segundo experimento, pues, centraremos nuestra atención (investigación 10; Blanchet, 1980). La tarea consiste en proponer al sujeto que haga deslizarse un cursor cuyos extremos están formados por dos anillas que rodean dos hilos metálicos paralelos que unen el punto de partida y el de llegada (fig. 8). Las limitaciones físicas del material no permiten una solución por progresión directa de los dos extremos del cursor hacia el objetivo.

El sujeto tratará de hacer tres tipos de ajustes: 1) después del avance inicial, al llegar al primer recodo, el sujeto se apoya en la anilla de la izquierda para «forzar» el paso del recodo, lo que es imposible, pues no hay recodo en el otro hilo; 2) después del paso espacialmente desfasado de los dos recodos (izquierdo y derecho), el sujeto sigue el avance obligado y la anilla de la derecha se encuentra con el tope mientras que la de la izquierda se encuentra bloqueada en medio de la curva entre los dos desniveles de la izquierda; 3), finalmente, después del retroceso de la anilla de la derecha, el sujeto avanza antes de tiempo la anilla de la izquierda, cuando la de la derecha aún no ha llegado al comienzo de la curva y no puede avanzar de nuevo «en paralelo».

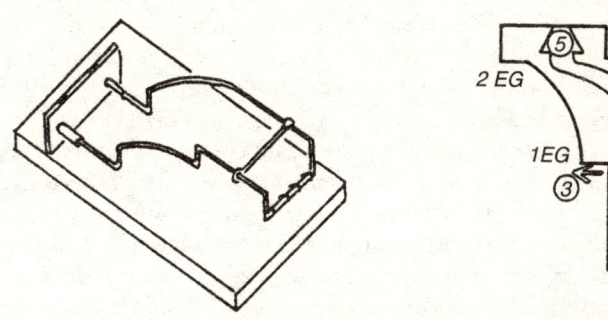

Figura 8

Estos ajustes muestran las dificultades encontradas por los sujetos cuando se ven obligados a retroceder para avanzar mejor. El avance es diferente en cada rodeo y cada vuelta desde el punto de partida, pues consiste en un retroceso de una sola de las partes del cursor. Traducido en términos de funcionamiento cognitivo, la dificultad está en la creación de subobjetivos en apariencia contradictorios con la consecución directa del objetivo. Por consiguiente, las conductas se prestan bien a un análisis en términos de acciones efectuadas y efectuables y, sobre todo, de las representaciones funcionales necesarias para organizar las acciones.

Para especificar mejor este último aspecto, la realización práctica de la tarea se desdobla mediante la figuración de un dibujo y las flechas articuladas que obligan al sujeto a representar las acciones y a organizarlas con precisión en el tiempo y el espacio.

Adoptando una perspectiva macrogenética, el autor identifica cinco niveles o «fases principales de un desarrollo continuo» en la evolución de la resolución y de las representaciones que la acompañan, evolución marcada, sobre todo, por el paso de modelos prácticos a modelos representativos anticipatorios.

Inicialmente, hacia los siete años, el niño entiende la consigna, pero la hace corresponder sólo con una acción tendente a alcanzar un objetivo. El niño no se imagina de forma espontánea otras acciones posibles, y no puede explorar ni representarse una solución más que por una serie no coordinada de desplazamientos sobre los dos hilos.

A estas acciones les suceden las primeras unidades procedimentales construidas sobre la base de acciones que parecen pertinentes para alcanzar el objetivo: el niño podrá recordar como regla práctica el avance paralelo de las dos anillas, o el hecho de que una anilla debe pasar un recodo antes que la otra. Estas reglas forman unidades que aseguran un control local de la acción. A este nivel, las unidades procedimentales se basan esencialmente en la acción y ejercen ya su función propia, que es la de ser transferibles a las acciones exploratorias y controlarlas temporalmente. En este contexto, el niño puede descubrir la acción de retroceder, pero frecuentemente la «rechaza».

Más tarde las unidades procedimentales se organizan en un modelo práctico que asegura una mayor estabilidad a la solución. En este sentido, hay modelo cuando varias acciones se organizan en función del objetivo y pueden admitir acciones que realicen un subobjetivo diferente. Es importante subrayar que esta organización está implícita en la acción.

Por último, hacia los diez años vemos aparecer un conjunto de nuevos problemas relacionados con el paso de modelos puramente prácticos a modelos en los que se dan representaciones anticipatorias y reflexivas que organizan y controlan los avances en la resolución. Este paso va unido a una diferenciación de la teleonomía de las acciones (la organización de objetivos y subobjetivos) y de la causalidad del material (la determinación de las limitaciones y las posibilidades del material), que aún estaban indiferenciadas en las acciones de los niveles anteriores. Esto permite a las representaciones superar, en cierta forma, las acciones efectivas, pero al precio de que se produzcan verdaderas conmociones a la hora de organizar la resolución, que se manifiestan mediante regresiones aparentes. El esfuerzo de reflexión en el plano de la representación implica, a menudo, una pérdida de unidades procedimentales anteriormente creadas en un nivel puramente práctico. Es necesario llegar a los once o doce años para conseguir que la organización de las unidades representativas teleonómicas permita distinguir los avances que conducen a la realización del objetivo final y los que llevan a la creación de subobjetivos que, en apariencia, se alejan de ese objetivo principal.

Las investigaciones 7, 8, 9 y 10 ponen de manifiesto determinados aspectos de la organización temporal de la conducta. En las tareas que se le presentan, el sujeto debe proceder a encadenamientos de acciones que se dan en un orden inverso al natural de producción. Hay pues sistemas que entran en conflicto, un primero que es familiar y otro que hay que construir. El conflicto entre ambos sistemas revela la organización de procedimientos que continuamente deben orientarse hacia el objetivo. Por el contrario, el sujeto lleva a cabo avances proactivos que no le son naturales: normalmente no se construye una torre de arriba a abajo, no se empieza a apilar con el último elemento que se nos ha presentado ni se vuelve atrás para llegar más lejos. Por ello es interesante observar las correcciones que hacen los sujetos sobre la marcha. Consisten en modificar los planes de acción iniciales en función de las limitaciones del experimento. Observando estas modificaciones vemos que el aspecto temporal de la organización de la conducta, es decir, los avances sucesivos o alternos, debe desdoblarse en representaciones que aseguren el paso a la simultaneidad; cuando se trata de construir torres, el sujeto alterna entre el ajuste de la base y el de la cima, y luego tiene en cuenta a las dos a la vez.

Ahora bien, parece que son los conocimientos espaciales los que favorecen este tipo de procesos, mediante representaciones o simbolizaciones cuyo objetivo es facilitar la representación simultánea. Por ello es necesario analizar el papel organizador de los conocimientos espaciales. En la resolución de problemas, en concreto, el sujeto debe disponer de un marco de referencia en el que situar los elementos necesarios para resolver el problema. Podemos pensar que el sujeto utiliza su conocimiento del espacio o bien proyecta al exterior objetos en los que pensar. En el primer caso el sujeto fija unos límites y establece un marco de referencia externo; en el segundo caso construye un sistema de notaciones para elaborar sus representaciones. Éstos son los problemas que se abordan en la siguiente investigación.

D. El papel organizador de los procedimientos basados en representaciones espaciales

Caminos y movimientos en el espacio

Analicemos cómo procede un sujeto cuando se le pide que conecte con un camino que conduce a tres casas situadas en la periferia de una superficie cuadriculada (investigación 11; Ackermann-Valladão, 1980, 1981). A modo de *building blocks*, él dispone de segmentos de camino (rectilíneos, en ángulo recto y en T) dibujados sobre plaquetas cuadradas, que debe colocar sobre la cuadrícula de la superficie o escenario (fig. 9a). La tarea consiste en construir los caminos respetando dos prohibiciones principales: 1) las plaquetas deben colocarse coincidiendo con la cuadrícula del escenario; y 2) los segmentos dibujados sobre las plaquetas deben conectarse sin rupturas («una hormiga debe poder andar sobre ellas sin tener que saltar»).

En esta situación las representaciones espaciales tienen una importancia fundamental por dos razones. En primer lugar, el sujeto debe formarse una visión de conjunto del escenario cuadriculado así como de los puntos que debe unir (una perspectiva aérea) que le permita visualizar rápidamente posibles conexiones entre los puntos en función de los tipos de piezas disponibles. Sin embargo, conviene señalar que en el mismo momento en que el niño se enfrenta a la solución, cuando elige un punto de partida y coloca las primeras plaquetas, su universo se limita. Es como si la acción tuviera el efecto de transformar la representación estática inicial en una representación secuencial más dinámica. Se podría decir que en el mismo momento en que el sujeto se «sumerge en el problema», el camino se transforma en río y cada pieza individual estará al servicio de esta nueva función relacionada con la dirección. El éxito de la tarea depende de que el sujeto sepa «entrar y salir de la cuadrícula» a medida que avanza. Deberá navegar entre las distintas formas de representación, espaciales y temporales, para poder identificar las piezas, entender su función y localizarlas correctamente. La utilización del «codo» en ángulo recto es un buen ejemplo de cómo intervienen las representaciones en la búsqueda de la solución. Al comienzo de la sesión un niño explica al experimentador que la función del «codo» es asegurar un cambio de dirección y que la T se utiliza como «un tenedor», pero que si se encuentra bloqueado en un determinado contexto (viniendo de un punto X y con necesidad de girar a la vez hacia la derecha y la izquierda), nunca utilizará la T. En cambio, el niño elegirá el «codo» utilizándolo «en horquilla» en el extremo de un segmento rectilíneo (violando así la prohibición de alineamiento) para indicar que el camino puede ir tanto a derecha como a izquierda (fig. 9b). La T sólo se utiliza en contextos en los que se pretende seguir una dirección principal rectilínea, con bifurcaciones hacia la derecha o la izquierda (fig. 9c). Mientras el sujeto no descubre la invarianza de la T, la independencia de su orientación y su función en el conjunto de la red, el papel de «tenedor» se atribuirá con frecuencia al «codo».

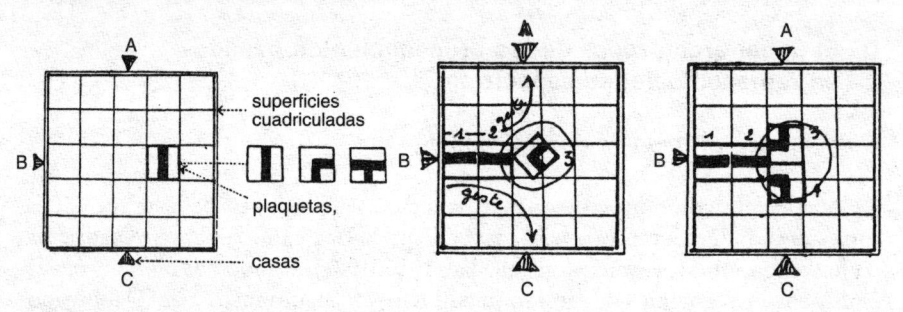

Figura 9a. Dispositivo   Figuras 9b y c. Intentos de solución

En el experimento se pueden observar diversos encadenamientos de procedimientos, en cada uno de los cuales se utilizan representaciones diferentes.

1) Avanzar «por los bordes». El sujeto parte de una casa y simplemente recorre el borde de la cuadrícula para unirla a las otras. Este procedimiento requiere un mínimo de planificación, ya que la configuración del borde de la cuadrícula da forma a la trayectoria que hay que seguir. El niño se contenta con avanzar paso a paso, y bifurca el camino cada vez que aparece una casa. Por ejemplo, un sujeto de seis años colocará en primer lugar todos los fragmentos rectilíneos a lo largo de los lados con el fin de fijar la configuración y dejar las esquinas vacías. En un segundo tiempo ajustará los lados a las esquinas de la cuadrícula.

2) Articulación no planificada de dos procedimientos. El niño hace en primer lugar el trayecto uniendo dos casas (en general en el eje directo AC) sin tener en cuenta el segundo objetivo que hay que alcanzar, al que generalmente cierra el acceso. Sólo cuando el primer trazado está hecho se plantea el segundo objetivo e intenta integrarlo en la construcción, siguiendo tres tipos de procedimientos: a) apertura del eje AC por uno de los extremos, con el fin de unir la casa B por los bordes, combinando la estrategia «por los bordes» con la estrategia «por intersección»;

b) se establece el punto de intersección a partir de la casa B, lo que facilita un empleo adecuado de la T, pues las tres direcciones que se conforman materializan una configuración adecuada del trayecto; c) apertura inmediata del eje AC en el punto de intersección, lo que supone una anticipación de la posición de ese punto y de la casa a la que hay que llegar.

3) Integración del segundo subobjetivo. El sujeto prevé una apertura hacia el segundo subobjetivo con anticipación, o integra esta apertura en el desarrollo de la tarea; por ejemplo, cuando va de A hacia C, al pasar «a la altura» de B se da cuenta de que debe utilizar la T para asegurar un posible acceso.

4) «Rodeo» del punto de intersección a partir de los objetivos. El sujeto construye simultáneamente, a partir de las tres casas, tres ejes que convergen en unos puntos de intersección aún sin definir. No es el movimiento de las acciones lo que determina la construcción del camino, sino un avance de tipo teleonómico. El sujeto establece el punto de intersección a partir de los tres puntos de llegada (las casas). Este procedimiento de rodeo facilita de forma secundaria la identificación de la T, cuya forma va apareciendo a medida que se va desarrollando la construcción. Cuando los tres ejes están terminados, el niño no tiene más remedio que utilizar una T, pues la posición de los ejes hace que sea lo más adecuado.

Esta investigación permite aclarar el problema de la utilización de los conocimientos, al mostrar dos aspectos importantes. En primer lugar, podemos ver que en la solución del problema nunca se da simplemente la aplicación directa de esquemas. Cada contexto requiere que el sujeto especifique de nuevo de qué esquemas dispone, reconstruyéndolos parcialmente: en otros términos, dependiendo de las limitaciones propias de cada contexto se produce una reestructuración de los esquemas. Además, con el fin de asegurar la adecuación de unos determinados conocimientos a una situación concreta, la especificación esquemática revela la existencia de un proceso de atribución de significados consistente, a la vez, en retraducir las transformaciones permitidas por el esquema en función de limitaciones contextuales y en reconocer los datos susceptibles de servir de soporte a estas transformaciones. Se asigna así a los elementos de la situación una función (constitución de los medios) que el sujeto puede utilizar.

Nuevos planteamientos de la horizontalidad: las modalidades de la representación

Para resolver un problema complejo, el niño, como el adulto, recurre al modelado. Selecciona un conjunto de objetos y relaciones que juzga pertinentes en una determinada situación, los «fija» mentalmente o transcribiéndolos sobre un soporte externo e interactúa con sus descripciones (o modelos), con el fin de comprender mejor el problema que hay que resolver. Exteriorizar sus representaciones permite al sujeto aislar elementos pertinentes y nuevos, «ver» mejor qué es lo que está buscando, explorando su propio pensamiento. Efectivamente, una vez proyectadas al exterior (en forma de modelo), las ideas se convierten en verdaderos *objects-to-think-with* (Papert), cuya función heurística es esencial para la adquisición de conocimientos. La importancia del modelado será tanto mayor cuanto menos conocimientos tenga el sujeto para resolver un problema. Esta hipótesis se basa en nuestra posición epistemológica, según la cual el sujeto procede a hacer las inferencias necesarias para resolver un problema sobre la base de sus propias descripciones de lo real, más que sobre lo real mismo. Estas reproducciones pueden estar comprendidas en las «retraducciones simbólicas» de Henriques (sustitutos simbólicos que favorecen el tratamiento o el cálculo; Henriques, 1982) y en los «modelos operables» (modelos suficientemente utilizados, es decir, familiares, para ser inmediatamente operables; Cellérier, 1983).

¿Por qué no volver a utilizar el experimento de la construcción de la horizontalidad de los líquidos llevado a cabo hace tiempo por Piaget e Inhelder (1948) en forma de previsiones mediante el gesto y el dibujo para analizar la elaboración de los sistemas de coordenadas espaciales? Aunque las distintas modalidades de tratamiento se utilizaron con el fin de llegar a una misma comprensión subyacente, la investigación 12 (Ackermann-Valladão, 1981) considera cada contexto (distinta orientación de las botellas) y cada tipo de descripción de un contexto (por medio de gestos, de palabras o de dibujos) como un universo de problema concreto. El análisis se centra en cómo influyen las diferentes descripciones de un fenómeno en su comprensión. Se presentan al sujeto cuatro situaciones, cada una de las cuales incluye unos ítem detallados.

En el primer experimento se pide sucesivamente al niño: 1) que represente mediante un dibujo de anticipación el nivel del «jarabe» de una botella inclinada; 2) que elija entre una serie de imágenes la que le parece que representa exactamente el nivel; 3) que compare la imagen elegida con la botella real inclinada; 4) que haga un nuevo dibujo después de jugar unos instantes con la botella; 5) que haga dibujos-copia; 6) por último, que dibuje el movimiento y la disposición del agua en un dispositivo de dos pisos y las posiciones de las gotas en vasos de diferentes formas.

En el segundo experimento la botella se coloca aún más inclinada detrás de una pantalla, de forma que sólo es visible el cuello; y el niño debe indicar sucesivamente el nivel mediante gestos con un lápiz, lo mismo sin pantalla y luego dibujos de reconstrucción.

El tercer experimento (con algunos sujetos) consiste en hacer imaginar mediante el dibujo y el juicio verbal la inclinación del agua en recipientes de distintas formas (bolas de plástico, botella redonda, botella cilíndrica).

Por último, el cuarto experimento consiste en colocar en la posición que se crea conveniente cartones recortados que representan una inclinación del agua correspondiente a la del recipiente.

¿Qué se pone en juego en la utilización de conocimientos? Y en concreto, ¿qué importancia tienen las descripciones hechas mediante la utilización de distintos media? Para responder a estas cuestiones será necesario identificar los procedimientos empleados por los sujetos, en especial en los dibujos, y descubrir en qué se diferencian dichos procedimientos, en qué coinciden con los utilizados en otros media y, sobre todo, se tratará de dilucidar cuál es el papel funcional de esas múltiples descripciones en la construcción de la conservación de la horizontalidad. Efectivamente, si cada descripción lleva al sujeto a dar mayor importancia a un sistema de referencia distinto —y, por tanto, a «leer» la inclinación de la superficie de forma diferente— ¿no será imposible construir una coherencia de conjunto?

Este enfoque tiene una doble ventaja. En primer lugar, no deja de lado el tema de las diferencias que se encuentran regularmente en el estudio de la construcción de las nociones, sino que analiza su importancia central en la elaboración de invariantes transfuncionales. En segundo lugar, basándose en el estudio macrogenético de Piaget e Inhelder y conservando el marco general de los experimentos originales, el análisis detallado de la trayectoria de varios sujetos de niveles intermedios a través de una diversidad de contextos enriquece los aspectos funcionales de la construcción de los conocimientos. Desde este punto de vista la investigación 12 es ilustrativa. Las descripciones de los niños más pequeños, semejantes a las que obtuvieron Piaget e Inhelder, parecen referirse a esquemas familiares que deben considerarse en el contexto del experimento. Como ejemplo de descripciones mencionaremos: «el agua está *siempre* derecha», como consecuencia de la experiencia familiar de los vasos colocados sobre una mesa, del agua en la bañera, etc., o «el agua *siempre* cae», «lo sé porque he visto la lluvia». Dicho de otra forma, de entrada el sujeto dispone de un conjunto de conocimientos físicos sobre el comportamiento estático y cinético del agua. Estos conocimientos sólo son utilizables en los contextos del experimento si se completan con conocimientos geométricos, cuya función es especificar la orientación de la superficie en cada posición de la botella mediante descriptores como «inclinado», «derecho», «arriba», «abajo». Estos descriptores no tienen sentido más que en relación con un marco de referencia concreto. El sujeto construirá explícita o implícitamente dicho marco de referencia, que variará según el contexto y el *medium* utilizado.

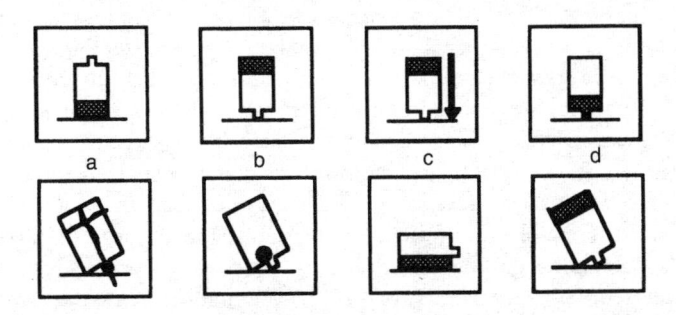

Figura 10

Veamos un ejemplo. En la situación que ilustra la figura 10, un niño de cuatro años empieza por dibujar el agua paralela al fondo de la botella, traduciendo así la aplicación de esquemas familiares: «el agua se pone abajo y boca abajo». Cuando se le pregunta después si el jarabe está bien colocado se da cuenta, en virtud de un nuevo esquema familiar, de que no «se puede beber» de esa forma y por tanto «no vale». Cuando el experimentador le pregunta dónde está «la base», el niño señala el fondo de la botella, encontrándose de nuevo satisfecho de su dibujo. Para ayudar al niño a salir de esta situación el experimentador le dice «dibújame el jarabe para que se pueda beber», y el niño baja el agua hacia el cuello pero manteniéndola paralela al fondo (fig. 10, a, b, c, d).

Este ejemplo demuestra que se da una aplicación de esquemas familiares que dan mayor importancia a unos marcos de referencia que a otros pero de forma aún incontrolada, pasando el niño de una descripción a otra a falta de un marco de referencia unificado. La formación de marcos de referencia se ha llevar a cabo de forma que se asegure una coherencia progresiva de las descripciones y el paso de unas a otras. Por ejemplo, un sujeto de cinco años con la misma posición de la botella hace el mismo dibujo que el niño antes citado, pero además afirma espontáneamente: «no es así». Como el sujeto anterior, dibuja entonces el agua cerca del cuello de la botella y paralela al fondo y comenta: «Ya entiendo... antes yo veía el agua abajo (arriba en el dibujo). Ahora la veo arriba (abajo en el dibujo)». Se da, por tanto, la coordinación de dos descripciones.

Los esquemas familiares sólo se actualizan en situaciones «privilegiadas» en razón de su familiaridad. Cuando se le presentan situaciones menos familiares, como la descrita anteriormente, el niño debe concretar de nuevo el marco de referencia que le permite describir la orientación del nivel de agua. Ahora bien, las soluciones varían dependiendo del tipo de modalidad de representación que se adopte. En concreto, parece que el gesto en general prefigura un cambio que se producirá posteriormente en otras modalidades, cada una de las cuales asegurará un tratamiento particular: el lenguaje, que, sin tener un papel específico en las tareas espaciales, asegura una función de «denominación» que permite abstraer un elemento significativo de su contexto particular, mientras que la representación espacial mediante imágenes tiene la función esencial de asegurar una representación simultánea según un sistema de coordenadas. Se trata, en cierto modo, de estudiar cómo utiliza y supera el sujeto las «disparidades» entre representaciones para mejorar su comprensión del carácter permanente de la horizontalidad. Si el gesto prefigura el descubrimiento en otras modalidades, ¿cómo toma conciencia el sujeto de esta prefiguración «experimentada» antes y en qué condiciones elige una u otra modalidad? Se podrá abordar mejor este problema si se admite que el juego de modalidades, es decir, la traducción de una modalidad a otra, tiene un papel fundamental en el funcionamiento cognitivo en tanto que dicho funcionamiento da lugar al descubrimiento de novedades. Este papel es doble. Por una parte, las modalidades, de alguna forma, permiten explorar una propiedad mal entendida antes de poder tematizarla mediante formas de tratamiento adecuadas para ello (por ejemplo, el gesto que indica la horizontalidad de la superficie «ejerce», en cierto modo, una propiedad que se tratará posteriormente en el dibujo o en otra modalidad). Por otra parte, como ya hemos visto, las modalidades favorecen el reconocimiento de elementos nuevos y pertinentes para la construcción de un marco organizador externo.

E. ¿Cómo se orientan los avances del niño?

Las investigaciones presentadas hasta ahora nos han permitido entender mejor cómo elabora el sujeto psicológico instrumentos cognitivos en el transcurso de la microgénesis. Pero hay una cuestión que aún no tiene respuesta: ¿cómo se adecuan los procedimientos a las situaciones? En el capítulo 1 ya señalamos la importancia del estudio de los procesos de evaluación y control. En la solución de un problema da la impresión de que el sujeto evalúa constantemente la adecuación de sus anticipaciones y sus avances. Un cierto número de investigaciones permite analizar más de cerca los procesos subyacentes a la dirección que toman los avances del niño.

Misioneros y caníbales reencontrados: la puesta en práctica de esquemas familiares

Veamos cómo orienta el niño sus avances cuando se le pide que haga pasar en barca de la orilla R1 a la orilla R2 de un río tres figuras que representan un «ogro», un «enano» y una «manzana» dibujados sobre un gran cartón (investigación 13; Boder, 1982). Las parejas manzana-enano y ogro-enano son incompatibles y ambos elementos, por tanto, no pueden estar juntos en una u otra orilla o en el barco, que tiene dos plazas y no puede atravesar el río vacío.

¿Por qué se vuelve a trabajar con problemas de transformación de estados, que ya estaban bien estudiados? Se prestan bien a un nuevo análisis, por dos razones. En primer lugar, llevan al sujeto a plantear una idea directriz que actualizará mediante dos transformaciones de un determinado estado. Responden además a las condiciones que debe reunir un «buen» problema, que no debe ser ni demasiado fácil, en cuyo caso la planificación está hecha de antemano, ni demasiado difícil, pues entonces el sujeto «no ve el problema» y será imposible seguir la evolución de la forma en que se representa la situación. El problema presentado deberá ser a la vez sencillo y estructurado, permitiendo sólo un número reducido de acciones, de forma que se puedan inferir cuáles son los significados determinantes cuando se dan ajustes o errores.

En segundo lugar, este tipo de problemas permite examinar cómo se constituyen conjuntamente la planificación, que implica siempre una evaluación, y los significados atribuidos por el sujeto a los elementos y transformaciones en juego. Desde este punto de vista, los esquemas parecen determinantes, pues son a la vez responsables de la orientación de la investigación del niño y fuente de los significados particulares atribuidos a la situación.

Tratemos de identificar qué significados se atribuyen en el problema a los distintos lugares, objetos y movimientos de transporte. La dificultad está en que hay pocos «lugares» donde poner los elementos. Como determinados elementos son incompatibles, hay que descartar esas parejas momentáneamente y utilizar los lugares de salida y llegada como sitios en los que depositar provisionalmente los objetos. Una vez resuelto el problema con éxito, se pide a los sujetos que vuelvan a resolverlo una o varias veces, para poder observar qué aspectos son los más importantes en la organización del trabajo y seguir la evolución de dicha organización.

El esquema aparece como un marco de asimilación que atribuye significados y ejerce una función que se lleva a cabo, esencialmente, en la planificación. Ahora bien, en la aplicación de esquemas se observa frecuentemente un fenómeno de inadecuación de un esquema inicialmente puesto en marcha y que se convierte en un obstáculo para la solución. En este punto la situación «se hace problema», pudiéndose explicar este fenómeno por una no adecuación de la organización de los significados propios del esquema en cuestión a la finalidad del problema. Dicho de otra forma, estos significados no son susceptibles de tratarse en los términos de medios y fines exigidos por la situación.

Veamos cómo funciona todo esto. Los sujetos abordan el problema con una idea directriz que permite la primera secuencia de acciones y que, por tanto, estará diferenciada. Como ejemplo de estos avances iniciales citemos la conducta consistente en pasar los elementos de izquierda a derecha y de una orilla a otra. Por ejemplo, el sujeto transporta en barca la pareja ogro-manzana de R1 a R2, luego lleva la barca vacía a R1 para coger al enano. En este caso, la idea directriz se basa en un esquema familiar de desplazamiento relacionado con el movimiento del propio cuerpo, que puede repetirse si se olvida la consigna que prohíbe que la barca se desplace vacía.

Podemos analizar esta conducta de la siguiente forma: por una parte, la planificación implícita de la idea directriz se basa en un esquema familiar cuyo significado se apoya en las siguientes informaciones, necesarias y suficientes: dos lugares, un objeto y un esquema de desplazamiento que hace pasar el objeto de un lugar a otro; por otra parte, esta idea directriz interpreta las restricciones de la consigna como si permitieran repetir el movimiento de R1 a R2 y reagrupar los elementos de cada travesía en función de su compatibilidad.

¿Cómo se lleva a cabo la diferenciación de esta idea inicial? Para ceñirse a la consigna el sujeto deberá tener en cuenta el movimiento de vuelta de R2 a R1 con un elemento en la barca, para lo cual tendrá que recurrir a un nuevo esquema familiar, el esquema «ir a buscar» el elemento que se encuentra en R1, haciendo atravesar el río a un elemento ya transportado a R2, es decir, abandonando provisionalmente un objetivo para crear un nuevo subobjetivo. Esto supone que el transporte de vuelta debe tenerse en cuenta, cosa que no ocurría inicialmente, y que la parte de la consigna que prohíbe la vuelta de vacío también se ha de tener en cuenta, mientras que antes se ignoraba absolutamente. La novedad principal será la necesidad de plantearse que un elemento puede cambiar de estatus (es decir, de significado) y convertirse en «piloto» en el trayecto de vuelta. La vuelta se lleva a cabo siguiendo estrictamente el esquema «ir a buscar», es decir, sin dejar un elemento en R1, que es un procedimiento adecuado. Para que este cambio de la idea directriz se produzca, es necesario que se dé una transformación local (por ejemplo, poner un objeto en la barca) a partir de significados que no resultan de la activación de un esquema familiar, sino que están relacionados con objetos comprendidos en el enunciado de la consigna (objetos que hay que colocar en la barca o en las orillas, objetos que hay que desplazar). Los «significados del objeto» contribuirán a provocar la modificación de la idea directriz inicial y a desbloquear la situación.

¿Cuáles son los avances resultantes de la aplicación del esquema «ir a buscar»? Su objetivo es suprimir el bloqueo provocado por el hecho de que el elemento transportado no se deposita de nuevo en R1 y que hay dificultad para prever las incompatibilidades. Un procedimiento que se encuentra con frecuencia consiste, por ejemplo, en transportar un elemento de R1 a R2 y recogerlo inmediatamente para volverlo a llevar a R1. Este procedimiento se ajusta a las reglas pero no es adecuado: el sujeto transportará, por ejemplo, al enano de R1 a R2 y luego a R1 en lugar de transportar la pareja ogro-manzana. El enano tiene así el doble estatuto de piloto y pasajero en un esquema «ida y vuelta» sin relación funcional con los objetivos específicos de la situación.

Otro caso es el que se plantea cuando el sujeto, intentando integrar ese nuevo esquema en la solución, pensando que el enano es el elemento que hay que transportar en primer lugar y teniendo en cuenta las incompatibilidades (imposibilidad, por ejemplo, de transportar primero a la pareja manzana-ogro, pues uno de los dos deberá volver a buscar al enano), decide pasar al ogro de R1 a R2, después al enano y luego al ogro que va a buscar la manzana. En cualquier caso se crea una incompatibilidad inicial manzana-enano en R1 cuando se transporta al ogro.

Antes de sacar conclusiones de estos ejemplos, citaremos otro experimento (investigación 14; Boder, 1982) con sujetos mayores, que dan unos resultados semejantes. El problema se plantea en la pizarra. Tres personajes que pesan respectivamente 40 kgs (el chico), 20 kgs (su hermana) y 10 kgs (el perro) se encuentran en un piso de una casa que se ha incenciado. El sujeto debe hacerlos bajar en dos cestas atadas a una cuerda enrollada en una polea. La única condición restrictiva es que la diferencia de pesos entre los dos cestos no sea de más de 10 kgs. Los desplazamientos que llevan a la solución (única) son los siguientes:

1. el perro baja en un cesto y el otro sube vacío;
2. la hermana baja en un cesto y el perro sube en el otro;
3. el perro vuelve a bajar en un cesto y el otro sube vacío;
4. el muchacho baja en un cesto y el perro y la hermana suben en el otro;
5. el perro baja en un cesto y el otro sube vacío;
6. la hermana baja en un cesto y el perro sube en el otro;
7. el perro baja en un cesto y el otro sube vacío.

Una vez más lo esencial de la solución de un problema está relacionado con el cambio de estatus o de significado de las transformaciones llevadas a cabo. Por ejemplo, el primero en descender tiene que ser el perro, que pesa 10 kilos, e inmediatamente deberá volver a subir; por tanto, cambiará de significado. Esto supone una reorganización del trabajo que no se da por supuesta. En efecto, el sujeto podrá pensar, por ejemplo, que debe hacer bajar a un personaje tras otro, mediante una repetición del desplazamiento, pero le será difícil plantearse que la subida inmediata anula el descenso, pues ello va en contra de su idea inicial. Será necesario que lleve a cabo una acción que corresponda, en la representación mental, a un rodeo. Lo que «plantea problemas» es que ese rodeo se inicia con una acción que va en el sentido de la idea directriz inicial (descenso de un personaje) y será difícil plantear el descenso del perro no como la realización del objetivo, sino como un medio para hacer bajar a la hermana. Como en la investigación 13, un esquema familiar de transferencia de un lugar a otro con reiteración del desplazamiento subyace a la idea directriz inicial, que deberá estar diferenciada e incorporar rodeos que permitan la solución.

Estos ejemplos de las investigaciones 13 y 14 demuestran que el sujeto, de alguna forma, debe hacer controles mentales en los que imagine las consecuencias de determinadas acciones. El control siempre se lleva a cabo en función de una idea directriz que asegura una primera planificación de las acciones y que enseguida se modifica a partir de los resultados de dichas acciones. Esta idea asegura la relación entre la representación del objetivo y los procedimientos que hay que seguir. A medida que dicha idea se va diferenciando, el sujeto inventa procedimientos que implican dos tipos de control: un «control descendente» a partir de la idea directriz y de la planificación que ésta permite, y un «control ascendente» a partir de los procedimientos y de sus resultados. Por ejemplo, en la investigación 8 la aplicación de un esquema de dicotomía de colores para establecer un orden procede de un control descendente dominante, mientras que las primeras inversiones locales provienen de un control ascendente. Hay una alternancia de estos dos tipos de control. En las investigaciones 8, 13 y 14, en las que las propiedades de los objetos no exigen exploraciones muy minuciosas, dicha alternancia se hace en forma de sucesiones rápidas que permiten al sujeto informarse del resultado de sus acciones, determinar su adecuación y, en consecuencia, ajustar la puesta en práctica de los esquemas.

Las numerosas centraciones posibles de los avances del niño

Se trata de intentar identificar los procesos que rigen los avances del niño. Más concretamente, la cuestión es saber cuáles son las centraciones del niño y sus representaciones subyacentes.

Mientras que las investigaciones 13 y 14 se refieren a composiciones de elementos o de datos abstractos que hay que representar, la investigación 15 (Karmiloff-

Smith, 1979) se refiere a una tarea de construcción y representación de vías de tren que se presentan a niños de cuatro a nueve años. La elección de una situación espacial permite descubrir mejor las centraciones y favorece una realización espacial de los procedimientos que los hace más fácilmente observables. El sujeto dispone de un conjunto formado por elementos rectilíneos, tercios de círculo, cuartos de círculo y octavos de círculo. Las diferencias entre estas curvas perceptivamente son lo suficientemente mínimas como para que el sujeto deba compararlas y modificar en consecuencia sus procedimientos. Los elementos no son encajables, lo que permite observar «errores», es decir, procedimientos significativos que se refieren a las intenciones del niño cuando éste, al no respetar la consigna, «fuerza» una curva poniendo uno tras otro dos elementos sin que coincidan totalmente los extremos. La consigna es simplemente construir un circuito cerrado utilizando *todas* las vías disponibles (fig. 11a).

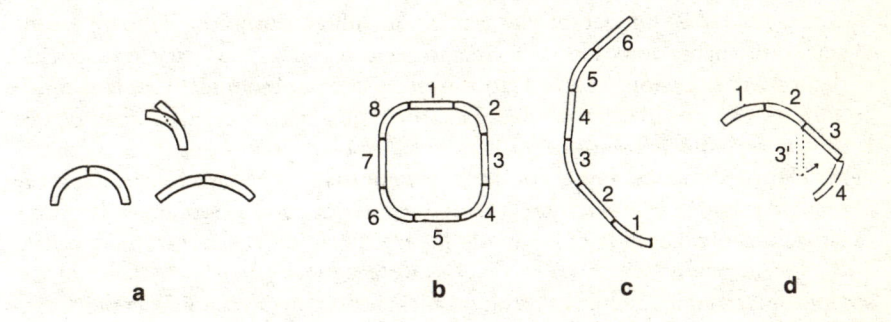

Figura 11a. El material, cuartos y octavos de círculo; b. Centración sobre el procedimiento; c. Centración sobre el resultado

Entre una gran variedad de situaciones hemos elegido, para analizarlas, las dos siguientes: en la primera, el niño dispone de cuatro cuartos de círculo y cuatro vías rectas, en la segunda dispone de ocho octavos de círculo y cuatro vías rectas. Se le presentan sucesivamente las dos situaciones. La segunda construcción del niño se hace a 2 metros de distancia del circuito que construyó en la primera situación.

Veamos cómo proceden los niños en la primera situación. La mayoría comienza por seleccionar los segmentos curvilíneos para construir una figura circular. Los más pequeños construyen un círculo y cuando se les recuerda que deben utilizar todos los segmentos los ponen dentro o fuera del círculo para adornar la figura. Los niños mayores a menudo comienzan igual, pero después de colocar tres cuartos de círculo se imaginan el resultado *(end state)* e intentan insertar los elementos rectos en el circuito: una centración sobre el estado final se ve modificada por el estado actual, lo que denota una centración sobre el resultado que hay que alcanzar (una figura cerrada de tipo circular) que sufre la limitación de una centración sobre el estado actual de los datos de la tarea (fig. 11b). Algunos sujetos cogen los elementos y los ponen tal cual unos junto a otros deteniendo bruscamente el movimiento de construcción cuando ven que la figura se abre en lugar de cerrarse. Otros sujetos ponen los elementos sobre la mesa como si estuviesen combinando mentalmente rectas y curvas con el fin de seleccionarlos con cuidado; cuando esto ocurre nos encontramos ante un proceso de investigación, ante una heurística. En sus comentarios espontáneos, los niños hablan de «los que dan la vuelta» y «los que no dan la vuelta», mientras que los mayores hablan de «redondas», «curvas» y «rectas», lo que no es algo trivial, pues indica que los más pequeños designan los objetos por su función, por los procedimientos que se puede llevar a cabo con ellos; mientras que los mayores tienden a nombrarlos en términos de sus estados figurales contrastados.

¿Qué ocurre cuando los niños se enfrentan a la segunda situación? Se observa que tratan de reproducir la figura final obtenida en la primera situación, o bien intentan proceder de la misma forma.

La figura 11c es un ejemplo de centración sobre el procedimiento en la que el sujeto que había colocado un elemento recto seguido de un cuarto de círculo en la primera situación, vuelve a utilizar el mismo procedimiento en la segunda con los octavos de círculo y se muestra sorprendido por el resultado antes de que la centración sobre los datos del momento le imponga poco a poco una modificación del procedimiento. Por el contrario, la figura 11d ilustra una centración sobre el resultado figural: el sujeto intenta reproducir el resultado alcanzado en la primera situación, olvidando la consigna de hacer coincidir los extremos de las vías.

La investigación 15 muestra así diversas realizaciones psicológicas de los procesos que operan en la resolución de un problema. Esta investigación permite describir diversas centraciones de los avances del niño, que puede centrarse en el resultado que hay que alcanzar en el procedimiento utilizado o, incluso, investigar una heurística. Conviene estudiar la forma en que interactúan estos procedimientos. Además, se observa que en los niños más pequeños los procesos se realizan por la acción *(action-bound)*, lo que parece darse menos en los sujetos mayores: en cualquier caso, estos procedimientos no desaparecen, sino que pasan a formar parte de la preparación funcional de los conocimientos más conceptualizados.

Las diferencias de procesos van acompañadas de cambios, a lo largo del experimento, en la representación que se hace el niño de la tarea. ¿Por qué se dan estos cambios? Parecen revelar una tendencia del niño a trabajar sobre representaciones cuando trata de resolver problemas. A medida que el niño comprende mejor los procedimientos puede utilizarlos y reutilizarlos como una unidad. También es importante comentar que el sujeto no tiene «una» representación del estado final, sino representaciones cambiantes, que se deben menos al fracaso o a las dificultades encontradas en la realización de la tarea que a esa tendencia natural del sujeto a «trabajar» sus representaciones. En otras palabras, la representación que caracteriza la microgénesis es una entidad que se modifica constantemente.

F. Conclusiones

Al reconstruir los pasos que han hecho posible la elaboración de enfoques y descripciones que permiten perfilar mejor la realidad del sujeto psicológico, esperamos haber sensibilizado al lector en lo que conviene observar en las microgénesis y en lo que se puede inferir en términos de funcionamientos subyacentes a los avances observables. En los trabajos que hemos presentado se han depurado métodos y elaborado nociones sucesivas que permiten dar cuenta de los procedimientos del sujeto individual. Llama la atención que el avance de nuestra investigación ha ido de fuera a dentro, siguiendo un doble movimiento: de la definición de los observables se pasa, poco a poco, a la identificación de los procesos, y de las acciones del sujeto se pasa a las teorías y sistemas de representación que sostienen la conducta.

Un primer paso consiste en hacer evidentes nuevos observables. En el niño de dos a cinco años es posible identificar secuencias cortas de acciones que son el preámbulo de la invención de procedimientos, pero también se puede estudiar el complejo juego entre acciones y representaciones que se establece desde las conductas elementales. Otras investigaciones permiten ver, a través de los avances en la planificación, cómo se constituyen y organizan los procedimientos que se basan en sistemas representativos más complejos. Son fundamentales las autocorrecciones, la forma en que los sujetos modifican y corrigen sus acciones. Lo esencial del progreso cognitivo no está ligado al éxito o el fracaso, sino más bien a las modificaciones operadas sobre la marcha y a las teorías subyacentes. En otras palabras, no es el resultado práctico efectivo lo que determina los progresos ligados a la invención de medios en situaciones de solución de problemas concretos. En efecto, las pragmáticas parecen constituirse mediante un complejo juego de acomodación de esquemas. Nuestras investigaciones subrayan la importancia de la acomodación, que parece jugar un importante papel en las microgénesis, cosa que no ocurre cuando hay una construcción de estructuras en el desarrollo de la macrogénesis.

Sólo es posible identificar los obervables pertinentes que permiten inferir los procesos en un avance de tipo *bottom-up*. Se pueden observar transferencias en el paso de una situación a otra, transferencias que implican una abstracción de las propiedades generales de los medios. Son, sobre todo, los procesos subyacentes a la solución los que conllevan una cierta generalidad. Se han utilizado dos procesos y su relación: los procesos relacionados con la interacción entre las ideas anticipadoras del sujeto y los resultados de su acción y los procesos relativos a la organización temporal de la conducta, esencialmente la coordinación de los aspectos teleonómico y causal. Los primeros aparecen representados en las investigaciones 8, 13, 14 y 15, en las que se demuestra, por una parte, que en el control de las actividades del sujeto se da una alternancia entre la planificación y las exploraciones y limitaciones de la situación y, por otra, que las heurísticas del sujeto son centraciones organizadas sobre determinados aspectos de los problemas. En cuanto a la coordinación entre los aspectos teleonómico y causal, las investigaciones 7 y 10 demuestran cómo se constituyen los procedimientos cuando las acciones se tienen que planificar en el orden inverso al de su producción y la importancia que tiene el poder llevar a cabo avances indirectos cuando se trata de descomponer un objetivo en subobjetivos, es decir, de constituir y utilizar «esquemas auxiliares» (Cellérier, 1983) que ayuden a diferenciar los esquemas principales de la solución. En la utilización de estos procesos se comprueba que la importancia del esquema en la planificación y atribución de significados es esencial. Se observa en concreto que los esquemas familiares pueden jugar un papel facilitador o, por el contrario, ser un obstáculo para la solución según sean adecuados o no para la situación.

En cuanto al segundo movimiento, se trata de pasar de la observación de las acciones a la inferencia de las representaciones que subyacen a la conducta. Dos problemas son los que se abordan. En primer lugar, las investigaciones 5 y 6 indican que las relaciones entre la invención de los procedimientos y los sistemas de interpretación que suministran principios de explicación de los fenómenos se establecen en el nivel de la propia acción, en forma de interacciones entre teorías en acción y procedimientos. El resto de las investigaciones demuestran que la invención de los procedimientos está relacionada con un marco subyacente y contribuye a la elaboración de dicho marco. En segundo lugar, es necesario reconocer el papel de las representaciones que aseguran el paso o la especificación de conocimientos generales a conocimientos elaborados en contextos concretos. No es que queramos generalizar la utilización de la noción de representación: simplemente nos parece indispensable recurrir a la hipótesis de instrumentos representativos. Desde este punto de vista, la importancia de los conocimientos espaciales es fundamental: cuando la organización temporal de la conducta supone la construcción compleja que nace de la necesidad de representarse un desarrollo de acontecimientos prolongados de la percepción, parece que la organización espacial de los datos de una situación es más sencilla y permite constituir heurísticas fecundas que aseguren una representación simultánea.[2]

---

2. Agradecemos a los *Archives de Psychologie* y a *Cognition* que nos hayan dado su autorización para reproducir las figuras.

3 Las unidades de procedimiento, causales y teleonómicas en el estudio de los procesos cognitivos*

POR ALEX BLANCHET

El hecho de dejar de estudiar el desarrollo estructural del niño para pasar a estudiar su funcionamiento ha entrañado muchos cambios profundos, siendo el más importante quizá el que concierne al marco de referencia utilizado por el investigador para elaborar sus modelos, organizar las experiencias o simplemente describir los hechos. Cuando se trata de estudiar un sujeto abstracto, que se corresponde con el conjunto de conocimientos de una edad dada (el sujeto epistémico), los conocimientos científicos vigentes en ese momento constituyen un buen marco de referencia (véase Piaget, 1927, pág. 270). Pero, ¿qué marco debemos utilizar para describir las manipulaciones internas del sujeto psicológico? ¿Qué términos hay emplear para describir que ha tenido una idea, perseguido un objetivo o utilizado un medio, que ha procedido a una verificación, y qué papel debemos otorgar a estas interpretaciones del comportamiento? Las unidades que necesitamos para responder a estas cuestiones no pueden derivarse de dominios científicos establecidos. Hacen falta unidades nuevas, que se ajusten a esa descripción del funcionamiento del niño. Tan sólo en el transcurso de los últimos quince años se han desarrollado teorías sobre las representaciones e inferencias de un sujeto ingenuo (no especialista) que se enfrenta a un problema particular. En este desarrollo, los modelos de la inteligencia artificial han desempeñado un papel muy importante.

El objetivo de este capítulo es proponer algunas definiciones de unidades cognitivas y mostrar cómo permiten describir y comprender los comportamientos de un niño ante un problema. Las unidades *significativas* designan un contenido cognitivo utilizado por el sujeto, de modo implícito (a través de una serie de acciones), o explícito (bajo la forma de una representación cualquiera). Una unidad significativa se refiere por tanto a una actividad intencional del niño, pero sin que por ello se la puede tematizar, es decir, sin que el sujeto sea capaz de expresar este contenido de otra manera que por el desarrollo de su actividad. Un ejemplo sim-

* Trad. cast. de Cristina del Barrio.

ple de unidad significativa está constituido por la imagen o el concepto de un muñeco de nieve durante todo el tiempo en que un sujeto intenta construir uno. Otra unidad puede estar definida por el conocimiento particular que permite formar grandes bolas de nieve amasando otras bolas pequeñas.

Antes de especificar las diferentes unidades, son precisas algunas observaciones sobre las situaciones experimentales utilizadas, porque también nos han obligado a modificar la perspectiva de investigación. Definiremos luego tres tipos de unidades significativas, consideradas desde una perspectiva genética de diferenciación y de integración durante el período de las operaciones concretas (siete a doce años).

A continuación presentaremos algunos trabajos que coinciden parcialmente con nuestro enfoque de trabajo cognitivo. Finalmente, mostraremos la pertinencia de los elementos cognitivos cuya hipótesis planteamos presentando algunos ejemplos extraídos de una investigación sobre la resolución de un problema.

Las situaciones experimentales

La nueva perspectiva funcional que hemos adoptado se diferencia de manera fundamental de la perspectiva estructuralista en un punto que no es forzosamente muy evidente. Mientras que el enfoque estructural creía poder definir y delimitar el núcleo profundo del pensamiento, el enfoque funcional estudia procesos mucho más dependientes de los contextos y de los sujetos. En estas condiciones, es de primordial importancia que la situación sea «ecológica», es decir, que permita al sujeto expresar tan libremente como sea posible sus hábitos de pensar.[1]

En la mayor parte de las pruebas piagetianas, las preguntas atañen a la comprensión más que a la resolución del problema en cuestión, es decir, el niño no puede verificar su respuesta mediante hechos, si lo cree necesario. La respuesta en una prueba de conservación, por ejemplo, no se confronta con una experiencia. Es la coherencia de los juicios del niño lo que interesa al psicólogo. Lo mismo ocurre en las pruebas relativas a la lógica, el espacio, el tiempo, etc. Por otra parte, el hecho de que la evaluación del sujeto no se someta a la retroalimentación derivada de una experiencia, se ha utilizado a menudo para apoyar la hipótesis de que la construcción de las nociones fundamentales era una construcción autónoma, no sometida a presiones directas del medio. Si esta manera de plantear los problemas permite al psicólogo delimitar las nociones fundamentales, en cambio apenas ofrece al niño la posibilidad de dialogar con el objeto y evaluar su modo de funcionar.

Otra manera consiste en plantear problemas más limitados, con una solución fácil de verificar y que exijan realizar acciones menos ligadas directamente a la com-

---

1. La idea inicial, a decir verdad, era llegar a comprender cómo las estructuras de conjunto del pensamiento podían aplicarse en cada uno de los contextos particulares. A medida que avanzaban nuestros trabajos, hemos visto que la influencia de los contextos era mucho mayor que la prevista, y que la referencia a estructuras generales no era suficiente para comprender los comportamientos observados.

prensión del problema. Por lo general, la solución consiste en llegar a un estado particular de la situación (moviendo un elemento, por ejemplo, hasta una posición final). Así, el fin se puede representar fácilmente. Al estar bien delimitada la tarea, el sujeto expresa mediante la acción su manera de funcionar: el niño controla a su aire los pasos, maneja él solo los fines y los medios utilizados y decide libremente el momento en que le parece que ha logrado la solución. Llevado a resolver un problema y a evaluarlo desde diferentes puntos de vista, el niño funciona de manera tan autónoma e intensa como le es posible. De este modo, la situación experimental está menos definida por el tipo de conocimiento estudiado que por el tipo de tarea propuesta a los niños. El centro de interés reside en el control que ellos ejercen.

Desde un punto de vista teórico, las estructuras del pensamiento, en el sentido piagetiano, nos resultaban muy útiles porque están definidas en un nivel muy profundo. Lo mismo podemos decir de los procesos generales, como son la asimilación y la acomodación, la equilibración o la abstracción reflexiva. Esto no quiere decir que estos procesos y estas estructuras no sean activos en el nivel particular, sino que es necesario volver a definirlos en este plano. Conceptos como «observables» o «esquemas» son especialmente útiles para determinar la naturaleza epistémica de los contenidos del pensamiento y no tanto para precisar estos contenidos en los diferentes contextos en los que se aplican. Así, un observable se define por lo que el sujeto *cree* observar directamente sobre el objeto, y no en función de las características del objeto mismo. Es el producto de un esquema de asimilación (Piaget, 1975). Los propios esquemas no se definen por un comportamiento, sino por lo que hay de repetible y generalizable en la acción.

Como se ve, el fin de estas definiciones es determinar las características más generales de la actividad cognitiva y no pueden precisar al mismo tiempo el valor funcional de los contenidos del pensamiento en la resolución de problemas particulares. Sin duda, estos contenidos estarán basados en esquemas de asimilación, pero para comprender la dinámica de su encadenamiento en un contexto particular, no basta la referencia a la generalidad.

Definición de las unidades significativas

Las unidades que vamos a presentar pretenden especificar los conocimientos en función del tipo de control que el sujeto ejerce sobre la situación. En principio estrechamente ligadas a la acción, las unidades se separan progresivamente del sujeto y se diferencian en cuanto a los aspectos de control: al encadenamiento empírico de las acciones sucede la reconstrucción racional o la organización de las causas y de las intenciones.

Con el propósito de diferenciar estos tipos de control, pueden establecerse dos oposiciones. La primera distingue las unidades *de procedimiento* de las unidades *representativas*.² Con estos tipos de unidades se relacionan dos períodos sucesivos del desarrollo. La segunda oposición diferencia, sobre todo en el segundo período, las unidades *causales* de las unidades *teleonómicas*. Estos dos tipos de unidades permiten definir dos funciones diferentes, aplicables a los mismos elementos materiales. Estas dos funciones deben estar necesariamente coordinadas para comprender el problema planteado.

Las unidades *de procedimiento* controlan la actividad directa del sujeto sobre el objeto. Aunque estas unidades también puedan definirse en el caso de tareas abstractas, resulta más sencillo y más pertinente considerarlas en relación con la actividad práctica. Estas unidades están constituidas por un conjunto de índices perceptivos y por acciones que permiten al niño tomar una decisión en un punto dado de la solución. Por ejemplo, el sujeto podrá muy bien reconocer una plaza pública en una ciudad, y recordar cuál es la dirección que hay que tomar para llegar a otro lugar, sin ser capaz de establecer de antemano la serie de decisiones que hay que adoptar o el plano del camino que hay que seguir. La evocación de secuencias de acciones es útil para construir un plan, pero esta construcción implica otro tipo de unidades y sobre todo otro marco de referencia más abstracto.

En función de este marco, será posible una organización más general: las plazas y las calles quedarán reducidas a círculos o líneas y ya no estarán organizadas en función de características locales o prácticas, sino en función de la orientación respectiva de cada uno de los elementos dentro del plano. En este caso, se hablará de unidades *representativas*, puesto que ya no están ligadas al desarrollo de una actividad, sino que, por el contrario, están reorganizadas en función de un sistema de representación. Estos dos tipos de unidades corresponden, en nuestras investigaciones, a dos períodos sucesivos del desarrollo del niño: las unidades de procedimiento caracterizan el pensamiento de los niños hasta los nueve años y la construcción de unidades representativas caracteriza la labor cognitiva de los niños a partir de los diez años.

La segunda oposición diferencia dos funciones que una misma unidad representativa puede adoptar en el control de la actividad: una misma acción puede considerarse como un fin que hay que perseguir, y en este sentido tiene una función *teleonómica*, o bien considerarse como una transformación que permite lograr un fin más general, y entonces tiene una función *causal*. Por ejemplo, «meterme en el coche» tiene una función causal si esta unidad de comportamiento se inscribe en una cadena mayor de unidades cuyo fin es ir a aprovechar el aire del campo. Como contrapartida, la misma acción puede tener una función teleonómica si se

---

2. El término de representación se utiliza generalmente para especificar comportamientos mucho más precoces (acceso a la función simbólica hacia los dos años). Hay que subrayar por tanto que el problema no es sólo representar objetos o acciones, sino organizar estas representaciones en un modelo de la situación y utilizarlas para controlar la actividad. Las unidades representativas no se pueden asimilar pues a los conocimientos declarativos (interpretación de Hoc, 1987) que aparecen mucho antes de los nueve o diez años. Quizá se habría podido hablar de unidades conceptuales, pero no se habría subrayado el valor funcional de estas unidades, sin que esta elección resuelva los problemas fundamentales.

comprueba que he olvidado mis llaves en el interior del coche y que debo emprender una serie de pasos que me permitan abrir la puerta sin ellas.

Por tanto, existen dos marcos de interpretación, un marco de interpretación teleonómica, que controla la actividad del sujeto, y un marco de interpretación causal, que intenta explicar el objeto:

> Cada uno de estos marcos interpretativos es un sistema simbólico construido por el pensamiento, y destinado a representar y explicar los fenómenos que se producen, pertenecientes unos al mundo «objetivo», el medio externo, otros al medio subjetivo interno. El hecho de que una misma acción pueda interpretarse subjetivamente como un medio cuando se trata de que un sujeto organice su actividad práctica en función de un fin, y «objetivamente» como una causa cuando se trata de que el sujeto juzgue su adecuación a la realidad, no plantea problemas especiales de coordinación, sino que subraya más bien que la construcción de un marco causal está subordinada a una organización anticipadora teleonómica de la acción (Cellérier, 1976, pág. 277).

Las unidades causales son por tanto las transformaciones que el objeto puede sufrir, desde el punto de vista del sujeto. Éste las considera posibilidades ligadas a los objetos, atribuidas a éstos (véase Piaget, 1971) más que a su propia acción. Las unidades causales son por tanto las causas conocidas y habituales en un sistema físico o los casos legales en un sistema de reglas convencionales.

Si el sujeto conoce el conjunto de las transformaciones posibles (el conjunto de las unidades causales), dispone de los instrumentos necesarios para resolver la tarea. No obstante, esto no le indica de entrada cuál es la manera de alcanzar el fin o los subfines necesarios para la solución.[3] Por tanto, el sujeto debe definir etapas accesibles en función de las transformaciones de las que dispone. Sólo al final de su trabajo el sujeto puede captar las condiciones físicas que determinan el encadenamiento de las acciones adecuadas. En ese momento, a cada subfin le corresponde una transformación o un grupo de transformaciones. En ese caso, puede incluso ser difícil diferenciar las unidades causales de las unidades teleonómicas.[4] Por el contrario, a la hora de iniciar el trabajo, suele ocurrir que el sujeto reagrupa transformaciones sin llegar a un estado que le acerque al fin, o bien que se enfrenta a subfines sin disponer de los instrumentos necesarios para cumplirlos.

A diferencia de las unidades causales, las unidades teleonómicas no se definen por transformaciones realizables directamente, sino por correspondencias entre estados sucesivos de la solución. Por ejemplo, para ir de un sitio a otro en una ciudad, pueden evocarse diferentes estados sucesivos, sin saber exactamente cómo realizar el desplazamiento desde cada punto al siguiente. La dificultad para encontrar

---

3. Si es ése el caso, y si una o dos transformaciones bastan para alcanzar el objetivo, no se puede hablar de «problema» para el sujeto.
4. Un «medio» puede considerarse como una síntesis entre una unidad teleonómica y unidades causales. Un buen medio es un conjunto de transformaciones pertinentes para llevar a cabo una parte del fin.

una solución suele provenir de una relación demasiado estrecha entre el fin y una transformación particular.

En todas las situaciones que necesitan un rodeo, como veremos en nuestras situaciones experimentales, una centración demasiado fuerte en las transformaciones que permiten alcanzar directamente el estado final conduce a un bloqueo. Para resolver el problema, hace falta considerar el fin independientemente de una transformación específica, aun cuando ésta parezca de entrada muy pertinente. Un análisis de las relaciones entre las características del estado inicial y las del estado final permite echar mano de otras transformaciones o de combinaciones de transformaciones menos directas, pero más pertinentes.

Desde nuestra perspectiva, la construcción de una solución y la comprensión de un problema implican pues la coordinación de unidades causales y de unidades teleonómicas. Esta coordinación es completa cuando cada unidad teleonómica es realizable por una o varias unidades causales.[5] Las dificultades iniciales encontradas a la hora de resolver un problema, están ligadas a la construcción de las unidades pertinentes. Por el contrario, las deformaciones o los olvidos del fin, que con frecuencia se observan, y las confusiones momentáneas en el curso de la construcción pueden explicarse por una mala coordinación de las unidades: se consideran inadecuadas transformaciones que son pertinentes porque aparentemente son contrarias al fin, o a la inversa, los fines se consideran imposibles porque las transformaciones disponibles no pueden alcanzarlos directamente.

En función de este conjunto de hipótesis, se puede señalar algunos puntos que merecerían una discusión más amplia. En primer lugar, hace falta subrayar que las unidades significativas son entidades psicológicas contextuales. Son relativas al sujeto, en el momento de la construcción y en diversas situaciones. Por consiguiente, ninguna característica del objeto se puede considerar como perteneciente de manera definitiva a un tipo de unidad más que a otra.

En segundo lugar, las unidades significativas expresan el control racional que el niño establece, al menos parcialmente, aun cuando este control no se expresa más que por el deseo de explorar, o de repetir un resultado que se ha producido sin haber sido anticipado. Por consiguiente, se postula que existen siempre unidades que guían el desarrollo de la resolución, en tanto que la tarea esté adaptada al nivel del sujeto (para una postura similar, véase Bastien, 1987). Un comportamiento no motivado traduce un defecto de análisis, o bien un defecto en el método, limitándose el sujeto a actuar sin ningún tipo de fin para contentar al experimentador. El control expresado por la construcción y la coordinación de unidades podría hacer pensar que se concede un lugar insuficiente a los procesos peor definidos, de naturaleza automática o intuitiva. Es preciso recordar que, independientemente de la labor racional sobre las unidades, el sujeto ha de efectuar una labor de evaluación que permita estimar el coste o el beneficio que puede procurar el empleo de cada una de las unidades. Volveremos a ello más tarde.

---

5. En los casos en que una sola unidad causal permite llevar a cabo dos subfines a la vez, nos encontramos en la situación de la horquilla, bien conocida por los jugadores de ajedrez.

En tercer lugar, desde la perspectiva de una construcción de unidades, de procedimiento o representativas, debe matizarse la oposición entre lograr la solución y comprender. En uno y otro caso, se trata de construir y coordinar unidades. El funcionamiento cognitivo no es fundamentalmente diferente. En cambio, es muy importante definir bien las características de una interacción práctica y directa con el objeto (para comprender y para lograr la solución) en relación con una interacción que hace intervenir una organización que no pertenece ni al objeto ni a las acciones efectivas del sujeto, sino a una representación o un modelo construido por el sujeto.

Panorama genético

Desde un punto de vista genético, las unidades de procedimiento ya permiten, en un primer nivel, una comprensión práctica del objeto, suficiente para permitir transferencias, generalizaciones y algunas deducciones. De todas formas, para que sea posible una comprensión completa, hay que esperar un segundo nivel en el cual las unidades representativas distingan en la solución lo que se refiere a las condiciones físicas propias de la situación de lo que se refiere a la organización de las acciones elegidas por el sujeto.

Así, son posibles dos niveles de interacción con el objeto: el primero es una confrontación práctica con el objeto por medio de una acción directa del sujeto, mientras que el segundo nivel supone a la vez una interacción con el objeto real y una interacción con un objeto interno, reconstruido por el sujeto. En los dos casos, el diálogo se efectúa por medio de esquemas de asimilación. Éstos son de naturaleza muy diversa en el nivel de procedimiento y, sin embargo, son más específicos y más articulados en el nivel representativo. El objeto reconstruido suele ser por tanto más pobre que el objeto real, ¡pero evidentemente gana en coherencia desde el punto de vista del sujeto!

Otros enfoques teóricos

Con frecuencia el interés por los procesos cognitivos ha estado acompañado de una búsqueda de unidades psicológicas. Desde la perspectiva piagetiana, esta búsqueda ha tenido por finalidad redefinir o formalizar los esquemas (Cellérier, 1979, 1987; Boder, 1982; Bastien, 1987). La multiplicidad de significados que se han podido atribuir a los esquemas supone de hecho riqueza pero acarrea también mucha imprecisión. La definición de las unidades se propone precisamente distinguir mejor los diferentes aspectos que caracterizan el esquema.

En otras líneas de investigación, Greeno (1983) intenta definir funcionalmente las unidades que él llama *entidades conceptuales*. Estas unidades, directamente accesibles por el sistema cognitivo, utilizables para formar analogías o planificar la acción, configuran la representación que el sujeto construye del problema, y son muy parecidas al esquema. Andy diSessa (1981) recurre también a unos *primitivos fenomenológicos*. Se trata de unidades de base que guían la intuición y el razonamiento en el dominio de la física: «*...knowledge structures which are monolithic in the sense that they are evoked as a whole and their meanings, when evoked, are relatively independent of context*» (pág. 2).

Toda teoría psicológica necesita apoyarse sobre constituyentes de base. En este aspecto, el desarrollo de la ciencia cognitiva ha aportado muchas hipótesis y términos nuevos. La reducción del sistema cognitivo a un sistema de procesamiento de la información obliga en efecto al investigador a dar una forma precisa al conocimiento manipulado. Sin embargo, esta precisión no implica que la representación elegida sea psicológicamente pertinente. Se pueden citar, entre los modelos más generales y mejor conocidos, los sistemas de producción y los *frames* o los *schemata*.

Un sistema de producción es un conjunto de reglas de producción. Cada una de ellas es capaz de reconocer un cierto patrón de información y, en el caso en el que este patrón esté presente, de ejecutar una o más acciones. Tanto el reconocimiento como la acción pueden efectuarse sobre símbolos internos o sobre el entorno exterior (de hecho, el medio exterior es también un sistema de símbolos predefinido por el experimentador). Cada producción puede entonces considerarse como una unidad de significado: «*The productions themselves seem to represent meaningful components of the total problem solving process and not just odd program fragments*» (Newell y Simon, 1972, pág. 804).

La unidad de procedimiento, tal como la he definido, corresponde bastante bien a lo que es una regla de producción. Sin embargo, surge un problema importante si se considera un sistema de producción como la única estructura posible de conocimiento. Como ya he señalado, para mí el problema esencial es explicar el paso de un modelo práctico que resulta de la interacción directa con el medio material, a un modelo representativo cuya organización ya no dependa de las condiciones particulares de la experiencia. Es difícil ver cómo un conjunto de reglas de producción podría representar esta nueva organización. Se llevan a cabo numerosos intentos por combinar las reglas de producción con un conocimiento declarativo, una estructura de fines y mecanismos de aprendizaje (Anderson, 1983; Klahr, Langley y Neches, 1987).

Otra corriente muy importante define el conocimiento en términos de *schemata* o de *frames*. Los *schemata* se consideran como «*the basic building blocks of the human information-processing system*» (Rumelhart y Ortony, 1976). Estos «paquetes de información» se relacionan entre sí por medio de múltiples relaciones y forman una red muy densa (*Active structural network*). Además, estas entidades pueden tener niveles de abstracción muy diferentes, desde el grupo de líneas que forman un cuadrado hasta los conceptos más abstractos. Los *frames* (Minsky, 1975) representan claramente el mismo enfoque, al igual que los *scripts* (Schank y Abelson, 1977), considerados por estos autores como una especialización de los *frames*.

Los *frames* pueden representar cualquier tipo de conocimiento en un nivel de detalle o de funciones globales. En *La sociedad de la mente*, Minsky (1986) propone numerosas profundizaciones de esta noción. Para interpretar la más sencilla de las situaciones se necesitan millares de conocimientos. Cada uno de estos conocimientos, llamado agente, puede reagruparse con otros para realizar una tarea y formar así una agencia. No existe una jerarquía fija entre estos agentes, y la distinción entre agente y agencia está en función del problema que se considere. De este modo, se puede ver el volante de un coche como una agencia en circunstancias normales de conducción. En cambio, será un agente entre otros si aparece un defecto en el sistema de dirección. Así, en función de los problemas, suele ser necesario cambiar de perspectiva para considerar la función de conjunto de un conocimiento o el detalle de su estructura.

Minsky hace intervenir también agentes particulares, llamados *k-lines*, que memorizan el estado particular de cada uno de los agentes activos en un momento determinado. Los *k-lines* permiten así recordar un estado mental: una idea buena o una experiencia relevante. Estos diferentes tipos de agentes (existen muchos otros) van a servir para especificar los diferentes elementos del *frame*.

Dentro de la profusión de conexiones, las relaciones no tienen todas la misma fuerza. Partiendo de los elementos esenciales de un conocimiento, es posible llegar a entender el detalle delimitando las particularidades «objetivas» de su estructura. Para esto será necesario recurrir a los elementos más débilmente conectados por no ser normalmente necesarios para la utilización del conocimiento. Su evocación automática inundaría el sistema cognitivo de detalles superfluos. En una dirección opuesta, partiendo del mismo núcleo es posible centrarse en elementos más globales, más débilmente conectados también, que conciernen a los fines y subfines o a las funciones del conocimiento.

Minsky distingue aquí los dos aspectos, causal y teleonómico, que caracterizan dos clases de unidades que he presentado arriba. Su modelo permite subrayar que estos dos aspectos son dos interpretaciones o dos puntos de vista sobre unos mismos elementos. Queda añadir que la organización de las funciones no es necesariamente idéntica a la organización estructural y que estos dos niveles se deben coordinar.

En lo que concierne al modo en que interactúan diferentes tipos de conocimiento más o menos independientes, los modelos que recurren a una «pizarra en blanco cognitiva», están en condiciones de responder, o por lo menos de plantear, interrogantes importantes (Hayes-Roth y Hayes-Roth, 1979). Los elementos de niveles de abstracción diferentes trabajan en paralelo y únicamente se comunican proporcionando informaciones a la pizarra en blanco, o extrayéndolas de ahí. Tales sistemas permiten diseñar un control dinámico y no predeterminado de la solución de un problema.

Tienen importancia los modelos que exploran cómo pueden interactuar diferentes tipos de conocimientos. Durante mucho tiempo se han enfrentado dos corrientes que oponen un conocimiento procedimental a un conocimiento declarativo (Winograd, 1975). Quienes defienden el conocimiento declarativo subrayan que un conocimiento no debe depender de un empleo particular, sino que, al contrario, se debe poder utilizar en contextos diferentes y por razones diferentes. Por otro lado, la adición de conocimientos nuevos se debe poder efectuar con facilidad. En el punto opuesto, evidentemente quienes defienden el conocimiento procedimental subrayan la pertinencia de los procedimientos para describir la interacción de un sujeto con un objeto, poniendo el acento sobre la utilización del conocimiento más que sobre su definición abstracta. En esta perspectiva, un nuevo conocimiento no se considera como una adición, sino más bien como una corrección de los procedimientos ya conocidos.

Hoy día ya no se trata de oponer estos dos tipos de conocimiento, sino de comprender cómo se coordinan. Por ejemplo, Anderson (1983) desarrolla un modelo basado en la interacción de un conocimiento declarativo (*network* que corresponde al conocimiento de la situación) y un conocimiento procedimental (sistema de reglas de producción que transforman los conocimientos declarativos). En esta teoría los conocimientos pueden pasar de un tipo a otro por la intervención de procesos de «procedimentalización», generalización y discriminación.

En lo que concierne a la distinción entre marcos de interpretación causal y teleonómica, algunas investigaciones en ciencia cognitiva han intentado delimitar la manera en que se coordinan. Si una actividad de planificación es necesaria, es que el fin que hay alcanzar es tal que ninguna acción permite alcanzarlo directamente. Sacerdoti (1977) ha mostrado cómo un programa podría partir de una descripción muy global de la tarea (el objetivo que hay que alcanzar), y especificar progresivamente los contenidos de las acciones que hay que efectuar hasta descubrir el procedimiento correcto. En el curso de esta labor, es necesario a menudo reorganizar ciertas secuencias de acción a fin de darse cuenta de las propiedades de la acción o del objeto. En una situación en la que hay que quitar y apilar bloques, Sussman (1975) muestra la importancia de conocer las intenciones correspondientes a cada etapa de la solución. Tan sólo conociendo estas intenciones es posible corregir procedimientos inadecuados.

Esta reorganización es relativamente simple si los elementos están bien definidos desde el principio. No es ése el caso cuando el sujeto tiene que reconocer, en una máquina, por ejemplo, los grupos de elementos pertinentes, las funciones que cumplen y, para cada uno, el encadenamiento de causas específicas. Siguiendo a Sussman, deKleer (1979) centra su análisis en la distinción y la coordinación necesarias de dos perspectivas: teleonómica, para todo lo que concierne a las funciones de las diferentes partes del circuito capaces de cumplir el fin asignado, y causal, para todo lo que concierne al funcionamiento particular de cada parte en el funcionamiento del conjunto. La importancia del conocimiento teleonómico es evidente para comprender circuitos electrónicos en los que cada grupo de elementos cumple una función precisa. Por lo mismo, cuando se trata de construir un programa, hace falta definir unos fines y determinar luego las manipulaciones precisas de símbolos que permitirán llevarlos a cabo. Además, es fácil constatar la importancia de este marco teleonómico cuando se intenta comprender un programa del que no se conocen ni el fin ni el desglose de funciones.

En la mayor parte de las situaciones, todos los componentes y todas las funciones particulares se conocen de antemano, así que basta reconocerlos, coordinarlos y reunirlos en un conjunto. En los problemas nuevos, el primer paso, quizá el más importante, es descubrir cuáles son los componentes y las composiciones apropiadas. Y eso es lo que vamos a ver en los ejemplos siguientes.

En resumen, lo que señalan estos trabajos es que la definición de unidades psicológicas es un problema importante, tanto para precisar el contenido del «espacio del problema» del sujeto que se enfrenta a una tarea, como para determinar el tipo de interacción que mantiene con lo real.

Algunos ejemplos experimentales

No será posible ilustrar más que algunos hechos y algo del análisis que ha permitido elaborar y confirmar lo bien fundadas que están las unidades significativas. El lector encontrará en otro lugar el detalle de las hipótesis y del análisis (Blanchet, 1981, 1987).

La situación experimental propuesta a los niños consiste en trasladar tres elementos de un tren, una locomotora y dos vagones, sobre tres vías diferentes que se comunican por una plataforma giratoria. La situación se presenta tal como sigue (fig. 12).

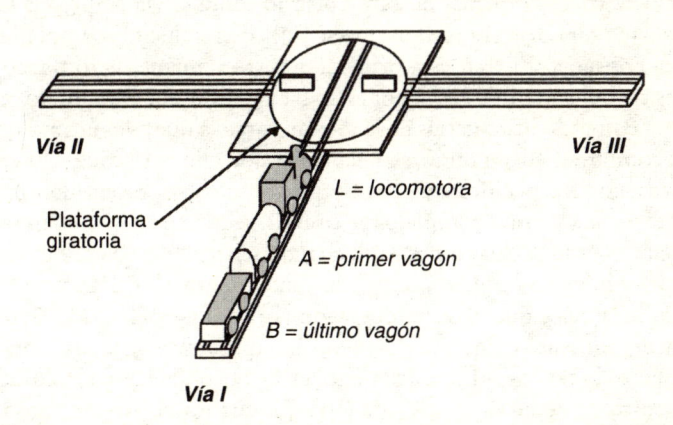

Figura 12

El trenecito puede moverse por las tres vías y por la plataforma giratoria. Dos de las vías están una frente a la otra (vías II y III). El tren, consistente en una locomotora, un vagón de pasajeros y un vagón de mercancías, se encuentra al principio en la vía perpendicular a las otras dos (vía I). El objetivo es trasladar el tren desde su posición de partida por una u otra de las vías situadas frente a frente, de manera que pueda continuar su ruta. Por tanto, la locomotora deberá estar orientada hacia el exterior y ya no hacia la plataforma giratoria como ocurría al principio. La dificultad de este problema deriva de la adición de dos restricciones.

La primera es material: debido al tamaño de la plataforma giratoria, sólo pueden colocarse ahí dos elementos, así que la locomotora no puede conducir más que el primer vagón. Es preciso desenganchar el segundo vagón y dejarlo momentáneamente en la vía de partida.

La segunda restricción es convencional (incluso en una situación real, es decir, con vagones verdaderos, sería consecuencia de leyes físicas): los vagones sólo pueden moverse con ayuda de la locomotora y por tanto el niño no debe empujarlos directamente. Esta restricción obliga al sujeto a volver a venir con la locomotora a buscar el vagón separado (B). Por lo tanto, debe desenganchar el primer vagón trasladado (A) con el fin de ir a buscar el segundo (B). Es entonces cuando se complica la situación.

Una primera solución (incorrecta) consiste en dejar el primer vagón (A) descansando sobre la vía de llegada (II). Luego, la locomotora puede ir a buscar el segundo vagón (B) y colocarlo igualmente sobre la vía de llegada. Por esta simple descomposición del objetivo en dos partes, se vuelve a formar el tren en el emplazamiento correcto, pero la dirección del tren es justamente la inversa de la que se había pedido: la locomotora está enfrente de la plataforma giratoria.

Otra solución (de tipo I) consiste en dejar el primer vagón (A) en la vía opuesta a la vía de llegada (III). Después de haber ido a buscar el segundo vagón (B), el sujeto puede volver a formar el tren y dejarlo sobre la vía de llegada (atravesando la plataforma giratoria sin efectuar rotación). Esta solución cumple las condiciones de la consigna. El tren está orientado correctamente, pero puede observarse entonces que el orden de los vagones se ha modificado: el segundo vagón (B) se encuentra colocado justo detrás de la locomotora, ya que es el último que ha movido la locomotora. El vagón A se encuentra por ello a la cola. Observemos que de entrada no se especifica que haga falta conservar el orden de los vagones.

Para el problema más complejo (de tipo II), se pide que este orden se mantenga. La solución es mucho más difícil, aun cuando sea posible, en otro momento, comprenderla como una doble réplica de la solución anterior. Para que se mantenga el orden, hace falta que el segundo vagón (B) sea enganchado al tren al final, es decir, en el momento en que ya no quede más que atravesar la plataforma giratoria para alcanzar la posición final. Para esto, el vagón B debe estar colocado en la vía situada enfrente de la vía de llegada (III). En cuanto al primer vagón trasladado (A), no se puede colocar en esta vía porque estaría entonces detrás de B, así que hay que dejarlo momentáneamente en la vía de llegada (II).

La solución consiste pues en poner el primer vagón (A) en la vía de llegada (II), y luego poner el segundo vagón en la vía que está enfrente (III). Entonces ya sólo falta volver a buscar el primer vagón (A), dejado momentáneamente en la vía de llegada, y luego el segundo vagón (B), para volver a formar el tren en el orden correcto.

Dos problemas principales desconciertan a la mayoría de los sujetos (adultos incluidos). En primer lugar, la colocación del vagón A en la vía de llegada parece contraria al objetivo, ya que este vagón parece bloquear la vía e impedir que la locomotora tome su lugar final a la cabeza del tren. En segundo lugar, incluso si la colocación del vagón A se considera temporal, el sujeto no ve con claridad cómo será posible volver a formar el tren: en efecto, parece como si la locomotora se tuviera que quedar bloqueada entre los dos vagones. Las dos semirrotaciones sucesivas que permiten volver a formar el tren son difíciles de anticipar: la locomotora debe efectuar una media vuelta para volver a tomar (marcha atrás) el vagón A, luego debe efectuar con él una segunda media vuelta, a fin de colocar este vagón (A) delante del vagón B. Incluso después del logro de una primera solución, esta anticipación es difícil.

Se puede comparar esta situación con la mucho más conocida de la Torre de Hanoi. En ella, no existe de hecho más que una sola transformación: trasladar un disco de un pivote a otro. En la situación del tren, por el contrario, son necesarias múltiples rotaciones y traslaciones para mover un vagón de una vía a otra. Además, las condiciones de ejecución son mucho más complejas: hace falta darse cuenta de la dirección y el orden de los elementos (cuando en la Torre de Hanoi basta con comparar el tamaño de los discos). La locomotora posee también un estatuto especial y debe estar presente en todos los desplazamientos (la única condición en la Torre de Hanoi es que sólo se puede trasladar un disco cada vez).

Las condiciones y los tipos de movimientos son pues mucho más complejos en la situación del tren. Hace falta efectuar 16 movimientos elementales para hacer pasar el tren de una vía a otra, cuando no hacen falta más que 7 para cambiar de sitio una torre de tres elementos. En cambio, el número de etapas para trasladar el tren no es más que 4. Una vez construidas las transformaciones pertinentes, la planificación debería ser por ello más sencilla.[6]

En resumen, a pesar de las semejanzas superficiales (número de elementos, de lugares de colocación, orden de elementos), la situación del tren posee muchas más características particulares: la configuración particular de las vías, el papel particular de uno de los elementos (la locomotora), la complejidad de las transformaciones necesarias para el desplazamiento. Se mezclan así restricciones físicas o convencionales con otras restricciones teleonómicas, lo que convierte un problema muy

---

6. De hecho, desde el punto de vista teleonómico, la situación más compleja (del tipo II: con conservación del orden de los vagones) corresponde al traslado de una torre de dos elementos solamente: en tanto que el sujeto comprenda que la solución consiste en formar el tren correctamente sobre la vía que está enfrente de la vía de llegada (III), el problema vuelve a plantearse simplemente en cómo poner de modo provisional el primer vagón (A) en una vía de espera (que será finalmente la vía de llegada), poner el vagón B en la vía opuesta (III) y luego volver a tomar el primer vagón (A) desde su vía de espera para volver a formar el tren. Basta entonces con empujarlo hacia su posición final (sobre la vía II).

fácil en el caso de la Torre de Hanoi (el desplazamiento de una torre con dos discos) en un problema muy difícil en el caso del tren.

El descubrimiento de soluciones para problemas simples (de tipo I: con inversión de los vagones) o complejos (de tipo II: sin inversión de vagones) tan sólo constituye una parte de la experiencia. Después de un primer éxito con el problema más simple (de tipo I), se pide al sujeto que verbalice la solución. Si surgen dudas o errores, se propone al sujeto resolver de nuevo el mismo problema. A los sujetos que lo resuelven con rapidez, se les plantea el problema más difícil (de tipo II), si no, se pasa directamente a las tareas de representación.

Las tareas de representación consisten en describir la solución del problema, primero verbalmente, luego por medio de un dibujo o de un esquema realizado con ayuda de flechas fácilmente adaptables. Se ruega al sujeto que «marque» en su dibujo o su esquema «cómo hay que hacer para trasladar el tren correctamente, para que un compañero pueda comprender la solución sin tener que reflexionar». Los sujetos indican por medio de flechas o por anotaciones sucesivas las posiciones de los elementos trasladados, las transformaciones necesarias para resolver el problema. Enseguida, se hace que el niño verifique su representación de varias maneras: especificando el significado de una flecha, el orden temporal de las diferentes transformaciones indicadas, o efectuando las acciones siguiendo las anotaciones en cada paso.

El objetivo de este trabajo no es empujar al niño a construir a cualquier precio una representación correcta. Los numerosos errores dan al experimentador muchas informaciones sobre las representaciones del sujeto que corrige y aumenta su comprensión del problema. Sea cual sea su precisión, los dibujos y esquemas indican de qué modo el sujeto se representa la tarea, las etapas de la solución, las transformaciones pensadas espontáneamente, etc.

Las tareas de representación son más complejas que la resolución efectiva de los problemas. Constituyen otro enfoque de los procesos cognitivos que operan en un mismo contexto experimental. La confrontación de los diferentes enfoques (en niveles de abstracción diferentes) se revela muy útil para poner de relieve las características fundamentales del desarrollo.

El análisis

Los ejemplos que siguen, extraídos del análisis de un grupo de 27 sujetos entre siete y doce años, pretenden ilustrar las definiciones teóricas presentadas más arriba.

Una unidad de procedimiento permite actuar directamente sobre una situación teniendo en cuenta las restricciones de la consigna y los condicionantes físicos. Una unidad de procedimiento se ha construido cuando el sujeto ha reconocido las condiciones necesarias que permiten efectuar una acción adecuada y cuando, simultáneamente, ha reconocido que esta acción era útil para alcanzar el fin. Por ejemplo, avanzar el tren con un solo vagón podrá ser una unidad de procedimiento si el sujeto ha reconocido que no es posible dar la vuelta a todo el conjunto del tren sobre la plataforma giratoria y que el avance de una parte del tren le aproxima al fin. Cada vez que se den las condiciones de la acción, se podrá evocar o poner en marcha la unidad de procedimiento. Y en esto reside su naturaleza práctica o funcional.

La ausencia de unidades de procedimiento adecuadas se traduce por la imposibilidad de limitar las acciones a un conjunto restringido y pertinente de posibles. Constantemente se están olvidando una o varias condiciones de la experiencia. He aquí un ejemplo de dicho comportamiento.

> Yan (7;4) avanza la locomotora (L), luego la locomotora y el primer vagón (LA) y el experimentador debe precisar cada vez que los vagones no avanzan solos y que se pretende también que los dos vagones terminen en la vía de llegada. Yan intenta entonces girar el tren entero sobre la plataforma giratoria (PG). En el segundo intento, pretendía venir a buscar el segundo vagón (B) con la parte delantera de la locomotora, a la que sigue enganchado el primer vagón (A). El sujeto parece pensar pues que el hecho de invertir los dos primeros elementos permitirá que todo el tren pase sobre PG. Después de haber visto que esto no era posible, el sujeto se propone de nuevo trasladar un vagón con la mano, y es necesario recordarle la consigna. Propone de nuevo volver a venir a buscar con LA a B, olvidando una vez más los límites de PG, e intentará incluso una vez más girar todo el tren. Lo que sigue en el protocolo es del mismo tipo.

La exclusión de las acciones no pertinentes está por lo general implícita. El sujeto se centra en las unidades aisladas correctas y simplemente ya no acomete acciones no pertinentes. Sin embargo, esta centración en las acciones correctas llega a ser muy intensa y los errores que se derivan de ello actualizan el tipo de unidad utilizada, como ocurre en el caso siguiente.

> Jean-Marc (7;11) ha colocado el vagón A en la vía III, frente al objetivo, y hace avanzar ahora LB por la vía de llegada (II) sin volver a tomar el vagón A, lo que podría hacer fácilmente. El experimentador le pregunta: «¿Se deja ahí? *Sí. Pero me gustaría que volvieran a irse los tres. No se les puede hacer pasar (por PG).* ¿No se puede ir a buscar a A ahora? *No... bueno, se puede ir, pero después eso pasa más allá».* El sujeto muestra entonces por medio de un gesto una orientación de la plataforma giratoria perpendicular a la orientación actual, muestra una dirección que prolonga la vía de salida mientras que en ese momento la plataforma giratoria conecta directamente la vía II con la vía III. El sujeto añade: «*Pasa así (de II a III), pero cuando se gira, pasa más.* ¿Y luego hay que girar? *Claro, para que pueda pasar.* ¿Hace falta girar cada vez para que pueda pasar? *Sí, menos cuando es así, se puede hacer pasar (engancha A, y arrastra el tren a la vía de llegada [II]), pero no cuando es así (de III a I) porque hay uno que se sale de su sitio (el último vagón descarrilará)».* Esta última acción no la ha previsto el sujeto y no corresponde del todo al fin que se persigue. En realidad, el sujeto intenta justificar el hecho de que no llega a tener en cuenta que el tren pueda pasar por la plataforma giratoria sin someterla a una rotación: «¿Y luego hay que

girar? *Claro, para que pueda pasar*». Quedaba pues excluido de golpe que todo el tren pudiera pasar de la vía III a la vía II. Es entonces la pregunta del experimentador lo que empuja al sujeto a volver a considerar las posibilidades que le ofrece la situación. Esta limitación de los movimientos posibles es muy útil para resolver un problema, pero hay que evitar que no sea demasiado fuerte. Este ejemplo es especialmente ilustrativo del hecho de que el movimiento rechazado era muy fácil de realizar y además constituía el último paso para alcanzar el objetivo.

En cuanto se separan las unidades, es posible considerar combinaciones de unidades y anticipar los efectos de los movimientos con uno o dos pasos de antemano. Desgraciadamente, esta anticipación puede conducir también a un bloqueo de la solución si el sujeto juzga demasiado directamente las consecuencias de una acción en relación al objetivo que hay que alcanzar.

> Jacqueline (8;6) difícilmente tiene en cuenta todas las instrucciones. ¡La locomotora salva a veces obstáculos indeseables! Sin embargo, llega a encontrar la solución del primer problema (de tipo I) y puede incluso invertirla si se le pide que el tren tome la dirección opuesta («*Es lo mismo por el otro lado*»). Por el contrario, en el problema más difícil (sin inversión de orden), Jacqueline no puede encontrar la solución. Cuando se le propone colocar el primer vagón (A) en la vía de llegada, se niega: «*No, porque si se pone ahí (A en II), se debería poner ésta delante (la locomotora)*». La solución se descubre finalmente por azar sin que pueda repetirse. A consecuencia de sus errores, Jacqueline ha comprendido que no hacía falta condenar a la locomotora a la cabecera del tren. Incluso llega a pensar que no hace falta condenarla entre los dos vagones, sin poder anticipar otras acciones intermedias. Sin embargo, la anticipación del bloqueo de la locomotora muestra claramente que las condiciones de la acción están bastante bien analizadas y que las consecuencias que parecen derivarse de ellas estan bien detectadas.

¿Qué es lo que distingue una unidad procedimental de una unidad representativa? De hecho, ambas pueden corresponder a los mismos desplazamientos observables y deben superar los mismos problemas. La principal diferencia reside en el papel de la acción directa en la organización de las unidades. La organización de las unidades de procedimiento sólo depende de la sucesión efectiva de acciones y de la presencia de índices materiales pertinentes, mientras que las unidades representativas se organizan en función de criterios propios. A la coherencia de la ejecución se añade la coherencia de la representación de la situación. Muchos problemas que parecen dominarse hacia los nueve años, resurgen luego hacia los diez. Si bien los problemas con los que vuelven a encontrarse los niños resultan parecidos, a los siete años los errores aparecen en las acciones, mientras que a los diez años son las anticipaciones incorrectas las que bloquean la acción. El intento de encontrar una solución pensada hace surgir problemas difíciles, incluso en las situaciones más sencillas, que los niños más pequeños superan con poca dificultad.

Laurent (10;10) después de haber oído la consigna del problema más simple, pregunta: «*¿No se pueden separar los vagones? Sí*, todo lo que hace un tren (de verdad). *Entonces así, se separa el vagón (B), se hace pasar así, se va aquí (LA hasta la vía de llegada), se toma el otro vagón (con la mano)...* Pero los vagones no avanzan solos. *...tres (elementos) pero esto no va. Ya puedes tomar uno (un vagón). Sí, pero después el azul (B) no puede avanzar él solo, ése es el problema*. Hace falta encontrar un truco. *...(reflexiona)... no lo veo*. Intenta avanzar ya el primer vagón (A). *Se pueden poner el vagón ahí (sobre la plataforma giratoria), porque no está sobre una vía*. ¿Cómo lo pensabas hacer? *Así, se hace pasar la L y los vagones así (sobre PG pero no dentro de los raíles)*. ¿Y de otra manera, avanzar LA? *Pero no se puede con los dos vagones. Haría falta venir a buscarlo*. ...¿Puedes mover, eh? *Sí, pero no vale porque no se pueden poner los tres, no se puede girar*. Pero puedes venir ahí (LA sobre PG) si quieres. ¿Se puede mover el vagón así (con la mano)? *Así es muy fácil. ...no, no lo veo*. ¿Qué es lo que te impide venir a buscar a B? *No, porque la plataforma giratoria no es bastante grande para hacer que dé la vuelta el tren*. Pero, ¿en qué condiciones podrías venir a buscar el azul (B)? *No, pero se podría hacer como he pensado la primera vez, pero los vagones no pueden avanzar solos, hay bastante, pero...* ¿Pero cómo podría venir L a buscar al azul (B)? *(Deja el vagón A sobre III, vuelve con L a buscar a B y de esta manera logra volver a formar el tren con los vagones invertidos)*».

Hace falta subrayar que durante todas estas anticipaciones, el sujeto no ejerce ninguna acción y no se propone nunca efectuar los desplazamientos antes de tener una idea completa de la solución. La necesidad de una idea exacta de la solución antes de ejecutarla bloquea la reflexión y el experimentador debe forzar al niño a tener en cuenta acciones que él solo no puede anticipar, pero que podría observar si aceptara ejecutar dichas acciones siguiendo las restricciones materiales.

El intento de resolver mentalmente el problema puede llevar así a los sujetos a considerar imposible la solución del problema más simple (tipo I). He aquí dos ejemplos en los que la reconstrucción representativa aboca a la niña a anticipaciones «aberrantes».

Christine (10;9) empieza por una comprensión laboriosa de las restricciones y reflexiona intensamente para controlar movimientos elementales. La sujeto ha comprendido, por ejemplo, que el avance de un solo vagón por la vía de llegada (LA por II) no podía conducir a la solución porque hacía falta luego volver sobre sus pasos para recoger el último vagón que quedaba en la vía de salida. Estas acciones no habrían hecho sino reconstruir el tren en la posición inicial. Como muchos sujetos de esta edad, Christine efectúa sin embargo esta acción que sabe inadecuada: «¿Piensas volver a venir así (LA marcha atrás sobre la plataforma giratoria)? *Sí, luego juntarla (LA a B), pero si se pone será demasiado grande, no girará (sobre PG)*». Se le propone entonces volver a recoger el vagón restante con la locomotora solamente. Christine no puede comprender que esta solución implica soltar el vagón trasladado (A) y piensa quizá en una inversión inicial de los vagones o en un avance inicial de la locomotora sola. Dice: «*Sería lo mismo después, sería otro... vagón*». Puede también que ella no haya distinguido de qué manera el hecho de dejar el primer vagón en otra vía distinta a la de partida modifica profundamente la situación. Sea lo que sea, está claro en todo caso que el sujeto no puede sacar provecho de las sugerencias del experimentador en el plano de la acción, y permanece centrado en una representación particular del problema. Así, del mismo modo que se ha considerado no pertinente el avance de LA por II, se propondrá esta acción tres veces más en función de reflexiones diferentes, incluso después del descubrimiento de la solución.

Sylvia (10;8) propone lo que Christine quizá tan sólo ha pensado. Incluso después de haber logrado volver a formar el tren en la dirección incorrecta (colocando sucesivamente los dos vagones en la vía de llegada) Sylvia no puede encontrar, si no es con ayuda, la solución para el problema de tipo I: retoma las mismas acciones, deja A sobre II (la vía final) y anticipa que no podrá colocar la locomotora a la cabeza del tren en esta vía. Propone entonces invertir los vagones en la salida (LBA). Esta inversión no resolvería en absoluto el problema pero constituye, en la representación del sujeto, una solución a la inversión con la que se encuentra en su acción. Se da cuenta de que «*no va a valer*» y propone otra solución aún más curiosa que la primera: se trata de avanzar L sola (¡para eliminar un primer elemento!) ¡y venir luego a buscar los dos vagones restantes con la locomotora! Aun cuando la segunda acción es exactamente la inversa de la primera, Sylvia no parece darse cuenta de que no modificará en nada la situación con estas dos acciones: «*Entonces la L parte sola, y luego viene a recoger los otros*». En su representación, sólo la primera función de la locomotora, elemento del tren, se considera en la primera acción, mientras que sólo la segunda función, tirar de los vagones, se tiene en cuenta en la segunda acción. De nuevo, esta manera de reflexionar indica que el sujeto no anticipa acciones prácticas, sino que intenta razonar en un nivel más abstracto que no tiene en cuenta la integración de las diferentes propiedades de la situación en los objetos. Por tanto, aquí asistimos a la construcción de unidades nuevas, más desligadas de la acción directa sobre el objeto y temporalmente demasiado dependientes de la representación parcial del sujeto.

Por último, veamos otro ejemplo de unidades representativas, más estables éstas, y mejor coordinadas con la acción directa sobre el material.

Elisabeth (11;11) después de haber oído la consigna, desengancha de entrada un vagón. Gira LA sobre la PG, los avanza sobre II y quiere empujar el último vagón con la mano. Tan pronto como se le recuerda la consigna, dice: «*¡Ah! entonces tengo derecho a dejar este vagón ahí (A sobre II). Lo que quieras*». Por tanto, comprende inmediatamente que hace falta utilizar un nuevo medio para resolver el problema. «*Entonces ahí... ¿vuelvo hacia atrás?* Como quieras». Hace retroceder LA sobre PG y gira. Como en el curso de la rotación A pasa delante de B, se para y dice: «*Al menos voy a probar*». Vuelve a coger el vagón B e intenta girar todo el tren sobre PG para asegurarse de que la evaluación de la plataforma giratoria era buena: «*Ah, esto no funciona*». Esta verificación superflua le recuerda, sin embargo, la dirección deseada del tren en la llegada. Modifica entonces su idea inicial (dejar A en II) y se propone entonces colocarlo en III): «*¿Puedo dejar un vagón ahí (III)?*». Luego lleva a cabo la solución correctamente.

Este último ejemplo permite introducir la última distinción que he propuesto, entre unidad causal y teleonómica. Tan pronto como el sujeto intenta aumentar el control de la acción, debe disociar dos aspectos contenidos implícitamente en su acción: el control de las etapas hacia el fin y el control de las transformaciones adecuadas a las condiciones de la situación. Mientras a las acciones se las evoque como totalidades, en tanto que actividad material, no es preciso disociar estos dos aspectos. Por el contrario, tan pronto como el sujeto se despega de estas unidades para comprender la situación independientemente de su acción concreta, debe definir claramente estos dos aspectos, por cuya falta se encuentra con confusiones o contradicciones que le hacen volver a caer en los mismos problemas que parecía haber superado con anterioridad, como el hecho, por ejemplo, de dejar momentáneamente un vagón en la vía de llegada.

El último ejemplo nos muestra cómo los sujetos de más edad pueden efectuar transformaciones (unidades causales) siguiendo un plan (unidades teleonómicas) aprovechándose de las circunstancias para verificar estimaciones (unidades causales) y corregir planes (unidades teleonómicas). De este modo, Elisabeth comienza siguiendo un plan muy sencillo y poco costoso.

Una evaluación rápida le hace pensar que PG es demasiado pequeña para contener la totalidad del tren y que es necesario un avance en dos tiempos (avance LA + avance B). Tan pronto como comprende que infringe una consigna, empieza a considerar otro plan («*tengo derecho a dejar este vagón*») que permita que L vaya a buscar a B (desplazamiento de A, y luego desplazamiento de B). Pero no sabe exactamente cómo llevar a cabo esta acción («*¿vuelvo hacia atrás?*»).

Por tanto, se ha hallado ese nuevo plan sin una idea clara de los medios que hay que utilizar. Tan pronto como se ejecutan las acciones, el sujeto aprovecha para verificar otro medio: el sujeto ha estimado anteriormente que PG era demasiado pequeña. No se imponía una verificación porque el plan era simple. En cuanto se complica, es necesario asegurarse con los hechos de que PG excluye verdaderamente uno de los medios posibles.

Para verificar esto, hace falta colocar el tren sobre la plataforma giratoria e intentar girarla, o al menos anticipar esta rotación en la dirección deseada. Así, se reactiva la dirección final. Esto incita entonces al sujeto a modificar su plan para adaptarse a esta «nueva» característica del objetivo.

El diálogo entre los medios y los fines o entre unidades causales y unidades teleonómicas es fundamental para explicar los mecanismos de progreso. Si bien la acción está sometida a un plan, el control ejercido no es, sin embargo, rígido y queda abierto a sugerencias que la ejecución de las acciones puede hacer aparecer en la situación. Veamos algunos ejemplos en los que este diálogo es mucho más difícil.

> Elisabeth, cuya solución rápida del problema más simple (tipo I) acabamos de ver, no es tan eficaz cuando se enfrenta al problema más difícil (tipo II). Intenta en principio utilizar las soluciones ya conocidas y llega a un buen control del problema anterior (tipo I), razonando paso a paso, paralelamente al desarrollo de la acción. Cuando se le pide repetir la solución, coloca el vagón A correctamente en II, pero basta una pregunta del experimentador sobre la dirección que tomará finalmente el tren para que el sujeto vuelva a poner en duda su acción y «corrija» su plan. El medio

se ha juzgado inadecuado en relación con las características del fin. Coloca entonces A sobre III: «*Me voy acordando, voy a probar. ¿En qué sentido irá el tren? Así (hacia II, falso), pero quiero hacer una operación*». La operación que indica es probablemente una inversión, de la cual aún no tiene una idea muy clara. Prosigue su acción y no sabe qué hacer de B, que ella cree haber dejado anteriormente sobre III. Piensa de repente que ha descubierto la solución: «*¡Ah, claro! Lo he encontrado de golpe*». Quiere colocar A sobre II (correcto) pero se detiene y se dice a sí misma: «*¿Cómo va a girarse después?*». Propone entonces otras soluciones no pertinentes antes de lograrlo en el sentido deseado. Incluso después de este segundo logro no puede estar segura de su plan. Al final de la descripción de las acciones que hay que ejecutar (una descripción dubitativa pero correcta), añade: «*Pero me parece que el amarillo (A) estaba allí (III, incorrecto)*».

Parece pues claramente aquí que el sujeto tropieza con la organización de las diferentes submetas, que no puede poner claramente en relación con la sucesión de medios disponibles. El hecho de tener que dejar un elemento sobre la vía que hay que tomar provoca confusión pero esta situación está concebida precisamente para diagnosticar esta confusión y la pregunta del experimentador acentúa el problema. Sin embargo, otros sujetos no aceptan dejarse desviar: Jean-Paul (11;9) se niega a responder a la pregunta perturbadora sobre la orientación final del tren: «*¡Espera! voy a ver si está bien (termina correctamente)*».

Laurence (10;7) no ha logrado resolver el primer problema sino después de largos y laboriosos intentos. En el segundo problema (tipo II), duda en colocar A sobre II, «*Porque luego L estará detrás*». Coloca entonces A sobre III y B sobre II y se da cuenta de que «*B estará delante*» (entre L y A). Como el sujeto duda mucho, el experimentador le incita a volver a tomar A. Laurence se centra entonces en el orden de los elementos, o en su dirección, sin llegar a coordinar uno y otra. Es tal la dificultad que Laurence no podrá resolver de nuevo el problema mientras se esté especificando la dirección de llegada. Sólo logrará la solución cuando se le permita actuar sin anticipar el sentido final del tren.

Lo que aparece claramente aquí es que el sujeto no tiene dificultad en anticipar el tipo de transformaciones que deberá utilizar. Laurence comprende que podría volver a tomar B y colocarlo delante de A, pero que entonces no se respetaría el orden («*B estaría delante*»). Es la misma transformación que debe aplicar a A para reformar el tren correctamente. Lo que no puede comprender es cómo se organiza la serie de submetas (poner A, poner B, volver a tomar A, reconstruir el tren) con las transformaciones particulares (las diferentes rotaciones) para que finalmente la dirección del tren sea correcta. En este conflicto, le parece más extraño poner A en la vía de llegada (ya que la vía que está enfrente está libre) que poner B ahí.

Jean-Paul (11;9) no parece tener problema en utilizar la vía de llegada para colocar momentáneamente ahí los elementos. Después de una breve prueba en la que A está colocado en III, dice: «*...¡ah sí! ¡ya comprendo!*» y deja A sobre II. No puede, sin embargo acometer una segunda submeta y prueba a girar B solo sobre la plataforma giratoria, luego enganchar A y por último forma un tren sin conservar el orden de los vagones. Retoma entonces su idea: «*La locomotora... ¡qué problema! ¡Ah, sí, empujo ahí el vagón (A sobre II), vengo otra vez, ya veremos cómo queda la cosa, ahí (recoge B), vengo otra vez aquí (LB sobre PG), ahí... ¡M...! Ah, no, he debido meter la pata, creo. Ah, no, veamos, lo dejo ahí (sobre I). ¡Nunca me va a salir!*». Por fin, llega a considerar una segunda colocación momentánea. Esta nueva submeta parece reorganizar toda su representación porque piensa que su error estaba localizado al principio de la solución: «*¡Ah, no! he metido la pata al principio, pero he encontrado la solución. ¿Lo puedo volver a hacer? (...) Separo (B), así, vengo aquí, creo que está bien (coloca A en II, como anteriormente)*». Es entonces cuando el sujeto rehúsa responder a la pregunta sobre la dirección final del tren (véase más arriba) y continúa su acción hasta el final.

Una vez más, aquí la verbalización indica que la representación está lejos de ser estable. Cuando se le pregunta cómo ha encontrado la solución duda con muchos trompicones: «*Bien, en cuanto he visto que el A estaba ahí, he dicho cómo se va a hacer para pasar el B, entonces... en lugar de poner el A... recuerdo más lo que he hecho ahora... en lugar de poner el A aquí (II), lo he puesto ahí (III, incorrecto)*». En un nuevo intento, su recuerdo sigue confuso («*Pero, ¿qué es lo que he hecho?*»). Actuará en función de su representación, por tanto, de modo incorrecto, antes de volver a descubrir la solución adecuada. Hay que señalar que Jean-Paul intenta expresar la solución en términos de submetas: poner A aquí, hacer que pase B, etc. Describe la solución por medio de unidades teleonómicas. Las transformaciones efectivas son adecuadas y ya no se deben especificar. Curiosamente, la solución del problema es de hecho más simple si se sigue centrado en las pocas transformaciones realizables. En cuanto los sujetos representan la solución por unidades teleonómicas, se observan nuevas dificultades concernientes a la dirección final del tren.

Las tareas de representación

Como ya he dicho más arriba, la resolución del problema no era de hecho más que una pequeña parte del desarrollo de la experiencia, consagrándose el resto del tiempo a diversas tareas de representaciones. No hay espacio aquí para presentar estos resultados. Me gustaría destacar los elementos importantes observados durante estas tareas, que han sido muy útiles a la hora de analizar la resolución de las mismas.

El paso de unidades de procedimiento a unidades representativas se traduce claramente en los dibujos y los esquemas. Los niños más pequeños (sobre todo los de siete y ocho años, pero también los de nueve) utilizan las anotaciones para acompañar una descripción de la acción que la mayoría de las veces intentan reproducir o imitar simultáneamente con gestos. Al releer las anotaciones, puede variar el significado de las flechas, incluso si la descripción verbal permanece coherente, al menos para los niños de ocho y nueve años. Sólo hacia los nueve años son posibles las verificaciones: el niño intenta dar un significado único a cada elemento apuntado y puede corregir, si se le pide, los aspectos inexactos. Sin embargo, sigue siendo muy difícil para él incluir en un índice estas anotaciones, es decir, precisar su orden temporal o los elementos que son relevantes. Muy a menudo, la legibilidad de las flechas es pobre y tan sólo el sujeto puede interpretar su esquema.

A partir de los diez años, a la vez que la acción es mucho más dubitativa, aparecen anotaciones más abstractas y ordenaciones múltiples: los sujetos intentan hacer que una misma flecha desempeñe muchas funciones. Así, cuando una transformación se repite en momentos diferentes, expresan estas transformaciones idénticas mediante una misma flecha. El orden de las acciones también se especifica entonces. La ordenación temporal se desarrolla al igual que las indicaciones y permite al lector interpretar el mensaje. Por el contrario, a los diez años se observan nuevos intentos de reproducir con gestos la solución, pero teniendo en cuenta esta vez el espacio de representación.

En relación con la segunda hipótesis (la diferenciación entre unidades causales y teleonómicas), desde los nueve años aparece un conflicto muy claro entre dos tipos de flechas: las que indican transformaciones específicas y las que expresan etapas de la solución. En efecto, es posible expresar un mismo hecho (poner el vagón A sobre la vía III, por ejemplo) con una sola flecha, a fin de indicar el desplazamiento principal (la submeta), o por medio de tres flechas, una por cada transformación particular: el avance del tren, la rotación de la plataforma giratoria, el retroceso del tren por la vía. Puede surgir un conflicto cuando haga falta interpretar una flecha, conflicto tanto más evidente cuanto que la rotación particular de la plataforma se invierte en relación con el sentido general del desplazamiento: para colocar el vagón a la derecha, es necesario girar la plataforma hacia la izquierda (el tren debe retroceder hacia la derecha). Se observan numerosas vacilaciones sobre el tipo de flecha que hay que utilizar (ciertos sujetos utilizan dos tipos para una misma acción o pasan de un tipo al otro) y sobre el significado de las indicaciones (interpretan un desplazamiento global como una transformación particular y a la inversa).

Este recordatorio rápido de los principales resultados observados en las tareas de resolución muestra que la evolución de los comportamientos en estas tareas se corresponde muy de cerca con las fases descritas en la resolución del problema. Y nos confirma principalmente la existencia, hacia los diez años, de un profundo cambio en las representaciones elaboradas por el sujeto.

Conclusiones

Las hipótesis acerca de las diferentes unidades significativas que se han presentado e ilustrado, deben evaluarse en una perspectiva evolutiva más general. En efecto, podemos preguntarnos cuál es la generalidad de los diferentes controles ejercidos por el sujeto, observados en una situación particular como la del tren. ¿La profunda transformación de las representaciones puesta de manifiesto, marca un corte entre dos estadios o dos períodos con funcionamientos bien distintos? Dos dificultades surgen cuando se intenta poner en relación los cambios de niveles de representación (hacia los diez años en nuestras investigaciones) y las principales etapas estructurales (hacia los siete y once años).

En primer lugar, las situaciones que permiten separar las novedades referentes a los niveles de representación no son las mismas que las que han permitido poner al día las etapas estructurales. El análisis del comportamiento difiere también, ya que se trata de comprender cómo nuevas posibilidades de representación interna pueden acompañarse de aparentes regresiones en el nivel de los comportamientos observables.

En segundo lugar, hace falta comprender cómo una modificación profunda del funcionamiento del sujeto podría encontrarse desfasada en relación a etapas estructurales que sitúan los cortes principales tres años más pronto o dos años más tarde. En los inventarios de experiencias, con mucha frecuencia se hace un corte entre dos períodos del estadio de las operaciones concretas, llamados concreto inferior y superior. Por otro lado, las edades de los sujetos que pertenecen a estos dos subestadios son bastante variables. El primer subestadio corresponde a una localización aún titubeante de las adquisiciones estructurales, mientras en el segundo subestadio las estructuras concretas se consolidan en casi todos los aspectos del conocimiento (lógica, espacio, tiempo, causalidad). Estudios detallados sobre la seriación y la inclusión (Gillièron, 1976; Bideau, 1988) han mostrado que las primeras estructuraciones de los niños de siete años siguen siendo tributarias de configuraciones espaciales sobre las que se apoyan, y que hace falta esperar a los nueve o diez años para que den prueba de verdaderas operaciones. En cuanto al estadio de las operaciones formales, se considera que comienza a los once años.

Otros autores, incluso si no optan por la misma división, coinciden a la hora de situar a los diez años el comienzo de un nuevo período. Fischer (Fischer y Pipp, 1984) sitúa entre los diez y los doce años el período en el que el niño llega a constituir una nueva unidad abstracta para representar un sistema de unidades del nivel anterior. Case (1985) considera que entre los nueve y los once años se efectúa el paso entre el estadio dimensional y el estadio vectorial. Campbell y Bikhard (1986) dan también las mismas edades para la aparición de su tercer nivel. Explican que sus estadios están desfasados en relación con los de Piaget porque los definen de manera funcional, precisando también los fundamentos sobre los que se construirán las invariantes de las nociones unos años más tarde. Las organizaciones estructurales se consideran entonces productos intermediarios que permiten construir el siguiente nivel de conocimiento (*knowing-level*), y no como iniciadoras de una nueva forma de pensamiento. Esta perspectiva, que da a las estructuras y a los estadios otra interpretación, se inscribe en una crítica de las posiciones epistemológicas de Piaget.

La precisa división cronológica del desarrollo cognitivo, que nunca se ha considerado importante en la perspectiva piagetiana, vuelve a plantear, sin embargo, el problema más fundamental de las relaciones entre las síntesis estructurales y los cambios de funcionamiento. En lo que respecta a las fases del desarrollo, se observa que muchos problemas esenciales están aún sin resolver y que los estudios microgenéticos, como el que se ha presentado, pueden proporcionar material para reflexionar sobre estas cuestiones.

En lo que concierne a los mecanismos de progreso, hay que tener presente lo que pueden sugerir las hipótesis sobre el paso de las unidades de procedimiento a las unidades representativas.

A primera vista, los mecanismos no son nuevos, ya que se podrían invocar procesos de diferenciación y de integración o de abstracción reflexiva, muy importantes en la perspectiva piagetiana. En nuestros contextos experimentales, sin embargo, estos procesos parecen manifestarse de manera menos continua y menos uniforme. Hemos visto que en una primera fase se debería efectuar una selección activa de las unidades pertinentes. Esta selección en función de las condiciones externas es indispensable para que se constituya un segundo sistema de representación, organizado esta vez en función de criterios internos. Este paso de un sistema al otro no ocurre sin una nueva puesta en cuestión de las organizaciones construidas en el nivel anterior y ya hemos subrayado las regresiones aparentes en el comportamiento de los sujetos de este período. El beneficio que el sujeto podrá extraer del nuevo sistema de representaciones por lo general se manifestará tan sólo en un segundo momento, cuando se haya podido llevar a cabo la reorganización de las unidades nuevas. Justo en este momento aparecerán nuevos productos cognitivos.

Esta trayectoria más tortuosa del desarrollo corresponde a una visión que Piaget ha propuesto en numerosas ocasiones a propósito de los desfases verticales: en cada nuevo estadio, el sujeto debe reconstruir en un nuevo plano todo lo que se ha elaborado en el estadio anterior. Quizá esta perspectiva se ha recordado menos a menudo cuando la formalización de las estructuras cognitivas más usual ha permitido verlas «encajadas» jerárquicamente unas en otras.

Para muchos autores, las reconstrucciones desempeñan un papel fundamental (Mounoud, 1976; Karmiloff-Smith, 1984; Campbell y Bickhard, 1986). Según Karmiloff-Smith, el desarrollo sigue tres fases sucesivas, que vuelven a aparecer constantemente en las diferentes situaciones pero que no están ligadas a momentos particulares del desarrollo. Estas tres fases, que definen tres tipos de control del sujeto sobre el entorno y sobre su propio conocimiento, presentan un parentesco evidente con el paso de las unidades de procedimiento a las unidades representativas, tal como hemos expuesto.

En un primera fase, llamada procedimental, los niños se centran en la adaptación a los estímulos externos y en el logro inmediato de la solución. En la segunda fase, «metaprocedimental», el sujeto reescribe sus representaciones anteriores. Intenta unificarlas y simplificarlas con el fin de poder controlarlas sin recurrir a los estímulos externos. La centración en sus propias representaciones puede llevar al sujeto a ignorar ciertos observables o incluso a ir al encuentro de ciertos hechos de la experiencia con el fin de imponer procedimientos demasiado pobres pero estrictamente controlados.

En la tercera fase, llamada conceptual, se coordinan los dos procesos de las fases anteriores: el proceso de control en función de los estímulos exteriores (*bottom-up*) y el proceso de control basado en la organización interna de las representaciones (*top-down*). Aun cuando los comportamientos observados puedan parecer similares a los de la primera fase, son de hecho el resultado de una organización más rica y más coherente.

Si existe finalmente una convergencia bastante grande en las ideas sobre el desarrollo entre buen número de autores (véase también Saada-Robert, 1989), queda por comprender lo que permite el paso de una fase a la otra. Este mecanismo supone en cada nivel de control una selección de los elementos pertinentes y su consolidación en función de criterios externos o internos. Como señala Karmiloff-Smith, hay que defender entonces un mecanismo de evaluación que permita al sujeto juzgar la cualidad de los elementos contenidos, su relevancia en relación a las condiciones de la experiencia y en relación con los conocimientos ya adquiridos. Hemos mostrado en otro lugar (Blanchet, 1986) la importancia que podrían revestir los valores y los sistemas de valores para esta tarea.

En nuestras situaciones de resolución de problemas, las dudas, los bloqueos, las confusiones se encuentran una y otra vez. El sujeto intenta encadenar acciones, reflexiona, prueba nuevas acciones sin un fin aparente, vuelve a soluciones antiguas que no han llevado a ningún resultado, repite muchas veces una serie de acciones variando uno u otro de sus aspectos, etc. En el curso de esta labor, es evidente que el niño no efectúa un análisis claro de las ventajas e inconvenientes propios de cada acción o de cada encadenamiento de acciones, así como un inventario de los estados posibles. En la multiplicidad de los aspectos de la situación, procede simplemente a una extracción de las acciones y de las configuraciones pertinentes valorando progresivamente las que permiten alcanzar un fin (a propósito, no siempre el que se le ha pedido). Señalemos que, en la situación del tren, hay que rechazar precisamente las acciones que parecen permitir alcanzar directamente el objetivo.

Una vez que se ha llevado a cabo esta primera selección (constituidas las unidades procedimentales), debe hacerse una segunda evaluación para determinar la manera de organizar los elementos elegidos. Intervienen criterios de evaluación menos dependientes de la eficacia final: se trata de evaluar el coste y el beneficio que aporta cada una de las acciones, lo que requiere diferenciar los condicionantes ligados al objeto de los ligados al objetivo (distinción entre las unidades causales y teleonómicas). En mi experiencia, el hecho de colocar un vagón en la vía de llegada parece tener un coste enorme, tanto más cuando existe todavía una vía libre. Se comprende que esta situación pueda constituir una trampa para los sujetos que se abren a esta nueva forma de evaluación (véanse las regresiones aparentes de los niños de diez años).

En una tercera fase, parece que el sistema de representación que se ha constituido permite una explicitación de los condicionantes y de las unidades y que sustituye finalmente las evaluaciones implícitas, por lo menos en situaciones no demasiado complejas. La evaluación, que se «disuelve» así en la estructura explícita de la situación, resurgirá a partir del momento en que el conjunto de los posibles se abra o que la pertinencia de las unidades se vuelva a poner en cuestión.

Si bien la discusión de los mecanismos del desarrollo nos aleja de las estructuras y del proceso de equilibración, nos acerca por el contrario a otras corrientes de investigación y especialmente a los modelos recientes en el área de inteligencia artificial (los procesos de activación de redes neuronales). Sigue habiendo numerosos interrogantes en cuanto a las relaciones entre los procesos de evaluación y la elaboración de conocimientos estables. ¡Parece claro que los psicólogos no han llegado aún más que a constituir sus unidades de procedimiento!

Más allá de estos interrogantes todavía sin respuesta, la aparición del sujeto como centro de control y de evaluación modifica de una manera bastante sensible la concepción del sujeto y ciertas posturas epistemológicas fundamentales. Esta visión del sujeto como gestor de su acción y sus recursos es, en mi opinión, la consecuencia más notable de la centración en el sujeto psicológico.

4. La construcción microgenética de un esquema elemental[*][1]

POR MADELON SAADA-ROBERT

Utilización del saber y construcción microgenética

Las transformaciones de un saber elemental, como es el caso del esquema «*apilar*», durante su utilización en una situación concreta, se tratan aquí bajo el prisma de su construcción microgenética. En la microgénesis partimos de la hipótesis de que el saber activado (todavía sin actualizar o especificar) por el sujeto al principio de la resolución de un problema es un saber sincrético, con sus dos componentes, de generalidad difusa en relación a la situación actual, y de particularismos yuxtapuestos en relación a los conocimientos anteriores sobre los que se apoya. Para constituirse en un «saber-hacer» de la situación actual, en una manera de controlarla —en dos niveles conjuntos del modelo y del procedimiento—, tal saber debe transformarse progresivamente en un saber a la vez preciso y sintético. La construcción microgenética consiste entonces en una doble transformación, de lo difuso en preciso, y de lo disperso en unitario.

Los mecanismos de dicha transformación analizados aquí son, por un lado, el de los *cambios de significados* que se refieren a los esquemas prácticos o conceptuales utilizados (relacionados con los modelos formados anteriormente) y que se refieren a los objetos (reales o del pensamiento donde están comprendidas igualmente sus relaciones); y, por otro lado, el mecanismo de las *transformaciones de control*, relativas a la organización de las acciones y de los significados en función de la meta. En el primer caso, los significados para un esquema dado cambian según que el esquema se active primero en función de la simple pertinencia a la situación (en cuyo caso hablamos de rutina) o según que después se intensifique o aparte por otra opción en función de su significado relativo a la meta (primitiva), y final-

---

[*] Trad. cast. de Cintia Rodríguez.
[1] Lo esencial de los resultados y de los análisis presentados aquí ha sido objeto de una publicación anterior (*Psychologie Française*, 34, 2/3, 1989).

mente según que esté compuesto en unidad significativa transformacional de la situación (procedimiento *ad hoc*). En el segundo caso se trata de transformaciones relativas a la segmentación que se efectúa del problema (reducción heurística). Estas transformaciones tienen como objetivo la formación de un «objeto-para-pensar» adecuado, la formación de un microcosmos de trabajo privilegiado, a la vez que de un prototipo de resolución. Ya se trate de construcciones de significados y de opciones relacionadas con ellas, o de segmentaciones en unidades prototípicas de trabajo, la interacción que constituye la representación entre los esquemas del sujeto y las propiedades de la situación es permanente; razón por la que un análisis de las representaciones incluye tanto un análisis de la tarea vista de la manera en que el sujeto se la apropia, como un análisis de los propios significados y de los mecanismos de control que los organizan.

Análisis de las representaciones y análisis de la tarea

Partimos de una situación simple (cubos y tablitas de madera, que se pueden ajustar) en donde los niños conocen los objetos (materiales), así como los esquemas susceptibles de ser aplicados (apilar, alinear, etc): son «conocidos» en el sentido de «familiares»,[2] lo que no presupone nada de su nueva composición en función de la meta que hay que conseguir. En efecto, cada sujeto construye su propia «familiarización» de un esquema, de un objeto, y de sus relaciones. La tarea que le proponemos no se puede analizar en términos unívocos, ya sea en los del experimentador (con sus términos explícitos, la mayor parte de las veces canónicos, y los implícitos de su propia apropiación cognitiva), ya sea en términos del éxito de la tarea. Hablar de saber en términos de conocimientos familiares significa que se pasa de un saber general canónico a unos conocimientos particulares, tal y como el sujeto se los apropia al funcionar en una tarea específica. Así, el análisis de la tarea (del problema planteado para el niño) no puede hacerse sin el análisis de las acciones y de las representaciones del sujeto. Recíprocamente, éstas deben de comprender las características del problema planteado, suponiendo que los conocimientos formados por el sujeto dependen también de lo que la situación le ofrece.

Una vez dicho esto, distinguimos dos niveles en el análisis funcional[3] de la tarea: una descripción analítica del problema, que expresa la visión del experto después de controlar la situación; y una descripción dinámica del problema, que expresa más bien el recorrido ideal del sujeto novato. Una y otra no expresan más que una parte del problema, una definiendo la solución óptima que la situación ofrece, la otra el recorrido funcional de la resolución.

2. Véase Boder, 1982.
3. El análisis estructural de la tarea, que no exponemos aquí, es necesario por complementario para el análisis de las representaciones. Dicho análisis apunta al nivel de complejidad de los conocimientos en juego: para esta situación, las nociones de horizontalidad y de verticalidad, el sistema de coordenadas, la sucesión de los números. Este análisis se efectúa en Piaget, 1974b.

Descripción analítica del problema

El problema que se le plantea al sujeto es la *construcción de un estado final* (camino en pendiente) que es un estado conocido en tanto que representación del objetivo al que hay que llegar.[4] La construcción de ese estado final se hace a partir de un *estado espacial inicial* dado en forma de un dispositivo.

La construcción se hace por medio de *instrumentos-transformadores*: las tablitas y los cubos de madera, a los que se asocian *esquemas familiares* como apilar y alinear, e igualmente configuraciones familiares como casas, muros, escaleras, torres, caminos, etc.

Sobre un dispositivo que evoca de entrada una representación del estado final, con objetos conocidos sobre los que el sujeto puede ejercer esquemas familiares, se considera que todos los conocimientos de base necesarios para resolver la tarea están presentes. El trabajo funcional que conduce a la solución consistirá entonces esencialmente en escoger y en construir invariantes acoplándolas en un procedimiento-tipo, que corresponde a una unidad representativa específica (modelo). Cada sujeto construye su procedimiento-tipo a partir de la situación. Sin embargo, ésta permite una solución óptima[5] que se convierte en el *procedimiento-tipo de la situación*. Podemos explicitarla como sigue: «construir una cuesta por medio de varias tablitas y pilares que se suceden en altura creciente y continua». El procedimiento así enunciado está constituido por cuatro elementos clave, comprendiendo cada uno invariantes de significados y de control. Se trata de:

1. construir una cuesta: fijación del objetivo,
2. hecha de «tablitas-pilares»: unidades significativas y prototípicas;
3. estas unidades tablitas-pilares se suceden: la construcción de una unidad prototipo teleonómica es igualmente la de una unidad de trabajo productivo (causal) y los dos aspectos se confunden cuando el sujeto trabaja sobre la relación causal tablita-cubo. Para realizar el objetivo, la sucesión interunidad es necesaria; dicha sucesión supone que el sujeto reconsidere la unidad causal como unidad de método (teleonómica);

---

4. En un ítem de presentación, le pedimos al niño que sitúe un hilo que sirve de cable a un motociclista-equilibrista de circo, para que, saliendo de la pista, pueda llegar a lo alto de la plataforma. A continuación le hacemos dibujar el cable tenso sobre un esquema ya preparado. En el ítem experimental, situamos delante del niño el dispositivo formado por un cochecito (con la posición de partida fija) y por una caja que representa un edificio. La consigna es la siguiente: «El coche debe ir al aparcamiento que está situado encima del tejado del edificio; hay que hacer algo con eso (cubos y tablitas de madera) para que llegue arriba; algo que se parezca a lo que acabas de hacer para la moto».

5. Solución óptima: éxito según la estructura de la situación; hay que diferenciarla de la utilización óptima de la situación por el sujeto, que expresa los avances que puede realizar. En esta situación, es el caso para los niños de alrededor de seis o siete años. Hacia los nueve años el éxito es demasiado rápido, hacia los cuatro o cinco años las soluciones son demasiado asimiladoras (rodeo de la consigna) o demasiado acomodadoras (construcciones paso a paso siguiendo de cerca las propiedades de los objetos); en estos dos casos los avances son mínimos.

4. la sucesión debe cumplir los criterios de altura creciente y de continuidad (sin que formen una escalera las tablitas del camino). Altura creciente y continua son propias de la generalidad del objetivo. Ambas permiten el control de la construcción y la evaluación negativa de una sucesión de unidades productivas que se repiten. Por otro lado, centran la construcción en el «punto de unión», punto de contacto entre una tablita, el soporte (pilar) y la tablita siguiente. Ése es el punto clave de la relación entre las unidades tablita-pilares.

Descripción dinámica del problema (para el sujeto, en situación de resolución)

El niño parte de un dispositivo que es un medio espacial, al que le sigue una primera idea-guía para actuar, en términos de *llenar el vacío* entre el coche y el tejado, que va a transformar en procedimiento-tipo a través de los pasos que presentamos en la figura 13.

[Diagrama de flujo con los siguientes elementos:]

1ª idea guía: RELLENAR EL VACÍO

«aquí hay un coche» — «aquí, un edificio con un aparcamiento encima del tejado»

(1) Se le presenta unos objetos a los que están asociadas unas rutinas (esquemas familiares reconocidos como pertinentes en relación a los objetos):

- Tablitas → ALINEAR / APILAR
- Cubiletes → ALINEAR / APILAR

→ construcciones como torres, muros, casas, etc.

Estos objetos con sus funciones (rutinas), relacionadas con el dispositivo adquieren el estatuto de INSTRUMENTOS PARA RELLENAR EL VACÍO

Después viene la consigna:
- Con esto hacer: utilizar las tablitas y los cubiletes ajustándolos
- algo: representación de una configuración-objeto «camino en pendiente»
- para que el coche llegue arriba: rodar y subir

La idea guía pasa a ser:

CONSTRUIR	UN CAMINO	EN PENDIENTE	ENTRE LOS DOS PUNTOS
camino que se sostiene: - equilibrio - pilar	rodar: continuidad = sin escalera	subir: altura progresiva = escalera o n+1	punto de unión: mitad del pilar para cada tablita

(2) ALINEAR tablitas / APILAR cubiletes operables sobre una sola unidad prototipo (tablita-cubilete)

necesidad de salir de la unidad productiva y de considerarla como unidad de método

(3) Construir un camino en pendiente utilizando unidades significativas (tablita-cubilete) que se suceden en altura creciente y continua

(1) activación de las rutinas
(2) construcción de las primitivas
(3) composición del procedimiento-tipo

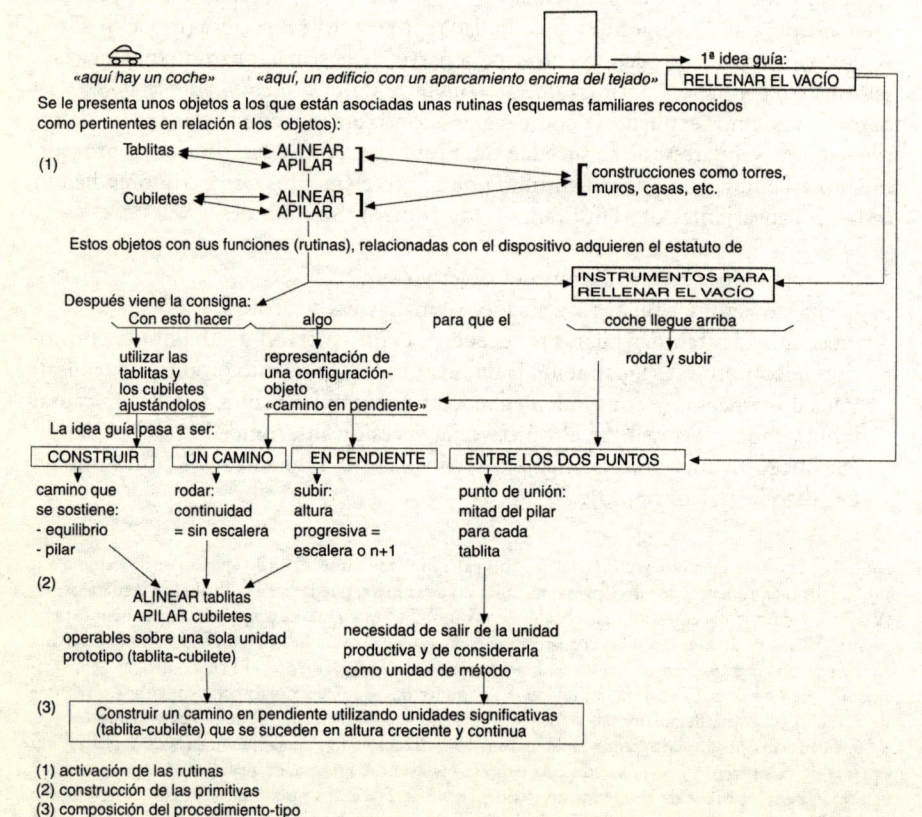

Figura 13

Microgénesis y significados. Los tres estatutos de un esquema: rutina, primitiva y procedimiento

Si, desde el principio de una microgénesis, el observador puede definir el valor positivo o negativo de un esquema en relación a la solución, el sujeto, sin embargo, no le atribuye la mayor parte de las veces más que un estatuto de instrumento posible de la resolución, sin poder atribuirle de inmediato un carácter de necesidad, o atribuyéndoselo por equivocación. Un esquema puede cambiar de significados a lo largo de su especificación, según el valor que tome en relación a la solución. Esto lo podemos demostrar a partir del análisis microgenético de las conductas de los niños en esta situación. Distinguimos tres aspectos del mismo esquema, que llamamos respectivamente rutina, primitiva y procedimiento. Con el esquema, que no forma parte del proceso finalizado mismo, forman el ciclo que presentamos en la figura 14.

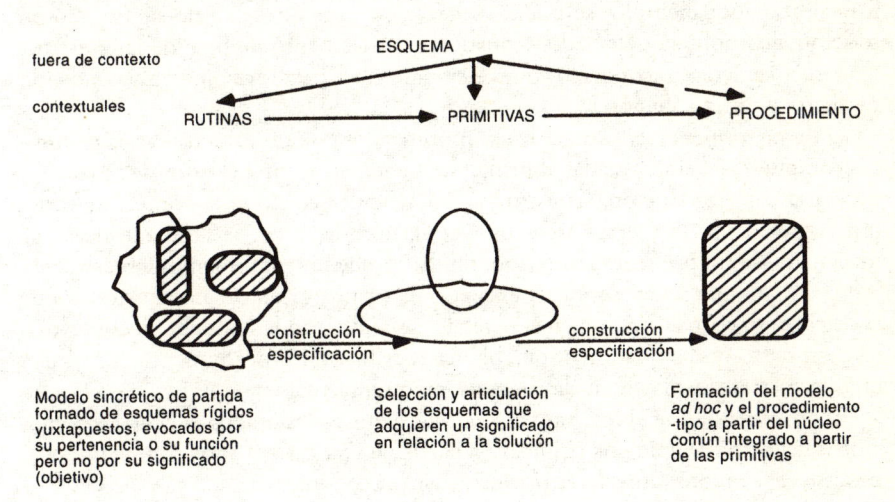

Figura 14

Cuando hay identificación y selección de un esquema en función de su pertinencia[6] para un objeto, o un conjunto de objetos o de relaciones, podemos hablar de *rutina*.[7] Se trata de un esquema familiar para el sujeto (en el sentido que

---

6. «Pertinencia» entra en el campo semántico de los significados pero es menos preciso: se refiere a la situación en tanto que totalidad aún mal definida de diferentes objetos y relaciones. Los significados intervienen, sin embargo, a partir del momento en que hay integración del esquema en función del objetivo, es decir, cuando el objetivo asume la organización del esquema (primitiva).

7. Conservamos, para definir la rutina, las características de repetición, de fijación y de aislamiento explicitadas por Weizenbaum (1981) y por Neisser (1983). Pero no seguimos a estos autores cuando hablan de la resolución como de un encadenamiento de rutinas yuxtapuestas que se suceden de mane-

le da Boder, 1982) y asociado funcionalmente al objeto (objeto-para-hacer; en esta situación: cubo-para-alinear, o cubo-para-apilar). Una rutina sería un programa bien compilado, que se desarrolla como unidad compacta, como bloque no compuesto. Está relacionada con el control ascendente, ya que está dirigida por los aspectos particulares del objeto (tal y como los semantiza el sujeto).

Cuando el sujeto localiza y escoge un esquema identificado como necesario en relación al objetivo, es decir, cuando el objetivo guía la rutina (control descendente, teleonómico), se puede hablar de primitiva. Se define por su significado con respecto a la solución. Por esto, presenta un aspecto de movilidad que no tiene la rutina, que tan sólo funciona como bloque relacionado con objetos específicos. La primitiva es susceptible de modificación y de composición. Entre la rutina y la primitiva se produce un segundo proceso de identificación: además de la selección relacionada con la función de los objetos, se añade el significado en función de la solución; una rutina escogida como pertinente en relación al objeto (cubilete-para-alinear, por ejemplo) se podrá rechazar en función de su no-significado en relación al problema planteado. Constituye un elemento de base de la construcción microgenética, reconocido como elemento clave para la resolución y condición necesaria para la solución.[8]

Un *procedimiento* es la organización unificadora que resulta de varias primitivas compuestas. Éstas, aisladas al principio, tienen en común el valor de condición necesaria para la solución. Constituyen, al articularse, un nudo común unitario, por conservación de ciertos aspectos y anulación de otros. Se llega entonces a la formación de un procedimiento-tipo, unidad procedimental manipulable, que en tanto que bloque podrá servir de rutina o de primitiva en otro contexto (lo que no excluye su reorganización en el nivel de esquemas fundamentales no contextuales). En tanto que unidad manipulable transferible, un procedimiento constituye el aspecto transformacional del modelo representativo.

El problema sobre el que vamos a centrar algunos resultados es el de las condiciones de formación de una primitiva a partir de una rutina, y las condiciones del proceso de composición de la primitiva en procedimiento.

---

ra acumulativa (Neisser, a propósito de la teoría de la inteligencia según Sternberg); o cuando, en el contexto de la programación, las rutinas, al hacerse subrutinas, conservan exactamente las mismas particularidades (Weizenbaum). En efecto, una rutina es una entidad construida a partir de elementos compuestos y cuya organización funciona muy bien incluso si aparece como un programa fijo. A su vez, se convierte en elemento de base de una composición nueva (procedimiento *ad hoc*), pero al hacerlo se transforma cualitativamente al cambiar de significado y de polo de orientación, pero también a través de su «estallido» cuando ciertos elementos se mantienen y otros se rechazan.

8. En sus «primitivos fenomenológicos», A. Disessa (1982) reúne a la vez la idea de elemento organizador y heurístico en relación a la solución, y la idea de relación estrecha con el objeto (fenomenológico). Nosotros preferimos distinguir las entidades en juego a través de dos términos diferentes (primitivo y rutina) que permiten integrar la dimensión microgenética en la solución, y que responden a tipos de control diferentes (ascendente para la rutina, descendente para la primitiva).

El método de análisis de los resultados está basado en el análisis de casos. Los protocolos analizados (28 niños para los resultados que nos interesan aquí)[9] se han transcrito a partir de cintas de vídeo, o de notas tomadas *in situ* por varios observadores. El análisis de casos, cuya importancia y papel se demuestran en la investigación psicológica,[10] es indispensable para reconstruir la microgénesis de las representaciones por al menos tres razones complementarias: 1) El funcionamiento de los conocimientos se apoya en procesos cualitativos que solamente un análisis profundo y detallado, hasta «la intimidad» de las conductas en desarrollo, permite reconstruir. 2) El desarrollo de la resolución (proyecto, medios, solución) forma una totalidad no divisible (lo que se hace en los análisis intersujetos al señalar ciertas conductas destacadas) cuando se busca su coherencia interna. 3) El desarrollo de la resolución supone un análisis temporal de los datos que se basa en índices observables, a la vez sincrónicos (conjunto de índices pertinentes en un momento T) y diacrónicos (un mismo índice, verbalización, mímica, gesto, acción, etc., tomado en diferentes momentos de la resolución). El análisis de casos permite recoger ese tipo de datos (véase capítulo 5).

De rutina a primitiva

Al escoger para activar en la situación uno de los esquemas centrales, el de *«apilar»*, podemos mostrar las condiciones de formación de la primitiva correspondiente. Entre los niños de cinco a once años que han trabajado esta situación, los de cinco y seis años muestran más claramente el paso apilar-rutina a apilar-primitiva, porque constituye lo esencial de sus avances microgenéticos; los de los niños de siete años y mayores están marcados por una búsqueda más laboriosa de la composición de la primitiva en procedimiento, realizándose el paso rutina-primitiva de manera casi inmediata, o bien si el esquema adquiere el estatuto de primitiva.

En el caso de Yacine (5;2), cuyo progreso se puede considerar como prototipo de la microgénesis de esta situación, el esquema *«alinear»* se utiliza de inmediato, tanto con los cubiletes, alineados al borde de las tablitas, como con éstas. Sin embargo, el esquema *«apilar»*, aunque virtualmente presente, no se reconoce en principio como pertinente. Para comprender la elección del esquema pertinente, hay que saber que Yacine trabaja primero sobre las tablitas como medios privilegiados: las tablitas-camino forman parte del objetivo perseguido; son pues las primeras en el orden teleonómico aunque sean las segundas en el orden productivo-causal. En efecto, Yacine comienza por situar una sola tablita en pendiente contra la caja, más bien como concretización-test-refuerzo de la representación del objetivo *pendiente* que como medio productivo de resolución. Después, por medio del paso de

---

9. Los datos recogidos y analizados han permitido construir el marco conceptual presentado aquí, y también ilustrarlo. Dichos datos no se expondrán de otra forma.
10. Véase Lawler, 1985.

lo teleonómico a lo productivo, Yacine pone de forma plana, retrocediendo hacia el coche (punto de partida), otras tablitas de un extremo al otro. La tablita en pendiente no llega a la cima de la caja, pero Yacine está satisfecho de la solución. Completa la construcción bordeando cada lado del camino con cubiletes alineados. Cuando le proponemos, además de cubiletes, bloques compuestos tablita-cubilete (un cubilete pegado debajo de una tablita), Yacine actúa como con las tablitas de la resolución previa, situándolas de un extremo al otro: así, el camino sube y vuelve a bajar (fig. 15a) y se da cuenta de que «eso no va a subir...». Yacine expresa así una idea directriz nueva: «subir»; idea que puede explicarse por efecto secundario, ya que los cubiletes pegados debajo de las tablitas no son al principio más que apéndices sin una función útil, aunque luego se convierten en lo que proporciona altura. Es solamente entonces cuando Yacine comienza a atribuir un significado a los cubiletes en relación al objetivo fijado, y a apilarlos. Sostenemos que aquí apilar tiene de inmediato el estatuto de primitiva porque interviene como respuesta a la finalidad del problema. Apilar no tiene pues el estatuto de rutina, mientras que alinear los cubiletes en la secuencia previa lo tenía, en la medida en que alinear-cubiletes constituye una entidad rígida por la función del objeto y no por la del objetivo. En tanto que primitiva, si bien «apilar» se comprende como condición necesaria para la solución, sin embargo, no es aún «uno más» (progresión continua), no es aún un elemento de composición para formar el procedimiento-tipo, puesto que Yacine se contenta primero con situar un cubilete debajo del bloque tablita-cubilete (apilamiento de dos cubiletes) y con repetir simplemente este apilamiento. Después, en el momento en que llega casi a la caja, apila de manera reconocedora-efectora rellenando varios cubiletes en función de la altura que hay que alcanzar (fig. 15b).

Cuando Yacine rehace la construcción, después de que el experimentador se lo pida, para tratar de obtener una pendiente continua, el niño no utiliza en un principio el apilamiento, que acaba de definir, no obstante, como condición para la solución. Interpretamos esta regresión aparente como rechazo de la primitiva *apilar*, que no ha conducido a la solución buscada. Se trata de un bloqueo frecuente y, para superarlo, el sujeto debe comprender que no es la acción misma (definida aquí como primitiva), la causante del fracaso (al contrario, sigue siendo una primitiva-clave), sino más bien el estatuto que el sujeto le otorga: apilar es una condición del éxito, pero debe de estar (y puede estarlo en tanto que primitiva pero no en tanto que rutina) articulada, es decir, diferenciada, acomodada a los otros elementos de la resolución.

Cuando Yacine lo descubre, aplica dicho descubrimiento, en un primer momento, de manera demasiado rígida para poderlo modificar con vistas a una articulación. Primero lo prueba en tanto que totalidad necesaria, antes de poderla trabajar desde el interior. Subrayamos que la mayoría de los bloqueos a los que se enfrentan los niños en esta situación, son debidos a un rechazo «en bloque» de la rutina escogida, o de una primitiva, mientras que el fracaso se debe al estatuto acordado y no al contenido de la primitiva misma. El bloqueo se resuelve cuando el sujeto modifica el significado de su acción sin rechazar la acción misma.

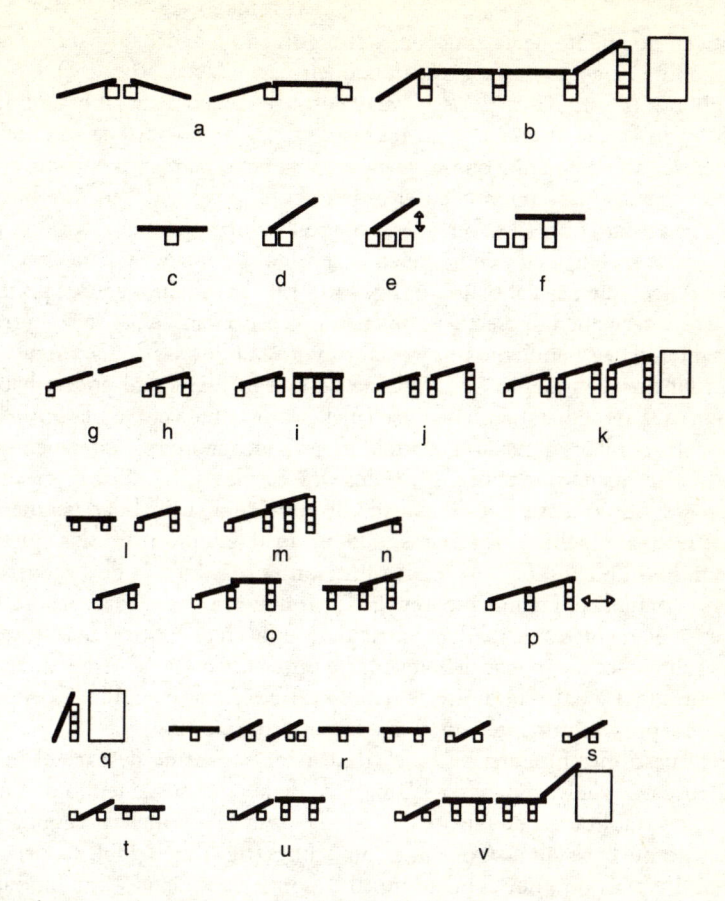

Figura 15: algunas soluciones. a y b, Yacine (5;2); c, d, e, f, g, h, i, j, k, Karine (6;3); l, m, n, o, p, Patrick (8;8); q, r, s, t, u, v, Christine (7;7).

De primitiva a procedimiento

Hablar de «*apilar*» en tanto que primitiva supone que el sujeto identifica la función preferencial sobre tal objeto excluyendo tal otro, y que lo ha integrado en el proyecto fijado por la consigna. Pero tal proceso no basta para dar a la primitiva el estatuto de procedimiento-tipo. Para esto es preciso aún que se articule con otras primitivas, lo que supone que se debe modificar en su realización sin que dicha modificación perturbe su significado. El paso de primitiva a procedimiento se aclara con el ejemplo siguiente:

Karine (6;3) trabaja sobre la unidad prototipo tablita-cubilete, cuyas funciones respectivas intenta definir al mismo tiempo que su relación causal: mantiene la tablita en pendiente hacia el coche, y sitúa un cubilete debajo para sostener la tablita (tablita-para-que-se-pueda-rodar, cubilete-para-sostener) (fig. 15c). Colocada así, la tablita ya no sube. Karine desplaza el cubilete debajo de la tablita en un sentido inadecuado (hacia el coche y no hacia la caja), por trasvase de funciones de los objetos: la tablita permite que se ruede hacia arriba, pero es el cubilete el que produce la altura; y por trasvase en el orden del objetivo y del medio: búsqueda de altura = actuar sobre el cubilete = poner el cubilete primero. Karine busca que la tablita se sostenga en pendiente en el sentido apropiado, y para esto se sirve de otro cubilete que pega al primero (fig. 15d). En el momento en que pone el tercer cubilete, interviene por efecto secundario una centración en el vacío entre la tablita (mantenida en pendiente por la mano) y los cubiletes (fig. 15e). Apila rellenando: es un descubrimiento que explicita de esta forma: «¡Ah! podría hacerse así», pero matiza inmediatamente: «no se sujetaría...». En efecto, en la posición actual que ocupa el pilar en relación a la tablita, esta última no se sostiene en pendiente, sino que se queda horizontal sobre los dos cubiletes (fig. 15f).

En este punto de su trabajo, Karine dispone de una finalidad-pendiente que se puede realizar gracias a las tablitas, y de un instrumento primitiva-apilar, realizable con los cubiletes, primitiva cuya función es más bien la de sostener la tablita de cierta manera (en pendiente) que la de producir la altura en sí. Ahora es preciso que estos elementos se articulen, particularmente en el interior de la unidad prototipo tablita-cubilete (*dónde* deben situarse uno en relación al otro para que se sujete y que suba) y entre las unidades (*cómo* relacionarlas para que la pendiente siga subiendo progresivamente: «uno más» y punto de unión).

Sin cuestionar ninguna de estas adquisiciones, Karine deshace el inicio de la construcción, vuelve a precisar la finalidad de la tarea sosteniendo de un extremo al otro dos tablitas en pendiente (fig. 15g), y vuelve a poner la segunda: «De momento no me hace falta». Continúa como antes (fig. 15h): «¡He encontrado la misma idea!», pero quita el cubilete inútil y continúa apilando por bloques de dos (fig. 15i). Se reproduce el resultado productivo del apilamiento, en lugar de su significado teleonómico. Karine levanta la tablita, añade un cubilete, esta vez para «hacer subir» (y no para «hacer sostener», problema resuelto), diciendo: «Todavía uno más» y quita el pilar inútil. Obtiene así dos series separadas en progresión continua (fig. 15j) y prosigue con la misma heurística (fig. 15k), sin dominar aún el punto de unión pero tras haber modificado su primitiva-apilar articulándola con la necesidad de progresión constante «todavía uno más». Nos acercamos al procedimiento-tipo.

Patrick (8;8) identifica de inmediato el apilamiento como primitiva no sólo pertinente en relación a los objetos presentes, sino también significativa para el objetivo propuesto, y además necesaria. Lo expresa en forma conceptual al centrar los cubiletes como unidad prototipo de trabajo: «primero habrá (en relación a las tablitas que vienen después en el orden causal) un cuadrado, después dos, tres, cuatro, cinco, seis... diez, hasta arriba, y después las tablitas por encima». La primitiva «*apilar*» está articulada con la condición progresiva continua, ya en el nivel del enunciado del plan. Queda por saber cómo va a estarlo para constituir el procedimiento-tipo tanto en el nivel de la acción causal, como en el del modelo específico de la situación así controlada. Patrick comienza por poner una tablita sobre dos cubiletes (fig. 15l), y su problema es el de construir causalmente el ajuste n+1 de los cubiletes con las tablitas. Rápidamente, añade un cubilete a la derecha (dirección de la pendiente), y al pedírselo el experimentador, dibuja la construcción tal y como él la planifica: alternativamente, un pilar y una tablita, el siguiente pilar y la siguiente tablita, etc. El lugar en que pone las tablitas sobre los pilares es impreciso: las tablitas se superponen. Se constata que la unidad tablita-pilar se ejecuta productivamente en el dibujo, pero el problema del punto de unión permanece intacto. Cuando Patrick construye, no se sirve de esta unidad tablita-pilar, sino que pone primero el conjunto de las pilas de acuerdo con su enunciado verbal: un cubilete, después dos, tres, cuatro... Comienza una quinta pila y se para... después pone unas tablitas sobre los pilares (fig. 15m). Quita la segunda tablita ya puesta, insatisfecho del «escalón» producido por el solapamiento de las dos tablitas... «así no»... La vuelve a poner, la quita... sin pensar en actuar sobre los pilares para cambiar la distancia. En efecto, los pilares significan para él «hacer altura creciente» y Patrick los ha articulado en este sentido; no hay pues que actuar sobre ellos. «No, esto no es así...» El experimentador le propone entonces otra segmentación situando delante de Patrick una tablita y su cubilete (fig. 15n). Se trata de una unidad que Patrick vuelve a encontrar, puesto que la había ejecutado al dibujar: «¡Ah, sí!, la longitud de una tablita desde el principio al fin». Patrick deshace la construcción y vuelve a empezar: el siguiente pilar y la siguiente tablita, etc., hasta la caja. Las tablitas se solapan de nuevo, pero Patrick está seguro del procedimiento. Ahora sabe que cada tablita va con un pilar... sin llevar, no obstante, su búsqueda productiva y causal hasta la composición interna de la unidad tablita-pilar: no sabe exactamente dónde va la tablita en relación al pilar. Se dedica entonces a explorar (fig. 15o), vuelve a empezar teniendo la tablita en la mano, desliza dos cubiletes apilados a la extremidad derecha; prepara la tercera pila más lejos, pone la segunda tablita, y ajusta la posición de la tercera pila moviéndola a la derecha o a la izquierda (lo que no podía hacer antes) (fig. 15p) y termina así explicitando su resolución del punto de unión: «Hay que dejar pequeños espacios (sobre los pilares) para que los otros (tablitas) vayan sobre el mismo cuadrado».

En resumen, podemos formular las condiciones de paso de un esquema virtual al procedimiento *ad hoc*, de la manera siguiente: para convertirse en rutina, el esquema «*apilar*» se debe identificar entre el conjunto de esquemas virtuales disponibles, según su pertinencia sobre los objetos (físicos o mentales). Para convertirse en primitiva, la rutina «*apilar*» se debe identificar, entre las rutinas pertinentes, según su significado en relación al objetivo, como condición necesaria para la solución. Para convertirse en procedimiento, la primitiva «*apilar*» debe orientarse hacia el procedimiento-tipo de la situación (control del problema), por diferenciación sobre los objetos particulares y coordinación con las otras primitivas-clave de la resolución.

Microgénesis y control: la necesidad de reducir el problema a un prototipo; los cebos que le acompañan

En el punto precedente hemos abordado un mecanismo de complejificación de una unidad-rutina en una totalidad-procedimiento. Un mecanismo inverso interviene igualmente en la resolución de un problema. Consiste para el sujeto en aislar o en segmentar una unidad privilegiada de trabajo, a partir de la globalidad sincrética y vaga del problema tal y como se le presenta al principio de la microgénesis. Se trata pues de una reducción heurística que consiste en construir una unidad-prototipo de resolución, un «objeto-para-pensar» adecuado.

En tanto que instrumentos privilegiados, estas unidades difieren de un sujeto a otro. En efecto, para nuestra situación, encontramos cinco variedades de unidades-prototipo de trabajo, comprendiendo cada una un «objeto-para-pensar» y un «objeto-para-actuar». Corresponden a tres proyectos (ideas-guía) diferentes, que orientan al sujeto en la búsqueda de la solución (fig. 16).

Ideas-guía	Unidades-prototipo de trabajo	
	Objetos-para-pensar	Objetos-para-actuar
A) DESPLAZAR RODAR	1) camino	tablitas
B) SUBIR	2) puente-llano 3) escalera 4) «uno más» (n + 1)	cubiletes
C) CONSTRUIR	5) relación tablita-pilar	tablita y cubilete

Figura 16

Los índices observables del trabajo con un objeto-actuado nos sirven para inferir la construcción de tal o cual unidad-prototipo, en relación con la idea-guía correspondiente.[11] He aquí las particularidades funcionales de cada una de ellas.

1) Proyecto A. Trabajo con las tablitas. Su objetivo es la centración de una parte del problema, conducido así a una exploración de la realización del camino, dirigido por la idea *«desplazar-rodar»*. Esta idea sigue directamente a la consigna «hacer

---

11. Véase pág. 126; cada idea-guía corresponde a una exigencia del proyecto-tipo: construir (C) un camino (A) en pendiente (B).

algo con esto para que el coche llegue ahí», que conduce a su más simple expresión de unir dos puntos en el espacio. La unidad de trabajo toma entre los objetos los que cumplen mejor la exigencia del objetivo: hacer un camino; en efecto, las tablitas son las más apropiadas, a condición, sin embargo, de asociarle la primitiva «*alinear*» con la exclusión de otra (apilar). El sujeto parte pues de una *preocupación teleonómica*, y la aplica directamente sobre la necesidad productiva causal. El control que dirige la acción es, primero, de *tipo descendente*. Lo que provoca dos maneras diferentes de proceder, ya sea que se excluyan los cubiletes totalmente de la realización, puesto que no revisten ninguna función precisa en relación al objetivo, o bien que se utilicen de manera secundaria, por necesidad reconocedora-efectora. El niño puede partir del punto de llegada, y situar en pendiente contra la caja una tablita, que adquiere entonces el estatuto de prueba-refuerzo de la representación del objetivo (pendiente); después, por medio del paso del plano teleonómico al productivo (la tablita así situada constituye también un paso hacia la realización efectiva), el niño puede retroceder hasta el punto de partida y situar, de un extremo al otro, el número de planchitas necesarias para llenar el espacio entre los dos puntos. De la misma forma, el niño también puede partir del principio y alinear de un extremo al otro las tablitas hasta el pie de la caja, y rellenar después la dimensión vertical contra la caja, ya sea con una tablita inclinada, ya sea con una pila de cubiletes. La segunda manera de proceder tiene en cuenta a la vez los dos puntos de partida y de llegada: el niño sitúa la primera tablita hacia el coche y la mantiene en pendiente, con el objetivo de alcanzar el punto de llegada. Pone un cubilete como soporte debajo, cumpliendo así la función de sustituto de la mano, «para sujetar» (y no para «dar altura»). El niño pone la segunda tablita a continuación de la primera e, igualmente, la sujeta dirigiéndola hacia el punto de llegada y rellena por debajo con el número de cubiletes necesario.

2) Proyecto B. Trabajo con los cubiletes. Forma parte de la segmentación del problema que se refiere a los objetos de pensamiento «puentes», «escalera» y «cada vez uno más» relacionados con la idea-guía «*subir*». El sujeto parte aquí de una *preocupación productiva* que se refiere a los medios de la realización; pero a diferencia de la unidad-prototipo «tablita-pilar», el objetivo permanece aquí constantemente presente, pues la segmentación misma se refiere a la globalidad de la construcción. Como en el trabajo sobre la unidad-prototipo «camino», *el control de la acción es, primero, de tipo descendente.* Los objetos de pensamiento que le sirven de marco de búsqueda al sujeto difieren por la modalidad representativa[12] que los sustenta

---

12. La hipótesis de las modalidades de representación, tal y como se desarrolla por el grupo de investigación en microgénesis cognitiva, permite comprender que la puesta en forma del saber virtual, cuando se reconstruye a través de su utilización en situaciones particulares, pasa por diferentes «canales» que son otras tantas traducciones del saber virtual en saber apropiado. Así, un invariante fundamental como el de la reversibilidad puede tomar formas variadas, según se le represente como simulación motriz (un paso hacia adelante, un paso atrás, por ejemplo), como imagen figurativa (figural) en espejo, o como resultado de las operaciones directa e inversa. Al contrario de la macrogénesis de

sustenta (modalidad figural «puente», modalidad procedimental «escalera» y conceptual «uno más»); pero los tres conducen a producir *altura*, y se refieren a la primitiva *«apilar»*. En lo que se refiere al *puente*, la altura la proporciona el objeto-cubilete mismo. El cubilete «hace» la altura, y la mayoría de las veces el niño no apila más que por efecto secundario en relación al objetivo del punto de llegada. El apilamiento es pues aquí de tipo recognitivo-efector y no forma parte del proyecto mismo (puente). El cubilete adopta también la función de «sujetar» las tablitas puestas por encima. La unidad-prototipo *puente* se traduce por la modalidad figural: se trata de un todo, cubiletes y llanura, reiterado en tanto que totalidad y ligado a la producción de *altura*. Sin embargo, la unidad prototipo *escalera* se traduce en la modalidad activa, donde la *subida* como tal está más centrada que el resultado-altura mismo. Aquí, el cubilete tiene la función de operador de altura; sirve para componer la altura sin producirla. La altura ya no está en el objeto, sino que es una propiedad funcional, que se puede articular. Así, la búsqueda del sujeto está centrada en la composición de los cubiletes y conduce a la producción de una altura progresiva. La primitiva *«apilar»* forma entonces parte integrante del trabajo del niño a título de elemento-clave de la solución. Por fin, la unidad-prototipo «uno más» (n+1) se traduce por la modalidad conceptual que se refiere a la vez al proceso de composición (como la escalera) y al resultado (como el puente): aquí, la altura progresiva es además continua, lo que no es necesariamente el caso para la escalera, que puede contener escalones desiguales. Las diferentes funciones que toma el objeto-cubilete en esas tres unidades-prototipo son las siguientes: cubilete en *puente* sirve para la altura; cubilete en *escalera* sirve para la altura progresiva; cubilete en n+1 sirve para la altura en progresión continua.

3) Proyecto C. *Trabajo con las tablitas y con los cubiletes*. Corresponde a la idea-guía de *«construir»* y a una búsqueda de la relación una tablita/un pilar. A diferencia de las cuatro unidades-prototipo precedentes, la que centra el trabajo sobre la relación tablita-pilar es la única que *no se refiere a la globalidad del problema*. Esta unidad responde a una *preocupación exclusivamente productiva*, donde se trata de utilizar el material presente para explorar las propiedades y relaciones. *El control* es pues en un primer momento de *tipo ascendente*, aun estando organizado dentro del proceso heurístico del problema. La mayoría de las veces, el sujeto pierde el objetivo o, si no lo pierde completamente, permanece atenuado sin intervenir en el desarrollo mismo de la exploración. El sujeto debe pues reconstruir el objetivo a partir de su trabajo.

---

las estructuras, las modalidades microgenéticas no siguen la jerarquía motor-figural-conceptual. Constituyen aproximaciones diversas con sus «potencias» de tratamiento respectivas. La diversidad de modalidades de representación tiene como consecuencia que la adquisición del saber pasa necesariamente por aproximaciones múltiples, que responden tanto a las particularidades de las representaciones de los sujetos como a las de las situaciones.

Las condiciones necesarias para la solución son, en definitiva, que el sujeto pase al menos por dos segmentaciones diferentes, por dos ideas-clave: una que toca al plano general de la acción (A o B) y una que concierne al aspecto productivo-causal de su acción (C). En efecto, los niños adoptan ya sea la estrategia del trabajo sobre una de las unidades-prototipo que concierne al problema en su conjunto (unidades 1] a 4]), reduciéndolo después hasta la relación causal tablita-pilar (unidad 5]), ya sea la estrategia inversa, de partir de la búsqueda de relaciones tablita-pilar y después salir para relacionarla en el nivel de conjunto necesitando una generalización de la unidad. Hay pues en un caso estrategia de reducción (paso de A o B a C) y en el otro estrategia de generalización (paso de C a A o a B). Para el sujeto, el índice que desencadena el paso necesario lo da, en los dos casos, el problema del «punto de unión»: en B, *cómo poner* las tablitas sobre los cubiletes una vez que éstos están compuestos; en C, *cómo continuar* con el siguiente tramo tablita-pilar.

En las dos estrategias encontradas, hay cambio a un plano nuevo de trabajo, que necesita a su vez un cambio de centración. Lo que conlleva numerosos problemas funcionales para los sujetos; encontramos la explicación en el cambio que tiene lugar entre los aspectos heurísticos-teleonómicos y los aspectos productivos-causales de la resolución. Analizamos este cambio en relación al estatuto «proto» de la unidad segmentada, en donde el niño debe reconocer el máximo de elementos comunes a las otras unidades que hay que construir para la solución, y que él toma, al contrario, como identidad estricta que hay que reproducir. En efecto, si la unidad-prototipo responde a la necesidad de reducción heurística, sirve al mismo tiempo para construir un paso productivo hacia la solución. De hecho, no es más que una especie de solución, pero no la solución misma. Hay pues cambio en la apreciación de su valor exacto con vistas a la solución.

He aquí un ejemplo de bloqueo y de superación. Cuando Christine (7;7) considera los objetos situados delante de ella, habla de «cuadrados» para los cubiletes y de «trozos de madera largos» para las tablitas. Implícitamente, estas últimas cumplirán la función de hacer la longitud, de formar el camino y los cubiletes la altura. Explícitamente, revisten la función de «sujetar» cuando Christine los apila cerca de la caja y apoya aquí una tablita (fig. 15q). Después de varios intentos en que acerca la pila contra la caja y pone la tablita encima horizontalmente y después de nuevo en pendiente, Christine se para, insatisfecha pero sin saber cómo mejorar la construcción. El experimentador, al proponerle comenzar por el coche, provoca un cambio de centración; la segmentación del problema no se refiere ya al conjunto de la construcción (camino en altura), sino a la relación causal tablita-cubilete que conlleva, es decir, si no a una pérdida del plan de conjunto, sí al menos a una separación entre este último y el trabajo productivo sobre la nueva unidad. Christine explora (fig. 15r) con una tablita y uno o dos cubiletes. Se para un instante. El objeto prototipo es definido así productivamente (fig. 15s). Christine habla siempre de cubiletes «para sujetar» («hace falta dos para que se sujete bien»), y puede entonces pasar al siguiente paso, sin que esté controlado por un plan de conjunto (fig. 15t). Este segundo tramo no es estrictamente idéntico en su configuración, pero sí en su intención: una tablita, y dos cubiletes para sujetar. El avance en el espacio, en relación al punto de llegada, impone una evaluación de la altura, y Christine introduce sin problema el apilamiento-prototipo del principio de su trabajo (fig. 15u). Esta vez, la niña está segura de la unidad-prototipo, pues cumple dos exigencias fundamentales: sujeta y da altura. Christine no tiene entonces más que repetir, reproducir directamente la unidad constituida (fig. 15v).

Aquí se ha producido el cambio del que hemos hablado más arriba: la segmentación de una unidad-prototipo responde a una necesidad de constituirse un objeto de pensamiento para identificar y trabajar mejor el problema, a la vez que constituye un elemento de la solución. El cambio de uno al otro conlleva una simple reproducción por repetición.

Significados y control: la unidad-prototipo controla el cambio de significados, a la vez que depende de ellos

La segmentación de una unidad-prototipo de trabajo, como heurística de pensamiento, está relacionada con la identificación de las primitivas correspondientes. Esta relación puede ser de naturaleza diferente, según el tipo de control en juego. Cuando el control es descendente (C.D.), se forman una idea-guía y una búsqueda alrededor de su realización, por adecuación entre objeto de pensamiento y objeto de trabajo (objeto de producción). La adecuación la proporciona la primitiva correspondiente. En este caso, la elección de la primitiva depende de la unidad prototípica, en la medida en que esta última (con su idea-guía) sirve de marco organizador para la identificación y para la composición de la primera. Cuando el control es ascendente (C.A.) hay primero búsqueda exploratoria sobre el objeto de producción definido por la primitiva pertinente; y después formación del objeto de pensamiento adecuado (adecuación reforzada por la idea-guía correspondiente). En este caso, la primitiva es la fuente de la unidad prototípica; la segmentación de esta última depende de la primitiva identificada a partir del dispositivo y del objetivo fijado, y es ésta la que sirve de marco organizador a la búsqueda de un objeto adecuado para pensar. En la situación presentada aquí, podemos resumir de la forma que señala la figura 17 las relaciones entre unidades prototípicas y primitivas, así como los pasos entre unidades prototípicas, o entre primitivas mismas.

El paso de una unidad prototípica a otra (o en términos de primitivas, su articulación) tiene lugar según dos estrategias antagónicas: por reducción (A, 1 y 2), o por generalización (B, 1' y 2'). Cuando el niño comienza trabajando con las unidades cubiletes o las unidades tablitas, se plantea enseguida el problema de buscar cómo sujetar la tablita por encima, apilando los cubiletes (necesidad de la relación tablita-pilar, *reducción A1*); o cómo, al pretender alinear las tablitas, hacer que se sujeten juntos (necesidad de la relación tablita-pilar, *reducción A2*). Al contrario, cuando el niño comienza por una búsqueda sobre la relación tablita-pilar, hay enseguida necesidad de considerar el conjunto del problema (*generalización B*)

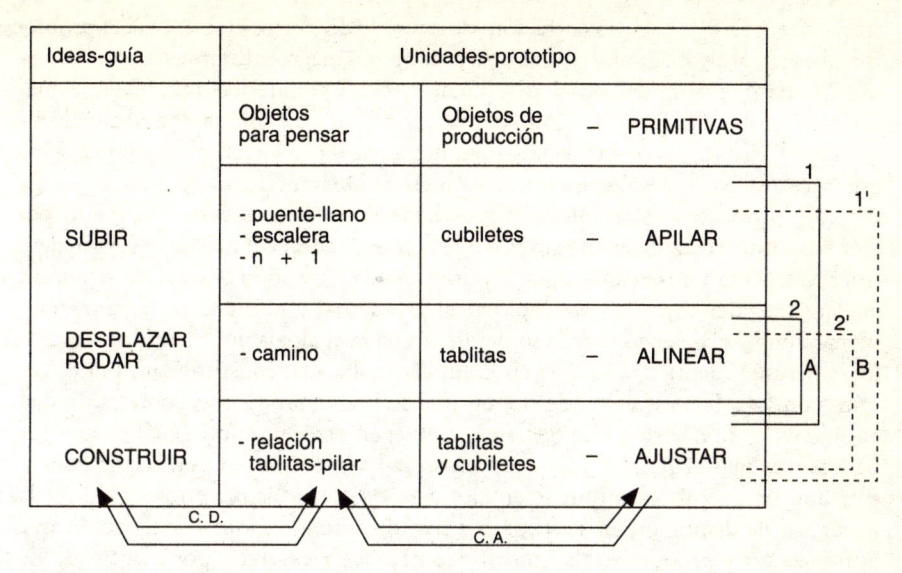

La construcción microgenética de un esquema elemental | 139

Ideas-guía	Unidades-prototipo		
	Objetos para pensar	Objetos de producción	– PRIMITIVAS
SUBIR	- puente-llano - escalera - n + 1	cubiletes	– APILAR
DESPLAZAR RODAR	- camino	tablitas	– ALINEAR
CONSTRUIR	- relación tablitas-pilar	tablitas y cubiletes	– AJUSTAR

Figura 17

y de proyectar un plan para la continuidad de los tramos siguientes. El plan estará entonces guiado por la idea de «*subir*», y por la primitiva de «*apilar*» los cubiletes (B1') o por la idea de «*rodar*», y por la primitiva de «*alinear*» las tablitas (B2').

Cambios de significados, cambios de control y problemas de valores

La identificación de una primitiva pertinente y la segmentación de una unidad prototípica consituyen, en la situación presentada aquí, dos procesos esenciales del funcionamiento de los conocimientos. Conllevan bloqueos particulares, que hemos intentado explicar por los cambios entre significados antagónicos. Un paso más en la comprensión de estos procesos consistiría en relacionarlos con los valores atribuidos por el sujeto a los diferentes componentes del problema (Blanchet, 1986, Cellérier, 1979a). Si a una primitiva se la identifica por su pertinencia a la situación, constituye una clave de la solución, y cuando se prueba —y por lo tanto se ejecuta—, constituye al mismo tiempo un paso productivo hacia la solución. Pero la primitiva identificada y ejecutada no constituye siempre más que una «especie» de solución mientras no esté articulada, en los niveles productivo y representativo, con los otros elementos de la resolución. El mismo cambio entre los dos estatutos antagónicos de la acción (el teleonómico, que puede parecer que se aleja del objetivo, y el productivo, que se acerca) tiene lugar a propósito de la unidad-prototipo: la segmentación de una unidad que constituye una «especie» de problema, que permite al sujeto localizar el problema refiriéndolo a algo familiar y corresponde a un proceso de centración, de enfoque de ciertos elementos del problema. En este proceso, el objetivo se aparta momentáneamente en beneficio de una búsqueda sobre la unidad destacada que no constituye entonces más que una analogía del problema. Pero, al mismo tiempo, la búsqueda conlleva un trabajo efectivo sobre el dispositivo y este último conduce a que tenga lugar un paso productivo que hace avanzar la resolución hacia el objetivo. Diferenciación heurística y construcción productiva están pues comprendidas en las mismas acciones, y esto podría constituir la razón de los cambios que hemos analizado. Cuando el sujeto identifica, segmenta y prueba su segmentación, olvida a menudo el valor de su acción (alejamiento del objetivo para explorar el problema) y le presta otro valor, también «válido»: el de encontrar la solución. Toma la analogía por identidad. La analogía necesita identificar lo que, en la unidad trabajada, constituye un punto común con la solución, y lo que no; en qué se acerca productivamente la unidad al objetivo y en qué se acerca heurísticamente; en otros términos, cuál es su valor para la resolución. Así, los bloqueos encontrados muestran lo que podría constituir uno de los procesos fundamentales de todo funcionamiento psicológico: la necesidad de distinguir, en su valor positivo de aproximación al objetivo, lo que es inmediato y productivo (la unidad que hay que reproducir por identidad), de lo que es mediato y teleonómico (el prototipo que hay que evaluar por analogía).

5 Didier y las muñecas rusas: análisis de un caso y conceptualización*

POR MADELON SAADA-ROBERT

Construir unidades conceptuales

La etapa experimental que constituye el análisis colectivo del caso Didier fue decisiva en el plano de la apertura teórica y del establecimiento de un método de análisis y de recogida de datos. Una vez determinado el marco teórico general —el del funcionamiento cognitivo ligado a la organización estructural de los conocimientos (véase capítulo 1)—, el equipo de investigación[1] tenía que construir los elementos constitutivos, es decir, las unidades conceptuales, susceptibles tanto de describir los fenómenos funcionales en el plano de la representación como de explicar el desarrollo de las conductas. Más que en los conceptos teóricos, desarrollados y tratados en profundidad en trabajos posteriores, el estudio del caso Didier se centra sobre todo en la delimitación del campo conceptual y de su grado de profundidad. Considerando el análisis de la epistemología genética como «medio para conocer las actualizaciones psicológicas de las estructuras» (mientras que, según Cellérier, Piaget convertía la psicología en un medio heurístico de la conceptualización epistemológica), el estudio del funcionamiento cognitivo suponía la delimitación de un campo conceptual de investigación específica en el que se planteaban ciertas elecciones colindantes: elección (o construcción de una segmentación) de hechos a observar, al igual que de descriptores apropiados y de conceptos explicativos.

El estudio se desarrolló durante tres años de análisis y abarcó desde la descripción intersubjetiva del encadenamiento de las conductas hasta la inferencia de las

---

* Trad. cast. de Celina González.
1. Nos basamos en los documentos internos del grupo de ayudantes de psicología y epistemología genéticas compuesto por Edith Ackermann, Alex Blanchet, Annette Karmiloff-Smith, Helga Kilcher y Madelon Saada-Robert. El grupo se amplió posteriormente a André Boder, Denys Crapon de Caprona y Jelica Weiss y, recientemente, a Chantal Giddey, Nicholas Lock, Delphine Piguet y Émile Reith, bajo la dirección de Bärbel Inhelder y Guy Cellérier.

intenciones subyacentes a los pasos observados, para llegar a la construcción modelizadora que contemplara algunos mecanismos relacionados con el tránsito de un modelo a otro; es muy poco tiempo si tenemos en cuenta el que se necesita para un trabajo de análisis comparable en el plano del funcionamiento afectivo.

Nuestro primer objetivo era conseguir reconstruir la coherencia interna del funcionamiento cognitivo del sujeto. Fueron necesarias varias etapas de trabajo colectivo basado en la concordancia intersubjetiva de los observables y de los análisis, trabajo en el que desempeñó un papel importante el esfuerzo de introspección sobre nuestros propios mecanismos cognitivos como novatos. Estas etapas consistieron fundamentalmente en elegir (construir o reconstruir) los descriptores apropiados para delimitar la serie de acciones en unidades significativas para el sujeto (en el momento de resolverlas), en analizar dichas unidades de acciones unidas a sus intenciones y en analizar el (los) modelo(s) cognitivos funcionales que intervenían (unidades de representación y mecanismos de control). De este modo, tratamos de obtener una primera representación teórica del funcionamiento cognitivo del sujeto, suficiente al menos para establecer el campo conceptual y justificar que el método se utilizara de forma duradera con la perspectiva de elaborar representaciones teóricas más completas.

Delimitar un campo conceptual adecuado para el estudio del funcionamiento cognitivo en un marco epistemológico que sirviera de medio de análisis y no de norma categorial suponía ciertas rupturas:

Ruptura de la claridad de los conocimientos: al conocimiento «categorial», desde un ángulo prioritariamente epistemológico (el número, el espacio-tiempo, etc.) se oponen los conocimientos del sujeto en situación, con su contingencia ecológico-psicológica (los diversos saberes y habilidades sobre la actividad de contar, la numeración, etc.), lo que refuerza los fundamentos contructivista e interaccionista de la epistemología genética, ya que le confieren una pertinencia psicológica aún más profunda (Saada-Robert, 1979; Ackermann-Vallãdao, 1981; Blanchet, 1981 y Boder, 1982).

Ruptura del poder de autorregulación interna de las estructuras (Piaget, 1975): La evolución de las estructuras a través del juego de las invariantes y las transformaciones debe comprenderse en el plano de su organización funcional, tal como la gestiona el sujeto puesto en situación de utilizar y formar sus conocimientos. La unidad de estudio privilegiada es entonces el esquema (Cellérier, 1979a; Vergnaud, 1985).

Ruptura del enfoque de los hechos: a un enfoque de asimilación de los hechos según un marco teórico potente pero limitativo le sucede un enfoque de acomodación que intenta «hacer hablar» a la realidad para descubrir hechos nuevos. Este mismo enfoque se encuentra en los comienzos de la obra de Piaget (Piaget, 1926, especialmente y Piaget, 1936, en el plano de la inteligencia no verbal) y en otros períodos, como el que sigue a la construcción estructural por la formalización de los grupos (Piaget, 1974b, 1974c, 1987). La sucesión de ambos enfoques se asemeja a la progresión científica, al pasar alternativamente de fases de apertura hacia nuevas posibilidades a fases de cierre y de necesidad.

Ruptura del método: al prolongar el aspecto clínico del método, que se dirige a la intimidad de los conocimientos, la observación se aleja del método del interrogatorio verbal, en el que los hechos investigados se fijan previamente mediante un cuadro de hipótesis precisas y donde el experimentador orienta el pensamiento del sujeto a través de sus preguntas, a pesar de que crea que no influye en el contenido de dicho pensamiento. En el método de observación interactiva que practicamos, se controlan las intervenciones del observador para que no interfieran con la toma de conciencia por parte del sujeto del funcionamiento de sus propios conocimientos. Cuando se produce, la intervención forma parte integral del proceso de solución que lleva a cabo el sujeto, como variable situacional. En este marco hay que finalizar las situaciones, no conducir directamente al objetivo y permitir un abanico de diversas vías posibles hacia la solución. Esto hace que también sean poco adecuadas las situaciones de solución de problemas encadenadas de forma obligatoria.

La observación interactiva en la que se basa el análisis del caso prototípico resultó ser particularmente fecunda. Puede serlo de dos formas distintas: por inserción de una fase de apertura y de construcción de hipótesis teóricas o, al contrario que en una fase de verificación, el desarrollo experimental es secundario con respecto a los hechos primarios de base que son los datos, porque lo guía esencialmente el descubrimiento de nuevos observables (fase de sondeo). En este caso, la observación interactiva es más fructífera cuando va seguida de una fase de control donde el desarrollo experimental lo guían enteramente las hipótesis teóricas. Pero la observación interactiva, unida al análisis del caso prototípico, puede asimismo emplearse como desarrollo experimental en sí misma, siempre que sus elementos clave se hallen explícitos de forma rigurosa. Es lo que aquí vamos a intentar.

El análisis del caso prototípico

El análisis del caso prototípico se basa en el estudio cualitativo de protocolos individuales, estudio que desempeña un importante papel en la psicología del funcionamiento cognitivo, aunque sólo recientemente se haya trabajado de forma explícita sobre él (Richard y Poitrenaud, 1988; Siegler, 1987; Wallace, 1989). El análisis del caso prototípico se define por un doble objeto: un «objeto típico» u «objeto ejemplar» de *demostración*, ya que expresa en detalle y con claridad lo que otros sujetos también resuelven, aunque de forma más parcial y laboriosa o, por el contrario, con mayor facilidad y rapidez, y un «objeto-para-pensar», fuente de *construcción teórica*. Éste es alternativamente inductivo, basándose en un amplio abanico de observables, y deductivo, en cuanto a la validez de los descriptores adecuados a sus relaciones. El análisis del caso prototípico, tal como se lleva a cabo en muchos estudios sobre la representación cognitiva (para análisis microgenéticos véase, entre otros, Baroody, 1984; Lawler, 1985a, 1985b; Robert, Cellérier y Sinclair, 1972; Schoenfeld, 1985), es distinto del estudio del caso atípico, frecuente en la psicología clínica y la neuropsicología, cuyo interés reside precisamente en lo extraño y particular de las conductas analizadas, en tanto que el análisis de casos que se lleva a cabo en el estudio de la creatividad (Gruber, 1989) se sitúa en la encrucijada entre los dos anteriores.

Didier, de seis años y medio, se halla en una fase de intensa elaboración cognitiva, ya que se trata del llamado período intermedio, período de conflictos por excelencia, situado entre el estadio descrito en términos de funciones no reversibles y el de la reversibilidad operatoria. Entre ambos estadios, caracterizados por el cierre estructural que les confiere la estabilidad del experto, Didier atraviesa un período de gran interés funcional, pues es el de la apertura hacia nuevas posibilidades, característica de los sujetos novatos, en el que la diferenciación y la acomodación sustituyen a la generalización y la asimilación.

A Didier se le propusieron varias situaciones, desde algunas de juego libre (la serie de muñecas rusas que encajan, por ejemplo, en la que el determinismo de la situación viene dado por el propio dispositivo, lo que contrasta con la apertura de los medios y objetivos establecidos por el sujeto) a otras de solución de problemas (situación de caminos, véase Ackermann-Vallãdao, 1980) en las que las restricciones (límites de utilización posible de la situación) no sólo se hallan determinadas por el propio dispositivo, sino también por la consigna, que supone alcanzar un objetivo fijado de antemano desde el exterior por medio de ciertas reglas precisas.[2]

El análisis de Didier en situaciones de juego libre (el material le es impuesto, pero puede hacer con él lo que quiera) con una serie de cinco muñecas que encajan unas en otras dio lugar a cuatro fases de trabajo colectivo: la elaboración del protocolo a partir de la cinta de vídeo (fase 1), la delimitación de los indicios observables en secuencias (fase 2), el primer nivel de interpretación de intenciones y de representaciones generales (fase 3) y el segundo nivel de interpretación en términos de modelos del sujeto para esta situación, o mejor dicho, del paso de un modelo de partida a un segundo modelo (fase 4). Este paso se analiza como una construcción microgenética de las unidades representativas y de sus correspondientes mecanismos de control. Exponemos aquí este análisis en el orden definido *a posteriori* por su construcción teórica.[3]

---

2. A condición de que pueda reconstruir los proyectos del sujeto, toda situación finalizada, no resuelta en lo inmediato y que no implique un único encadenamiento obligado, constituye una situación de solución de problemas que es interesante experimentar para el estudio del funcionamiento cognitivo. El análisis difiere en cada situación, en función, por una parte, del campo conceptual de que se trate y, por otra, de los distintos tipos de restricciones.
3. Los puntos y aparte del protocolo corresponden a las secuencias delimitadas en la fase 2.

Primera fase: elaboración del protocolo

El protocolo se elaboró a partir de una grabación de vídeo, basándose en unidades de acción como las de coger, abrir, cerrar, poner y meter, unidades de composición muy pequeñas con relación a su integración significativa para Didier, y mayores con relación a su descomposición sensoriomotriz.

Las muñecas se hallan numeradas de la 1 (la más pequeña) a la 5 (la mayor).
Se le presentan a Didier en la mesa, en desorden, cerradas. Nunca ha jugado con ellas.
Didier: *¿Hay que ponerlas dentro?*
Obs.: *Como quieras, elige el juego al que quieras jugar.*
Didier abre 5, 4, 3, 2 y pone las mitades abiertas a la izquierda (las bases) y a la derecha (las cabezas).
Duda a la hora de cerrar 4, la vuelve a dejar.
Coge 1, la vuelve a dejar, la vuelve a coger, la mete en 2, cierra 2.
Toca 3, toca 4, vuelve a 3, mete 2 en 3, cierra 3, mete 3 en 4, cierra 4, observa la correspondencia cabeza-base, mete 4 en 5, cierra 5. Pausa.
Obs.: *¿Cómo se te ha ocurrido meterlas unas en otras?*
Didier: *Porque se pueden abrir.*
El observador abre la serie y cierra cada muñeca por separado.
Obs.: *¿Lo haces otra vez?*
Didier agita 5 (vacía), después abre 5, 2, 3, 4, pone las bases a un lado y las cabezas al otro. Mete 1 en 2, cierra; 2 en 3, cierra; pone la cabeza de 4 en 3, la quita, mete 3 en 4, cierra 4; 4 en 5, cierra 5. Pausa.
Obs.: *Es fácil, ¿o no?* Didier mueve la cabeza.
Obs.: *¿Qué es lo que hay que hacer para meterlas dentro?*
Didier: *Se abren y después se meten.*
Obs.: *¿Qué hay que hacer para no equivocarse?*
Didier quiere volver a abrir 5. *Pues, se abren y se meten.*
Abre 5, abre 4, agita 3, abre 3, saca 2, abre 2, saca 1.
Obs.: *¿Cómo se sabe cuál hay que coger?*
Didier: *Pues, ¡ésta! (1).* Sostiene la base de 2, coge 1 con la otra mano, mete 1 en 2. *Se pone dentro, así.* Cierra 2. *Y después...* Mete 2 en 3, cierra 3. *¡Ya está!* Mete 3 en 4, cierra 4 y al observar la correspondencia entre la cabeza y la base, mete 4 en 5. *¡Así!* Se detiene.
El observador abre toda la serie y cierra cada muñeca por separado.
Obs.: *A ver si nos inventamos otro juego.*
Pausa.
Didier abre 5, se detiene, toca 4, mira 3. *No se puede hacer lo contrario.*
Obs.: *¿Cómo?*
Didier: *Pues... ésta (5) aquí dentro (4)... y luego ésta aquí dentro (3 en 2) y luego...* Toca 1. Mientras habla el gesto va de 2 a 3. Pausa.
Obs.: *No vale, ¿o sí?*
Didier: *No.*
Obs.: *¿Qué más se podría hacer?*
Didier: *No lo sé.* Toca 1, suspira... mira a su alrededor, se saca un zapato y se lo vuelve a meter, sin bajar la cabeza. *¡Es difícil!*

Se acerca a 3, abre 2, abre 3, pone la base de 3 sobre la base de 2 (fig. 18a), la quita. Se detiene. Toca la cabeza de 3, después la cabeza de 2... cierra 3. *¡Ya sé!* Mete 3 en 5 (fig. 18b), la saca, toca 4, mira 5. *¡No!* Abre 3, cierra 2, mete 2 en 3, cierra 3 (fig. 18c), las agita mientras mira 4, abre 4, mete 3 en 4, cierra 4, 4 en 5, cierra 5 (quedan 1 y 5, fig. 18d). *¡Ya está, así!*

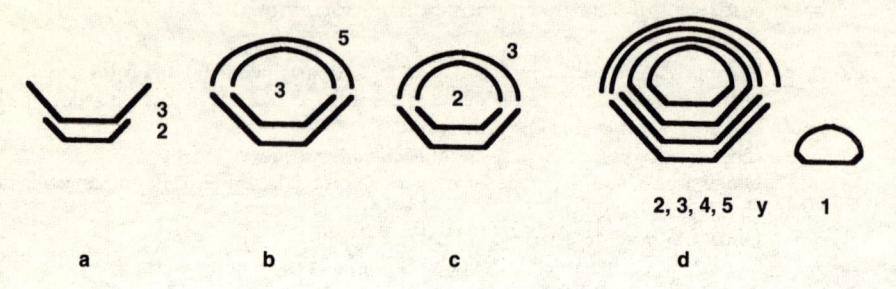

Figura 18

Obs.: *¿No es lo mismo que antes?*
Didier coge 1. *¡No, está ésta, es la pequeña!*
Obs.: *¿Qué podríamos hacer... por ejemplo, si las dejáramos todas cerradas?* El observador abre y cierra las muñecas por separado.
Didier: *¡Qué juego más divertido!* Pausa.
Toca 2 y 3 al mismo tiempo con cada mano... se detiene... toca 4... Pausa.
Obs.: *Podrías ordenarlas o...*
Didier toca 2 y 3, aproxima 3 y 4 por su izquierda (fig. 19a), vuelve a coger 3, empareja 3 y 2 por su derecha (fig. 19b), vuelve a juntar 3 y 4 por la izquierda y 2 y 1 por la derecha (fig. 19c). Mira el conjunto. Separa más 3 y 4 por la izquierda sosteniéndolas con una mano, mientras sostiene 1 y 2 con la otra. Sin soltar 1 y 2, lleva 5 hacia 4 y 3 a la izquierda, luego deja 1 y 2 (siempre a la derecha). 1 está delante de 2 y, al otro lado, 3 está delante, luego 4 y luego 5 (fig. 19d). *¡Así!* Todas las grandes aquí (a la izquierda) y todas las pequeñas aquí (a la derecha). Pausa.

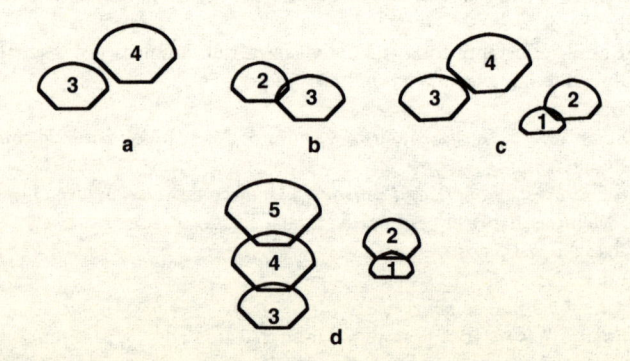

Figura 19

Obs.: *¿Y después?*
Didier permuta 4 y 2 cruzando las manos, después permuta 3 y 1 (1, 2 y 5 están a la izquierda, y 3 y 4 a la derecha, fig. 20a). *Las dos medianas... (3 y 4)...* Mira a la izquierda, coge 5... la coloca hacia el centro, dudando primero si ponerla cerca de 3 y 4 (fig. 20b). *Las dos pequeñas (1 y 2) y las dos medianas (3 y 4)...* Pausa.
Gira 5 con una mano, toca 3 y 4 con la otra mientras mira 1 y 2. Lleva 1 a la izquierda de 5, luego lleva 2 entre 1 y 5, lleva 3 y 4 hacia las otras, pero no las pone en la misma columna. Alinea 4 y 3, luego pone 2 y 1 en la misma línea; 5 está detrás de la fila. Lleva 5 hacia 4 y obtiene así una línea de 5, 4, 3, 2, 1 (mirando hacia la izquierda, fig. 20c). *¡Es una familia!... grande, mediana, pequeña... muy pequeña...*

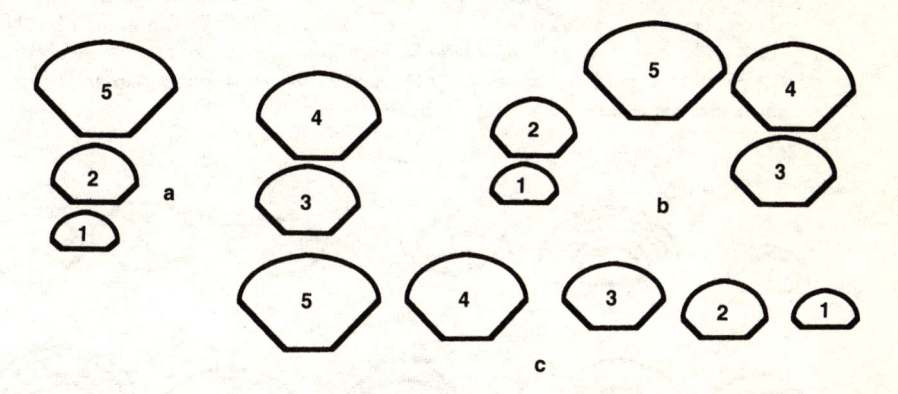

Figura 20

Obs.: *¿Ésta cómo es (3)?*
Didier: *Pequeña.*
Obs.: *¿Y después?*
Didier: ...
Obs.: *Grande, mediana, pequeña... ¿y luego?*
Didier: *Más pequeña y más pequeña... éstas son las hijas (de 4 a 1) y ésta es la madre (5).* Pausa. *Sí, es difícil buscar...*
Obs.: *¿Quieres hacer algo más o ya vale?*
Didier: ...
Coge 1 y la vuelve a dejar.
Obs.: *Puedes abrirlas si quieres.*
Didier: *¡Es más divertido!* Abre, 2, 3, 4, 5 (bases a un lado, cabezas al otro). *¡Así!* Mete 1 en 2, cierra. 2 en 3, cierra, 3 en 4, cierra, 4 en 5, cierra. Abre inmediatamente 5. *¡Ah! Tengo una idea.* Abre 4, 3, 2, coge 1... Se queda con ella en la mano. Pausa.
Obs.: *¿Y si hacemos esto?*: pone 1 en la mesa y mete la cabeza de 2 en 1 (fig. 21a). Didier hace una pausa. Toca la cabeza de 5, aproxima la base de 3, la aleja, toca la base de 2, busca la cabeza de 3 y la pone sobre la cabeza de 2; añade encima las cabezas de 4 y 5 (fig. 21b). *¡Ya no se ve nada!*
Retira todas las cabezas, toca 1, la pone boca abajo. *¿Se sostiene así?* 1 se cae, la vuelve

a coger, da la vuelta a la cabeza de 3 con la otra mano (como un cubilete) y mete 1 de pie (fig. 21c). *¡Ah! Es al contrario.* Busca la base de 2, le da la vuelta y la coloca invertida sobre la cabeza de 3 (la base en la posición de la cabeza y la cabeza en la posición de la base, pero el número no se corresponde, fig. 21d). Vuelve a poner la base de 2 al revés y después al derecho. Coge la base de 3, le da la vuelta y la coloca invertida sobre la cabeza de 3, la cierra y pone la muñeca de pie dándole la vuelta (fig. 21e). *¡Ya está!* Pausa.

Toca la base de 2. *No, así no.* Abre 3, saca 1, mete 1 en 2, cierra, mete 2 al revés en 3... quiere cerrar... *Así no es...* no obstante, deja la cabeza de 3 sobre la base de 3 no cerrada; coge la base de 4, la da la vuelta, la vuelve a poner al derecho. Coge 3, que no está cerrada, la da la vuelta sosteniéndola y la mete en la base de 4, ¡pone la cabeza de 4 encima de todo lo demás! (2 y 3 están colocadas al revés en las siguientes (fig. 21f). Pausa. Levanta la cabeza de 4 y mira... *¡Lo he puesto al revés!* Vuelve a poner la cabeza de 4 en la mesa, la cubre con la base de 5 al revés, vuelve a poner en la mesa la base de 5, cubre 4 con la cabeza de 5... *¡Ah! Así está mejor...* y pone todo en la base de 5 (no se puede cerrar, fig. 21g). Pausa.

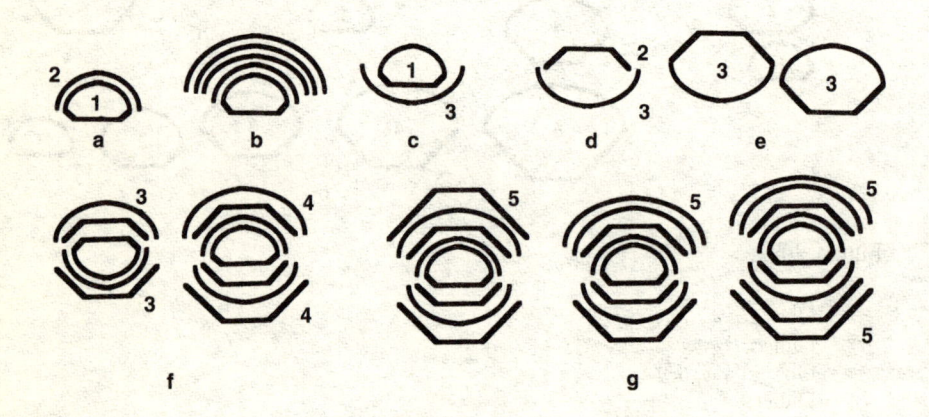

Figura 21

Deshace el conjunto poniendo las bases a un lado en su posición natural (salvo la 2) y las cabezas al otro en su posición natural. Mete la base de 3 en la base de 4, la base de 2 en las bases de 3 y 4 y el conjunto en la base de 5 (incrustación de bases). Pone la cabeza de 2 sobre la de 4 (fig. 22a), da la vuelta a la cabeza de 4 y a la de 2, una en cada mano, las deja, da la vuelta a la cabeza de 5 y, sosteniéndola, incrusta en ella la cabeza de 4 dada la vuelta, después las de 3 y 2 y mete 1 al revés (todas las bases se hallan incrustadas con la parte abierta hacia arriba, igual que las cabezas (fig. 22b). Quiere poner las cabezas en la mesa... *No se sostienen.* Les da la vuelta bruscamente.

Figura 22

Levanta la cabeza de 5, de 4, de 3, de 2. Levanta la base de 2, 3, 4; todas las partes se hallan desparramadas en su posición natural. Toca la base de 4 con una mano y la cabeza de 5 con la otra. Pone la cabeza de 5 sobre la base de 4, la quita, pone la cabeza de 4 sobre la base de 3, la quita; pone la base de 3 al revés en la base de 4, la mete dentro, la retira; la base de 3 en la base de 5, la quita, la vuelve a poner dada la vuelta, la quita; la base de 4 al revés en la de 5, añade la base de 3 al revés y la de 2 al revés (la de 5 está al derecho y dentro hay una torre formada por 4, 3 y 2 al revés). Coge la cabeza de 5, le da la vuelta y la pone apoyada contra las bases. Mete la cabeza de 4 al revés, la cabeza de 3 al revés y la cabeza de 2 al revés. Separa 1 (fig. 23a). Saca todas las cabezas y las vuelve a dejar en la mesa (posición natural) por separado. Toca al mismo tiempo con las dos manos la cabeza de 5 y la de 2, pone la de 5 sobre la cabeza de 4, la quita. La cabeza de 3 sobre la de 4, la quita. La cabeza de 4 sobre la de 1, la quita. La cabeza de 3 sobre la de 1. La cabeza de 4 sobre 3 + 1, la de 2 sobre 4, la quita, quita 4, quita 3 y vuelve a empezar; la cabeza de 2 sobre 1, la cabeza de 3 sobre 2 + 1, la cabeza de 4 sobre 3 + 2 + 1, la cabeza de 5 sobre 4 + 3 + 2 + 1 (fig. 23 b) Pausa.

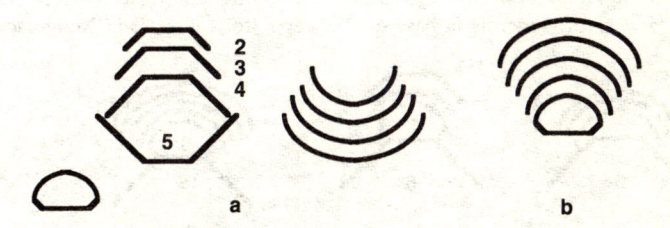

Figura 23

Obs.: *¿Es lo mismo que esto (bases, con la abertura hacia abajo, apiladas de mayor a menor, efecto de torre) esto (cabezas, con la abertura hacia abajo, apiladas de menor a mayor, efecto de ocultación)?*
Didier: Deshace las cabezas y reflexiona... Pone al revés la cabeza de 4, mete 1 en ella. *¡Ah! Este chisme ya lo he hecho.* La saca. Pausa.
Obs.: *¿Ya has hecho eso (bases) con las cabezas?*
Didier deshace las bases y las deja en posición inversa, con la abertura hacia abajo. Coge 1, la mete en la base de 2, cierra 2, la mete en 3, la cierra, la mete en 4, la cierra, la mete en 5. *¡Es fácil!*
Obs.: *¿Crees que hay otra forma de meterlas todas en la grande?*
Didier: *Así no...* Saca todo, pone las bases a un lado y las cabezas a otro en posición natural... *Así no se puede hacer...* Pone la base de 4 sobre la de 2... da la vuelta a la base de 5, pone la base de 4 dada la vuelta sobre la de 5, la de 2 dada la vuelta sobre

la de 4, la quita, pone la base de 3 dada la vuelta sobre la de 4, la base de 2 dada la vuelta sobre la de 3 (obtiene una torre). Coge la cabeza de 5 y pone encima la de 3, la quita, pone la cabeza de 4 sobre la de 5, la de 3 encima, la de 2 encima (obtiene otra torre, figura 24).

Figura 24

Deshace las cabezas y luego las bases, dejando todas la partes con la abertura hacia abajo. Pone la cabeza de 3 sobre la base de 5 dada la vuelta, la quita, la cabeza de 2 sobre la base de 5 dada la vuelta, la cabeza de 3 encima, la cabeza de 4 encima (fig. 25a); quita todo... *¿Dónde está? (1)*... Coge 1, la pone encima de la base de 5 dada la vuelta, pone la base de 2 al revés sobre 1 y la base de 3 al revés (fig. 25b)... *No, no hay que ponerlas así*... Quita todo salvo 1. Pone la cabeza de 4 sobre 1, la quita. Pone la cabeza de 2 sobre 1, la de 3 encima, la de 4, la de 5 (torre, fig. 25c). Sostiene las bases de 4 y 2 en cada mano... pone la base de 2 al revés en la base de 4 al revés, y encima la base de 3 al revés, la quita. Pone la base de 3 al revés sobre la base de 4 al revés y encima la base de 2 al revés (torre, fig. 25d); lo deshace. FIN.

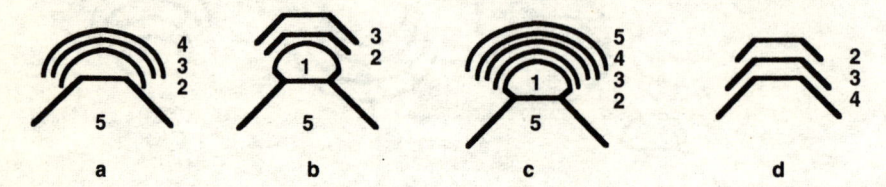

Figura 25

Segunda y tercera fases: desglosamiento secuencial e interpretación en términos de las intenciones del sujeto

En la situación propuesta a Didier, el orden es la característica esencial que hay que considerar. Es el motivo por el que la invención de objetivos por el sujeto, el «juego libre», pronto sufre las limitaciones de la estructura del material. De ahí la dificultad del sujeto para inventar nuevos objetivos, sus numerosas pausas y las intervenciones del observador para estimularle. A pesar de todo, el análisis funcional en términos de las intenciones del sujeto demuestra la riqueza de su progreso en el juego.

Las secuencias se han delimitado partir del protocolo, en función de los cambios de objetivo o de subobjetivos del sujeto; cada una debe corresponder a un proyecto particular y a los medios con él relacionados. Las hipótesis interpretativas del primer nivel se presentan a medida que se exponen las secuencias, puesto que éstas se corresponden con las intenciones del sujeto. Los índices observables que pertenecen a dichas secuencias se indican siempre que la interpretación lo requiere de modo explícito.

Secuencia 1
Didier abre las muñecas y las encaja por primera vez

Idea-guía explícita inmediata: *meter dentro*. ¿Qué constituye su espacio de problema en este momento? ¿Qué índices pertinentes «reconoce» el niño en los objetos?:

—la forma idéntica de todos los elementos,
—la diferencia de tamaño,
—la hendidura en el medio, que implica la idea de «vacío dentro». El «vacío dentro» adquiere su significación funcional (se puede meter algo dentro) en función de los dos primeros índices semantizados.

Hipótesis sobre el significado de *meter dentro*:

—puede aplicarse de forma global repetible a una pareja de elementos (contenido/continente). Si Didier manipula de forma efectiva todos los elementos, es la situación la que lo limita;
—puede asimismo aplicarse solamente a una parte de las muñecas (como al incrustar cubos): «Sé hacer eso con cubos... Lo hago también con esto (bases o cabezas) y luego busco cada vez la correspondencia con la parte complementaria». Índices favorables: cuando abre las muñecas por primera vez, lo hace poniendo las bases a un lado y las cabezas al otro, lo que no quiere decir que su intención de partida sea la de trabajar por separado con las partes, sino que puede implicar una lectura de la configuración espacial obtenida en términos de un nuevo proyecto.

En ambos casos, hay que incrustar en orden de tamaño y emparejar las dos partes complementarias, pues de ambos procedimientos unidos resulta el procedimiento de encajar.

Ambas hipótesis no son excluyentes, ya que las dos ideas, aún poco definidas, pueden superponerse: la idea que se refiere a la relación continente/contenido, que representa una especie de modelo-prototipo para toda la serie y que se generaliza a cada pareja por un mecanismo de *pop-up*[4] consistente en extrapolar a otras la re-

---

.4. Los mecanismos de *pop-up* y *push-down* son particularmente convenientes a la hora de describir los procedimientos empleados en problemas con estructura de orden creciente y decreciente. Indican

lación construida para una muestra; y la idea de que hay que ocupar todas las partes y éstas deben juntarse en 5 (idea más figural, como una copa, donde se ven todas las pequeñas encajadas en la grande).

Procedimiento empleado para *meter dentro*:

—coger la pequeña,
—buscar la cabeza que va después (índice: mano o mirada en las cabezas),
—buscar la base que le corresponde,
—cerrarla cubriendo la anterior,
—buscar la cabeza que va después, etc., hasta agotar los objetos.

Hay que observar que «buscar la cabeza» se ve asimismo facilitado por el dibujo y la diferencia de tamaño, más marcados en las cabezas que en las bases.

Secuencia 2
Didier vuelve a encajarlas

Después de que el observador haya abierto la serie, Didier agita 5 (vacía). Interpretación: recuerdo «motor» de que todo estaba dentro e indicación del vacío actual que refuerza el proyecto de conseguir meter todas de nuevo.

Desarrollo del mismo procedimiento que en la primera secuencia.

Explicitación verbal del procedimiento: «Se abren y luego se meten»; aplicación del modelo local a toda la serie (si se tuviera una sola pareja, bastaría con decir que se abre y se mete, ya que no hay elección posible entre diversos contenidos). Lo que falta: «Comenzar por la más pequeña» y «elegir cada vez la siguiente más grande». Pero esto implica que Didier haya construido bien la serie con la idea de que cada elemento puede ser a la vez contenido y continente.

Explicitación procedimental del procedimiento: volver a hacer para demostrar. Para volver a hacerlo, abre la serie, lo que le causa cierta sorpresa (índice: abre lentamente, mirando con sorpresa y agita la muñeca siguiente al sacarla. Nota: ya las había abierto una vez al principio de la secuencia). Hipótesis: sorpresa al ver sólo una dentro cada vez, cuando sabe que están todas (al encajar cubos se ven todos) o sorpresa al ver que todo está tan bien ordenado (orden obligado por el encajamiento, que lee en ese momento, pero que no domina en el plano conceptual). En la demostración reconstruye por las bases y no por las cabezas (procedimiento más económico en cuanto al número y a la complejidad de las manipulaciones).

---

un deslizamiento del procedimiento, no controlado por el sujeto, que «tira hacia arriba» o «empuja hacia abajo» una acción efectuada sobre uno o dos objetos de la serie.

Secuencia 3
Didier trata de hacer lo contrario, pero llega a un callejón sin salida...

Su idea-guía explícita es «hacer lo contrario», aunque añade: «No se puede...». Y nombra cada elemento una vez en orden de tamaño (5 en 4, 3 en 2, y 1...) mientras indica una vacilación en el gesto simultáneo (2 hacia 3...).

El hecho de nombrar cada elemento una vez y de que olvide la pareja 4-3 confirma la idea de que no conceptualiza cada unidad como contenido y continente a la vez.

¿En qué consiste su idea de lo contrario?

Dos hipótesis posibles:

—se trata de un contrario global, conceptual-figural, que consiste en ir del más grande al más pequeño y terminar en 1; se trata de obtener un resultado-configuración contrario a la secuencia 1, del tipo: «He hecho el ascenso, voy a hacer el descenso».
—se trata de un contrario procedimental, más local, que vuelve a terminar siempre en 5, como en la secuencia 1, pero tomándolo al revés: en vez de partir de 1, se parte de 4 en 5, luego de 3 en 4 y luego de 2 en 3; se llega al mismo resultado, pero se avanza en sentido contrario. Los índices no son suficientes para decidirse por una de las dos hipótesis. En efecto, justo antes de expresar su idea de hacer lo contrario, Didier abre 5, pone la mano en 4 y mira 3... Parece que su idea es comenzar por las más grandes, pero sin que se pueda decir si piensa primero en el resultado (ir de la más grande a la más pequeña) o en el procedimiento (llegar a la más grande comenzando por las más grandes...). Puede que ambos se confundan, si pensamos que hasta entonces Didier ha funcionado con un modelo relativamente poco definido de la incrustación de cubos, donde se puede comenzar por el más pequeño o por el más grande, lo que expresa al mismo tiempo el contrario de los procedimientos y el contrario global desde el punto de vista del resultado figural, ya que el 1 y el 5 son visibles.

Pero un análisis de la reconstrucción declarativa del «así no se puede» debería permitirnos elegir una de las dos hipótesis. Si consideramos la vacilación del gesto (2 hacia 3) al tiempo que verbaliza, y el carácter de reconstrucción conceptual de sus palabras a medida que se desarrollan («y luego...»), cabe pensar en la hipótesis del contrario procedimental. Pero entonces, ¿por qué no lo expresa como «4 en 5, 3 en 4, 2 en 3...»? Para comprender su dificultad en hacerlo, hay que considerar que cuando se actúa en el plano declarativo, se trabaja con parejas aisladas y sucesivas y las relaciones 4-5, 3-4, 2-3 dejan de ser, desde entonces, imposibles de construir de forma procedimental. Como acaba de decir que su idea no funciona, tiene que encontrar una traducción realmente imposible. Para que su modo declarativo traduzca su modo procedimental, debe decir 5 en 4, 3 en 2. La respuesta que da, «así no se puede», ya es una reconstrucción y ha dejado de ser, en sí misma, su vaga idea de lo contrario. Habría partido, por tanto, de un contrario de tipo procedimental, que, debido al paso a lo declarativo, se desliza hacia un plano global.

¿De dónde procede esta idea de *lo contrario*? Cabe pensar en varios factores que convergen en una intención unificadora:

—el marco conceptual general propio de esta situación particular,
—el marco procedimental del inicio de la serie (comienzo de la secuencia 2) que termina en la más pequeña, en tanto que la construcción termina en la más grande,
—el marco figural, con la idea del ascenso hacia lo grande y el descenso hacia lo pequeño, cuando hay que tratar un conjunto de elementos de distinto tamaño.

Secuencia 3'
Tras un breve episodio de distracción, que oculta un cierto apuro cognitivo, Didier vuelve a su idea de lo contrario

Tras haberse sacado y vuelto a poner el zapato, Didier pone la base de 3 sobre la de 2 y toca la cabeza de 3 y la de 2. Luego mete 3 en 5, toca 4, mira 5, vuelve a 3, la abre, mete 2, cierra, agita todo mientras mira 4, mete 3 en 4, cierra, 4 en 5 y cierra (fig. 18). Desde un punto de vista global, asistimos a una especie de retroacción, de *push-down* hacia el elemento más pequeño, a partir del ensayo de 3 en 5. Se observa en Didier un movimiento de detención (vacilación en la acción), como si quisiera resistirse a la atracción inevitable de la situación hacia el encajamiento clásico.

¿Por qué mete 3 en 5? ¿Por qué 3?

Si mete 4 en 5 (en la idea del contrario procedimental), todo se cierra y no podrá volver atrás para continuar. Comenzar por 1 tampoco sirve para hacer lo contrario... «pero puede que con 3... intermedio entre los grandes y los pequeños... pueda hacerlo». Meter 3 en 5 es un modo seguro de no hacer lo que antes; pero 4 le perturba, ya que «4 es el pequeño de 5, no 3, pero, ¿dónde está el pequeño de 3?... es 2», de donde 2 en 3, 3 en 4, 4 en 5. Didier establece una inversión de la relación «el más grande que va después», clave del procedimiento de encajar empleado en las secuencias precedentes; busca, por el contrario, «el más pequeño que va dentro», y mediante un mecanismo de *push-down* opuesto al *pop-up* precedente, termina de encajar las muñecas. Aunque el resultado sea el mismo (no del todo, ya que queda 1), ha procedido de modo realmente distinto en el aspecto de su planificación. Al final de esta secuencia, se puede afirmar que la idea de lo contrario se hallaba presente como intención desde el comienzo y que se actualiza en esta búsqueda del «más pequeño».

¿Qué siginificado se puede atribuir al hecho de que agite 3 después de haber metido en ella 2, al tiempo que mira 4? Puede que en Didier se construya el objeto prototipo, el «elemento bisagra», en el plano perceptivo-motor. Hay dos tipos de información distintos: 3 con 2 dentro y 3 yendo hacia 4. Al percibir el ruido de 2 mientras mira 4, hace la síntesis de 3 como continente y contenido. Esta información motriz sería posteriormente considerada con otros tipos de información comparables en otras modalidades y debería contribuir a la construcción lógica, conceptual, de la transitividad propia del experto. La información tratada no sería, por tanto, ni sobre objetos ni sobre acciones en cuanto tales, sino sobre sus significados.

Secuencia 4
Didier coloca las grandes a un lado y las pequeñas al otro, sin abrir. Después permuta las posiciones cruzando las manos

Aquí volvemos a encontrar la idea de un contrario procedimental. Didier llega a otra configuración, «las dos pequeñas y las dos medianas». Ha dejado voluntariamente la 5 separada, si no habría llegado a la misma dicotomía que al principio. Volvemos a encontrar este «truco» por el que quiere justificar una diferencia introducida en el procedimiento, por una diferencia marcada artificialmente en el resultado (cuando, si no fuera por este truco voluntario, no aparecería).

Secuencia 5
«Puedes abrirlas»... Didier las encaja inmediatamente

Este encajamiento sirve tanto de recapitulación de lo que sabe hacer bien como de punto de partida para continuar, mediante una reorganización canónica de los elementos.

Secuencia 6
Didier encaja con alternancia derecho/revés

El observador sugiere la cabeza de 2 sobre 1. Didier añade encima las cabezas de 3, 4 y 5, después lo deshace e invierte 1 (fig. 21)

El trabajo con las cabezas permite a Didier considerarlas no por separado y como complementarias de las bases para formar una muñeca completa, sino como la serie de cabezas, opuesta a la serie de las bases.

Poner 1 boca abajo no es una acción instrumental, efectiva, y no responde a un modelo preciso; se trata de una acción-interrogación para hacerse una idea a partir del objeto. Didier puede leer en ella un inverso de la orientación (abertura hacia arriba en vez de hacia abajo, como acaba de hacer) y asimismo centrarse en la parte superior: las bases, tras el trabajo con las cabezas. La intención, centrada en el inverso, precisada por el efecto de poner al revés 1, se va a precisar más y a construirse sobre la marcha en un modelo del inverso (secuencias 7 a 11). Pero para ello, tiene que haber un paso de lo implícito actuado a lo explícito (procedimental o verbal).

En este punto, la intención de las manipulaciones no es la de llegar a la alternancia reglada de toda la serie, como la que Didier efectúa; se halla determinada por la serie de objetos, a medida que transcurre la acción, y no es probable que se interprete como tal al final de la acción: después de poner 1 al revés, Didier mete 1 al revés en 2, 2 al revés en 3 (3 no cierra), 3 al revés en 4 y 4 al revés en 5 (las muñecas no están cerradas por falta de espacio).

¿Cómo ha pasado de su vaga idea del inverso a esta alternancia (aunque no la interprete)? Su intención se precisa conforme avanza la manipulación, por medio, al menos, de dos modalidades: una idea del inverso «sobre la cabeza» para todo el grupo de elementos (inverso figural, casi geométrico, «pongo cada vez la cabeza hacia abajo»), y una idea del inverso «poner cada vez al revés» (inverso local, procedimental). Es probable que durante la manipulación el control de la acción se precise y pase de un plano efector a uno declarativo.

Secuencia 7
Didier incrusta las partes que se han vuelto idénticas por su doble función de continente/contenido

Didier deshace lo que ha encajado en alternancia poniendo las bases a un lado y las cabezas al otro. Después, volviendo a partir del procedimiento de encajar las cabezas de la secuencia anterior, incrusta las bases, actuando sobre las partes semantizadas como contenidos/continentes, con independencia de su significado en el objeto muñeca. En las partes, el sentido obligatorio del encajamiento de las unidades totales ya no impone limitaciones, y Didier comienza por las partes centrales de la serie: base de 3 en base de 4, luego base de 2 en 3 y 4, luego todo en base de 5. Después, la alternancia de posición y el trabajo con las partes se coordinan en la incrustación de las cabezas, con la abertura hacia arriba (inverso de posición en las partes). Pero la posición natural de las cabezas se conserva al principio (abertura hacia abajo), lo que ofrece, con el procedimiento [pequeño en grande] un resultado inesperado: una torre, en vez de una incrustación (cabeza de 2 sobre cabeza de 4: véase fig. 22a).

Secuencia 8
***Didier construye una torre con las bases al revés
y trata de hacer lo mismo con las cabezas***

La «ampolla» de la secuencia anterior ha dado lugar a un resultado de configuración inesperado y, aunque rectificado, interesante de explorar. Didier, tras la secuencia 6, se halla especialmente abierto a las particularidades del objeto no tratadas hasta entonces. Lo abierto de su actitud se sistematiza en esta secuencia. Después de deshacer lo que ha incrustado, poniendo las cabezas y las bases en su posición natural, apila las bases sobre la base de 5, todas al revés, lo que origina una torre. Tratando de generalizar este resultado a las cabezas, les da la vuelta y procede de la más grande a la más pequeña, lo que origina un resultado inverso: una incrustación en la que las grandes ocultan a las pequeñas. Didier saca inmediatamente las cabezas y procede de la más grande a la más pequeña, pero en su posición natural: a pesar de todo, las pequeñas desaparecen en las grandes (fig. 23).

Secuencia 9
Didier encaja toda la serie de muñecas cerradas

Como para volver a poner orden en los procedimientos efectuados (los que especifican su modelo de encajamiento y los que resultan de su descentración con respecto al objeto), Didier rehace por sexta vez el procedimiento del encajamiento: coger la más pequeña, meterla en la base siguiente, hacer corresponder la cabeza correcta, cerrar, etc. Cada parte recupera de este modo su identidad y su orientación naturales en la muñeca.

Secuencias 10 y 11
Didier encuentra un procedimiento para el inverso de la orientación de las partes y resume su nuevo modelo de los inversos

Después de haber «vuelto a poner el reloj en hora», Didier construye una torre con las bases, con la abertura hacia abajo (lo contrario de la posición natural) y luego hace lo mismo con las cabezas, una torre con la abertura hacia abajo. Concluye cogiendo las cabezas y las bases en un mismo procedimiento, con la abertura hacia abajo, primero las grandes y luego las pequeñas, lo que conduce al inverso de la torre (figs. 24 y 25).

Cuarta fase: interpretación en términos de los modelos del sujeto

A partir de los indicios analíticos que se refieren a las intenciones del sujeto, una segunda fase de análisis consiste en reconstruir la progresión microgenética en términos de modelos o unidades de representación (constituidas por significados controlados) en construcción.

Secuencia 1
Encajamiento I (primera especificación)

El proyecto, inmediatamente enunciado, se define por el espacio de problema siguiente:

—las muñecas tienen todas la misma forma,
—hay pequeñas y grandes,
—tienen una hendidura en el medio; por tanto, tienen que estar vacías en su interior.

Asimismo, interviene una heurística conocida por el niño: la incrustación de elementos simples (cubos-cubiletes). Esta heurística le proporciona al mismo tiempo el resultado-configuración: «Las pequeñas están en las grandes», y dos procedimientos posibles: comenzar por el pequeño y coger el siguiente más grande; o comenzar por el grande y coger el siguiente más pequeño. El modelo del niño al principio de la solución estaría formado por el espacio de problema (propiedades pertinentes de la situación tal como son semantizadas a través de los conocimientos anteriores) y por heurísticas conocidas, evocadas en función de la situación.

Pero en el momento de formular el proyecto, el modelo es aún global e implícito; tiene, no obstante, su propia función: la de organizar los indicios extraídos de la situación y las heurísticas conocidas. En este caso no es un modelo conceptual, sino un modelo figural y motor. Sigue siendo impreciso, no está especificado en los elementos. En el procedimiento efector que viene a continuación, el modelo global implícito, enfrentado a la situación objetiva, se transforma. La acción del niño se convierte en una traducción-especificación de su modelo en el plano de los elementos, traducción que modifica el espacio de problema de partida y forma nuevas heurísticas. En otras secuencias de esta situación, la acción puede tener otras funciones distintas a la traducción del modelo. Se puede pensar en las siguientes:

1) la acción como traducción-especificación del modelo
   a) especificación directa,
   b) puesta en cuestión, puesta a punto del modelo (agitar 5 en la secuencia 2) o demostración-explicitación (rehacer para demostrar, secuencia 2);
2) la acción como interrogación del objeto
   a) guiada por las propiedades del objeto sin que lo sepa el sujeto,
   b) descubrimiento intencional de las propiedades;
3) la acción reveladora de las propiedades del objeto no buscadas (objeto parásito, inicio secuencia 2) y la acción desviada por las propiedades del objeto (acciones *push-down* y *pop-up* de las secuencias 1 y 2).

Si las funciones de estas acciones cambian, también lo hacen el control y las intenciones del sujeto. En efecto, en 1) y 2b) el control depende del sujeto, mientras que en 2a) y 3), el control depende de la estructura del objeto.

En resumen, desde el punto de vista de las intenciones del sujeto:

en 1) la intención del sujeto es verificar o aplicar el modelo:

$$\text{Modelo} \longrightarrow \text{Acción} \longrightarrow \text{Objeto};$$

en 2) la intención del sujeto se halla en el método:

$$\text{Modelo} \longleftarrow^{2} \text{Acción} \longrightarrow^{1} \text{Objeto;}$$

en 3) se produce un cortocircuito entre la principal intención del sujeto y el objeto:

$$\text{Modelo} \longleftarrow \text{Acción} \longleftarrow \text{Objeto.}$$

¿Cómo se especifica, una vez definido, el modelo global implícito de Didier al comienzo de la tarea? ¿A través de qué procedimiento efector?

> Didier abre 5, duda en 4 (como si quisiera ya meterla en 5), abre 4, 3, 2, quiere cerrar 4... mira 5... finalmente mete 1 en 2, 2 en 3, etc.

La heurística de los cubos-cubiletes aplicada a las muñecas no indica el sentido del procedimiento: comenzar por la pequeña o por *la grande*... Por otra parte, *meter dentro*, como representación del resultado, da las pequeñas en la *grande* (puesto que es el continente de todas las pequeñas). No es de extrañar que Didier trate de empezar por la grande, queriendo meter 4 en 5. Pero la situación no se lo permite, porque, cuando haya metido 4 en 5 y cerrado 5, ¿cómo mete las otras, sino volviendo a empezar? Se ve obligado a volver a bajar hasta 1 y a volver a subir.

Este mecanismo puede calificarse de *push-down* reconocedor-efector y es distinto del *push-down* procedimental de la secuencia 3'.

El procedimiento construido en esta secuencia *(encajar)* enriquece su espacio de problema desde el principio, ya que Didier sabe ahora que tiene que comenzar por la más pequeña, pero sin que dicho conocimiento tenga todavía el carácter de necesidad conceptualizada, ni, desde luego, de esquema lógico del encajamiento. Sin embargo, puede utilizarse posteriormente como unidad heurística.

Secuencia 2
Encajamiento II (segunda especificación) y encajamiento III (explicitación procedimental)

> Las muñecas están completas. Didier agita 5 (vacía). Comienza por 1, busca cada vez la siguiente cabeza, la base correspondiente y cierra, hasta que llega a 5.

Agitar 5: recuerdo... que ahora está vacía pero que todas deberán estar de nuevo dentro (fijación de estados de partida y de llegada).

Didier repite sin modificaciones, con las cabezas, el procedimiento de la secuencia 1.

Explicitación de «cómo se hace»: el modelo conceptual se refiere a las acciones causales ordenadas: abrir y meter; si vamos más lejos, el modelo se hace explícito en forma procedimental: Didier rehace para demostrar. Pero la función inicial de la explicitación se transforma, ya que esta tercera especificación del procedimiento hace posible nuevas lecturas: Didier ya no se preocupa por tener éxito en su procedimiento; quiere demostrar, lo que le obliga a adoptar una actitud de retroceso en relación con la acción y le permite «mirar su acción» como si otro la estuviera haciendo.

Por otra parte, es la primera vez que abre la serie (con el objetivo de volver a realizar el encajamiento) y se sorprende al descubrir, de forma involuntaria, algo interesante, que puede ser:

—la apertura, como una categoría distinta a la del cierre, pues no es simplemente su contrario, ya que tiene otros efectos;
—una fascinación por descubrir que sigue habiendo una muñeca dentro;
—Didier sabe que están dentro, pero no ha conceptualizado el orden en que se hallan dispuestas, al estar impuesto el orden de construcción por el objeto en sí (la relación «pequeño en grande» sólo tiene que repetirse hasta agotar los objetos). A lo sumo ha reconocido, en el plano motor, que 3 se saca de 4 y contiene a 2 (acción mixta 2) y 3)).

Secuencia 3
Ensayo de modelización del inverso procedimental

> *Tras la consigna de hallar otro juego, Didier abre 5, toca 4, mira 3 y dice: «No se puede hacer lo contrario».*

Espacio de problema al inicio de la secuencia: espacio de la secuencia 1 (hay que comenzar por 1) con heurísticas de las secuencias 1 y 2. En el modelo de Didier sobre el proyecto de lo contrario tiene que haber asimismo algo que proceda del inicio del juego: una especie de frustración por no haber podido comenzar por la grande, ahora que su heurística de los cubos-cubiletes, y quizá una idea figural de la serie con descenso y ascenso, se lo permiten.

Hay que preguntarse asimismo cómo participa la consigna [jugar a otro juego] en esta idea de lo contrario. Cuando se realiza una tarea, una cosa distinta pero al mismo tiempo la más cercana, es hacer lo contrario. De este modo, nos mantenemos en el mismo marco de trabajo, no hay necesidad de salir de él, sobre todo si no estamos completamente satisfechos de lo hecho hasta el momento.

En resumen, el modelo implícito que ha servido a la formación del proyecto [hacer lo contrario] contiene los siguientes elementos:

—jugar a «otra» cosa;
—frustración del comienzo de la secuencia 1;
—marco conceptual general del encajamiento;
—marco procedimental: inicio de la secuencia 2 que lleva a la más pequeña, en tanto que la construcción lleva a la más grande;
—marco figural: conjunto de objetos de distinto tamaño; idea, por tanto, de ascenso y descenso.

Este modelo, al traducirse a procedimiento, sería al principio:

—ir de la grande a la pequeña para terminar en 1 [después de subir, bajo], tipo conceptual-figural que se refiere al contrario del resultado;
—terminar siempre en 5, pero cogiéndolas de otra manera [no empezar por 1, sino por 4 en 5, luego 3 en 4, etc.], tipo procedimental.

Hay que observar que ambos tipos de modelo llevan a comenzar por 5 (o 4 en 5). Como la hipótesis es que, en ese momento, el modelo sigue siendo impreciso (pues no se ha especificado), pudiera ser que tuviera algo de los dos al mismo tiempo, con cierto grado de indiferenciación, por ejemplo, [hacer primero las más grandes], en el que se confunden el contrario-resultado y el contrario-procedimiento. La hipótesis se refuerza más tarde con las manipulaciones posteriores de Didier, que demuestran una relativa falta de diferenciación entre el procedimiento y el resultado al que conduce. Didier no parece aceptar que un procedimiento distinto pueda llevar al mismo resultado: por eso «hace trampa» en la secuencia 3' (le queda 1 además de 5, prueba de que no ha hecho lo mismo) y en la secuencia 4 (pone 5 al revés, luego la separa para demostrar claramente que su procedimiento distinto produce un efecto diferente).

Explicitación de su modelo: *«Pues..., 5 en 4 y luego... 3 en 2...» toca 1 (vacilación en el gesto de 2 hacia 3).*

En el momento en que hay que pasar a un modelo declarativo se plantea un problema: hay que precisar el modelo y aparece la confusión mencionada más arriba. Hipótesis: lo que dice no es exactamente lo que quería hacer, puesto que si se tratara de un modelo de tipo global figural (5 en 4 en 3 en 2 en 1), habría abierto 4 en vez de 5, como había hecho al comienzo de la secuencia: abre 5, toca 4, mira 3.

Lo que querría hacer sería, por tanto, el contrario procedimental: 4 en 5, 3 en 4, etc., lo que es igualmente imposible, pero de forma distinta de 5 en 4, en 3, etc.

Es imposible, en efecto, cuando el modelo se refiere a la serie entera. Por el contrario, cuando se pasa a un modo efector, y sobre todo a uno declarativo, al nombrar de forma sucesiva con lo que estamos trabajando (1 objeto o 1 relación al mismo tiempo), se vuelve posible: decir 4 en 5, decir 3 en 4, etc., no es en absoluto imposible, puesto que se cogen las parejas de forma sucesiva; y Didier funciona con la relación única, que repite de una a otra pareja, no con toda la serie. Por tanto, para que su modelo declarativo se halle emparejado con su modelo procedimental (el «así no es»), ¡está obligado a decir algo totalmente imposible!

Vemos hasta qué punto la simple explicitación de «lo contrario no vale» consiste en una verdadera reconstrucción y no es una aplicación directa de su modelo de partida. Y al igual que en la secuencia 1, en el momento del paso a lo declarativo (en este caso verbal, en 1 motor) hay una transformación-deslizamiento del modelo de partida hacia un modelo diferente, no forzosamente más claro, sino más complejo que el anterior. La ambigüedad entre la palabra (3 en 2) y el gesto (2 hacia 3) es asimismo reveladora de dicha complejidad.

Secuencia 3'
Encajamiento IV... ¡por defecto!

> *Tras el intermedio-distracción del zapato que se sale y que por fuerza hay que volverse a poner (lo que oculta el apuro cognitivo del momento), Didier pone la base de 3 sobre la de 2, toca la cabeza de 3 y la de 2. Cierra 3 y la mete en 5, la saca. Sosteniéndola, toca 4, mira 5, vuelve a 3, mete 2 en ella, cierra 3, agita todo mirando 4, 3 en 4, 4 en 5* (fig. 18).

Este procedimiento se desarrolla bajo el control de un mecanismo de deslizamiento *(push-down)* que empuja la acción hacia el objeto apropiado de la serie (el pequeño), en tanto que la ambigüedad anterior orientaba la acción hacia los elementos centrales (3 y 2). Como vamos a ver, se trata de un *push-down* relativamente controlado, que llamaremos procedimental, por oposición al *push-down* reconocedor-efector de la secuencia 1.

En su desarrollo, Didier invierte la relación entre los elementos de la pareja que había utilizado en las secuencias 1 y 2: en vez de buscar lo que viene después, la más grande de las dos, busca la más pequeña, la que va dentro. Hay, por tanto, algo distinto en la manera en que llega a su encajamiento, que Didier indica (indicando también su primera intención) dejando 1 fuera de la serie encajada. Hay que observar que la diferencia no se refiere al procedimiento en sí, sino a una de las reglas que lo forman.

Detalle del fin de la secuencia: agita 3 con 2 mirando 4, luego mete 3 en 4 y 4 en 5. Cabe pensar que esta breve acción con 3 nos devuelve al significado de elemento bisagra en el plano perceptivo-motor. Dos informaciones hasta entonces separadas se ponen en relación: 3 con 2 dentro y 3 yendo hacia 4. Esta información sintetizada del papel de 3 como continente y contenido a la vez va a poder servir de unidad significativa: se tendrá en cuenta junto a otros significados y contribuirá a la construcción conceptual lógica de la transitividad. Se supone con esto que las unidades conservadas y transferibles no son los objetos ni las acciones en sí mismas, sino sus significados: aquí lo que subsiste es contenido-continente, no el elemento 3 de la serie.

Secuencia 4
Ordenaciones por diferencias y semejanzas

Didier agrupa las muñecas cerradas en dos clases y luego procede a una inversión, antes de ordenarlas por su tamaño.

> *Las muñecas están cerradas por separado. Didier toca 2 y 3, aproxima 4 en 3, luego 3 a 2, vuelve a poner 3 cerca de 4, 2 cerca de 1 y 5 cerca de 4: «Todas las grandes y todas las pequeñas»* (fig. 19).

Didier se ve obligado por la consigna a actuar con las muñecas cerradas. Hay que esperar la sugerencia de «ordenar» para que rápidamente se desencadene su acción: [ordenar] provoca una restricción del campo de posibilidades (con relación a [jugar a otra cosa]), lo que le conduce a la idea de [elegir] los elementos, de agruparlos, aunque no forzosamente en dos clases desde el comienzo.

El elemento 3, que recobra en cierto modo su categoría de elemento bisagra, se enfrenta a 4 y a 2. El elemento 5 se reintegra al final de la secuencia, tras haber sido puesto a un lado, lo que le confiere un estatus particular. Cuando los grupos 1/2 y 3/4 están formados (hay que observar que en la disposición de partida de las muñecas cerradas 1 y 2 estaban cerca, al igual que 3 y 4), su posición en el espacio no es definitiva, ya que Didier aún los sostiene en las manos, al mismo tiempo que mira 5. Este elemento parece molestarlo, porque ya no es claramente mayor que 3 y 4, a pesar de pertenecer a su mismo subgrupo; poner 5 con 4 y 3 implica una diferencia perceptiva de volumen (de todo el grupo) demasiado grande con relación a 1 y 2. A pesar de todo, al final, lo coloca con 4 y 3 y nombra las dos subclases.

Secuencia 4'
Inversión procedimental

> *Permuta 4 y 2 cruzando los brazos, después 3 y 1 (lo que da 1/2 y 3/4, como antes, salvo que 5 se encuentra del mismo lado y se halla con 1/2). Separa 5 y dice: «Las dos pequeñas y las dos medianas...» (fig. 20a).*

La desproporción figural de ambos grupos implica una necesidad de compensación, de restablecimiento del equilibrio entre los dos volúmenes. Unida a los contrarios de las secuencias precedentes, esta necesidad produce una rigurosa inversión procedimental (permutación simultánea por cruzamiento). Pero esta transformación debería producir un resultado distinto del anterior. Ahora bien, Didier encuentra los mismos grupos: 1/2 y 3/4, a pesar de que 5 haya quedado hacia 1/2, lo que origina un buen equilibrio configurativo (volumen de los dos grupos). Es lo que Didier quería, pero se sorprende de hallar después de la transformación un resultado tan parecido al anterior. En el momento de enunciar el resultado es cuando 5 le molesta: ponerlo con 3 y 4 es volver a los grupos anteriores, dejarlo con 1 y 2 impide la denominación del grupo. Didier lo quita, lo que marca la diferencia hasta en el resultado, diferencia indicada asimismo en el enunciado «los pequeños, los medianos». Didier ha conciliado la transformación procedimental (inverso) con un cambio configuracional y conceptual.

Tendríamos, por tanto: un proyecto de partida correspondiente a un modelo figural (compensar el volumen de los grupos); un procedimiento de correspondencia organizada (compensar-invertir) con recuerdo de los inversos anteriores; un conflicto entre el modelo de partida, la lectura del resultado y el paso a lo declarativo (nombrar lo que se ve), conflicto que se refiere a la relación entre el procedimiento de transformación y la identidad del resultado producido. Se resuelve mediante una «acción-truco» (separar 5) que cambia el resultado sin cambiarlo (denominación distinta de grupos casi idénticos).

Secuencia 4''
Orden de tamaño

> *Lentamente, pone la mano en 5, después la otra en 4 y 3; al mismo tiempo, mira 1 y 2. Aproxima ambas parejas, 1/2 y 3/4 (1 y 4 están un poco más adelantadas que 2 y 3); 2 está al lado de 3; aproxima 1 y 4 a 2 y 3 y obtiene 1234, a lo que añade 5 (fig. 20b).*

Todos los elementos se tratan en una misma centración: tocados por 5, 4 y 3, mirados por 1 y 2, lo que corresponde a la idea de agruparlos todos juntos. Los dos grupos constituidos en la secuencia 4' (1/2 y 3/4) son abiertos y se puede leer otra relación: 2/3 como grupo central y 1/4 como complementarios.

> *Didier comenta: «Es una familia, las hijas (de 1 a 4) y la mamá (5)». Hallamos, con una connotación social, la diferencia perceptiva de 5 con relación al conjunto de los otros.*

El desarrollo de esta parte de la secuencia (4''), que conduce a la ordenación de las muñecas por su tamaño (todavía no vamos a hablar de seriación), tiene que comprenderse en función de lo que precede en las secuencias 4 y 4':

— el hecho de que 5 haya sido separado varias veces, que tenga una categoría distinta a la de los demás, es molesto. Por tanto, hay que reintegrarlo con los demás. Pero en el interior de la clase de los elementos no es posible, lo que obliga a integrarlo en la serie (a pesar de su denominación, 12345, mantiene la separación entre 5 y el resto);
— el hecho de haber trabajado con «los pequeños y los grandes», enunciados de forma explícita, demuestra que por primera vez se ha conceptualizado el criterio del tamaño como organización posible de los elementos;
— la manipulación de los subgrupos no es satisfactoria, con relación a las manipulaciones del encajamiento (secuencias 1 y 2) que engloban el conjunto de todos los elementos.

Estos tres puntos convergen en la idea de constituir una especie de clase que integra todos los elementos colocados en serie con la distinción entre 1-4 y 5.

Las secuencias anteriores demostraban que se había establecido una relación entre las parejas, y que los elementos se habían integrado en una clase a través de los procedimientos especificados más arriba. Mientras que aquí llegamos a un nuevo espacio de problema que supone que los elementos se consideran a través de una clase total, clase definida en función de las relaciones introducidas entre todas las muñecas por su orden de magnitud.

Secuencia 5
Encajamiento V (tercera especificación)

> *Cuando el observador le indica que puede volver a abrir las muñecas, Didier las encaja con agrado.*

La idea de encajar es al principio ciertamente más clara y precisa que en las secuencias 1 y 2. Pero hay algunas dificultades, tras el intermedio de la secuencia 4. En su procedimiento, Didier parece un poco perdido en cuanto a la elección del elemento correcto. Son posibles dos hipótesis:

—en las secuencias 1 y 2, Didier procedía en sus encajamientos de un modo más reconocedor-efector, directamente a partir de los objetos. Ahora, sin embargo, después de las secuencias 3 y 2, cada elemento se halla especificado en el plano conceptual. Necesita, por tanto, una especie de traducción de lo que ha comprendido de modo conceptual con el funcionamiento reconocedor-efector con que anteriormente ha procedido. Esto implica un emparejamiento (*matching*) entre ambas modalidades, que no es posible de repente;
—puede que la dificultad proceda de que Didier acaba de trabajar con las muñecas cerradas, lo que implica la posibilidad de manejar los elementos de pequeño a grande o de grande a pequeño. Sin embargo, para encajarlos tiene que «reconstruir» el único procedimiento posible (de pequeño a grande).

Se puede considerar esta secuencia como una recapitulación de las manipulaciones iniciales, no exploradas a fondo y de las que Didier querría volver a partir, con la nueva contribución de la secuencia 4. Es una forma de pasar otra vez a lo nuevo haciendo un cierto balance, o al menos fijándolo mediante la vuelta a lo conocido.

Secuencia 6
Exploración del inverso de orientación

> *Didier toca las bases 3 y 2, luego apila las cabezas 3, 4 y 5 sobre la 2. Da la vuelta a 1, la vuelve a poner derecha, la mete en la cabeza de 3 dada la vuelta; dice: «¡Es lo contrario!». Hace corresponder la base de 2 y la cabeza de 3, luego la base de 3 y la cabeza de 3 en posición invertida, cierra 3 y la pone de pie. Después abre 3, mete 1 en 2, da la vuelta a 2, la mete invertida en 3, trata de cerrar 3, pone la base de 4 invertida sobre 3, después mete 3 invertida en la base de 4, trata de cerrarla, «¡la he puesto al revés!», mete 3 invertida en 5, trata de cerrarla (tenemos 1 en 2 al revés en 3 de pie en 4 al revés en 5 de pie)* (fig. 21).

Tras la sugerencia del observador que pone la cabeza de 2 sobre 1, Didier toca las bases, después las cabezas y las coloca encima de 2. Estas vacilaciones con las bases demuestran cierta molestia por tener que trabajar sólo con una parte del material, ya que se produce una especie de pérdida de identidad del objeto total con el que hasta entonces ha trabajado.

Inversión de 1: Didier probablemente tiene la idea de hacer lo mismo con las bases que con las cabezas. Al mismo tiempo, esta inversión contiene la idea de revés (cabeza hacia abajo), por lo que se produce un deslizamiento del objetivo.

Cuando invierte 1, constata: «*No se sostiene*», de ahí la imposibilidad de poner las bases encima. Vuelve entonces a la idea de coger también las cabezas, ya que con las bases la cosa no funciona. Obtenemos de este modo dos elementos que dan lugar al proyecto [1 de pie en la cabeza de 3 al revés]:

—hacerlo con las bases y asimismo con las cabezas, ya que con las bases no funciona;
—1 no se sostiene al revés, debe estar de pie..., pero también el deseo de conservar esta idea de revés, de ahí la transferencia-atribución del revés de 1 a 3.

> *Tras haber puesto 1 de pie en la cabeza de 3 al revés, cierra 3 y la pone derecha. Comenta: «Es lo contrario» = constatación del resultado, no del proyecto (deslizamiento del objetivo). Esta constatación se convierte en el objetivo que hay que conseguir para toda la serie de elementos. Se da cuenta de que falta 2. Cuando abre 3 para meter 2, ve la base de 1 hacia arriba en 3 de pie, lo que confirma y refuerza la idea de revés, del contrario procedimental o espacial.*

La continuación de las manipulaciones se guía por la repetición del mismo procedimiento local: hacer con el resto lo que ha hecho con 1 y 3, es decir, ponerlas al revés. Se trata, por tanto, más de una guía procedimental que de una hipótesis claramente conceptualizada. De forma progresiva se observa un control sobre los elementos. Didier se da cuenta de que pasa algo importante y trata de captarlo: el efecto obtenido al repetir en varios elementos un procedimiento elaborado con dos. Lo constata como si lo descubriera en 4: «¡La he puesto al revés!».

No obstante, incluso al final de la secuencia es poco probable que tenga una clara representación del resultado obtenido en el interior de 5 (alternancia de la posición de los elementos).

Secuencia 7
Explicitación procedimental del sentido contrario del encajamiento

> *Didier deshace el encajamiento anterior poniendo las bases a un lado y las cabezas a otro (últimos elementos sacados: base de 5, base de 4, base de 3). Mete la base de 3 en la de 4, luego introduce la de 2 y mete todo en la de 5. Después pone la cabeza de 2 sobre la de 4 (problema), da la vuelta a la cabeza de 4, a la de 5 y mete la cabeza de 4, la de 3, la de 2 y la de 1, todas invertidas (con la abertura hacia arriba) (fig. 22).*

Didier vuelve a la idea del principio de la secuencia anterior: actuar sobre las bases. Interviene asimismo en este proyecto el hecho de que lo último que ha sacado sean las bases de 5, 4 y 3.

Esta incrustación de las partes no le supone problema alguno, y el hecho de que llegue a ella tan tarde en sus manipulaciones se debe a que primero tenía que descentrarse con respecto a las muñecas completas. El relanzamiento del objetivo de la secuencia 6 (cabeza de 2 sobre 1) le ayuda a ello.

Las muñecas se convierten ahora en partes; a todas se las puede considerar de la misma manera, como diez cubiletes al mismo tiempo continentes y contenidos (salvo los extremos). Se han despersonalizado y permiten que las bases y las cabezas reciban un tratamiento idéntico: es lo que hace Didier al incrustar con la abertura hacia arriba tanto las bases como las cabezas.

La manipulación de las cabezas, poniendo la de 2 en la de 4, le plantea al inicio un problema: Didier especifica el mismo procedimiento que con las bases [pequeña en grande], conservando la posición natural. La despersonalización no se ha producido de forma completa.

En esta secuencia, Didier se deja guiar en mayor medida por la situación que en las secuencias 1, 2 y 3. Su actitud es más «pasiva» que antes, lo que se manifiesta por la aplicación de procedimientos conocidos (incrustación). Sin embargo, el espacio de problema es nuevo: consideración de las partes como equivalentes en su función de continente/contenido.

Secuencia 8
Extensión e inventario de los inversos posibles

En el transcurso de esta secuencia, Didier prueba distintos tipos de inversos:

—un inverso de orientación de las partes con respecto a su posición natural en la muñeca tipo: aberturas hacia arriba o hacia abajo;
—un inverso de orientación en el que todas las partes se consideran idénticas en cuanto a su función (continente/contenido): aberturas hacia arriba y aberturas hacia abajo;
—un inverso de encajamiento, inverso procedimental: comenzar por la más pequeña hasta la más grande; comenzar por la más grande hasta la más pequeña (posible desde el momento en que las partes se consideran equivalentes);
—un inverso en el objetivo buscado (y el resultado obtenido) para una misma orientación (abertura hacia abajo, por ejemplo): [ocultar] cuando se comienza por la más pequeña y desaparece en las siguientes; o [ascender, torre] cuando se comienza por las más grandes y las pequeñas se sostienen arriba formando una pirámide.

168 | El estudio de las microgénesis cognitivas

Además, en las acciones siguientes intervienen resultados distintos o similares:

—para [meter]: sólo se puede incrustar, comenzando por la grande o por la pequeña;
—para [poner encima]: con la abertura hacia arriba: comenzar por la pequeña y apilar las otras encima; con la abertura hacia abajo: comenzar por la grande y apilar las siguientes, o por la pequeña que queda oculta por las siguientes.

Cada una de estas variables puede combinarse con otras, como muestra la figura 26, y desde el interior de este problema Didier va a progresar tratando de dominar algunas de las relaciones posibles entre las variables.

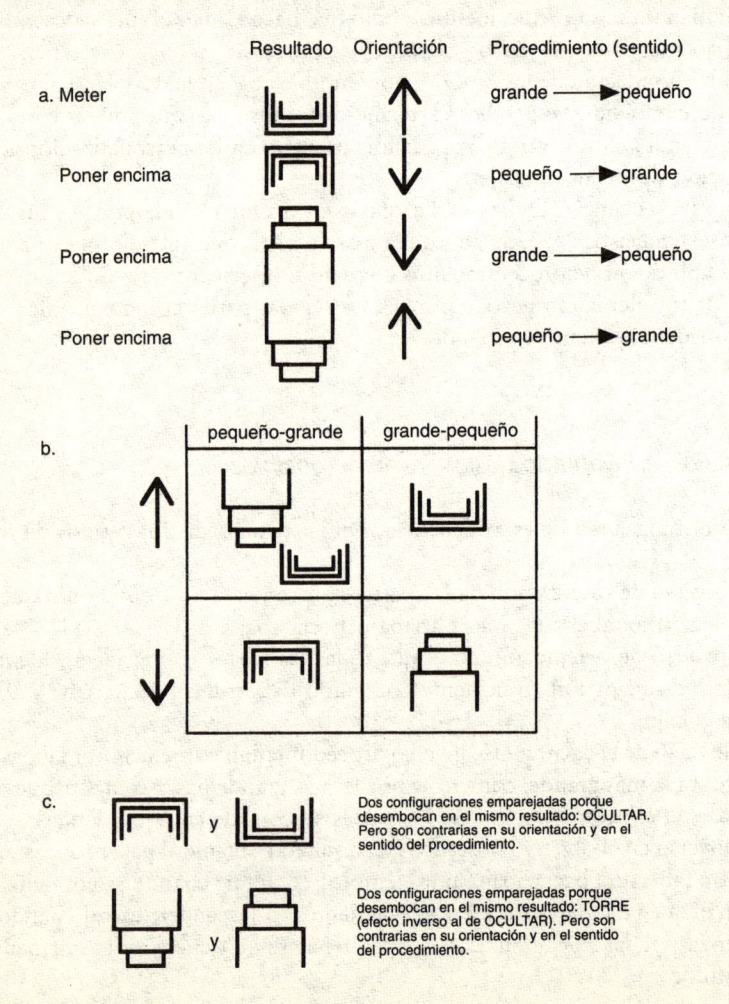

Figura 26

Se puede obtener, por tanto, un resultado idéntico (buscado o no, por control descendente o ascendente) con procedimientos y orientaciones inversos. También pueden obtenerse resultados diferentes (una vez [ocultar] y otra vez [torre]), manteniendo el mismo sentido del procedimiento pero variando la orientación; o bien manteniendo la orientación, pero variando el sentido del procedimiento. En ambos casos, siempre hay algo constante en un resultado diferente. Y hay que tener en cuenta un caso particular en el que se pueden obtener resultados diferentes con una misma orientación (abertura hacia arriba) y un mismo procedimiento (comenzar por la pequeña): incrustación o pirámide al revés. En el primer caso se pone por debajo; en el segundo, por encima.

Los elementos tratados son, por tanto, los siguientes:

—tipos de acción: meter, poner encima, poner debajo;
—sentido del procedimiento: comenzar por el pequeño o por el grande;
—orientación: abertura hacia arriba o hacia abajo;
—objetivo-resultado: ocultar o torre.

Esto se puede llevar a cabo con las bases o con las cabezas indistintamente, pero aquí interviene el problema del inverso con respecto a la posición natural de las bases y las cabezas.

Al comienzo de la secuencia 8, Didier deshace las cabezas poniéndolas en su posición natural (abertura hacia abajo), al igual que las bases (abertura hacia arriba). Pone la cabeza de 5 sobre la base de 4, la quita, la cabeza de 4 sobre la base de 3, la quita, la base de 3 boca abajo en la base de 4, la quita, la base de 3 boca abajo en 5, luego la base de 4 boca abajo encima de la base de 5 (oculta la base de 3) y pone la base de 3 boca abajo y la de 2 boca abajo por encima. Conserva el resultado intacto (torre) (fig. 23a).

Cuando surgió un problema en la secuencia 7, en la que Didier quería hacer lo mismo con las cabezas que con las bases (empleando el mismo procedimiento), pero conservando la posición natural de las cabezas, pudo conservar la información de que la configuración-resultado obtenida (la cabeza de 2 sobre la cabeza de 4) formaba una torre, en lugar de desaparecer como todo lo que había hecho antes. El problema, con respecto a su idea, produjo algo inesperado, que se conserva a causa de su carácter de sorpresa, de no conformidad con lo previsto, y que Didier quiere explorar. De ahí el proyecto que podría tener al principio de esta secuencia: hacer una torre.

Didier lo intenta primero con la cabeza de 5 sobre la base de 4 (la base de 4 desparece totalmente bajo la cabeza de 5). Puede que el estatus previamente adquirido de equivalencia entre las cabezas y las bases le lleve a emplear «una» cabeza con «una» base (cualquier parte); o que la muñeca entera con sus dos partes colocadas «naturalmente» siga constituyendo un referente muy poderoso. El resultado obtenido indica el comienzo de una torre. Didier no está satisfecho; trata de poner la cabeza de 4 sobre la base de 4, pero la quita inmediatamente, luego la base de 3 boca abajo: la base se halla en la posición de las cabezas. El resultado le parece más interesante, pero ahora es la base de 4 la que no es el «buen» elemento. Didier coloca la base de 3 boca abajo en la base de 5, la grande de la serie. Como 3 desaparece en su interior, la cambia por la base de 4, «la buena siguiente» de 5, y pone por encima toda la serie, todas boca abajo.

Secuencia 8'
Inverso procedimental e inverso figural: ¡sorpresa!

> *Tratando de hacer lo mismo con las cabezas, Didier invierte la cabeza de 5, la apoya contra la torre de las bases y mete en ella la cabeza de 4 boca abajo, la cabeza de 3 boca abajo y la de 2 boca abajo; separa 1 (obtiene una incrustación con la abertura hacia arriba).*

Didier, cuya acción es rápida y sin vacilaciones, trata de hacer lo mismo (resultado-torre y procedimiento) con las cabezas: coge la mayor invertida (con respecto a su posición natural) y pone las siguientes de la serie. El hecho de que Didier no controle su acción y de que no se sorprenda se explica por la certeza de lo que hace; el procedimiento está claro: coger la siguiente, ponerla al revés y meterla en la anterior. Sin embargo, obtiene un resultado contrario al que esperaba, pues las cabezas desaparecen en lugar de ir cobrando altura.

Para obtener el mismo resultado, la abertura tendría que haber estado hacia abajo, es decir, haber conservado la posición natural de las cabezas e invertir la de las bases. La invariante se halla en la posición de las partes, independientemente de su posición en la muñeca completa, en tanto que Didier ha mantenido invariable la posición con respecto a la muñeca completa: invertir cada parte.

En la secuencia 8, Didier tiene un nuevo proyecto (hacer una torre), que es posible debido al problema de la secuencia 7 y de la consideración de las partes como elementos con la misma función. Lo lleva a cabo construyendo de forma progresiva el procedimiento adecuado. En la secuencia 8', el mismo proyecto desencadena un procedimiento idéntico, pero el resultado no es igual. En la secuencia siguiente, vamos a ver que, siempre con el mismo proyecto (una torre con las cabezas), el procedimiento va a cambiar, aunque no voluntariamente, produciendo un cambio de objetivo.

Secuencia 8''
Deslizamiento del objetivo (torre-incrustación) a partir de una pareja bisagra

> *Inmediatamente después de incrustar las cabezas, Didier las saca con rapidez, pone la cabeza de 5 sobre la de 4 en posición natural, con la abertura hacia abajo (4 desaparece); la quita, pone la cabeza de 3 sobre la de 4 (torre); la quita, la cabeza de 4 sobre la de*

1 (desaparece); la quita, la cabeza de 3 sobre la de 1 (desaparece); añade la cabeza de 4 sobre la de 3 y la de 1 (desaparecen); queda la cabeza de 2, la añade por encima a las anteriores (torre); deshace todo inmediatamente. Después lo vuelve a hacer según el proyecto «ocultar» o «hacer desparecer»: la cabeza de 2 sobre la de 1, la de 3 por encima, la de 4 por encima, la de 5 por encima de todo (incrustación como en 8, pero con la abertura hacia abajo). Lo deshace y se detiene (fig. 23b).

La cabeza de 5 sobre la de 4 concuerda con el procedimiento de comenzar por las grandes, pero no se corresponde con el resultado esperado. Lo que forma una torre es la cabeza de 3 sobre la de 4. Esta pareja es un paso correcto hacia el resultado. Pero hay que continuar la serie, de ahí el interés por 1, que hay que volver a integrar (Didier la acababa de apartar en 8'). En la pareja cabeza de 3-cabeza de 4, la cabeza de 4 es la que va encima de 1 (la cabeza de 5 no se considera, ya que es la pareja cabeza de 3-cabeza de 4 la que se ha reconocido como «buena»). Sobre la cabeza de 4 deberían seguir las de 3 y 2. Pero la cabeza de 4 sobre la de 1 forma parte de un procedimiento ya empleado en la secuencia 6, que implica comenzar por la pequeña, y es un procedimiento que sirve para [ocultar] y que conduce a una incrustación, de ahí que devuelva a Didier a dicho objetivo. Habría, por tanto, un deslizamiento del objetivo (hacer subir-hacer desaparecer) debido a dos procedimientos que se superponen y que tienen una parte común: [la cabeza de 4 sobre 1] pertenece a dos procedimientos distintos.

Proyecto A (torre): procedimiento a, [comenzar por las grandes]. La cabeza de 5 sobre la de 4 (esto hace que desaparezca, por tanto, «mala pareja»). La cabeza de 3 sobre la cabeza de 4 (forma una torre, por tanto, «buena pareja») [hacer lo mismo con toda la serie], por tanto, reintegrar 1, por tanto, la cabeza de 4 en 1. Pero la cabeza de 4 en 1 forma parte asimismo del procedimiento a' [comenzar por las pequeñas], que se integra en el proyecto A' (incrustar, hacer desaparecer), de ahí el deslizamiento hacia el proyecto A' a partir de la manipulación de la cabeza de 4 en 1. Hay que observar que A y A' pertenecen al mismo espacio de trabajo, donde la posición se conserva (abertura hacia abajo, sin tener en cuenta la posición natural).

En el desencadenamiento del procedimiento [comenzar por las pequeñas], además del deslizamiento de la cabeza de 4 en 1, interviene igualmente un elemento que proviene de la pareja cabeza de 3-cabeza de 4. Esta pareja se halla en la mitad de la serie, y para continuar hay que coger las pequeñas. Además, el resultado cabeza de 3-cabeza de 4 indica que la más pequeña está arriba, y en el resultado de toda la serie (representada) también las pequeñas están las últimas. Por tanto, puede producirse una confusión entre lo que queda por hacer partiendo de cabeza de 3-cabeza de 4 y la necesidad de deshacer la pareja porque no es el comienzo de la serie.

Podría sorprendernos el hecho de que durante las tres partes de la secuencia 8 Didier lleve sus procedimientos hasta el final, aunque no coincidan con su proyecto de partida. Ciertamente no domina lo suficiente sus procedimientos, ni el universo de trabajo que está a punto de construir, para darse cuenta del momento exacto en que se produce el error (en cuyo caso, se detendría). Para percibir la dificultad en un momento determinado del procedimiento, con respecto a todos los datos presentados, hay que terminar el procedimiento comenzado: en cierto modo, reforzando el error podemos comprender mejor en qué consiste. Por otra parte, aunque la búsqueda del «error» no se halle claramente justificada en el caso de Didier, la presencia de elementos que se pueden integrar en una serie obliga a que la acción realizada con un elemento o una pareja se repita con todos los demás. Por último, en el intento de comprender el error, lo que implica retener la información de lo que se acaba de hacer, es mucho más fácil recordar un resultado (al que se asocia un procedimiento) que el procedimiento, la propia transformación; de ahí la necesidad de «ir hasta el final» para fijar mejor lo que se va a obtener.

Secuencia 9
Encajamiento VI, ilustración táctica para volverse a centrar

> *Didier deshace las bases, pone 1 sobre la base de 2, busca la cabeza de 2, cierra 2; mete 2 en 3, cierra, 3 en 4, cierra, 4 en 5. «¡Es fácil!» Luego saca todo.*

Al comienzo, Didier se halla visiblemente molesto. Sus manipulaciones son lentas, sea porque ha perdido la idea de la torre y la busca o porque no sabe muy bien qué hacer. El encajamiento es un modo de ganar seguridad y de poner un poco de orden en todos los elementos (objetos, procedimientos, objetivos y relaciones entre ellos), de tratar de dominarlos aunquen lleven hacia horizontes poco definidos.

Secuencia 10
Solución al problema
Búsqueda en 8: el inverso de las partes

En su respuesta al observador, que clarifica el campo con una pregunta indirecta sobre los inversos, Didier halla el procedimiento correspondiente a su proyecto [torre].

> *Didier acaba de desencajar las muñecas poniendo las cabezas a un lado y las bases al otro, en su posición natural. Observador: «¿Hay algún otro modo de meterlas todas en 5?». Didier coloca la base de 4 (con la abertura hacia arriba) sobre la base de 2 (ídem): forma una torre. Didier afirma «así no se puede», pone boca abajo la base de 5 y pone encima las bases de 4, 3 y 2 boca abajo (forma una torre con la abertura hacia abajo) (fig. 24).*

La manipulación de la base de 4 sobre la base de 2 tiene la función de responder a un interrogante. Significa que [la grande en la pequeña es imposible]. Al mismo tiempo, su resultado constituye un verdadero *insight*, que hace pasar a Didier del espacio de problema [encajamiento] al espacio [torre]. El hecho de que Didier construya la torre con tanta rapidez nos lleva a pensar que ha pasado algo importante que ha aclarado la situación. Esta clarificación podría proceder de la aproximación realizada por Didier entre el procedimiento de encajar (pequeña en grande) y el procedimiento inverso de la torre (grande sobre pequeña), conservando la posición. El vínculo entre ambos procedimientos aparecería de forma consciente por primera vez y se traduciría en el paso de un procedimiento de tipo reconocedor-efector a otro declarativo.

Hasta la secuencia 9, había para Didier dos tipos de «juegos»: encajar y trabajar con las partes. Ahora hay relación entre ambos y también entre los dos tipos contrarios de procedimientos. Este carácter de inversión entre ambos procedimientos, manteniendo constante la posición, es el que Didier conceptualiza y el que hace posible la clarificación de su espacio de problema. Puede incluso poner al revés la base de 5 y construir la torre poniendo por encima toda la serie de las bases en el orden correcto.

Inmediatamente después hace lo mismo con las cabezas: coloca la cabeza de 5 frente a él (posición de abertura hacia abajo, como las bases) y pone encima las cabezas de 4, 3 y 2.

Secuencia 11
Explicitación procedimental del nuevo modelo: los inversos

> *Didier resume y explicita el procedimiento de su nuevo modelo de los inversos: deshace las dos torres. Coloca delante de sí la base 5 boca abajo (abertura hacia abajo) y pone encima 1; después las cabezas de 2, 3 y 4 (fig. 25).*

Asocia las bases y las cabezas en una sola construcción, demostrando que trabaja con las partes funcionalmente equivalentes y que lleva a cabo una especie de síntesis de las manipulaciones y descubrimientos anteriores.

Como si quisiera controlar desde el punto de vista del procedimiento lo que acaba de comprender en la secuencia 10, Didier cambia de procedimiento: grande sobre pequeña en vez de pequeña sobre grande, conservando las posiciones. El procedimiento inverso y la invariabilidad de la posición implican un resultado contrario: [incrustación en que sólo se ve la última muñeca colocada], en lugar de una [torre]. Construye una torre con las bases restantes boca abajo, bases de 4, de 3 y de 2. De este modo resuelve en una sola construcción las bases y las cabezas, que era lo que intentaba conseguir desde la secuencia 7.

Evolución microgenética o paso del modelo 1 al modelo 2

El paso del modelo 1, el de encajar, al modelo 2, el de los inversos, puede resumirse de forma que se pongan de manifiesto los mecanismos esenciales que intervienen en cada secuencia.

Se trata, en primer lugar, de especificar el modelo 1 (encajamiento), compuesto, por una parte, por un mecanismo de ilustración (transformación del procedimiento aquí y ahora que corresponde a una representación ya presente, por control descendente), mecanismo en cuyo transcurso interviene una marca procedimental restrictiva —se permite un solo sentido— y compuesto, por otra parte, por un mecanismo de semantización (construcción de los significados basados en el resultado de la acción y en las propiedades de los objetos, por control ascendente), que se refiere a las muñecas distintas de los cubos-cubiletes (partes incrustables) debido al sentido obligatorio (secuencia 1).

Después asistimos a una nueva ilustración y a una semantización procedimental de los elementos en dos clases (sentido indiferente) (secuencia 2), seguidas de una tercera ilustración, de intención declarativa, y de una semantización del orden interno del encajamiento, con notación figural de la relación continente/contenido. La centración en 2, 3 y 4 indica la construcción de una serie minimal y prototípica (secuencia 2'). Interviene después una comprobación de los límites del modelo de encajar y de la apertura del modelo a través de la conceptualización de los dos sentidos inversos del procedimiento. El procedimiento de encajar se convierte en un instrumento para comprobar los inversos (secuencia 3). Tras una traducción procedimental del inverso conceptual (secuencia 4), se desarrolla una nueva ilustración del modelo restringido del encajamiento, así como una resemantización de las muñecas cerradas y abiertas (secuencia 5). Las dos secuencias siguientes marcan el final del primer ciclo de evolución del modelo del encajamiento, con la realización del proyecto inicial: «hacer lo contrario» (inverso procedimental) de encajar. Hay ilustración del modelo 1 modificado por el procedimiento contrario y semantización de las posiciones (naturales por oposición a cualquier otra) (secuencia 6); seguidamente hay una explicitación procedimental del sentido prohibido de la secuencia 1 y una clarificación de las propiedades comunes y diferentes entre las muñecas y los cubos-cubiletes (secuencia 7). En la secuencia 8 asistimos a una apertura hacia el objeto por comprobación de sus límites, de la precisión de los inversos de los procedimientos, de las posiciones y de los resultados. Esta apertura implica una nueva ilustración del modelo 1 del encajamiento, ilustración metodológica para volver a precisar el sentido natural del procedimiento y la semantización natural de las posiciones y de las partes (secuencia 9). Va seguida de una clarificación del espacio relacional del trabajo, que permite hallar la solución buscada desde la secuencia 8 (secuencia 10). Es el final del segundo ciclo, y el espacio de trabajo completo se resume y se ve superado por la ilustración del nuevo modelo de los inversos (modelo 2) (secuencia 1).

Explicitar la evolución microgenética en términos de la construcción de un modelo a partir de la especificación de otro modelo, en el marco de un cognitivismo constructivista, implica un procedimiento metodológico de análisis funcional de los datos, que se puede describir en diversos niveles. En el cuadro 1 se presenta un resumen que después se detallará para el caso de Didier.

(1) Constitución de los ÍNDICES pertinentes	(2) ANÁLISIS DE LOS PROCEDIMIENTOS de cada sujeto	(3) ANÁLISIS DE LOS MODELOS de cada sujeto	(4) Patrón de las REPRESENTACIONES del sujeto teórico para la situación x	(5) SUJETO EPISTÉMICO para la situación x
a) —desarrollo detallado de las acciones —verbalizaciones —mímica —gestos, etc. —velocidad de desarrollo	INTENCIONES del sujeto para cada acción: =lo que trata de hacer	MODELOS correspondientes a las intenciones (muchos posibles)	ANÁLISIS DE LA TAREA según encadenamiento de las representaciones del sujeto teórico	ESTRUCTURAS campo conceptual, conocimientos especificables en la situación
b)	Análisis descriptivo	Análisis de casos prototípicos	Análisis genético 1 modelo por edad	Análisis genético
c)	construcción de las SECUENCIAS = patrón teórico del encadenamiento medios-fines de cada sujeto en cada situación; lista de los cambios de procedimiento	construcción del encadenamiento de los MODELOS camino teórico de la solución; patrón teórico de las representaciones de cada sujeto; explicación de los cambios de procedimiento	MODELO teórico de la SITUACIÓN = modelo específico Explicación de los modelos concretos (significados y control)	límite de las estructuras y procedimientos posibles en cada edad; conocimientos esperados en los sujetos

El nivel 1) representa la constitución del protocolo para cada sujeto basándose en una grabación de vídeo. Los niveles 2) y 3) se elaboran basándose en los protocolos analizados de forma individual. Los niveles 4) y 5) forman parte de un análisis más general, que procede de los niveles anteriores, pero que sobrepasa las particularidades individuales y tiene en cuenta los aspectos funcionales y estructurales más destacados.

Cuadro 1: Nivel de inferencias de las representaciones cognitivas a partir de los indicios observables

En el caso de Didier, ésta es la especificación de los niveles de análisis 2 (procedimientos) y 3 (modelos), a los que cabe añadir un análisis en términos de mecanismos funcionales que permiten la explicación de la evolución del modelo, o su paso a otro modelo (cuadro 2).

PROCEDIMIENTOS	MODELOS	MECANISMOS
1. Didier abre las muñecas y las encaja por primera vez.	1. Encajamiento I (1ª especificación).	1. Deslizamiento, control.
2. Didier vuelve a encajarlas.	2. Encajamiento II (2ª especificación) y encajamiento III (explicitación del procedimiento).	2. Especificación (control).
3. Didier trata de hacer lo contrario, pero llega a un callejón sin salida.	3. Intento de conceptualización del inverso procedimental.	3. Control.
3'. Tras un episodio de distracción, Didier vuelve a su idea de contrario.	3'. Encajamiento IV... por defecto...	3'. Deslizamiento no dominado.
4. Didier ordena las grandes y las pequeñas y las permuta cruzando las manos.	4. División en dos grupos, inversión y serie.	4. Traducción intermodal.
5. «Puedes abrir.» Didier las encaja inmediatamente.	5. Encajamiento V (3ª especificación).	5. Metacontrol.
6. Didier encaja con alternancia derecho/revés.	6. Exploración del inverso de orientación.	6. Metacontrol, deslizamiento.
7. Incrustación de las partes convertidas en idénticas por su función continente/contenido.	7. Explicitación procedimental del sentido prohibido del encajamiento.	7. Deslizamiento dominado.
8. Didier hace una torre con las bases boca abajo.	8. Extensión y repertorio de los inversos posibles.	8. Deslizamiento dominado.
8' y 8''. Didier trata de hacer lo mismo con las otras partes (cabezas).	8'. Inverso procedimental e inverso figurado: sorpresa...	
	8''. Deslizamiento del objetivo: torre-incrustación.	8''. Metacontrol, 2x; deslizamiento.
9. Didier encaja toda la serie.	9. Encajamiento VI: especificación táctica para volverse a centrar.	9. Metacontrol (ilus. táctica).
10. Didier halla el procedimiento para invertir las partes: torre/bases, torre/cabezas.	10. Solución del problema buscada en 8.	10. Control, metacontrol.
11. Didier incrusta las cabezas al derecho en la base 5 invertida y hace una torre con el resto de las bases invertidas.	11. Explicitación procedimental del nuevo modelo: los inversos.	11. Especificación del nuevo modelo, control.

Cuadro 2: Análisis del protocolo de Didier; procedimientos, modelos y mecanismos cognitivos correspondientes, para cada secuencia

Los mecanismos retenidos pueden dividirse en tres grupos: los mecanismos de control, los mecanismos de metacontrol y los mecanismos de deslizamiento. Los primeros comprenden las reglas de control que guían el procedimiento y dan sentido a las representaciones al organizarlas en función del objetivo que hay que alcanzar. Los mecanismos de metacontrol, en el curso de la especificación de un modelo, originan procedimientos que no siempre forman parte del encadenamiento de las reglas de control. Son procedimientos para dar un rodeo que el sujeto lleva a cabo de forma intencionada y cuya función no es la de resolver de forma eficaz, sino la de hallar una dirección de solución, la de hallar las claves necesarias para elaborar procedimientos de solución. Los mecanismos de deslizamiento se caracterizan por una pérdida de control que se contempla como un paso no dominado (de ahí el término de deslizamiento) entre los dos tipos de guía, ascendente y descendente. Ésta es la lista de los mecanismos en las secuencias efectuadas por Didier:

1) mecanismos de control:

—especificación de un modelo mediante un procedimiento, apropiado o no; encadenamiento de las reglas de producción (control descendente);
—acción sobre el objeto con un objetivo distinto al de la especificación, mediante el desarrollo de un procedimiento construido (control ascendente), pero sin que se trate de una interrogación sistemática sobre el objeto. La mayor parte de los deslizamientos se deben a un paso no dominado entre los controles ascendente y descendente;
—paso de lo implícito a lo explícito en la modalidad procedimental (volver a hacer una acción), cuando se lleva a cabo para comprender o para buscar una vía, no con el objetivo de demostrar (en cuyo caso forma parte de los mecanismos de metacontrol, secuencias 3 y 10);
—formación de un «buen objeto» u objeto prototípico, con el que actuar y reflexionar, ya que representa una de las claves de la solución. El trabajo explícitamente declarado sobre este tipo de objeto depende del metacontrol.

2) mecanismos de metacontrol:

—rehacer un procedimiento conocido que ha tenido éxito, aunque sea parcialmente. Es lo que se hace al hallarse en un callejón sin salida (secuencia 5) y no saber qué hacer; o cuando la resistencia del objeto es demasiado fuerte (características del objeto que no se dominan) (secuencia 9). El procedimiento conocido se lleva a cabo no por incapacidad de hacer algo distinto, sino para volver a poner las cosas en su sitio, para volver a precisar el sentido del éxito;
—interrogar de forma más o menos sistemática al objeto, adoptar voluntariamente una actitud abierta actuando sobre el objeto para «hacerlo hablar», no para transformarlo. Es como si la acción estuviera guiada por lo real, en busca de propiedades y relaciones no contempladas hasta entonces (por ejemplo, poner 1 boca abajo en la secuencia 6);
—rehacer un procedimiento erróneo, ampliándolo, exagerándolo, para identificar el problema (secuencia 8");
—fijar, conservar un procedimiento por su resultado figural, más simple que conservar lo siguiente al propio procedimiento. Esto es así en el caso en que el sujeto elige esta modalidad o cuando la situación se desarrolla fundamentalmente en la misma modalidad (secuencia 8'");
—efectuar «acciones-truco» para resolver un conflicto, para que la coherencia de un procedimiento se respete cuando se llega a un resultado no deseado (por ejemplo, separar la muñeca 5 en la secuencia 4 porque molesta);
—paso de lo implícito a lo explícito declarativo, pero asimismo figural (esquemas, por ejemplo) y procedimental cuando esta modalidad sirve de demostración (secuencias 3 y 10).

3) mecanismos de deslizamiento:

—en el curso del proceso descendente, cuando el modelo es demasiado vago para guiar el procedimiento y desarrollarlo hasta el final, la estructura de lo real es la que orienta el procedimiento en un sentido determinado (*push-down* y *pop-up* de las secuencias 1 y 3') El sujeto obtiene un resultado inesperado, sin poder explicitarlo de forma verbal ni volver a hacer lo que acaba de hacer (alternancia en la secuencia 6);
—el caso es el mismo que el anterior, pero el sujeto hace explícito lo que ha hecho, lo que le permite iniciar un nuevo proceso (efectos del problema de la secuencia 7 y desarrollo hacia la 8 y siguientes);
—uno de los eslabones del procedimiento, o uno de los aspectos de su resultado, puede llevar a un callejón sin salida, a una encrucijada que pertenezca al mismo tiempo a dos procedimientos o a dos resultados. El sujeto se desliza de uno a otro (secuencia 10 en la que una manipulación correspondiente a un resultado A devuelve al procedimiento a' y a un proyecto A'; y la secuencia 8'', que se inicia con un proyecto A y el procedimiento a, en la que después hay correspondencia a-a' en el procedimiento y deslizamiento del proyecto A-A');
—un deslizamiento, aunque no se controle, puede dar lugar a un deslizamiento dominado, si el sujeto aprovecha el resultado inesperado y lo explota con fines de superación. Por ejemplo, el problema de la secuencia 7 y los desarrollos de las secuencias 8. El carácter imprevisto puede, por tanto, en el caso en que la especificación en curso esté muy avanzada, dar lugar a una nueva exploración del objeto. En el caso en que la especificación se halle aún en plena elaboración, el resultado inesperado puede, al contrario, tener efectos desestabilizadores (secuencia 8'''); de ahí la necesidad de una reespecificación del procedimiento conocido, con carácter táctico, para volver a centrar el problema y volver a semantizar los objetos del marco conocido (dominado).

En conclusión, el análisis de un caso prototípico, en el caso particular aquí estudiado, sugiere al menos tres interrogantes sobre el problema de la construcción por parte del sujeto del modelo específico de la situación:

1) Su desarrollo en dos fases centrales, una fase de especificación constructiva (secuencias 1 a 5) y una fase de apertura que desemboca en la formación de un nuevo modelo (secuencia 6 —bisagra— y secuencias de 7 a 11), ¿es típico de toda construcción microgenética o hay que contemplar una alternancia más amplia, que en una fase de apertura ascendente podría preceder a la fase de especificación descendente?
2) ¿Está la fase de especificación descendente relacionada con mecanismos de control y de deslizamiento no dominados, en tanto que la fase de apertura hacia el objeto correspondería a mecanismos de metacontrol y de deslizamiento dominados; o hay que pensar que dichos mecanismos (a pesar de que su distinción sea

pertinente) son independientes de una u otra orientación y que intervienen según el grado de dominio de la situación?
3) ¿Hay que considerar los elementos que forman el modelo como informaciones directamente extraídas de las acciones, de los objetos y de sus relaciones, o hay que comprenderlos como significados que el sujeto construye y que también se refieren a sus propias representaciones, al resultado de sus acciones, a los objetos y a sus relaciones, significados que se transforman en el curso de la microgénesis, por una parte, en función de su integración en la solución y, por otra, en función de la modalidad de representación que los especifica?

El análisis de casos prototípicos, como el que hemos llevado a cabo en varias etapas, es un material privilegiado a partir del cual construimos las unidades conceptuales que constituyen una teoría y las hipótesis sobre sus relaciones. Por otra parte, al aplicarse al estudio de modelos en construcción microgenética, proporciona una explicación funcional del papel de los conflictos y contradicciones aparentes, cuya importancia ya ha revelado el análisis estructural de los conocimientos, pero sin poder desmontar con profundidad los mecanismos constitutivos.

6. Reconstruir la misma cantidad en otro lugar: ¿cómo proceden los niños pequeños?*

POR EDITH ACKERMANN

La inteligencia no reside tanto en lo que sabemos o en lo que sabemos hacer, como en lo que somos capaces de inventar, o de construir, para ayudarnos a alcanzar unos objetivos demasiado difíciles para nuestras capacidades actuales (véanse capítulo 2, investigaciones 7, 11 y 12).

La experiencia descrita en este capítulo examina, en el campo del número, cómo los niños pequeños aprovechan sus conocimientos, siempre demasiado limitados, para dominar un grado de complejidad que les sobrepasa. La investigación se inscribe dentro de un conjunto de trabajos sobre la psicogénesis de los medios de cuantificación (Piaget y Szeminska, 1941; Gelman y Gallistel, 1978; Steffe, von Glasersfeld, Richard y Cobb, 1983; Baroody, 1991). Trata de la construcción a distancia de colecciones numéricamente equivalentes, realizadas por niños entre cuatro y siete años.

Hemos dirigido nuestra atención hacia los procedimientos elementales de cuantificación en diversas tareas de producción y evaluación de equivalencias numéricas. El análisis de los resultados está centrado en los medios, numéricos y no numéricos, que construyen los sujetos cuando la distancia entre las entidades que hay que comparar no permite recurrir a una puesta en correspondencia término a término (Fuson, 1991) y cuando, además, el número de elementos de cada colección es superior a seis, lo que hace imposible una percepción directa de la suma (Von Glasersfeld, 1982).

Problemática

La medida es el instrumento por excelencia para evaluar cantidades continuas tales como longitudes, superficies o volúmenes. Igualmente, la acción de contar

---

* Trad. cast. de Montserrat Moreno Marimón.

puede considerarse como un precioso instrumento para la evaluación de cantidades discretas o colecciones de objetos. Tanto el recurso a la medida como a la acción de contar se convierten en necesidades imperiosas cuando las cantidades que hay que comparar están separadas en el espacio, o se presentan sucesivamente en el tiempo, haciendo imposible la comparación perceptiva y la correspondencia término a término. Cuando dos objetos o colecciones se presentan sucesivamente o separados espacialmente, el niño no puede colocar lado a lado los términos que hay que comparar. Debe salvar la distancia que los separa construyendo un término intermedio y ese término intermedio debe conservarse durante el desplazamiento.

El objetivo de la presente investigación es estudiar cómo los niños pequeños que no tienen necesariamente la conservación del número, pero que saben «contar» enumerando la lista de las palabras que designan los números, se organizan para reconstruir a distancia colecciones de objetos numéricamente equivalentes. Nos interrogamos sobre qué tipo de términos intermedios construyen los sujetos de corta edad. Nos preguntamos si generalmente privilegian la acción de contar o si la combinan con otros procedimientos no numéricos para establecer equivalencias. Nos interesamos por el papel de los procedimientos no numéricos en la génesis de las cuantificaciones.

Nuestra hipótesis es que el niño pequeño no recurre exclusivamente a la acción de contar para establecer equivalencias, sino que puede reconstruir adecuadamente una colección numéricamente equivalente (que comprenda entre 9 y 24 elementos) sin llegar jamás a calcular la suma total de los elementos en juego.

A través del análisis de los procedimientos utilizados, esperamos proporcionar un inventario de lo que se podría llamar «protocuantificadores», anteriores o asociados a la acción de contar. Estos protocuantificadores son procedimientos mixtos en la medida en que hacen intervenir elementos espaciales y/o temporales. Queremos comprender mejor cómo se articulan estos elementos con conocimientos numéricos precoces tales como el manejo de pequeñas cantidades (Von Glasersfeld, 1982), y cómo contribuyen a la construcción progresiva de procedimientos propiamente numéricos.

Marco en el que se sitúa la investigación

Los trabajos básicos sobre *La génesis del número*, emprendidos por la Escuela de Ginebra (Piaget y Szeminska, 1941), cargaban esencialmente el acento sobre la manera como el niño se desprende progresivamente del carácter contextual de las actividades elementales que anuncian la clasificación, la seriación y el número —en particular su arraigo espacio-temporal. Más recientemente, varios autores se han interesado en el estudio del papel motor de este arraigo espacio-temporal en la construcción de las representaciones numéricas elementales (Von Glasersfeld, 1982; Bideaud, Meljak Fisher, 1991; Droz 1981, 1991; Steffe, Von Glasersfeld, Richard y Cobb, 1983). El principio del capítulo 2 es instructivo respecto a esto. Robert, Cellérier y Sinclair (capítulo 2, investigación 1), al observar las actividades espontáneas del sujeto Katia (cuatro años), mencionan que han podido asistir a una verdadera realización psicológica de la construcción del número, a partir de actividades que consisten en ordenar y reagrupar objetos según configuraciones espaciales.

Si bien es verdad que el contar tiene como función última despojar a los elementos de sus diferencias, también lo es que antes ha sido necesario constituir sus diferencias cualitativas.

Las investigaciones de la Escuela de Ginebra sobre la génesis de la medida (Piaget, Inhelder y Szeminska, 1948; véase también Piaget, Ackermann y Noschis, 1983) muestran, por su parte, que la construcción de un término intermedio o unidad de medida encierra dificultades. El niño debe detectar primero en un conjunto de partida las propiedades y relaciones que hay que comparar. A continuación debe fijar estas propiedades y relaciones transcribiéndolas en un soporte real o simbólico y transportarlas hacia el conjunto de llegada, conservándolas sin cambiar durante el transporte. En otros términos, el niño debe construir un intermediario cuya función es la de informar a cada conjunto de las propiedades del otro.

Las investigaciones sobre la conservación y la medida de las longitudes (Piaget, Inhelder y Szeminska, 1948, capítulo 2) indican que, en el curso de la ontogénesis, los niños empiezan construyendo réplicas de cada segmento que quieren medir y luego las comparan unas con otras. Más adelante, es suficiente un solo intermediario, que debe ser igual, por lo menos, a uno de los segmentos que hay que comparar. Si es más grande, el niño señala la longitud del segmento 1, transporta el patrón a 2 y compara el segmento 2 con la longitud transportada. Hasta alrededor de los nueve años no consiguen construir un patrón más pequeño que los elementos que hay que comparar (unidad de medida) y transportarlo, tantas veces como sea necesario, sobre cada segmento.

Es conveniente señalar que la construcción de este término intermedio es requerida tanto en las tareas de evaluación como en las de construcción de cantidades discretas o continuas. En todos los casos, el niño debe reducir la distancia que separa dos colecciones fabricando un tercer elemento que permita la comparación. Podría decirse que el niño debe tomar nota —mentalmente o sobre el papel— de aquello que necesita y que debe llevar consigo sus anotaciones y volver a utilizarlas como instrumento para la reconstrucción. Sinclair, Bamberger, Ferreiro, Frey-Streiff y Sinclair (1988) proporcionan un estudio exhaustivo de la construcción y de la utilización de sistemas de notación en la infancia.

Apoyándonos en el conjunto de estos trabajos sobre la génesis del número y de la medida, así como en nuestras propias investigaciones sobre la medida (Piaget, Ackermann, Noschis, 1983), hemos emprendido el estudio de la utilización instrumental del espacio, del ritmo y del conocimiento de cantidades pequeñas en la construcción de cuantificadores numéricos. Nuestra finalidad es solicitar la utilización de estos procedimientos, analizarlos y discutir su papel en la construcción de medios para contar propiamente dichos.

Situación experimental

El experimentador presenta a 25 niños, de cuatro a siete años, diversas colecciones de objetos cuyos elementos (cubos o fichas) están colocados formando configuraciones espaciales más o menos bien estructuradas (fig. 27):

a) un conjunto de cubos de madera idénticos (de 2×2×2 cm) colocados en líneas y en columnas de uno o dos pisos;
b) un conjunto de 12 a 15 fichas de GO colocadas al azar en un cesto plano. En el caso de las colecciones de tipo b, el experimentador proporciona, además, al niño una plancha de «Lego» sobre la cual puede recolocar, si lo desea, la colección de partida. La función de la plancha de «Lego» es la de impedir que las fichas rueden y consecuentemente la de fijar la disposición elegida por los niños.

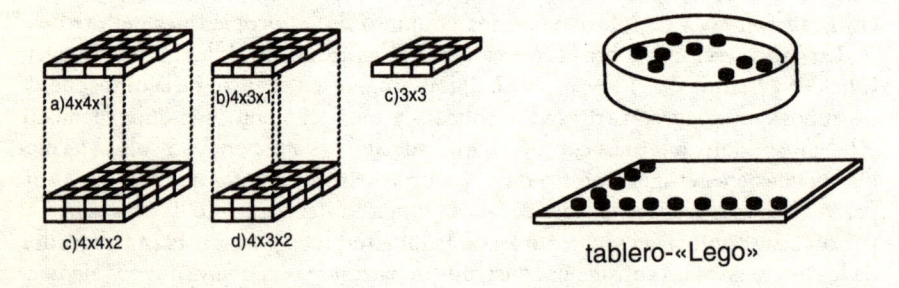

Figura 27: a) colecciones «estructuradas», b) colecciones «no estructuradas»

Se presentan sucesivamente las colecciones en el orden a (1a, 1b, 1c, 1d, 1e) y b. El ítem 1º (3×3×1) sólo se propone a los niños más pequeños.
La consigna que se propone a cada niño es la siguiente:
«Mira cuántos cubos (o fichas) hay en este montón e intenta acordarte bien, porque deberás reconstruir a continuación exactamente la misma cantidad (de cubos o fichas) en otro lugar, sin mirar el modelo».
Se invita al niño a tomar notas mientras establece la cantidad de elementos de la colección de partida:
«Puedes utilizar papel y lápiz para anotar cuántos hay. Si lo prefieres, también puedes deshacer el montón tal como está y colocar los cubos (o fichas) de manera diferente. Lo esencial es que te acuerdes bien de cuántos hay para que puedas, a continuación, rehacer la misma cantidad en otro lugar, cuando yo esconda el modelo».
Cuando el niño indica que está preparado para proceder a la reconstrucción, el experimentador oculta la colección de partida con una pantalla e invita al niño a situarse al otro lado de la mesa. Allí se ha colocado, en desorden, una gran reserva de elementos que puede utilizar como le plazca para reconstruir la colección final.

El experimentador toma nota de los medios utilizados para la reconstrucción. Cuando la colección final está reconstruida, se pide al niño que precise si, en su opinión, el número de elementos de la colección final es igual al de la colección de partida y, de ser así, que explique las razones de su apreciación. Cuando el niño considera que el resultado no es igual, le invitamos a realizar correcciones.

Análisis de la tarea

Para resolver la tarea son necesarias varias etapas.

Etapa 1: segmentación de la colección de partida en unidades pertinentes. El niño debe seleccionar, en la colección de partida, un conjunto de propiedades y relaciones consideradas pertinentes para la reconstrucción, y reagruparlas en unidades o configuraciones significativas.

Etapa 2: transposición de la segmentación al plano simbólico. El niño debe «fijar» la división efectuada en vistas a la reconstrucción. Para lo cual debe conservar la configuración establecida previamente y utilizarla como un término intermedio, sustituto de la colección de partida, que servirá de instrumento para la reconstrucción. Este término intermedio puede representarse mentalmente o inscribirse en un soporte externo. En ambos casos debe permanecer invariable mientras dura el transporte.

Etapa 3: utilización del término intermedio como instrumento para la reconstrucción. Para construir la colección de llegada, el niño debe utilizar el término intermedio que acaba de construir. Este último pasa de ser una simple representación de la colección de partida a convertirse en un instrumento de planificación para la acción. Para tener éxito en la tarea, el niño debe «devanar» el procedimiento que acaba de «fijar» en la fase anterior.

Recogida y tratamiento de datos

El conjunto de las acciones, comentarios y notas de los 25 niños interrogados se filmaron en vídeo y transcribieron en forma de protocolos escritos. En el análisis de los protocolos nos centramos en los tipos de segmentaciones realizadas por cada niño, así como en la manera como esta segmentación es fijada y utilizada como idea rectora en la reconstrucción. Comparamos los modos utilizados para segmentar la colección de partida con los utilizados en la reconstrucción. En cada caso intentamos responder a las siguientes preguntas.

1. ¿Qué información extrae el sujeto de la colección de partida?
2. ¿Qué medio utiliza para fijar esta información: reordenación de los elementos en la colección de partida, anotación en un papel, otros medios?
3. ¿Qué papel representa la segmentación inicial en la dirección de la acción en el momento de la reconstrucción?

Tipología de las segmentaciones de la colección de partida

La segmentación en la colección de partida puede efectuarse de diversas maneras. Hemos agrupado nuestros resultados en tres categorías: reordenamiento efectivo de la colección de partida, reagrupamiento de elementos en la colección de partida (por señalamiento o etiquetado verbal), construcción de esquemas.

Para no perder de vista la coherencia de las conductas de un sujeto a través de las diferentes fases de la resolución, hemos elegido presentar *dentro de cada una de las categorías,* la forma como los sujetos segmentan la colección inicial y de qué manera estas segmentaciones se reutilizan como clave para la reconstrucción.

Reordenación de la colección inicial

Los niños que deshacen la colección inicial lo hacen por dos razones muy distintas. La primera, encontrada en muchos niños de cuatro a cinco años, consiste en reordenar la colección inicial dándole una configuración más familiar que facilite la reconstrucción. La segunda razón, más frecuente en los niños de seis a siete años, consiste en contar los elementos de la colección de partida tomándolos uno a uno y amontonándolos en otra parte. El reordenamiento aquí no es una finalidad en sí. Ocurre más bien que el propio procedimiento de contar por eliminación tiene como efecto la destrucción de la colección inicial.

a) Construcción de una configuración familiar

Ejemplo 1: Dan (4;2) destruye la colección inicial (3×4×1) y la transforma en una flor. La flor está compuesta de un círculo de 8 cubos rodeando un cuadrado de 4 elementos (fig. 28a).

Ejemplo 2: Oli (4;6) transforma la colección inicial (3×4×1) en dos hileras de cubos (fig. 28b).

Ejemplo 3: Chris (7;2) deshace la colección (3×4×1) y construye una escalera de 4 peldaños, con 4 columnas adyacentes que comprenden respectivamente 1,2,3,4 elementos, con 2 elementos sobrantes (fig. 28c). A continuación, Chris deshace sistemáticamente todos los conjuntos que se le presentan, incluso los de fichas, para transformarlos en esta misma configuración tipo escalera que se convierte en una verdadera unidad de cuantificación.

Ejemplo 4: Ana (4;4) y San (6;8) vierten las 12 fichas de la cesta y las colocan en hilera de dos en dos (2×6) sobre la plancha «Lego». Es conveniente destacar que en el caso de las fichas (colección no estructurada), resulta particularmente adecuado reordenar la configuración inicial en otra más estructurada. La «columna dos por dos» parece la solución preferida por muchos sujetos aunque en realidad no facilite particularmente la acción de contar.

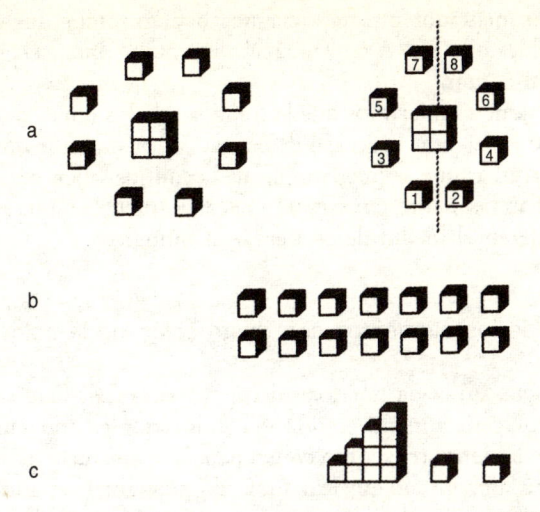

Figura 28: Reordenamiento de la colección inicial. a) Flor (Dan, 4;2); b) Hileras (Oli 4;6); c) Escaleras (Chris, 7;2).

En todos los ejemplos mencionados, la secuencia de ejecución seguida para el reordenamiento se conserva estrictamente cuando se reconstruye la colección final. De aquí concluimos que la forma misma de construcción de la figura familiar, al igual que la configuración resultante, se utiliza como clave para la reconstrucción. El ejemplo 1 es particularmente expresivo en este sentido. Dan (4;5 años) construye su flor en diferentes etapas. Empieza construyendo un círculo compuesto de 7 elementos y coloca en su centro un pequeño «núcleo» de 4 elementos. Al ver que todavía le queda un cubo por colocar, separa su círculo para integrarlo. Cuando todos los elementos están más o menos colocados, reorganiza la configuración desplazando ligeramente los elementos del círculo, simétricamente, de dos en dos, ayudándose con las dos manos (fig. 28a): coloca primero 1 y 2, uno al lado del otro debajo del círculo, después 3 y 4, respectivamente a la izquierda y a la derecha, encima de 1 y 2, después 5 y 6 encima de 3 y 4, y finalmente 7 y 8 arriba, uno al lado del otro.

Este procedimiento se volverá a utilizar tal cual en la reconstrucción final.

Todos los niños de este grupo, menos Oli (4;6), reconstruyen colecciones perfectamente equivalentes en número. Se puede decir que conservan la cantidad a través de la forma. Se trata de saber si los niños son conscientes de esta conservación numérica a través de la forma. Cuando el experimentador pregunta si hay la misma cantidad en los dos y por qué, Dan (4;2) responde: «Sí, porque he hecho la misma flor», y Oli (4;6) (que en realidad se ha equivocado porque ha reconstruido una hilera de 2×8 en lugar de 2×7): «Sí, porque los he puesto en hilera». Nunca hacen referencia al número total de elementos. Cuando, al final de la sesión, el experimentador insiste: «¿cuántos hay en total?», los niños dicen, sorprendidos: «¡oh!, no lo sé». A continuación intentan contar. Dan (4;2) y Oli (4;6) se equivocan al contar.

De estas conductas inferimos que la finalidad de los niños, al ordenar la colección inicial, no es facilitar la acción de contar, sino construir una «buena forma» o una forma familiar que se pueda replicar. Los niños saben que si producen una forma y la copian fielmente, conservarán necesariamente el número. Copiar la forma se convierte en el medio de conservar el número.

b) Recuento de los elementos con destrucción de la colección inicial

Esta conducta, utilizada por los sujetos mayores (seis-siete años), consiste en contar los cubos, generalmente en voz alta, colocándolos uno a uno en otro montón. Este procedimiento trae como consecuencia la destrucción de la colección de partida. Contrariamente a lo que le ocurría al grupo anterior, estos niños solamente retienen el número total de elementos para la reconstrucción. Este número, o bien se escribe en la hoja de papel o bien se «fija» mentalmente. En general, las reconstrucciones no reproducen las configuraciones iniciales. Únicamente se conserva la equivalencia numérica. Para estos sujetos, la cantidad está claramente diferenciada de la configuración, en contra de lo que ocurría, como hemos visto, en el grupo anterior.

Reagrupamiento de elementos en la colección inicial

Los niños de este grupo no toman notas ni tampoco cuentan los elementos para retener la cantidad. Sin embargo, proporcionan descripciones verbales y/o realizan acciones a través de las cuales fijan ciertas propiedades de la colección de partida. Estas «propiedades en palabras» o «en acciones», serán la clave para la reconstrucción.

a) Reagrupamiento mediante señalamiento o barrido de líneas y/o de columnas

Aquí el señalamiento, efectuado directamente en la colección de partida, cumple la función de describir. Puede efectuarse de dos maneras: barriendo con el dedo las líneas y/o las columnas, o señalando los elementos dentro de una línea o columna. En ambos casos, los niños acompañan sus gestos con comentarios.

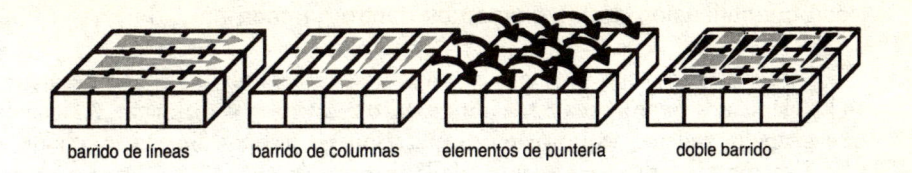

barrido de líneas   barrido de columnas   elementos de puntería   doble barrido

Figura 29: Reagrupamiento de elementos en la colección inicial o «señalamiento en el territorio».

Ejemplo 1: Cat (5;9) (4×3×1) barre sucesivamente las 4 columnas de izquierda a derecha comentando sobre la marcha: «hay 3... 3... 3... y 3».
Ejemplo 2: Gae (6;3) (4×3×1) barre sucesivamente las 4 columnas comentando «están de pie».
Ejemplo 3: Phil (5;7), Nat (6;3) y Enz (7;6) (4×3×1) señalan sucesivamente los elementos en cada una de las tres líneas, de izquierda a derecha, comentando simultáneamente: « 1, 2, 3, 4»... «1, 2, 3, 4»... «1, 2, 3, 4». Tanto la expresión verbal como el señalamiento tienen mucho ritmo.
Ejemplo 4: Ant (5;4) y Dav (6;2) (3×4×1) barren primero las líneas y después las columnas como intentando retener la estructura por medio del gesto.

Los niños de este grupo no hacen ninguna mención del número total de elementos de la colección de partida. El cuadriculado-en-acción, acompañado o no de enumeraciones parciales, sirve de clave para la reconstrucción. La mayoría de las reconstrucciones son correctas, lo que implica que el número de barridos efectuados (3 o 4), así como el número de elementos por barrido (3 o 4) son de hecho retenidos, aunque permanezcan implícitos. Los niños cuantifican los subgrupos de elementos a los que hacen referencia por medio del gesto.

En el momento de la reconstrucción sólo un sujeto, Enz (7;6), cuenta una columna tras otra «1, 2, 3 — 4, 5, 6 — 7, 8, 9 — 10, 11, 12». Cuando ha terminado la reconstrucción, Enz declara espontáneamente: «¡Hay doce en total!». En este caso el niño no ha utilizado el número total como idea rectora de la reconstrucción. Sin embargo, la ha descubierto por el camino y la utiliza como justificación de obtener el resultado. Los demás niños justifican la equivalencia sin hacer referencia al número total. Cat (5;9) dice: «He contado, hay 4 y 3», Gae (6;3): «Había 4 líneas y había 1-2-3-4 por línea», Ant (5;4): «Yo he hecho así (cuatro gestos verticales) y luego así (tres gestos horizontales)» y Dav (6;2): «Ya he visto, hace así, así, así (tres gestos horizontales), y en el otro sentido, así, así, así, así, (cuatro gestos verticales), habría que poner uno al lado del otro y se vería».

b) Segmentación verbal de la colección inicial en unidades significativas con cuantificación de los elementos dentro de cada unidad

Los niños de este grupo describen con palabras la colección de partida. Reagrupan los elementos en ordenaciones significativas que articulan verbalmente. Al igual que el grupo precedente, acompañan las explicaciones con gestos. Sin embargo, aquí, la localización no figura en el centro de la descripción (fig. 30).

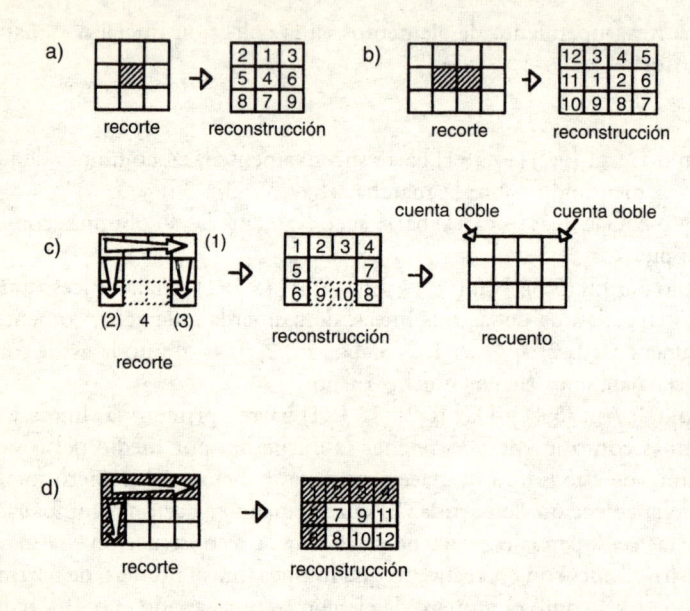

Figura 30: Recorte verbal de la colección inicial. a) Oli (4;6); b) Steph (6;4); c) Chris (7;2); d) Pat (7;3)

Ejemplo 1: Oli (4;6) segmenta la colección inicial (3×3×1) diciendo: «¡Ah sí!, hay que poner uno en medio» (señala el centro del cuadrado). Igualmente, Steph (6;4) describe la colección 3×4×1 refiriéndose al centro: «Hay dos en el centro (señala los dos elementos centrales) y después lo rodeo» (fig. 30a).

En el momento de la reconstrucción, Oli sigue una línea tras otra, colocando cada vez el elemento central y rodeándolo después. La idea «colocar en el centro» parece implementarse de manera diferente en la reconstrucción y en la segmentación inicial. Para Steph (fig. 30b), la idea del «centro de dos» regirá la reconstrucción: el niño coloca primero 2 elementos uno al lado del otro y luego los rodea (con un cuadrado).

Ejemplo 2: Cat (5;9) describe el modelo 4×4×1 canturreando: «Y yo veo 4... y yo veo 4... y yo veo 4... y todavía 4». La acentuación de las palabras por medio del ritmo es muy marcada. Mientras habla, esboza un ligero gesto de barrido de las columnas con la mano derecha.

En la situación estructurada (fichas), Cat acentúa aún más su estrategia cantando: «Y hay 2, y hay 5, y hay 3, y hay 2».

El gesto no cumple aquí la función de señalar, sino que se utiliza para marcar el ritmo de la canción. Ya no hace referencia a los elementos de la colección. Cat utilizará la cancioncilla misma como guía para la reconstrucción.

Ejemplo 3: Chris (7;2) describe (3×4×1) y (4×4×1) bajo la forma de arcos. Para (3×4×1) dice: «Hay 4 (barre la línea superior), 3 (barre la columna exterior izquierda), 3 (barre la columna exterior derecha) y 2 (señala dos cubos situados en el centro de la línea inferior)». No señala los dos elementos que constituyen el núcleo de la figura (fig. 30c).

En la reconstrucción Chris reproduce el orden adoptado en la descripción. Coloca primero la línea superior, después añade dos veces dos cubos en cada extremidad. Lo llena a continuación para hacer un rectángulo (3×4). Cuando se le pregunta cuántos hay en total, dice: «Me acordé dentro de mi cabeza 4, 3, 3 y en medio 2». ¿Y en total? El niño suma 4+3+3+2 (=12), y dice «12».

Ejemplo 4: Pat (7;7) describe la colección (3×4×1) refiriéndose al número de elementos por línea y por columna: «Hay 3 (barre la primera columna de la izquierda) y 4 (barre la línea superior)» (fig. 30d). En la reconstrucción formula así su plan: «Voy a hacer 3 líneas de 4».

Lo que hace efectivamente Pat es reconstruir primero una «esquina» (dos bordes adyacentes 3 y 4) y después rellena, columna a columna, la zona rectangular así delimitada.

Al igual que el grupo precedente, no se hace ninguna mención espontánea al número total de elementos. Las construcciones son generalmente correctas y los niños están convencidos de ello. Los argumentos que dan para justificar la igualdad son: Steph (6;4), (4×4×1): «He cogido un cuadrado (2×2 elementos del centro) y después he puesto alrededor», (4×3×1): «yo sabía la forma».

Pat (7;7), (4×4×1): «Hay lo mismo. Lo sé porque hay 4 y 4», (3×4×1) «lo sé porque hay 3 y 4», (3×4×2): «He mirado y me he acordado en mi cabeza, y si se ponen juntos, se ve». A la pregunta del experimentador: «¿Cuántos hay en total?», Pat responde: (3×4×1) «No lo sé, sólo he contado los bordes». Cuando el experimentador insiste: «¿Se puede saber?», Pat cuenta el total y dice «12» (+) «no lo sé, no quiero contar porque hay unos que están escondidos». En el modelo de dos pisos, Pat insiste: «No sé cuántos hay. No quiero contar porque hay unos escondidos». A la niña no se le ocurre simplemente duplicar la cantidad 12 (de 3×4×1).

Construcción de esquemas o de sistemas de notación

Para fijar sus descripciones de la colección inicial, algunos niños prefieren anotarlas en una hoja de papel. Hemos repartido los resultados en tres grupos, según la naturaleza de las anotaciones efectuadas:

a) Esquema-trazo

Esta conducta, encontrada solamente en un sujeto, Ger (5;5), consiste en dibujar en una hoja de papel el contorno inferior de la configuración inicial. El procedimiento utilizado en este caso particular es extremadamente laborioso, ya que el niño toma un cubo, lo coloca sobre la hoja de papel, dibuja el contorno, desplaza a continuación el mismo cubo hasta la posición 2, dibuja el trazo y así una y otra vez hasta reproducir la colección inicial.

La ventaja de este esquema-trazo, o patrón de tamaño natural, es que, una vez construido, sirve directamente de base para la reconstrucción. El niño solamente tiene que rellenar las casillas una a una. Ger tematiza esta ventaja diciendo: «Lo he hecho porque sabía que después no tenía más que construir encima. Puedo volver a hacer el otro sobre mi dibujo». En este caso, el trazo de los cubos sobre la hoja sirve de clave para la reconstrucción. Cuando se presenta el modelo (3×4×2) a Ger, reconoce inmediatamente que «es lo mismo pero con dos pisos. Puedo volverlo a hacer en mi dibujo». A Ger le gusta que su esquema le permita reconstruir dos modelos diferentes sin que tenga que pensar.

b) Figuraciones analógicas

Estas figuraciones se diferencian de los esquemas-trazo en que los elementos de la colección inicial no se «calcan» en la hoja de papel, sino que se reproducen a escala reducida por medio de pequeños cuadrados o de muescas.

Hemos denominado «analógicos» a estos esquemas en la medida en que intentan conservar la configuración espacial de los elementos.

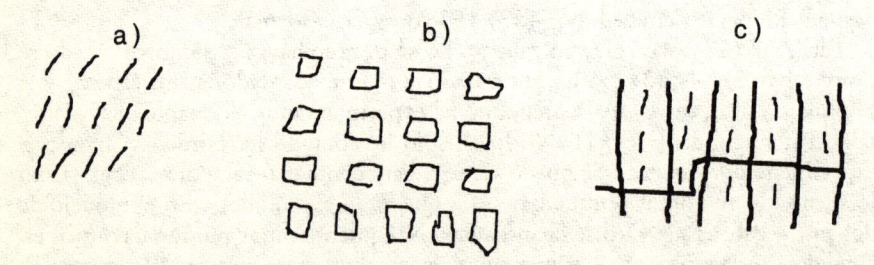

Figura 31: Figuraciones analógicas. a) 3×4 (San, 6;8); b) 4×4 (Sto, 5;6); c) 3×4 (Mar, 6;3)

Ejemplo 1: San (6;8) y Sto (5;6) producen esquemas muy similares, transportando uno a uno, de izquierda a derecha y de arriba abajo, cada elemento de la colección de partida. A pesar de intentar proceder sistemáticamente, los dos niños se equivocan en el número de elementos que trasladan al dibujo: San (4×3) dibuja un palote de más en la segunda línea (fig. 31a), y Sto (4×4) un cuadrado de más en la última línea (fig. 31b). Conviene señalar que estos errores no se reproducen en la reconstrucción.

Ejemplo 2: Mar (7;11) realiza un esquema analógico correcto. Lo consigue utilizando un método muy sistemático que consiste en cubrir la primera línea (1, 2, 3, 4) con el dedo mientras dibuja 4 elementos alineados, después cubre la segunda línea mientras dibuja 4 elementos debajo de los primeros, etc. En la reconstrucción, descodifica su esquema de una manera igualmente sistemática: cubre la primera línea de cuadrados en su dibujo y construye una línea de cuatro cubos, después la segunda línea, etc. Cuando el experimentador le pregunta si hay la misma cantidad de cubos en ambas colecciones, Mar dice: «Sí, las he contado en el dibujo y después he hecho lo mismo».

Sin duda, para representar la configuración inicial en el dibujo, el niño necesita recurrir a un procedimiento de cuantificación de los elementos. De lo contrario, ¿cómo conseguiría fijar el número exacto en el papel? Nuestros resultados muestran que los niños pequeños (cuatro-cinco años) proceden generalmente por correspondencia biunívoca. Señalan con la mano izquierda el primer cubo en la hilera superior mientras lo dibujan con la derecha, después señalan el segundo cubo, y así sucesivamente, siguiendo el orden de la escritura (de izquierda a derecha y de arriba abajo) hasta revisar todos los elementos. Este procedimiento de anotación por correspondencia biunívoca no precisa de la acción de contar ni recurrir al número total de elementos. En otras palabras, el cardinal del número no debe ser considerado. Únicamente el orden de ejecución de las correspondencias asegura la equivalencia entre los trazos en el esquema y los cubos en el modelo. Los niños que se equivocan en el camino lo hacen, generalmente, a causa de una distracción que les hace perder el hilo. De esta manera, saltan un elemento o cuentan uno dos veces.

c) Esquema-ábaco

En los esquemas-ábaco, el niño privilegia menos la configuración espacial de los elementos que su cantidad.

El caso de Mar (6;3) es particularmente interesante.

Se le presenta la configuración 3×4. La niña empieza construyendo un enrejado de 5 columnas (fig. 31c) y dice: «Yo cuento aquí (en el modelo inicial) y señalo aquí (hoja de papel). Después sólo tendré que volverlos a contar para saber cuántos necesito».

Todo conduce a creer que la finalidad inicial de la niña era construir una cuadrícula análoga al modelo (4 columnas). Pero comete un error y una vez introducido el error (5 columnas en lugar de 4), no le preocupa demasiado. Utiliza su enrejado de 5 columnas para marcar el número total de elementos, es decir, 12. La ausencia de analogía o de correspondencia espacial entre el modelo y el enrejado no le molesta. Esta conducta marca la transición entre los esquemas de tipo analógico y las anotaciones aritméticas.

d) Anotaciones aritméticas

Las anotaciones aritméticas no mencionan la cantidad total de elementos, sino que reúnen bloques de pequeñas cantidades (por ejemplo, número de elementos por columna, o número de columnas) por medio de símbolos, como comas, o también mediante su situación en la hoja. Sólo dos sujetos adoptan este tipo de anotación. Ejemplo 1: Chro (7;8) (3×4×2) escribe «2» (y dice: «Hay dos capas»), después escribe «4» debajo del 2 y «3» al lado del 4 (y dice: «Será suficiente, me acuerdo»). Después de la reconstrucción (correcta), justifica la equivalencia numérica diciendo: «Es lo mismo, porque también hay dos capas y aquí (línea) hay 4 y aquí (columna) 3».

Ejemplo 2: Rol (7;5) (3×4×2) escribe «10, 10, 2, 2» en su hoja de papel. Cuando el experimentador le pide que lo explique, Rol dice: «Hay dos capas, entonces yo he contado y cuando he llegado a 10 he escrito "10", y "10" debajo y después he continuado contando y cuando he terminado he escrito "2" y "2" debajo». Después Rol añade espontáneamente: «10 y 10 son 20 más 4 hacen 24. Tengo que tener 24 en total».

Conviene hacer notar que Rol es el único de nuestros sujetos que calcula la suma total a partir de los reagrupamientos de elementos. Todos los demás niños cuentan los elementos uno a uno cuando se les pregunta por el total de los mismos, incluso en el caso del modelo de dos pisos.

e) Anotaciones de la cantidad total

Estas anotaciones indican simplemente el número total de elementos. El niño cuenta y escribe el número en la hoja de papel. Una variante encontrada en un solo sujeto, San (6;8), consiste en escribir toda la lista de las cifras desde 1 hasta el número total.

Ejemplo 1: Her (7;10) escribe «16» para la colección 4×4×1. En la reconstrucción, formula su plan con estas palabras: «Hago primero un cuadrado y después lo lleno». Y, en efecto, construye primero un cuadrado de 4×4 elementos y luego lo rellena colocando 4 elementos en el centro. Una vez terminado, Her precisa: «Sí, hay la misma cantidad, porque he contado y tiene la misma forma. He copiado la forma, así que hay la misma cantidad». El niño sabe contar, pero también sabe que contar no es necesario, ya que por simple reconstrucción de la forma, la cantidad se conservará automáticamente, ¡sin necesidad de pensar en ella!

En la colección de dos pisos (3×4×2) Her cuenta los elementos de la cara superior, escribe «12» en su hoja y dice: «Es suficiente». La reconstrucción es correcta y el argumento que justifica la equivalencia es: «Lo he visto bien porque hay dos cuadrados (¡rectángulos!), uno arriba y otro abajo». Cuando el experimentador insiste: «¿Cuántos hay en total?», Her dice: «12 arriba y 12 abajo».

Ejemplo 2 (San 6;8): (4×4×1) «1, 2, 3, 4, 5, 6, 7, 8, 9, 10, 11, 12, 13, 14, 15, 16», el «16» está rodeado con un círculo y retenido como información pertinente en la reconstrucción.

Discusión de los resultados

En el contexto de las tareas propuestas, la cantidad total de elementos sólo se utiliza excepcionalmente como clave para las reconstrucciones. Son muy raros los niños que cuentan el conjunto de objetos de la colección de partida para reproducir la misma cantidad en otro lugar. Generalmente, las formas de cuantificación elegidas combinan el contaje con otras conductas, en las que se apoyan. Estas otras conductas, de naturaleza espacial y rítmica, tienen la función de articular y consolidar entre sí subgrupos de elementos que son cuantificables.

Son numerosos los niños que reproducen de entrada toda una configuración espacial, aparentemente sin contar. Esta estrategia la expresa claramente Her (7;10) cuando dice: «He copiado la forma, así que hay la misma cantidad». El niño sabe que, conservando la forma, conserva al mismo tiempo la cantidad. De esta manera utiliza la forma como un medio para obtener la cantidad, lo que le permite ahorrarse contar.

Es cierto que para conservar la forma es necesario, a su vez, un mínimo de cuantificación. El niño tiene que acordarse de cuántas columnas hay o de cuántos elementos hay por columna en el caso de las situaciones estructuradas. Igualmente, cuando transforma la colección de partida en una configuración familiar (como una flor) debe al menos retener el número de elementos dentro de configuraciones particulares (pétalos). A este respecto, nuestros resultados confirman las observaciones de Von Glasersfeld (1988), Steffe (1983) y Droz (1981), en el sentido de que todos los niños, a partir de los cuatro años, dominan de entrada los reagrupamientos con pequeñas cantidades (3, 4, 5 elementos): «Ven de una vez», según dicen, «cuántos hay». La ventaja indiscutible de esta capacidad de ver las cantidades pequeñas es que una columna o una línea se puede convertir en el sustituto numérico de un subgrupo de elementos. Los puede representar o contener. El niño puede recurrir a ella como a una unidad mínima de descripción, sin tener que reconstruir el contenido a cada momento. Esto no impide que cada línea o cada columna, una vez definida, se pueda recuantificar a su vez, ya que informa automáticamente del número de elementos que contiene.

Otro medio utilizado corrientemente por nuestros sujetos es el recurso al ritmo o a la melodía. Varias niños introducen un ritmo muy marcado en las actividades de señalamiento o barrido y también en las descripciones verbales. El ejemplo más sorprendente es el de Cat (5;9), que para retener mejor el número de fichas colocadas en desorden en un cesto, canta en voz alta : «Y hay dos... y hay cinco... y hay tres... y hay dos». Repite el canto varias veces, como para impregnarse de él, antes de utilizarlo a modo de clave para la reconstrucción.

Las conductas de señalamiento y de barrido efectuadas en la colección de partida son otros casos de utilización del ritmo. Por medio del gesto de señalar, el niño proporciona substancia a una secuencia y la repetición de este gesto es lo que permite fijar su pauta. Esta utilización del gesto y del ritmo como medio para fijar la forma es particularmente evidente en los sujetos que cuadriculan la colección (3×4) «a lo largo y a lo ancho», como si quisieran, así, retener mejor la estructura.

No resulta excesivo afirmar que uno de los medios más eficaces para retener una forma es, ciertamente, recorrerla —con la acción o con el pensamiento— tantas veces como sea necesario; y que, inversamente, uno de los mejores medios de acordarse de una secuencia temporal es fijando su configuración.

De una manera general, nuestros resultados indican que los niños pequeños compensan su falta de contar gracias a otros dos conocimientos, a saber: 1) el de que la forma acarrea la cantidad, y 2) el de que el ritmo o el gesto permiten construir la forma. Tanto el espacio como el ritmo se utilizan para volver a unir los elementos o los pequeños grupos de elementos (bloques de pequeñas cantidades manejables). Se convierten en el «cemento» que permite una descripción de la cantidad total, suficiente para la reconstrucción, pero ello no implica que esta cantidad total se tenga que calcular explícitamente. Los sistemas de anotación producidos, así como las reorganizaciones de la colección de partida en configuraciones familiares y las referencias-en-acción actúan como verdaderos ábacos o máquinas de calcular que los niños utilizan a continuación para efectuar las cuantificaciones. Estos ábacos, una vez construidos, tienen la función, nada trivial, de encargarse de una parte importante de los cálculos. Podría decirse que el niño «plantea la operación» y que el ábaco hace el resto. Pero, ¡hacía falta construir el ábaco! A nuestro parecer, es aquí donde reside el ingenio de las soluciones encontradas por nuestros sujetos, demasiado jóvenes para manipular cantidades grandes, pero lo bastante mayores para construir preciosas ayudas que les permiten tener éxito en estas difíciles manipulaciones.

Conclusiones

Esta investigación ha permitido poner de manifiesto, en el dominio del número, cómo los niños pequeños, entre cuatro y siete años, instrumentalizan sus conocimientos, siempre demasiado limitados, para superarlos progresivamente. Los resultados sugieren que esencialmente los sujetos consiguen dominar un nivel de complejidad que les supera, componiendo islotes de conocimientos familiares por medio de procedimientos que les resultan conocidos.

Para resolver las tareas propuestas, todos los niños interrogados han inventado medios extremadamente sensatos para optimizar sus conocimientos numéricos restringidos: han utilizado lo que saben sobre cantidades pequeñas como un trampolín para reconstruir cantidades grandes y han utilizado lo que saben sobre el espacio y el ritmo como un medio para describir cantidades grandes, sin tener que contarlas.

Nuestra investigación confirma ampliamente las observaciones hechas por Saada-Robert, Cellérier y Sinclair, así como por Baroody, Droz y Von Glasersfeld y otros. La acción de contar no sólo es tributaria de la disposición espacial de los elementos, sino que en el caso de los niños pequeños se apoya fuertemente en ella, para poderse desprender posteriormente de la misma. Los caminos hacia la abstracción están poblados de trampas que representan, sin embargo, un papel necesario. Por esta razón hemos querido destacar, en este capítulo, los medios o «heurísticos» que los sujetos más pequeños inventan para aprovechar lo que saben, más que limitarnos a describir su conocimiento en los diferentes niveles de su desarrollo cognitivo.

7 El «esquema familiar», unidad cognitiva procedimental privilegiada*

POR ANDRÉ BODER

Este estudio trata en primer lugar de la naturaleza y la función de unidades psicológicas (los esquemas familiares) en la solución de problemas. Trata indirectamente de las relaciones entre las modificaciones de estas unidades en la representación particular de un problema (microgénesis) y las modificaciones permanentes de la estructura de la inteligencia (macrogénesis).

El argumento desarrollado es que las estrategias aplicadas en situaciones de solución de problemas deben interpretarse dentro de un cuadro epistemológico más elaborado de lo que se ha hecho generalmente (Amarel, 1968; Ernst y Newell, 1969; Newell y Simon, 1972; Boder, 1977). En concreto, se sugiere centrarse en los heurísticos necesarios para orientar la búsqueda a lo largo de la resolución del problema. En la mayoría de los modelos propuestos en otros trabajos, sólo se presenta el camino reconstruido con posterioridad (es decir, después de haber llegado a la solución). Se deberían tener en cuenta también las modificaciones de los modelos sucesivos construidos durante el proceso de resolución del problema. Ahora bien, cierto número de unidades psicológicas parecen desempeñar un papel esencial en esta construcción progresiva. Son estas unidades las que hemos intentado identificar.

Estos problemas se analizan en relación con dos experiencias realizadas con niños y adultos jóvenes. Sin embargo, este capítulo constituye un intento de interpretación antes que una demostración experimental en sentido clásico. Así, las experiencias presentadas sirven principalmente para apoyar las argumentaciones presentadas, en tanto ejemplos paradigmáticos. No constituyen elementos que sirvan para validar el modelo. Se encontrarán otros más sistemáticos en la tesis doctoral, que presenta el conjunto detallado de las investigaciones (Boder, 1982).

* Trad. cast. de Amparo Moreno Hernández.

El papel del esquema familiar en la situación de solución de problemas

La característica principal de este estudio es que el esquema familiar, unidad central en el proceso de organización del conocimiento, desempeña un doble papel. Por una parte, atribuye un significado a la situación. En este sentido, se trata pues de una unidad epistémica. Pero es también responsable de la orientación y del control de la búsqueda. Es pues una herramienta heurística. La hipótesis central es que las dificultades encontradas en la situación de resolución de problemas, que caracterizan un desequilibrio cognitivo, son una consecuencia del doble estatuto desempeñado por esta unidad cognitiva. En efecto, puede darse que un esquema familiar no tenga una validez epistémica completa, es decir, que la transformación que éste realiza sea inadecuada para resolver el problema. Por el contrario, este mismo esquema puede desempeñar un papel heurístico fecundo. El problema reside pues en la dificultad de distinguir la doble función implícita de esta herramienta cognitiva.

Creemos que esta distinción funcional constituye un camino complejo en la medida en que implica para el sujeto volver a poner en duda el marco mismo en el que se ha planteado el problema. En otros términos, el hecho de modificar un instrumento cognitivo inadecuado supone una modificación de la representación del problema, definida por ese mismo esquema. Se trata pues de conceder a esta herramienta cognitiva un valor heurístico, que haga posible una representación provisional de la meta, sin dejar de reconocer su falta de adecuación epistémica. Nos proponemos, por un lado, caracterizar los constituyentes internos del esquema familiar y, por otro, poner de manifiesto la naturaleza de los procesos que permiten modificar un esquema.

Desde el punto de vista epistemológico, el problema que subyace a este trabajo es una consecuencia directa de la posición piagetiana de un constructivismo interaccionista que procede por asimilación de los datos en un sistema en evolución. De este modo, si se admite, por un lado, que la evolución de los conocimientos procede por interacción con el medio, entonces el estudio de una interacción concreta en el contexto finalizado de la resolución de problemas se impone por sí misma. Por otro lado, si se admite que esta evolución se guía desde el interior mediante la asimilación de los datos a un marco existente, es necesario estudiar cómo se organiza el control del trabajo. Dicho de otro modo, nos dedicaremos a descubrir lo que podría denominarse la autoorganización de un sistema en el contexto específico de la solución de problemas. La situación de resolución de problemas es de hecho un paradigma privilegiado que permite crear un desequilibrio, con el fin de observar los procesos autoorganizadores que intentan reducir ese desequilibrio y descubrir la solución.

La naturaleza de las experiencias elegidas es tal que el sujeto se encuentra tarde o temprano en una situación «que le plantea un problema». Desde la perspectiva teórica se trata entonces de dar cuenta de los elementos que van a reorientar el trabajo, en el momento en que el sujeto se encuentra provisionalmente en una situación conflictiva que no puede modificar.

La unidad cognitiva que ponemos de manifiesto se denomina esquema familiar porque, en una situación concreta, los esquemas seleccionados para organizar el trabajo no se encuentran ahí, no importa cuáles sean. Un esquema familiar es un esquema en el sentido piagetiano, que tiene la particularidad de ser fácilmente accesible,[1] es decir, que se reconoce como un instrumento privilegiado en un número determinado de ocasiones. La aplicación de estos esquemas tendrá como consecuencia que la situación aparezca como familiar a los ojos del sujeto. Creemos pues que la representación del problema y de la meta se organizan dinámicamente, para el sujeto, alrededor de estos esquemas familiares. Por esta razón proponemos la hipótesis de que una tarea será tanto más difícil de resolver cuanto el esquema evocado inicialmente, en realidad inadecuado, haga la situación más familiar a los ojos del sujeto. De hecho, el riesgo estriba en que el sujeto experimenta una inhibición a la hora de rechazar un marco de aprehensión que le resulta familiar.

La segunda hipótesis de nuestro estudio intenta proponer un mecanismo que permita resolver una situación que representa un problema. La hipótesis se basa esencialmente en la posibilidad que tiene la inteligencia humana de poder disponer de una doble fuente de informaciones y de controles que permiten de alguna manera una doble representación de un mismo fenómeno: el proceso al que atribuimos la capacidad de hacer evolucionar la representación de una situación problemática consiste en sacar partido de la función planificadora del esquema (a la que también se ha llamado control descendente), y del propio procedimiento de realización (al que también se ha llamado control ascendente).

El conflicto y su resolución en el problema de las jarras

La primera experiencia utilizada para mostrar, por una parte, la naturaleza y el papel de las unidades cognitivas en juego y, por otra, el proceso que reorienta el trabajo, es la de los trasvases de líquido entre dos jarras (Atwood y Polson, 1976). En este problema, se dispone de dos jarras, una de las cuales puede contener cuatro litros (J4) de líquido y la otra cinco litros (J5). El objetivo consiste en conseguir un contenido de dos litros en una u otra jarra, sin poner marcas en las jarras. Se puede obtener líquido pidiéndolo o se puede verterlo fuera.

Una de las soluciones consiste en crear un continente de tres litros en J4 de manera que no quede más de dos litros en J5, cuando se vacía allí el contenido de J5. Para tener este continente de tres litros en J4 es necesario conseguir un contenido de un litro en el fondo de J4. Se puede conseguir un litro al vaciar una primera vez el contenido de J5 en J4, ya que entonces quedará un litro en el fondo

---

1. Cellérier escribe, a propósito del esquema: «*It is high in the accessibility hierarchy*» [«se encuentra alto en la jerarquía de la accesibilidad»] (Cellérier, 1987b, pág. 32).

de J5. A continuación se puede trasvasar este litro de J5 a J4 (después de haber vaciado J4). Denominamos a esta manera de resolver el problema «estrategia por complementariedad», ya que el elemento clave consiste en crear un continente de tres litros por complementariedad a un litro que se encuentra en el fondo de J4.

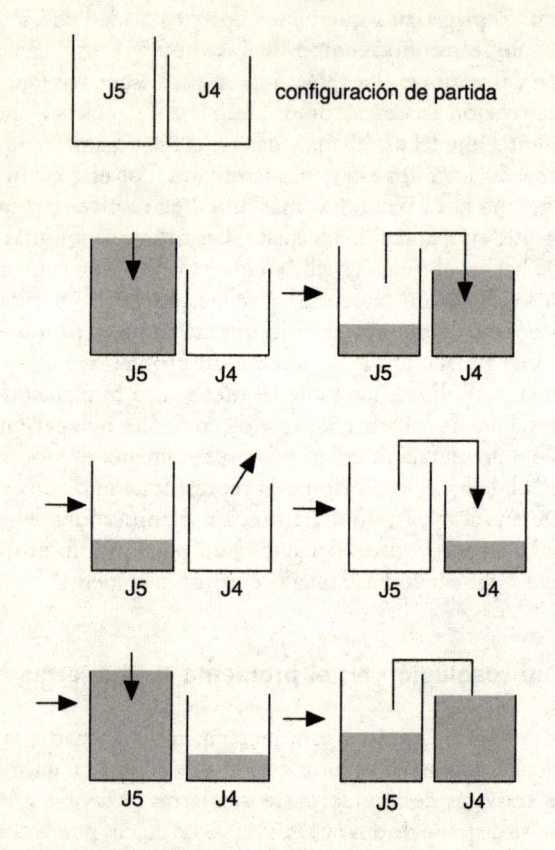

Figura 32: Una de las soluciones al problema de las jarras

El nivel de conocimiento exigido para resolver el problema es de tipo operatorio concreto. En efecto, supone la comprensión de las relaciones recíprocas que se establecen, por una parte, entre las transformaciones en juego (trasvases de líquidos) y, por otra, entre los estados correspondientes (cantidades de líquidos añadidas o quitadas y los nuevos continentes creados o suprimidos). Por tanto, sobre esta base se podría continuar el análisis e interpretar los hechos a la manera clásica piagetiana.

Para analizar estos hechos hemos elegido otra dirección, complementaria, no obstante, del análisis genético clásico. En este último, los elementos contextuales no pertinentes en la estructura operatoria no se analizan en detalle. Y no puede descubrirse el encadenamiento temporal de las elaboraciones procedimentales sobre las que se apoya la construcción de la estructura operatoria. Es pues imposible dar cuenta del control de la tarea. El aspecto autoorganizativo que deseamos poner de manifiesto implica pues que el análisis se realice sobre los diferentes significados acordados a los objetos y a las transformaciones particulares. Esto permite descubrir las leyes que rigen los cambios de significados característicos de la autoorganización.

La situación «que plantea el problema», que hemos inducido con el fin de observar estas reorganizaciones, proviene del hecho de que la mayoría de los sujetos (trece-quince años) «ven el problema» en un marco inadecuado que tendrán dificultades para modificar. Obtienen en un principio un litro en J5 y deciden obtener una segunda vez un litro, lo que si se sumara haría dos litros. Para lograr esto, deciden cambiar el litro obtenido en J5 a J4, para poder después llenar J5 de nuevo y de nuevo trasvasar su contenido a J4. Olvidan seguramente que así el litro conservado en J4 se perderá y obtendrán por añadidura dos litros en J5 en lugar del litro que buscan. Llamamos a esta manera de resolver el problema «estrategia por iteración».

Los sujetos que actúan de esta forma no se dan cuenta enseguida de que han hallado la solución. Pero cuando lo descubren y se les pide volver a comenzar, tienen entonces una dificultad enorme para rehacer el camino, que es, sin embargo, exactamente el mismo, pero con otra intención.

Resulta interesante constatar que, a pesar de contener una secuencia de acciones idénticas, estas dos estrategias se basan en representaciones totalmente diferentes la una de la otra. Nuestra hipótesis es que el conflicto proviene del hecho de que los sujetos definen el problema en términos de la estrategia por iteración, y que una negación de esta estrategia supone pues volver a cuestionar la definición del problema (prueba de ello es que la mayoría de los sujetos que consiguen la solución sin comprender olvidan los dos litros obtenidos, e insisten en el hecho de que no pueden resolver el problema, ya que no pueden obtener dos veces un litro).

Es precisamente este conflicto inducido el que nos permite analizar los cambios de representaciones en una situación en la que el encadenamiento de acciones es trivial y ya se ha ejecutado por los sujetos. Las implicaciones entre acciones deberán ser totalmente reconsideradas. Dicho de otro modo, la estrategia por complementariedad deberá sustituir a la estrategia por iteración, y esto mediante una modificación progresiva de los esquemas familiares puestos en marcha.

El mayor interés de un método como éste se relaciona con el hecho de que los sujetos saben que el problema no es complejo, desde el punto de vista del número de acciones que hay que realizar (puesto que han conseguido ya resolver el problema en cinco trasvases... sin comprenderlo, sin embargo). Dicho de otro modo, su búsqueda va a orientarse en el sentido de una búsqueda de las implicaciones entre acciones, más que de una búsqueda en extensión de otras acciones posibles. Además, el hecho de haber solucionado ya una vez el problema constituye una motivación extraordinaria para continuar el trabajo. El análisis del control de la tarea se encuentra pues reforzado, ya que el experimentador casi nunca tiene que intervenir. Por el contrario, los sujetos piden que se les deje solos para proseguir en su esfuerzo.

Una de las dificultades de esta tarea reside en el hecho de que los recipientes poseen una doble función. Son a la vez «continentes» y «medidas». Pero a esto se añade una dificultad suplementaria que caracteriza bien la naturaleza del problema: es necesario que el sujeto establezca a veces cantidades de líquido, pero también «complementarias» a estas cantidades de líquido, es decir, nuevos continentes (el espacio que queda libre por encima de la cantidad obtenida en un recipiente). Resulta pues necesario no sólo atribuir nuevos significados a los objetos existentes, sino también construir nuevos objetos virtuales (las cantidades vacías). Son así las propias transformaciones las que adquieren un nuevo significado, y no solamente los objetos.

Además, hace falta igualmente modificar el «lugar-meta» de una transformación, ya que a veces, en lugar de considerar la cantidad obtenida en el recipiente final del líquido, es la cantidad que queda en el recipiente de partida la que es pertinente.

Naturaleza y función de los esquemas familiares en el problema de las jarras

Las unidades cognitivas a las que hemos denominado esquemas familiares se identifican a partir de un análisis extremadamente fino sobre la base de docenas de horas de registro en vídeo. Son las vacilaciones, las interrupciones bruscas, los cambios de ritmo y los bloqueos los que constituirán los índices que permiten inferir la existencia de esquemas familiares.

A menudo, secuencias de apenas diez segundos han dado lugar a múltiples hipótesis para las que han debido realizarse numerosas comprobaciones hasta determinar cuál era la buena. Estos análisis y estas comprobaciones han llevado finalmente a sugerir un modelo en el que llega a aclararse la naturaleza de las unidades cognitivas y su papel en el control de la tarea.

Los esquemas familiares evocados en el contexto de la estrategia por iteración son muy diferentes de los que gobiernan la estrategia de la complementariedad. En esta última, la obtención de un litro en J4 resulta útil para establecer por encima un nuevo recipiente de tres litros. Llamaremos al esquema familiar que aquí actúa, *hacer-fondo*. Por el contrario, en el caso de los sujetos que buscan obtener un litro dos veces, hablaremos del esquema familiar *conservar* para caracterizar el trasvase de un litro de J5 a J4.

Con el fin de caracterizar los esquemas familiares implicados en el problema de las jarras, hemos introducido dos criterios. Uno es el punto de vista que el sujeto adopta en relación con la situación. Otro es la naturaleza del objeto que el sujeto considera.

Así, el esquema familiar *hacer-fondo* se activa cuando la situación se considera desde el punto de vista de J4 (ya que la meta inmediata es la utilización del complementario de tres litros encima del litro obtenido en J4), y cuando el objeto considerado es el continente de tres litros creado.

Por el contrario, el esquema familiar *conservar* se activa cuando la situación se considera desde el punto de vista de J5 (ya que la meta inmediata es llenar J5), y cuando el objeto considerado es el litro desplazado a J4.

Esta manera de caracterizar los esquemas familiares constituye un análisis conceptual de los dos términos *hacer-fondo* y *conservar*.[2]

Es importante señalar que en el momento de la evocación inicial, estos esquemas familiares aparecen como un todo indisociable, que se deriva directamente del comportamiento de los sujetos y que no constituye una simbolización teórica arbitraria. El punto de vista del sujeto caracteriza la meta (el «lugar-meta») de la unidad procedimental en funcionamiento y el objeto centrado caracteriza la transformación necesaria para la consecución de esa meta. Pero el significado global de esta unidad procedimental se define precisamente por la idea de *conservar* o de *hacer-fondo*. Y esta idea global es la que se evoca inicialmente.

Veremos a continuación que los dos criterios se disociarán a los ojos del sujeto (llamaremos a este proceso descristalización), lo que constituirá un elemento fundamental para resolver el conflicto. Nos anticipamos un poco al mencionar este proceso con el fin de justificar la elección de los criterios que hemos utilizado para caracterizar el esquema familiar.

El papel del esquema familiar consiste en atribuir un significado a las transformaciones y también a los objetos de la situación. Cuando se da, el *esquema familiar conservar* implica que el significado atribuido a la jarra J4 es un recipiente para guardar un contenido en espera, mientras que se efectúa otra acción en J5. Así, ¡el trasvase de un litro de J5 a J4 tiene pocas oportunidades de «verse como» un medio para crear un nuevo recipiente de tres litros en J4!

El esquema familiar es necesario para conceder un sentido al problema. Sin él, no podría determinarse ninguna orientación en la búsqueda de las acciones. Por el contrario, puede resultar inadecuado desde el punto de vista epistemológico. El *esquema familiar conservar* es inadecuado como ejemplo. Deberá reemplazarse por el *esquema familiar hacer-fondo*. La cuestión central consiste en saber cómo el sujeto llegará a rechazar un elemento cognitivo que caracteriza precisamente la representación que tiene del problema que hay que solucionar.

---

2. Aaron Sloman (1978) sugería que el análisis conceptual desempeña un papel importante en la ciencia cognitiva. Nuestra forma de caracterizar los esquemas familiares es un ejemplo de lo que sugería este autor.

Modificación de la representación por descristalización de los esquemas familiares

El razonamiento que proponemos para comprender cómo el sujeto llega finalmente a rechazar el marco semántico en el que considera el problema se basa en dos puntos. El primero es la posibilidad que tienen estos esquemas familiares de poder de alguna manera descomponerse y modificar algunas de sus características. Esto es lo que hace posible un fenómeno capital: poder considerar una situación desde dos puntos de vista diferentes, es decir, atribuir dos significados a la misma situación.

El segundo punto se refiere a que este proceso sólo puede intervenir en interacción con la situación. Así, lo que permite «ver» la situación de acuerdo con otro punto de vista es el hecho de que después de haber atribuido mentalmente un significado a una transformación, el sujeto va a realizar efectivamente esta transformación. De este modo, al hacer esto, un número determinado de informaciones, no contenidas en la atribución inicial anticipada, pueden intervenir potencialmente.

Por ejemplo, al trasvasar un litro de J5 a J4, con la intención de conservar este litro en espera (*esquema familiar conservar*), el sujeto puede descentrar su atención en el complementario (el continente de tres litros) y así modificar el significado atribuido a la característica «objeto centrado» inherente al *esquema familiar conservar*. Se comprende que, en esta fase intermedia, este esquema alterado no es familiar y el sujeto tiene provisionalmente una representación inestable. Pero será mediante este proceso como un esquema como el *esquema familiar hacer-fondo* tomará progresivamente el control de la representación.

La fase intermedia se caracteriza por el hecho de que los sujetos manifiestan a menudo una especie de «intuición» mal formulada de estos cambios de significado, pero que permanece en este estado de intuición porque versa sobre un contenido no explícito.

Lo que hace posible este fenómeno que denominamos descristalización es el hecho de que las características del esquema familiar inicial se van haciendo cada vez menos rígidas o, en otras palabras, que las relaciones entre ellas son cada vez menos fuertes. Entonces pueden intervenir nuevos significados y se observa una fluctuación de la atención de los sujetos, que varía entre el aspecto *top-down* del esquema familiar y las informaciones procedentes del medio. Cuando finalmente el continente de tres litros, susceptible de crearse en J4, se vea como un nuevo «objeto mental», entonces tendrán más posibilidades de aparecer nuevos esquemas como el *esquema familiar hacer-fondo*.

Desde la óptica de las relaciones entre las modificaciones de las unidades cognitivas particulares de un problema (microgénesis) y las modificaciones permanentes de la estructura de la inteligencia (macrogénesis), se puede constatar que un proceso como el que se acaba de describir localmente en una situación concreta llevará al establecimiento de esquemas más generales como el de complementariedad, utilizable en contextos muy diferentes al del problema de las jarras. Se podría afirmar también que el esquema de complementariedad (*esquema familiar de complementariedad*) supone una generalización del *esquema familiar hacer-fondo*. Y este nuevo esquema se convertirá en familiar precisamente porque se reconocerá como pertinente en situaciones independientes unas de otras.

El paradigma del esquema familiar nos parece explicativo, por un lado, porque sugiere un modelo pragmático que da cuenta de las dificultades encontradas en situaciones de resolución de problemas, y, por otro, porque sugiere una visión nueva de las relaciones entre microgénesis y macrogénesis.

El problema presentado ilustra la naturaleza y la función de la unidad cognitiva que hemos llamado esquema familiar, y sugiere que la modificación de la representación inadecuada de una situación se da gracias a la interacción entre el sujeto y la situación.

Dicho de otro modo, nuestra hipótesis fundamental es que el proceso de equilibración en el nivel microgenético se basa en la reciprocidad entre una acción dirigida del sujeto (control descendente) y una integración de informaciones no anticipadas por el sujeto y que proceden de la interacción efectiva con el medio.

Esta reciprocidad se podría concebir como el equivalente microgenético de los procesos más generales de asimilación y acomodación descritos por Piaget. Además, el hecho de que el proceso de modificación de la representación pase necesariamente por una actividad del sujeto nos permite precisar el papel fundamental de esta última, sobre lo que insistía Piaget, pero resultaba difícil demostrar al ahorrarse una descripción detallada de lo que sucede en el nivel de la propia interacción.

Control descendente y ascendente en un problema de construcción de orden inverso

Este apartado tiene por objetivo mostrar en detalle y sobre un concepto particular —el de inversión de orden— cómo se «construye» la modificación de una representación. Este estudio no se debe interpretar como el de un concepto por sí mismo. La inversión de orden no representa aquí más que un ejemplo paradigmático de procesos que creemos ver actuar en la génesis de todo concepto cognitivo.[3]

La experiencia de la inversión de orden se ha introducido en el capítulo 2 (investigación 8). Aquí nos dedicaremos a describir cierto número de secuencias paradigmáticas del proceso de modificación de la representación.

Recordamos que el problema consiste en establecer una correspondencia entre dos series: los bloques que se apilan en un camión y las zonas por delante de las cuales pasará el camión y descargará uno a uno los bloques. El sujeto debe pues anticipar que el primer bloque que se descargará delante de la primera zona deberá

---

3. Se encontrarán estudios dedicados más específicamente a la génesis de la inversión de orden en Van den Bogaert - Rombouts (1966); Gillièron (1976); Vinh Bang (1978).

encontrarse en lo alto de la pila y así sucesivamente. Los colores deberán por tanto corresponder. El orden de las cinco zonas es: amarillo, azul, amarillo, azul, azul, empezando por la izquierda, lugar de partida del camión. Estas zonas se simbolizan así: Am1, Az2, Am3, Az4, Az5.

El interés principal de este problema reside en el conflicto inducido en el segundo ítem, en el que el orden espacial del circuito (sobre el que a menudo se basaba la solución en el primer ítem) se modifica. Es decir, que el orden inverso de apilamiento en el camión (az5, az4, am3, az2, am1), para cuyo establecimiento era suficiente partir del extremo derecho del circuito y volver hacia la izquierda, ya no puede construirse así. Puesto que, en este segundo ítem, las zonas se han dispuesto en «caracol», y la última zona no se encuentra en el extremo derecho del circuito.

En relación con lo que se ha descrito en el capítulo 2, aquí analizamos con mayor detalle la conducta 6 (inversiones locales). Se da un conflicto porque los sujetos comprueban que su estrategia de inversión en relación con el orden espacial ya no funciona. Es necesario pues «redefinir» qué significa invertir. Las inversiones locales intuitivas que integran informaciones procedentes de varias fuentes (mediante alternancia de controles descendentes y ascendentes) constituirán el desvío mediante el cual los sujetos llegarán finalmente de manera recursiva a invertir los bloques en relación con el orden en que los depositan.

Insistimos otra vez en el hecho de que esta construcción de la inversión implica una reatribución de significado a todos los bloques, ya que, por ejemplo, el tercer bloque deberá colocarse antes que el segundo y el primero, lo que implica que la acción de inversión tiene por objeto, por una parte, un bloque (el tercero) pero, por otra, un grupo de bloques (el segundo y el primero), que son pues «resemantizados» como una nueva unidad en el contexto de esta transformación específica. Al tener que volver a aplicarse recursivamente esta acción sobre todos los bloques, se da un cambio constante de las unidades consideradas (a continuación, la nueva unidad se constituirá por los tres primeros bloques que hay que invertir en relación con el cuarto, etc.).

Hemos comprobado que esta necesidad constante de reatribuir nuevos significados, en el contexto de una misma transformación, constituye una novedad conceptual generadora de conflictos, en la medida en que los sujetos intentan todavía aplicar la inversión espacial, ahí donde los significados no cambian.

Resulta interesante observar que una vez superada esta etapa intermedia en la que se establece una biyección recursiva entre dos series, los sujetos proceden como los adultos, al imaginar el circuito recorrido a la inversa como un apilamiento de zonas que se habrían desarrollado sobre un plano y en el que las relaciones de contigüidad se simbolizarían mediante el trazado del circuito.

Esta manera de proceder se hace posible dado que los sujetos expertos tienen conocimiento de las regularidades inherentes a la biyección de dos series. Esto permite no desarrollar el conjunto del razonamiento recursivo que da cuenta efectivamente del establecimiento de la biyección entre estas dos series.

Esquemas familiares precursores de la inversión

Cuando se habla de control descendente, se quiere decir que existen unidades cognitivas evocadas por los sujetos, que son inadecuadas para resolver el problema, pero que desempeñan, sin embargo, un papel preponderante en el proceso de elaboración de unidades más adecuadas.

En este problema, hemos identificado tres esquemas familiares fundamentales que desempeñan este papel heurístico. Uno es simplemente el que corresponde al orden directo. Lo denominamos *directo*. El segundo es el esquema familiar *dicotomía* (todos los amarillos, luego todos los azules, o a la inversa). El tercero es el esquema familiar *alternancia* (alternancia sistemática de los amarillos y los azules sin relación con el circuito real).

Las observaciones que hemos realizado muestran que cada uno de estos esquemas cumple una función particular. El esquema familiar *directo* «significa» la relación de contigüidad dinámica cuando se pasa de una zona a la siguiente. El esquema familiar *dicotomía* «significa» simplemente la necesidad de integrar espacialmente la dicotomía de los colores. Cuando interviene, la manera más sencilla de integrarlo con el referente espacial es colocar primero un color a lo largo del circuito, después el otro.

El esquema familiar *alternancia* tiene por objetivo dar un significado a cómo se realiza la integración de esta dicotomía de colores, pero esta vez en el nivel de las unidades manipulables (los propios bloques).

Es importante comprender que estos esquemas familiares sirven al sujeto para tantear el terreno. Éste, cuando los aplique realmente, se encontrará en la obligación de integrar informaciones procedentes de las restricciones impuestas por la situación y constitutivas del control ascendente. Los ejemplos siguientes muestran cómo las nuevas informaciones se integran en la representación del sujeto, hasta entonces dominada exclusivamente por uno u otro de los esquemas familiares.

En el caso de la dicotomía, se constatan vacilaciones: los sujetos invierten a veces todos los amarillos con todos los azules en dos grupos, colocando todos los amarillos primero (al fondo del camión) ya que, según dicen ellos, «hay que ponerlos primero porque se van a descargar antes»; vuelven después sobre esta idea cuando ven que los azules están en lo alto de la pila.

En el caso de la alternancia, los sujetos proponen el mismo razonamiento pero localmente en relación con Am1 y Az2 o más adelante sobre otra pareja (Am3 y Az4, por ejemplo). Hay que señalar que se establece una relación entre los encadenamientos temporales relativos a la acción de depositar y de cargar, y que las relaciones espaciales (encima, debajo) sirven de intermediarios en la constitución de esta relación temporal.

De este modo, los sujetos que cargan un elemento (o un grupo) amarillo en primer lugar, ya que el (o los) amarillo(s) se deben depositar antes, establecen implícita e incorrectamente una relación entre el orden de depósito y el orden de carga (lo que constituye el orden directo). Entonces comprueban que este (o estos) amarillo(s) se encontrarán debajo de la pila y el (o los) azul(es) encima. Esto les lleva a realizar una corrección: colocan el (o los) amarillo(s) encima de los azules en la pila. A veces se establece desde el principio la relación entre la disposición espacial de la pila y el orden temporal de depósito, representado por la disposición de las zonas a lo largo del circuito. La relación entre el orden temporal de carga y el orden temporal de depósito permanece implícita por el momento, como lo muestra el análisis detallado de la forma en que los sujetos actúan. Guardan el (o los) bloque(s) amarillo(s) y azul(es) respectivamente en cada una de las manos y simulan la pila colocando una mano encima de otra y a la inversa, mirando el circuito, después depositan de una sola vez (por tanto, sin orden temporal en el momento del depósito) los bloques en el camión.

Estas inversiones permanecen muy limitadas, ya que operan únicamente sobre dos elementos (o dos grupos de elementos). De hecho, en la medida en que el sustrato temporal es todavía determinante, esta relación binaria no integra los cambios de significados que intervienen en las relaciones recursivas, que caracterizarán la inversión con tres elementos o más. Aquí, un elemento (o grupo de elementos) no se puede ver como si estuviera a la vez encima y debajo de otro.

El esquema familiar de dicotomía, observado a menudo al comienzo, se transforma rápidamente, en la medida en que los sujetos constatan la alternancia de las tres primeras zonas del circuito. Entonces se manifiestan dos comportamientos. O bien se da la evocación del esquema familiar de alternancia, que se transforma a su vez cuando los sujetos constatan la inadecuación de las primeras zonas, o bien la evocación del esquema familiar *directo*, que constituye para los sujetos un organizador mejor. A menudo señalan: «De todos modos, tengo que colocarlos en el orden de depósito».

Se comprueba pues que estos esquemas familiares han constituido para los sujetos una manera de comprender y de dar un significado a la ordenación de los elementos, sobre la cual ha venido a incorporarse un comienzo de inversión local.

Procesos de construcción de la inversión

Los hechos siguientes ilustran dos etapas esenciales en el establecimiento de la inversión del orden. La primera es la posibilidad de establecer una relación directa entre el orden de depósito y el orden temporal de carga, donde ya no interviene la relación espacial «encima-debajo». La segunda es la posibilidad de aplicar esta relación sobre más de dos elementos de forma recursiva, novedad cualitativa determinante en la medida en que implica un cambio de los significados atribuidos a los elementos, que se colocarán a la vez *antes* y *después* de otros elementos.

Los dos casos que nos interesan en primer lugar, ya que permiten poner de manifiesto el proceso que está en marcha, comienzan por una inversión entre am1 y az2. Pero con, en el primer caso (A), en el momento de colocar am3, la constatación de que éste se encontrará colocado sobre am1, lo que lleva a una inversión de am3 y de am1 (que, sin embargo, son equivalentes ya que son los dos amarillos) seguida inmediatamente de una inversión entre am3 y az2, cuando el sujeto advierte que az2 debería estar sobre am3.

En el segundo caso (B), los sujetos invierten directamente am3 con az2, puesto que prevalece la relación de orden entre estos dos elementos leída a lo largo del circuito. Esto tiene como consecuencia que am3 se encuentre colocado a la vez debajo de az2 y debajo de am1. Pero el análisis detallado con el magnetoscopio ha permitido mostrar muy claramente que los sujetos han advertido que al estar situada la zona Am3 después de la zona Az2, había que colocar entonces az2 sobre am3. Esta constatación permite afirmar además que el objetivo se limitaba estrictamente a una inversión entre dos elementos aislados, a saber, az2 y am3, y en concreto que (antes de la acción) no se había tomado en cuenta am1.

Los casos A y B llevan ambos al mismo resultado, diferenciándose en el hecho de que en A, es la propia acción de depósito en el camión la que ha evocado la segunda modificación (colocación de am3 bajo az2) mientras que en B, esta relación entre am3 y az2 se encontraba en el origen de la transformación. Eso significa que en el caso A, la relación *sobre*, descubierta después de la aplicación de la carga en orden directo, ha evocado las contingencias ligadas al orden temporal de depósito que se ha aplicado reiteradamente sobre Am1 y después sobre Az2. Por el contrario, en el caso B, la relación recursiva se ha descubierto por sí misma como la consecuencia de colocar am3 debajo de az2, en la medida en que el sujeto comprobará después que, actuando así, ha colocado implícitamente am3 igualmente debajo de am1.

Se puede hacer notar que un mismo proceso subyace en los dos casos. En A como en B, se da el descubrimiento de una consecuencia inesperada que sigue a la aplicación de una transformación. En A, es la relación *sobre* lo que no se había anticipado y en B, es el hecho de que una única y misma acción (el colocar am3 debajo de az2) tiene una consecuencia doble (am3 debajo de az2 y debajo de am1). Ahora bien, en el caso A, este descubrimiento es simplemente iterativo y no conduce a una deslocalización de las relaciones (que siguen basadas en una inversión entre dos elementos), mientras que en el caso B, la gran novedad se refiere al hecho de que *una sola* acción lleva a una doble inversión, lo que tiene una triple consecuencia:

1) una diferenciación de las atribuciones de significaciones en las relaciones de orden, ya que el elemento az2 está a la vez *debajo* de am1 y *encima* de am3;
2) la creación de nuevas unidades formadas por varios elementos sobre los que se aplicarán las transformaciones, ya que am3 está colocado bajo un grupo de elementos formado por am1 y az2;
3) la transformación de la relación espacial *debajo de* en una relación temporal «colocado *antes*» que deriva de la creación de unidades constituidas por grupos de elementos; así los sujetos colocan am1 y az2 en espera, antes de colocar am3.

Si se busca identificar el proceso responsable de este cambio de representación, se comprueba que está basado en la diferenciación de un significado atribuido a un procedimiento (colocar am3 debajo de az2), que inicialmente constituye la realización de un *plan* (inversión local de estos dos elementos) y que se reinterpreta como si pudiera constituir también la realización de otro *plan* (inversión de uno de estos dos elementos —am3— y un tercer elemento —am1). En la experiencia de los *recipientes desiguales*, hemos hablado de *efecto secundario* o de *descristalización* para caracterizar este proceso. Este permite la creación de una nueva relación entre dos transformaciones, hasta ahora consideradas como distintas (por ejemplo, en el caso A discutido anteriormente en el que la inversión entre am3 y az2, por una parte, y entre am1 y az2, por otra parte, se da en dos etapas sucesivas).

El elemento az2 adquiere así un doble significado: está a la vez *debajo* de am1 y *encima de* am3. La distinción es importante en la medida en que el hecho de colocar am3 debajo de az2 implica una diferenciación del estatuto de az2.

Además, el descubrimiento ligado a la colocación de am3 a la vez debajo de az2 y debajo de am1 implica una reagrupación de los elementos az2 y am1, que se colocan ambos *encima de* am3. Así, la relación creada entre az2 y am1 tendrá como efecto un cambio de las unidades sobre las que se aplican las transformaciones; de hecho el elemento am3 está situado debajo de un grupo de elementos y no ya debajo de un solo elemento. Este desplazamiento es fundamental en la medida en que conduce a que se coloquen en situación de espera varios elementos (am1 y az2) durante la carga de az2, lo que tiene como efecto señalar la relación temporal que se establece entre am3, az2 y am1. Más en concreto, permitirá que el sujeto se centre en el hecho de que az2 deberá cargarse *después* de am3 pero *antes* de am1.

El proceso de *efecto secundario* consiste pues aquí en reinterpretar un procedimiento, con la consecuencia de la creación de un nuevo objetivo, que podrá evocarse después de manera independiente. Este fenómeno constituye la etapa crucial del cambio de representación del problema. La cuestión epistemológica central del control de la tarea recibe ahora una respuesta más precisa, de naturaleza constructivista e interaccionista. Así, se pone de manifiesto claramente el papel del conocimiento procedimental; éste evoca en el sujeto un *plan*, no integrado con anterioridad en la representación del problema y que se integrará con otros elementos existentes ya en esta representación del problema. Al producirse, esta integración procede por medio de la creación de nuevas unidades sobre las que se darán las transformaciones, lo que lleva a una nueva relación entre el orden de depósito y el orden de carga, como atestigua el ejemplo que sigue.

Mar (6;6), después de haber cargado az2 encima de am1 e invertido los dos bloques, mira am3, coge un bloque amarillo mientras lleva su atención a la zona Az2 y, después de un largo momento de espera, toca az2 (en el fondo del camión) con el dedo, todo esto mientras tiene en una mano el bloque asignado a Am3. Coge az2 con dos dedos desdeñando am1 y coloca ostensiblemente am3 debajo de az2. En el momento de dejar am1, observa: «...Ah, viene después de estos dos (am3 y az2) ése...».

Aparecen dos tipos de conducta después de la conducta B. O bien los sujetos siguen con la carga en orden directo, añadiendo simplemente dos bloques azules encima de la pila, asignados a Az4 y Az5. Resulta sorprendente constatar que incluso en el momento en que comienzan la fase de depósito, estos sujetos no han mostrado tendencia a modificar una última vez la carga insertando simplemente los dos bloques azules debajo de am1, az2 y am3. El orden directo aún es, pues, muy dominante, incluso para los sujetos que han llegado a un éxito parcial con los tres primeros elementos.

Las otras conductas testimonian un cambio importante en el que el conflicto latente entre un trabajo subordinado al esquema familiar *directo* y las inversiones locales se hacen explícitos. Los sujetos de este grupo han mostrado todos una vacilación ya en el momento de cargar am3 debajo de az2, centrando su atención en Az4 y Az5. Sigue una fase en la que, generalmente, se pone en entredicho todo el trabajo realizado hasta el momento, que desemboca tarde o temprano (tras un período de manipulaciones o reflexiones más o menos largo) en colocar en espera toda la pila (am1, az3, am3) durante la inserción de dos bloques azules al fondo del camión. Parece que se han constituido claramente dos grupos de elementos, uno formado por am1, az2 y am3 y el otro por az4 y az5, colocándose este último *antes* del otro.

El interés de este ítem consistía en ver cómo procederían estos sujetos, cuando después de haber conseguido y comprobado efectivamente su carga establecida en varias fases tal como acabamos de describir, se les pidiera rehacer toda la carga de nuevo (a veces después de algunos minutos de descanso tras el primer éxito). El punto digno de señalar fue una total convergencia de las conductas de estos sujetos. Comenzaron todos por centrar su atención en las zonas Am1, después Az2 (a veces cogiendo un bloque azul), después llevaron de repente su mirada al final del circuito (Az4 y Az5). Realizaron a continuación una carga colocando dos bloques azules (normalmente juntos), después en orden inverso con am3, az2 y finalmente am1 (donde la posición de la mirada testimonia que el primer bloque amarillo que se carga estaba destinado a Am3 y no a Am1).

El problema estriba entonces en saber cuál es realmente la comprensión que tienen estos sujetos de la inversión del orden. En concreto, ¿han generalizado el razonamiento recursivo realizado sobre los tres primeros elementos que ha llevado a una redistribución de los elementos en unidades nuevas, o se ha dado simplemente una centración en el final del circuito y una reproducción de un orden parecido al orden directo pero comenzando en el otro extremo del circuito? En otras palabras, ¿no residirá la comprensión sólo en una toma de conciencia del orden seguido hasta aquí y en una aplicación de este orden de otro modo? Ésta estaría entonces inducida por una descentración progresiva en relación con el lado derecho del circuito, en el caso de las modificaciones realizadas sobre los primeros elementos.

El papel de la configuración espacial en la comprensión de la inversión (ítem 2)

El ítem 2, en el que no hay ya coincidencia entre el orden temporal de depósito y el orden espacial de izquierda a derecha, ha permitido poner de manifiesto, con una mayor profundidad, lo que los sujetos habían comprendido al lograr resolver el ítem 1. Además, ha permitido comprender mejor cómo se elaboran las relaciones de inversión del orden temporal de depósito.

Los sujetos que han resuelto el ítem 1 aplican sistemáticamente en el ítem 2 un método de carga basado en la lectura del circuito en orden inverso espacial (es decir, se comienza por el extremo derecho del circuito, por la zona Am3, en lugar de seguir un orden inverso a la secuencia temporal de depósito, comenzando por Az5) y esto a pesar de un conocimiento verificado del camino seguido por el camión.

Esto permite entonces mostrar claramente el hecho de que en la solución del ítem 1 no se han generalizado las relaciones recursivas que habían determinado la deslocalización de la inversión a las primeras zonas. En concreto, la inversión se apoyaba en una extensión de la deslocalización basada en la configuración espacial del circuito de izquierda a derecha que conducía a una centración sobre la zona Az5. Además, se puede ver el importante papel organizador de un esquema familiar en la comprensión del problema y los procesos que permitirán abandonar este esquema en provecho de una conducta más apropiada.

Antes de la aparición de la inversión (d) correcta se han observado tres conductas. La primera (a) es una carga en orden directo de Am1 a Az5. La segunda (b) es una carga basada en el orden directo, pero relativa a la disposición espacial de izquierda a derecha (am1, az2, az5, az4, am3). En la tercera (c), la más frecuente (85 % de los sujetos) y la más interesante, la carga se basa en una inversión relativa a la configuración espacial con centración en el extremo derecho del circuito (Am3), que conduce a: am3, az4, az5, az2, am1.

A los sujetos que presentan la conducta c, se les ha pedido imitar varias veces (antes y después de la carga) el trayecto que toma el camión, siguiendo el circuito con el dedo. Esto ha llevado sistemáticamente a un conflicto, que se manifestaba por vacilaciones y una reiteración espontánea de la simulación gestual en la que el sujeto parecía buscar un elemento organizador estable. Ya que, en el ítem 1, este elemento consistía en una coincidencia entre la orientación general del circuito y el trayecto. Dicho de otro modo, el éxito se hacía posible en gran parte debido a que la centración en el extremo derecho del circuito correspondía exactamente con el final del trayecto. Aquí, no es ése el caso. De lo que resulta un conflicto latente en el que la simulación gestual induce poderosamente el esquema familiar *directo* y en el que la configuración espacial induce una centración en Am3.

En todo caso, parece muy claro que la centración en el extremo derecho del circuito (Am3) y la inversión en relación con la configuración espacial constituye un compromiso familiar que permite un control de la situación, sin que los sujetos comprendan por lo tanto la razón de ser de su conducta; esto se manifiesta en Oli (7;0) que, habiendo cargado am3, az4 y luego az5, duda en el momento de cargar az2 y retoma una conducta en orden directo cargando primero am1 y después az2, y diciendo que am1 es «el primero» que hay que descargar.

Aquí la observación más interesante es que los sujetos, que finalmente admiten la falta de adecuación de una carga a partir de Am3, presentan un conflicto que se convierte entonces en bastante más explícito. Así, constatan, a veces verbalmente, que es «mejor» comenzar «por el otro lado» mientras indican el final del circuito, sabiendo que una carga a partir de Am3 no será adecuada. Dicho de otro modo, tienen la certeza de que el final del circuito presenta un interés cierto sin saber, sin embargo, cuál. Este conflicto es fundamental en la medida en que revela una primera disociación entre el sustrato espacial, sobre el que hasta ahora se basaba la «idea directriz» de comenzar por «el otro lado», y el esquema familiar, que se encuentra en el origen de esta «idea directriz».

Todo sucede como si el sujeto supiera que hay que invertir algo, pero sin saber sobre qué realizar esta operación. Es importante caracterizar este «conocimiento intuitivo», ya que es el que subsiste cuando se rechaza la configuración espacial. Hablaremos aquí de un esquema familiar que constituye una forma de representar una *oposición*, pero sin atribuir todavía a este conocimiento el conjunto de condiciones que definen la inversión temporal necesaria en este caso.

Se comprueba pues que aquí actúa de nuevo un proceso idéntico al encontrado en el caso de la deslocalización de la inversión en el ítem 1. Un esquema familiar que orienta el trabajo se ha hecho concreto a través del sustrato espacial y ahora deberá disociarse de él para aplicarse sobre un sustrato temporal. La dificultad que entonces encuentran los sujetos procede del hecho de que este esquema familiar existe desde ese momento bajo una forma no concreta, ya que el sustrato espacial que alimentaba este esquema ahora se rechaza. Este tipo de conocimiento que tiene un papel organizador privilegiado, pero que provisionalmente no encuentra una concreción particular, constituye para nosotros una de las formas de pensamiento intuitivo frecuentemente halladas en la situación de solución de problemas.

Uno de los sujetos, Cec (8;6) presenta una conducta que testimonia la verosimilitud de esta hipótesis. Sin saber cómo invertir, decide cambiar de orden cada uno de los colores que encuentra; esto significa que carga un bloque azul cada vez que encuentra una zona amarilla y recíprocamente. La interpretación que sugerimos, basada además en una serie de detalles adicionales que revela el protocolo, es que el esquema familiar *oposición* se manifiesta de un modo original, por supuesto incorrecto, pero que atestigua su papel heurístico. En este caso, la inversión se da entre dos colores, el amarillo viene después del azul o recíprocamente. De este modo una generalización de esta «realización» concreta de este esquema lleva naturalmente a una sistematización de la inversión entre colores, lo que corresponde exactamente a la conducta de Cec.

Evolución del esquema de inversión

El fenómeno primordial en la solución del ítem 2 es la dicotomía entre, por una parte, el grupo formado por las zonas Az5, Az4, Am3, y, por otra, por el grupo formado por las zonas Az2 y Am1. Los sujetos observados han mostrado todos, en un momento u otro de su reflexión, una centración local en las zonas Az5, Az4, Am3. A veces los sujetos han expresado explícitamente la necesidad de colocar az5, az4 y am3 antes del grupo am1, az2, pero con infinitas dudas en cuanto al problema de saber cuál, si am3 o az5, debía cargarse primero.

Cec (8;6), por ejemplo, señala: «...Pienso que hay que poner éste (am3) primero (antes de az4, az5)...». Carga a continuación dos bloques azules (az4 y az5). Después, centrándose en Az2, dice: «...no se puede cargar de otra manera...», poniendo así de manifiesto que el problema es la no contigüidad entre am3 y az2. De repente, descarga todo y dice: «...¡Oh!, ¡ya sé! ¡Hay que poner ése (am3) como si estuviera el segundo!». Y al cargarlo, busca voluntariamente olvidar la configuración espacial concentrándose y repitiendo en voz baja la frase ¡«como si estuviera el segundo!». Este pasaje muestra muy claramente el conflicto entre las restricciones relativas a la configuración espacial en las que se trata de comenzar por el extremo derecho (am3) y la necesidad de respetar la contigüidad temporal entre am3 y az2. El rodeo lingüístico es evidente. El «como si» permite conciliar las restricciones incompatibles relacionadas con la configuración espacial y la contigüidad temporal entre am3 y az2.

Desde el punto de vista del control de la tarea, se puede señalar que esta dicotomía se ha hecho posible gracias a la aplicación simultánea de dos conductas, una que privilegia la centración en Az5 y la otra en Am3. Dicho de otro modo, el procedimiento ligado a dos esquemas familiares, inadecuados ambos, supone una nueva fragmentación del problema sobre el que los sujetos han continuado su reflexión, planteándose en concreto la cuestión de saber cuál de los elementos az5 o am3 debería estar justo antes de az2.

Ahora bien, esta nueva fragmentación ha inducido una reflexión sobre la relación temporal entre dos grupos de elementos, que se particulariza en una reflexión sobre la relación temporal entre elementos de cada uno de los dos grupos (am3 en relación con az2 y az5 en relación con az2). Finalmente esta relación particular es la que permitirá a los sujetos solucionar este ítem.

En general, ha resultado que la comprensión de este problema implicaba una modificación sistemática de los significados atribuidos a los elementos. Los hechos han puesto de manifiesto que ningún esquema familiar era susceptible de dar cuenta de estos cambios de significados múltiples y, en consecuencia, que la generalización sistemática de la recursividad no aparecía.

En resumidas cuentas, el proceso que explica la evolución de la representación en el problema de la inversión de orden consiste en una diferenciación progresiva de lo que hemos denominado el esquema familiar *oposición*, que está originalmente vinculado a la dicotomía de los colores. Así, el concepto de inversión se construye progresivamente mediante una «desvinculación» en relación con las ejemplificaciones originales concretas de este esquema. Y estas desvinculaciones actúan mediante un mecanismo que hemos llamado *efecto secundario*, para significar que a partir de la aplicación del procedimiento ligado a una realización concreta del esquema *oposición*, puede evocarse otro significado. Esto es posible gracias a la relativa independencia del procedimiento en relación con el propio esquema.

Conclusión

El modelo general que explica la evolución de la representación en los dos problemas aquí propuestos, se basa en dos elementos que se complementan. Uno es el recurso a conocimientos familiares para el sujeto, que hemos denominado «esquemas familiares», que desempeñan un papel heurístico fundamental. Otro es la posibilidad de reinterpretar un procedimiento de realización de un esquema familiar en términos de otro esquema familiar; dicho de otro modo, se trata de la posibilidad de evocar un instrumento no anticipado, que permitirá diferenciar el modelo inicial del sujeto ingenuo.

En definitiva, para responder al problema epistemológico de la autoorganización y el control de la tarea, es necesario:

a) inferir la existencia de unidades primitivas (procedentes de conocimientos sensoriomotores). Así, la idea que justifica el recurso al esquema familiar consiste precisamente en responder a la doble necesidad de disponer de una entidad que tenga una génesis y constituya un elemento organizador en el contexto del problema que se debe resolver;
b) plantear la hipótesis de una relativa independencia del procedimiento de aplicación del esquema familiar en relación con el propio esquema, a fin de poder explicar los nuevos significados susceptibles de adquirirse mediante el procedimiento que conduce (a través del proceso llamado *efecto secundario*) a la evocación de nuevos esquemas familiares. Esta hipótesis posee una implicación de primera importancia que consiste en admitir una heterojerarquía en el nivel de control de la tarea, en la medida en que el control es momentáneamente capturado por el nivel procedimental, lo que permite reorientar el problema a través de la mediación del nuevo esquema familiar evocado por el procedimiento.

Hemos visto que entonces los esquemas familiares que desempeñan un papel heurístico (pero que no son forzosamente adecuados epistémicamente) deberán modificarse. Hemos podido observar que estas modificaciones resultan a veces difíciles de llevar a cabo por el sujeto. Los dos problemas que hemos analizado nos han permitido mostrar que el conflicto procede del hecho de que cuando un esquema familiar debe reemplazarse, el sujeto ya no dispone entonces provisionalmente de una representación del problema, ya que ésta se caracteriza precisamente por este esquema (y su función de semantización).

En el problema de las jarras, se ha mostrado además que este conflicto se solventa cuando el sujeto integra informaciones de la situación que van a modificar progresivamente los significados que definían el esquema familiar actualmente preponderante en su representación del problema. Para caracterizar este proceso hemos hablado de descristalización del esquema familiar o de efecto secundario.

En el problema de la inversión de orden, este proceso de reorientación del problema se ha manifestado claramente en dos fases. Una primera vez cuando los sujetos han descubierto las nuevas propiedades ligadas a la inversión de un elemento en relación con un grupo de elementos. Una segunda vez cuando los sujetos han descubierto la inversión de la serie relativa al orden temporal.

En los dos casos, esta reorientación se ha apoyado en esquemas familiares que desempeñan un papel heurístico central: los esquemas familiares *dicotomía, alternancia* y enseguida *directo* y *oposición* han hecho posible la deslocalización del control apoyándose en diferentes sustratos disponibles, ligados de una forma u otra al espacio.

Segunda parte

LOS FUNDAMENTOS DEL CONSTRUCTIVISMO PSICOLÓGICO

Introducción*

En los capítulos 1 y 2 de esta obra se plantean, por un lado, la orientación general de las investigaciones expuestas, más centrada en el funcionamiento de las conductas que en su estructura y, por otro, el carácter necesariamente temporal de las conductas del sujeto psicológico enfrentado a tareas de resolución de problemas. Las observaciones de los capítulos anteriores muestran claramente cómo el niño reorganiza sus objetivos y los conocimientos que utiliza en la realización de estas tareas. Las ideas expuestas en los capítulos 8 y 9 deberían ayudar a captar en profundidad la extrema complejidad de las actividades de «pilotar la propia acción» que requiere la solución de cualquier problema. Muestran también que en toda actividad del sujeto psicológico enfrentado a la resolución de una tarea, las operaciones de la voluntad cooperan con las operaciones intelectuales y con la multitud de conocimientos generales y específicos propios de tales actividades.

Las páginas que siguen ofrecen, además, una síntesis teórica de los resultados generales de la psicología genética, la nueva perspectiva del funcionamiento de la inteligencia —que ha permitido estudiar los instrumentos y los procesos de resolución de problemas en los niños— y la aportación conceptual de la inteligencia artificial. Estas páginas resumen un trabajo todavía en marcha, cuyo objeto es la elaboración de una teoría de los sistemas cognitivos que integre la cibernética de las regulaciones, la concepción «computacional» o «algorística» de la mente característica de la inteligencia artificial simbólica, así como los conceptos de inteligencia, conocimiento, motivación y afectividad, propuestos como prolongación de la psicología y de la epistemología genéticas, y las tesis neodarwinistas (en el contexto que nos ocupa, por «computacional» o «algorístico» entendemos los procesos referentes a las señales, los signos o los símbolos, o a las configuraciones de señales, signos o símbolos, según las reglas de cálculo —«cálculo» en un sentido amplio que hay que determinar— confiriéndoles un significado relacionado con la acción en curso terminada). Al igual que los estudios expuestos en los capítulos anterio-

* Trad. cast. de Celina González.

res, estas páginas llevan el sello de las estrechas relaciones establecidas en los años cincuenta entre la epistemología genética, la cibernética y la inteligencia artificial. Tras las reuniones iniciales, a mediados de los años sesenta, de Bärbel Inhelder con autores como Herbert Simon, y después de los estudios teóricos que realizaron Papert y Cellérier (Cellérier, 1968; Papert, 1967a, 1967b; y Papert y Voyat, 1968) en el Centro de Epistemología Genética, y de los diversos trabajos de B. Inhelder y J. Piaget sobre el aprendizaje operatorio y los «mecanismos del desarrollo», Cellérier e Inhelder propusieron, en 1971, cuando se reunieron con Newell, Simon y sus colaboradores, un primer ensayo de aproximación teórica entre las investigaciones de la inteligencia artifical y la psicología y la epistemología genéticas, al que siguió otro en 1976 (Cellérier e Inhelder, 1972; Cellérier, 1976). Después, otros trabajos se integraron en dicho ensayo: por una parte, los descubrimientos conceptuales del neodarwinismo; por otra, los progresos de la inteligencia artificial, y, sobre todo, la apertura de Minsky y Papert a una concepción «sociológica» del funcionamiento de la mente, es decir, a la integración sistemática en la inteligencia artificial de nociones explicativas tomadas prestadas de las teorías de las organizaciones biológicas y sociales (Cellérier, 1984 y 1987). Ya sabemos hasta qué punto la psicología piagetiana de la inteligencia se ha nutrido de analogías biológicas. Las páginas que siguen se inscriben, por tanto, dentro de una estricta continuación del esfuerzo de investigación que propuso Piaget al comienzo de sus investigaciones en psicología y epistemología genéticas. Además, el propio Piaget, retomando en el plano ontogenético las tesis baldwinianas de la conducta motriz de la evolución, había acabado integrando una forma de darwinismo en el seno de su explicación más general de la evolución de las formas (Piaget, 1976a). Por otro lado, estas páginas se benefician de una situación teórica y de nuevas exigencias de diseño. El punto de vista fundamental que se ha adoptado para reconsiderar las tesis y las nociones de ambas disciplinas es el funcionalista, ampliado por el imperativo que ha impuesto la inteligencia artificial a la ciencia cognitiva: la descripción algorística. El análisis funcional de la mente y de sus componentes es, por tanto, un análisis privilegiado. Sin embargo, no se ha abandonado la concepción estructuralista, sino que se ha integrado sencilla y naturalmente en un punto de vista global que tiene como objeto el funcionamiento de los sistemas cognitivos, y se manifiesta en la formulación del concepto híbrido de «agrupamiento de las centraciones» (véase más adelante). Pero incluso aquí es evidente la continuidad con Piaget, quien, en 1936, defendía la primacía de las categorías teleonómicas sobre las categorías noseológicas. Añadamos, por último, que es posible pensar que las páginas que siguen participan del movimiento de «psicologización», y más en general de «naturalización», de la inteligencia artificial que puede verse en la obra reciente de Minsky, *La sociedad de la mente* (Minsky, 1986) y que se prolonga en investigaciones como las de Drescher (1991) y Maes (1989, 1991).[1]

JEAN-JACQUES DUCRET

1. La segunda parte de este libro se ha realizado en parte en el marco de la ayuda 11-25889.88 del F.N.R.S. concedida a Jean-Jacques Ducret. Agradecemos a Catherine Cornut la ayuda prestada en su redacción.

8 El constructivismo genético hoy día*

POR GUY CELLÉRIER, EN COLABORACIÓN CON JEAN-JACQUES DUCRET

Constructivismo epistemológico y constructivismo psicológico

El vínculo cada vez más estrecho establecido en los últimos años entre la epistemología genética y la inteligencia artificial fundamental (Albers, Brandt y Cellérier, 1986; Cellérier, 1987; Ducret, 1991; Minsky, 1986), así como los últimos trabajos de Piaget, que trataban sobre lo que podría denominarse las materializaciones psicológicas de las estructuras y de sus formas de construcción, al igual que las investigaciones sobre los procedimientos de resolución de problemas emprendidas por Bärbel Inhelder y los demás autores de esta obra, han abierto una nueva vía y planteado un problema teórico decisivo: el de las relaciones actuales entre la epistemología y la psicología genéticas.

En efecto, en el programa de investigación epistemológica de Piaget, estas relaciones son a la par sencillas y evidentes. Se trata de separar la epistemología de la filosofía especulativa, o al menos puramente reflexiva, para volverla a unir a las ciencias, tomando como modelo las relaciones que mantienen la física teórica y la física experimental. La epistemología genética ocuparía de forma natural el papel teórico y formalizador de la primera; la psicología genética, el papel empírico y comprobatorio de la segunda. Por tanto, el papel de la psicología genética consiste en refutar o confirmar experimentalmente ciertas tesis filosóficas clásicas, o en sugerir otras nuevas. En cuanto a la epistemología genética, que determina el programa de conjunto, tiene por objeto estudiar cómo pasa el conocimiento desde un estado de validez epistemológica menor a un estado de validez superior. Esta definición lleva, pues, a una definición del objeto de la psicología genética «clásica» que corresponde a una formulación alternativa cuyo uso es frecuente en Piaget, es decir, el estudio del paso de un estado de equilibrio psicológico inferior a un estado de equilibrio superior. Si se tiene cuidado en diferenciar, más de lo

* Trad. cast. de Celina González.

que lo ha hecho Piaget, estas dos definiciones del desarrollo del conocimiento —una epistemológica, otra psicológica—, se llega a desarrollar, como complemento del constructivismo epistemológico, un constructivismo «psicológico» más ligado a los problemas del funcionamiento del conocimiento que a los problemas centrados en las estructuras subyacentes a las competencias cognitivas del sujeto, y que se ha convertido en el objeto principal de la psicología genética actual. Precisemos algunos elementos de esta distinción, destacando que el constructivismo psicológico implica el constructivismo epistemológico, al igual que el objeto de la psicología genética implica el marco teórico de la epistemología genética.

Conocimientos universales y conocimientos particulares

Los conocimientos universales que son el objeto de estudio de la epistemología genética están formados por nociones como las de tiempo, espacio y movimiento, el número en su forma inicial de medida cualitativa e invariantes como la del objeto permanente en diversos tipos de transformaciones, que constituyen las dimensiones descriptivas categorizadoras del marco de comprensión conceptual, de operación reconocedora y de organización motriz de toda experiencia, al menos exterior. En efecto, toda interacción entre el sujeto y el medio es el resultado de una conducta que, por la propia encarnación de la mente o de la inteligencia en «una máquina de ejecución biológicamente materializada» (un sistema biológico dotado de un subsistema sensoriomotor), se halla constituida de forma inevitable por un desarrollo *temporal* y *causal* de actos físicos de un organismo en el espacio, referentes a los *objetos*; y, en estos términos, se captan o categorizan las interacciones para formar nuestra experiencia vivida. La existencia y la naturaleza de los conocimientos categóricos son, por tanto, el resultado inevitable de la «condición humana»: ser una mente materialmente encarnada y «encerebrada» (retomando la expresión de McCulloch: *Embodiments of Mind*, 1965). En cambio, en el marco de la epistemología genética, los conocimientos particulares y prácticos que se forman en el interior de este marco de captación de lo real, durante las diversas tareas de solución de problemas que constituyen la actividad habitual de la inteligencia y la realización de su función adaptativa, sólo se estudian en la medida en que revelan o no la existencia o la evolución de una de las dimensiones conceptuales categóricas. Por el contrario, como demuestra la presente obra, el funcionamiento siempre particularizado de los conocimientos en una situación de solución de problemas es lo que constituye, desde el punto de vista del constructivismo psicológico, el crisol constitutivo no sólo de la construcción de los conocimientos particulares, sino también de las categorías universales de las adaptaciones cognitivas del sujeto a su medio y de las transformaciones que en él produce.

Estructuras y funciones

El estructuralismo es el resultado de la convergencia de diversas vecciones teóricas esenciales del constructivismo epistemológico. Desempeña directamente la función normativa de disciplina axiomatizadora de la ciencia experimental correspondiente, que es la psicología genética clásica. Analiza y reconstruye, además, la estructura interna de su objeto, es decir, las construcciones resultantes de la psicogénesis. Por último, resalta su carácter de totalidades racionales en cuanto operatorias, por oposición tanto a las tesis atomistas de epistemologías reduccionistas como el empirismo o el realismo de las ideas, cuanto a las tesis holísticas de epistemologías como la fenomenología.

En cambio, la función de estas construcciones, cuando se aplican los esquemas y estructuras adquiridos para resolver problemas de adaptación del sujeto a lo real, y recíprocamente, en las adaptaciones de lo real al sujeto —en esto consiste la construcción tecnológica de sistemas y de medios artificiales—, no es el objeto del constructivismo epistemológico, sino, en la perspectiva que aquí se propone, el del constructivismo psicológico.

Por tanto, si el análisis estructural, bien adaptado a las cuestiones de validez, caracteriza el primero (el constructivismo epistemológico), el análisis funcional, y su contrario, la síntesis funcional, son esenciales al segundo (el constructivismo psicológico). Se tratan con más detalle porque forman el armazón lógico de un funcionalismo renovado complementario del estructuralismo clásico. Esta relación deriva directamente del propio constructivismo. En efecto, el análisis y la síntesis funcionales tienen como objeto la descomposición y la composición de la «emergencia» de propiedades del todo, que no se reducen a las de sus componentes tomados de uno en uno. Esta emergencia no tiene nada de espontánea ni un carácter *ex nihilo* metafísico o transracional. Deriva de la disposición de los componentes calculada a tal efecto o seleccionada después. En la perspectiva teórica que aquí se propone, las nuevas propiedades funcionales constituyen la razón de la génesis psicológica o de la selección biológica de las estructuras cognitivas que constituyen el objeto psicológico privilegiado del constructivismo epistemológico.

Análisis y síntesis funcionales

El análisis funcional es el método fundamental de las «ciencias de lo artificial», expresión que emplea Simon (1969) para designar el conjunto de disciplinas de «ingeniería tecnológica» que se refieren a la concepción y realización (*design and engineering*) de artefactos y máquinas físicas o informáticas. Desde una perspectiva histórico-crítica, hay que señalar que, a pesar de que el análisis funcional se haya aplicado en forma de un «saber-hacer» cognitivo práctico desde el origen de dichas disciplinas, sólo muy recientemente se le ha dado la categoría de método característico de la ingeniería tecnológica en sentido amplio. Además, aunque también sea el método propiamente constitutivo de la ciencia cognitiva contemporánea, en la actualidad carece de la categoría oficial de método científico en el mismo plano que el método experimental o que el axiomático, que se emplean en el enfoque estructural.

El problema fundamental de las ciencias de lo artificial puede enunciarse de este modo: dada una función que cumplir, concebir (*design*) una estructura (material: un artefacto, una máquina, etc., o logicial: un procedimiento de producción, de cálculo, etc., un programa, etc.) que la lleve a cabo. El método del análisis funcional consiste en descomponer la función en subfunciones. La función cronométrica de un reloj, por ejemplo, se descompondría en tres subfunciones: un generador de impulsos isocronos para la función cronos, un contador para la función métrica y un motor para poner en marcha ambos dispositivos. Cada uno de ellos se descompone, a su vez, en subfunciones que han recibido nombres tradicionales a lo largo de la tecnogénesis de estos artefactos: el generador de impulsos se compone de submódulos (balancín, áncora y escape), cada uno compuesto, a su vez, por piezas más elementales como rodillo, rueda y tornillo (del balancín), palanca, etc.

El análisis funcional, por tanto, desciende de nivel en nivel hasta llegar a las estructuras (materiales o logiciales) existentes, que cumplen o pueden cumplir una o varias funciones a la vez del nivel considerado. La naturaleza de estos componentes estructurales «elementales» depende del nivel tecnogenético de los constructores. En el plano más primario, las piezas elementales deben fabricarse con materias primas. Una primera diferenciación, o división vertical del trabajo, establece un nivel jerárquicamente superior de productores especializados en la fabricación de piezas estandarizadas por convención, en tanto que el nivel inferior está constituido por especialistas en la extracción y el refinamiento de las materias primas. En los niveles superiores constituidos por una tecnogénesis ascendente de este tipo, algunos constructores especializados pueden producir asimismo máquinas complejas a partir de nuevas combinaciones de máquinas estandarizadas (creadas también con un grado arbitrario de complejidad) sin fabricar ningún componente estructural. Suele ser corriente en las sociedades industriales la construcción de máquinas (relojes, calculadoras, mandos a distancia, etc.) limitándose a interconectar componentes electrónicos estándar.

El análisis funcional desciende, por tanto, por los niveles lógicos tecnogenéticos, deteniéndose en cada uno para hallar un componente estructural preconstruido, hasta alcanzar, si es necesario, el nivel de las piezas elementales. Este último nivel «de grado cero», que constituye un límite epistemológico, es aquel en el que, más allá de sí mismo, una pieza ya no es divisible en componentes construidos que pertenecen a las ciencias de lo artificial, sino en componentes químicos o físicos, átomos, etc., propios de las ciencias naturales. Este nivel se compone de «primitivos (localmente) universales» para este «universo de problema». Así se pueden concebir los functores lógicos «∧», «∨» y «¬» como los primitivos (localmente) universales de la lógica de las proposiciones, o incluso, de forma más prosaica, un juego de «Mecano» o de «Lego» como un conjunto de ejemplares de un número determinado de primitivos mecánicos (ruedas, engranajes, ejes, cadenas, correas, viguetas, tornillos, pernos, etc., estandarizados), que son localmente universales en el sentido de que permiten construir todas las máquinas descritas en las instrucciones del juego, así como un número infinito de otras que no figuran en ellas.

En cada nivel de la descomposición funcional, los componentes preconstruidos desempeñan el papel de primitivos relativos (a ese nivel). Cuando cada una de las hileras de la descomposición ha alcanzado los primitivos de base, termina la fase de análisis descendente, a la que sigue la de la síntesis ascendente, que consiste en unir de forma jerárquica los componentes estructurales hasta formar la estructura total que completa la construcción, que «realiza», «materializa» o «mecaniza» la función superior pretendida. En realidad, las fases de análisis y de síntesis parcial están entremezcladas: los obstáculos que se encuentran en una realización parcial pueden requerir un reanálisis, y la propia realización indicar una descomposición alternativa, etc.

La finalidad, subrayaba con humor François Jacob, es la amante secreta del biólogo. La amante platónica, ni que decir tiene. El análisis funcional es su forma metodológica, pero en la biología, difiere del papel que desempeña en la tecnología. En efecto, si el problema del ingeniero es el de lograr la síntesis de una estructura que lleve a cabo una función, el del biólogo es el opuesto: dada una estructura y una función superior ya sintetizadas (la conservación del organismo, por ejemplo), hay que construir una descomposición funcional que lleve a cabo la función superior concordando con los componentes estructurales (anatómicos) que se pueden reconstruir empíricamente.

El análisis funcional es tan antiguo en biología como la descomposición del organismo en órganos que realizan (sub)funciones fisiológicas homeostáticas (respiración, circulación, asimilación, etc.) de la función superior de automantenimiento del organismo. Esta descomposición se prolonga hasta el nivel macromolecular infracelular con la biología molecular, y ésta, al alcanzar las estructuras que constituyen las bases químicas de las funciones superiores (los componentes del ciclo de Krebs en la respiración, etc.) completa el análisis funcional iniciado por la biología tradicional, tocando el nivel elemental de la biología, por debajo del cual los componentes estructurales ya no están construidos por los genes.

Por último, señalemos de pasada una diferencia importante entre las construcciones funcionales que realiza un ingeniero y las que realiza la evolución natural. Para el sistema cognitivo humano, la representación de la función que hay que realizar precede a la construcción de la estructura, en tanto que, en el sistema genético, la construcción de las estructuras (variantes) precede a su «selección posterior». Dicha selección está determinada por el hecho de que la variante lleva a cabo una subfunción nueva que diferencia una función superior, o la mejora de una función existente en el organismo o del sistema genético, contribuyendo a la reproducción diferencial de los genes que la producen. Si la vida es «creadora de formas», el conjunto extraordinariamente variado de estructuras anatómico-fisiológicas que constituyen las diversas especies vivas y extinguidas es el resultado de múltiples materializaciones de la diferenciación de una única función superior invariante, «la invariante funcional» —retomando los términos de Piaget— de la filogénesis que constituye la reproducción diferencial.

Esta incursión en las ciencias de la naturaleza y de lo artificial no es gratuita. Cierto número de principios fundamentales se disciernen con mayor claridad en unas que en las otras; ahora se trata de explicitarlos y trasponerlos al constructivismo psicológico.

Los sistemas de equilibración mayorante o *«value driven»*

Las diferenciaciones funcionales en los sistemas de equilibración mayorante

Todos los objetos naturales o artificiales que hemos mencionado, con independencia de que sus componentes sean máquinas primitivas, genes, individuos, agentes (Minsky, 1986) o esquemas, son sistemas denominados cibernéticos, construidos por sistemas cibernéticos naturales (biológicos) o artificiales, creadores de formas que operan siguiendo una «ley de dirección», o una vección (Piaget, 1949), y principios de materialización comunes, que inscriben en sus construcciones principios de organización y de funcionamiento comunes. A partir de tales principios se diferencian por sus diversos universos adaptativos los caracteres específicos de los sistemas filogenéticos, sociogenéticos y psicogenéticos.

La ley de dirección común de estos últimos es, en último término, la de una autoequilibración mayorante, que evalúa toda nueva estructura, o modificación de una estructura adquirida, en términos de la mayoración de la eficacia o la productividad que aporta al sistema constructor, automodificador o autoorganizador. Es, por tanto, la función de evaluación superior indiferenciada del sistema de equilibración la que define la función de las estructuras que selecciona. Su construcción tiene como consecuencia tanto la de diferenciar el sistema en evolución en subsistemas como la de diferenciar la función de evaluación en subfunciones de evaluación locales que regulan el funcionamiento y la mayoración de las subestructuras construidas. Según un empleo de la noción de equilibrio cuyo germen se halla ya en Aristóteles (en la *Ética a Nicómaco*, por ejemplo), el concepto de equilibración expresa a la vez la búsqueda de algo mejor y la existencia de totalidades compuestas por partes, cada una de las cuales tiende a contribuir de la manera más eficaz y productiva al funcionamiento de las demás y, por tanto, de su totalidad común.

Diferenciación biológica

En la teoría de la evolución biológica es donde estos diversos rasgos se revelan con mayor claridad. La función de evaluación superior del sistema genético mide la eficacia de sus construcciones en términos de la mayoración de reproductividad de los genes que les son específicos, lo que constituye, en sentido literal, una evaluación de la productividad biológica de éstos. En biología, por definición, el gen más funcional (y la estructura que especifica) es el que más se produce y reproduce. La reproductividad constituye, por tanto, la definición teórica de la adaptación biológica, reproductividad cuya «adaptación al medio» de la estructura construida es uno de los factores, pero no el único. La función de evaluación mide la reproductividad «diferencial», es decir, relativa, de un gen con respecto a sus competidores, sus alelos, y no su reproductividad absoluta. Por consiguiente, la frecuencia relativa de algunos genes puede aumentar, a pesar de que su frecuencia absoluta, es decir, el tamaño de la población, disminuya hasta la extinción de la especie.

La función biológica de evaluación superior es una función indiferenciada en el sentido de que ni distingue ni sustituye de forma selectiva los factores y estructuras múltiples cuyas variaciones simultáneas se combinan para modificar la reproductividad del todo, el organismo. En el curso de la filogénesis, se diferencia al modular la construcción o síntesis ascendente de la jerarquía de subfunciones y subestructuras, que dirige las sociedades de macromoléculas protobióticas hacia su integración en la «cibernética microscópica» (Monod, 1970) de la maquinaria unicelular, y a ésta hacia las formas de organización extraordinariamente complejas, en múltiples niveles jerárquicos, de las «sociedades» de miles de millones de células individuales especializadas en la división del trabajo, agentes primitivos que cooperan de este modo para que emergan nuevas funciones adaptativas del todo, que forman los organismos pluricelulares.

Para limitarnos a esbozar lo esencial del esquema lógico que tratamos de trasponer de la equilibración de los genes a la de los esquemas (Cellérier, 1984), a título de marco teórico organizador del constructivismo psicológico señalemos, en primer lugar, que la reproducción de los genes se diferencia mediante la construcción de los primeros (micro)organismos en dos subfunciones, la de la conservación del organismo y la de su reproducción, que lleva a cabo la de los genes. Ambas subfunciones se hallan subordinadas a la de los genes y cooperan en situación de división del trabajo entre subestructuras especializadas en la mayoración de la reproducción de los genes del todo. En efecto, desde el comienzo, su conservación es necesaria para la reproducción de los propios genes, como mínimo durante el tiempo en que tiene lugar la actividad de la autorreplicación. Al construir una subestructura autoconservadora que, al protegerlos, aumenta la longevidad del original y del mecanismo de copia, ya que, con la invención de la conducta, permitirá acumular para éste, de forma activa y de antemano, las materias primas y la energía necesarias para su actividad, el sistema genético aumenta a la vez la cadencia de producción y la durabilidad del aparato reproductor, mayorando de este modo su reproductividad.

A su vez, estas dos subfunciones se diferencian. La conservación se subdivide en subfunciones especializadas de automantenimiento y autorreparación, que, a su vez, se diferencian de forma jerárquica durante la filogénesis hasta las homeostasis fundamentales que llevan a cabo las principales funciones fisiológicas que aseguran la asimilación y la distribución interna de las materias primas y de la energía. En cuanto a la reproducción, se diferencia en crecimiento preliminar del organismo y en reproducción por escisión. A su vez, el crecimiento coexplota en parte, en calidad de subfunciones, los mismos mecanismos que la autorreparación (que ya consiste en construir copias de componentes).

Diferenciaciones etológica y psicológica

Con la construcción de los primeros esquemas de conducta externa (prensión y locomoción) cuya realización aprovecha, sin duda, inicialmente los mecanismos genéticos que dirigen los procesos fisiológicos internos, aparece la divergencia evolutiva funcional entre vegetales y animales. Los organismos ya no están limitados a encuentros aleatorios con sus fuentes de materia prima y de energía, que están aseguradas por la difusión en un medio líquido, por ejemplo, sino que se orientan y desplazan hacia ellas. Los esquemas de la alimentación, con su diferenciación en subesquemas de apetito y de consumo (Tinbergen, 1951), al igual que la autodefensa, la protección, y la huida que de ellos se derivan, son diferenciaciones que forman una red compleja de esquemas con múltiples subordinaciones y cooperaciones. Esta red se encuentra coexplotada en parte y se vuelve a diferenciar por los esquemas que prolongan la reproducción en el plano de las conductas externas y que, con la construcción de estrategias de recombinación (Darlington, 1958) de genes que lleva a cabo la reproducción sexuada, forman la nueva red de esquemas de alarde, rivalidad, nidación, *parenting*, etc.

El hecho de que un solo ejecutante sensoriomotor común controle y coordine este conjunto de esquemas hace surgir las funciones superiores adaptativas del organismo y constituye el problema de la motivación en etología (Tinbergen, 1951) y en psicología, y, de forma más general, el denominado problema del «control» en la ciencia cognitiva.

Estos esquemas de conducta precodificados, o instintos en sentido general, son «prolongaciones de órganos» (Piaget, 1950), siempre que lo que entendamos por ello sean órganos internos. Constituyen, en efecto, diferenciaciones de homeostasis y funciones fisiológicas cuyas perturbaciones regulan en segundo término, cuando los reguladores internos se salen de su campo de reequilibrio. Así, por ejemplo, cuando los reguladores fisiológicos de la temperatura (escalofríos y transpiración) están sobrecargados, es decir, desequilibrados, se puede activar un conjunto de esquemas de conductas externas para restablecer el equilibrio, que abarcan desde la amplificación del efecto de las reacciones fisiológicas conductuales (ejercicio, ventilación, etc.) hasta la construcción de reguladores artificiales (calefacción, etc.).

Señalemos por último que desde el punto de vista algorístico (computacional), que es el nuestro, la invención de la conducta puede entenderse como respuesta al estancamiento combinatorio al que, tarde o temprano, llega de forma inevitable un sistema genético que acumula e integra múltiples estructuras anatómico-fisiológicas, cuando se trata de producir una nueva variante integrada. En efecto, el número de modificaciones que hay que aportar a los demás componentes, cuando se produce una variación en uno de ellos, aumenta exponencialmente con el número de componentes. Cuando dicho número sobrepasa la potencia de cálculo del sistema genético, mayorar la adaptación del organismo cambiando sólo los esquemas de conducta hereditarios y conservando su estructura anatómico-fisiológica invariable, se convierte en una ventaja desde el punto de vista selectivo. Hay que repetir el mismo razonamiento fundado en las limitaciones de las fuentes algorísticas en el caso de la invención de mecanismos de construcción psicogenéticos de esquemas, que toman el relevo del constructor filogenético cuando la creciente complejidad de la red de esquemas instintivos induce al sistema genético a una nueva explosión combinatoria.

Hay, por tanto, en esta perspectiva, un morfismo fundamental entre la estructura algorística de los sistemas de equilibración filogenética y psicogenética, que convierte la psicogénesis en el proceso de la diferenciación evolutiva de una función de evaluación superior de mayoración del equilibrio cognitivo, función que se refiere a la autoconservación y automejora del sistema cognitivo (no del sistema genético), que define y determina psicogenéticamente la diferenciación de una jerarquía de necesidades psicológicas *sui generis*, que no se pueden reducir a las necesidades fisiológicas y que incluso suelen entrar en contradicción con ellas. Esta autonomía de los valores (psicológicos) que adopta el sistema cognitivo, y su vección psicogenética característica, con respecto a las de su constructor, el sistema genético, es consecuencia inevitable de su función de submáquina para resolver los problemas adaptativos del organismo. Para desempeñar esta función, un sistema de este tipo debe comportar un mecanismo de planteamiento de problemas y fines hipotéticos arbitrarios que le permita plantearse fines contrarios a los que propone su constructor. Las estructuras cognitivas y los esquemas aseguran el equilibrio cognitivo de forma sincrónica en un estadio, al tiempo que generan de forma diacrónica su mayoración. Los lamentables aspectos complementarios de esta autonomía que adoptan los servomecanismos automayorativos son muy conocidos: ¡la fábula del aprendiz de brujo y el proverbio, igualmente célebre, según el cual «la mente está (psicogenéticamente) dispuesta, pero la carne es (filogenéticamente) débil» así lo testimonian!

El morfismo entre sistemas de equilibración filogenética y psicogenética determina y define entonces, simplemente, el programa de investigación detallado del constructivismo psicológico, así como su forma de conjunto. A imagen exacta de su prototipo teórico, la biología, en el caso del constructivismo psicológico trata de construir una descomposición de las funciones superiores de la inteligencia en subfunciones que correspondan a estructuras materiales (anatómico-fisiológicas) y logiciales (estructuras lógico-matemáticas con las categorías o áreas cognitivas que éstas determinen) hasta los esquemas sensoriomotores y «semiooperadores» más elementales de la acción y de la representación. Y se trata, al igual que en la teoría de la evolución biológica, de situar dichas funciones y estructuras en el devenir de la diferenciacion ascendente o diacrónica del sistema cognitivo, que corresponde a los estados o estadios de la psicogénesis.

Hay que subrayar que algunos psicólogos, que ignoran, según parece, la reformulación teórica de su disciplina en el marco algorístico contemporáneo, han calificado la línea teórica que se acaba de esbozar de reduccionista. Habría, por ejemplo, una reducción del sistema cognitivo al sistema genético. La autonomía axiológica del primero y sus consecuencias, que se acaban de subrayar, bastan para refutar esta tesis que, a su vez, se basa en un reduccionismo un poco ingenuo desde el punto de vista teórico: la reducción del morfismo a la identidad. Es indudable que el morfismo que relaciona los sistemas cognitivo y genético a través de una forma algorística común establece entre ellos una correspondencia. Pero una relación de correspondencia no se reduce a una relación de identidad. La primera se refiere a las estructuras abstractas de ambos sistemas, en tanto que la segunda lo hace a sus componentes concretos.

Sistema (filo)genético y sistema psicogenético

Las diferencias entre ambos sistemas son tan evidentes que hasta ahora han enmascarado sus semejanzas algorísticas. El sistema genético (de la evolución biológica) es un sistema de cálculo «masivamente paralelista», con una constante temporal muy elevada, en tanto que el sistema cognitivo humano comporta subsistemas —los de las inteligencias sensoriomotriz y representativa—, esencialmente secuenciales, mucho más rápidos y, además, el segundo sistema está dotado de funciones de autorrepresentación anticipadora y reconstructora, así como de autodiagnóstico y autointervención característicos del «yo consciente e intencionado», que carecen de homólogos filogenéticos. Las homologías estructurales son, no obstante, profundas: ambas son sistemas *value driven* que evolucionan bajo la influencia de un procedimiento de (auto)equilibración mayorante, lo que es particularmente evidente en la evolución de las estructuras y del «saber-hacer» no representativos (la estructura es, en términos de Piaget, «lo que el niño sabe hacer, no lo que sabe decir sobre ello», es decir, una forma de conocimiento organizadora eficiente pero no consciente) que constituyen el objeto central de la psicología genética. Ambos basan su equilibrio sincrónico y su productividad diacrónica (en formas nuevas construidas) en las «estrategias del conocimiento» que se describirán más adelante.

Queda una diferencia, decisiva desde nuestra perspectiva teórica por cuanto se refiere al modo de evolución, y que tiene que ver con la relación de subordinación funcional que existe entre ambos sistemas filogenético y psicogenético, en la que uno es construido y usado por el otro en calidad de submecanismo de adaptación. Esta relación se lleva a cabo mediante un mecanismo teórico nuevo, el *predestined learning* (Minsky, 1986), que constituye un *tertium* entre un preformismo y un constructivismo radicales o puros y que permite conferir un nuevo sentido a la «maduración», uno de los cuatro factores explicativos del desarrollo cognitivo (Piaget, 1966; véase asimismo Cellérier, 1979b).

Predestined learning y *constructivismo psicológico*

En el párrafo que define el *predestined learning*, Minsky (1986, pág. 99) subraya que no hay una frontera clara entre lo innato y lo adquirido. Sería extremadamente costoso desde el punto de vista genético especificar la naturaleza, la posición y las conexiones de cada célula de un órgano. Así, sólo se especifica con precisión el estado inicial de las células embrionarias de los órganos cuyo desarrollo se considera precodificado. Estas células están dotadas de programas que les permiten responder a las diversas señales químicas y mecánicas que encuentran en el curso de su diferenciación, produciendo la variedad de fenotipos característicos de la norma de reacción de la especie considerada.

Por tanto, una determinada proporción de predeterminación exacta y de adaptación posterior constituye la regla en biología, y es indudablemente menos costosa la especificación del componente adaptativo destinado a «aclarar las irregularidades que derivan de una menor predeterminación» que la predeterminación o preespecificación genética completa. Estas observaciones se aplican, desde luego, de forma idéntica al órgano que constituye el cerebro, a la embriogénesis del sistema nervioso central en general y a la especificación del plan de cableado de sus neuronas en particular.

Así, ciertos subsistemas cognitivos, o agencias en la terminología de Minsky, que constituyen áreas cognitivas que pueden corresponder con mayor o menor exactitud a áreas cerebrales, adquirirán de forma inevitable determinados tipos de conocimiento. Tales sistemas (referidos al espacio, por ejemplo), esenciales para la adaptación del organismo, son capaces de ejecutar diversas actividades rigurosamente predeterminadas, al tiempo que son aptos para adaptarse a circunstancias cambiantes, razón por la que Minsky los vincula al mecanismo concreto de adquisición que denomina *predestined learning*. Dicha predestinación podría, por ejemplo, manifestarse por índices proporcionados por los genes que desencadenarían la síntesis de nuevas capas de componentes logiciales y materiales (o «de agentes») aproximadamente en el lugar adecuado y en el momento justo.

El examen del tipo de «ley de dirección» o de guía de la psicogénesis que Minsky propone permite situar con facilidad «la adquisición predestinada» con respecto a las posiciones puras preformista y constructivista (psicogenética). En el marco de las soluciones preformistas, la ley de dirección de la construcción de las estructuras cognitivas es puramente biológica: la del sistema genético de la especie. No hay ley de dirección de naturaleza psicológica, ya que, como no se produce la adquisición, no hay construcción psicogenética; la única construcción es filogenética. En el marco de un constructivismo psicogenético puro puede existir un núcleo inicial de esquemas innatos. Pero a partir de este estado inicial construido por la filogénesis, la ley de dirección de las construcciones subsiguientes es esencialmente psicológica: la de la (auto)equilibración mayorante de las estructuras cognitivas. Estas construcciones son autónomas en el plano psicogenético, en el sentido de que, tras la etapa inicial, las instrucciones o los índices genéticos dejan de dirigirlas o desviarlas, inhibirlas o facilitarlas selectivamente en determinadas direcciones.

En este contexto teórico, la postura de Minsky se manifiesta claramente no como un compromiso, sino como un verdadero *tertium*, es decir, una síntesis, en el sentido de que se basa en la cooperación y coordinación de las guías filogenética y psicogenética de la construcción de las estructuras.

Este *tertium* es el que adoptamos, generalizándolo en el marco del constructivismo psicológico. La construcción de estructuras cognitivas se concibe en él como resultado de las interacciones de los tres sistemas de equilibración, actuando en escalas temporales distintas, que constituyen la filogénesis, la sociogénesis y la psicogénesis. El argumento fundamental que justifica dicha elección es el coste genético o algorístico de diversas estrategias filogenéticas de construcción de sistemas psicogenéticos. En un extremo, debido a las limitaciones intrínsecas al material macromolecular que emplea la filogénesis, la precodificación o preformación completa de las estructuras cognitivas parece demasiado costosa en cuanto a la cantidad de información que hay que representar genéticamente y en la cantidad de cálculos (combinaciones y selecciones) necesarios para construir dicha información. La estrategia de la preformación no sería, por tanto, competitiva con respecto a una estrategia alternativa que permitiera una autoconstrucción autónoma por el propio sistema cognitivo. Hay que señalar, además, que el preformismo, al privar a la psicogénesis de toda autonomía, constituye un reduccionismo tan radical de la psicogénesis a la filogénesis que despoja de toda razón de ser biológica a la construcción de un sistema psicológico. En el otro extremo, la estrategia de construcción autónoma pura es «evolutivamente inestable», retomando los términos de Lumsden y Wilson (1981). En efecto, toda estrategia alternativa que dirija la psicogénesis con mayor eficacia, es decir, con menos equilibraciones intermedias, hacia un estado operatorio más productivo tendrá una ventaja selectiva sobre las otras dos y podrá eliminarlas del *pool* genético.

Vamos a considerar seguidamente los tres sistemas de equilibración y su interacción.

Las interacciones entre sistemas de equilibración

En *Genes, Minds, and Cultures*, Lumsden y Wilson (1981) introducen una importante innovación en la perspectiva teórica de la sociobiología contemporánea, al definir su nuevo objeto como una «etología cognitiva» cuyo objetivo es explicar la aparición evolutiva de los sistemas cognitivos animales (y, en particular, las propiedades *sui generis* del sistema cognitivo humano), basándose en las interacciones de los tres sistemas de equilibración que forman, desde nuestra perspectiva teórica, la filogénesis (*genes*), la psicogénesis (*minds*) y la sociogénesis (*culture*). Se trata, desde luego, de un redescubrimiento, pero también de una reformulación teórica, del objeto de una «epistemología basada en la biología» a través de la psicosociología, que recurre a toda la potencia de los tres sistemas constructores en interacción evolutiva, lo que, siempre según nuestra perspectiva, es condición *sine qua non* para explicar la formación de las «facultades» de la mente humana (veremos que, en realidad, estos autores ignoran en parte el sistema psicogenético). Hay que esbozar aquí, aunque sea de forma esquemática, la red de tales interacciones constructivas recíprocas entre sistemas que evolucionan a escalas temporales muy diferentes, distantes unos de otros en una ordenación de magnitud temporal. Esta red constituye, en efecto, el marco organizador teórico del constructivismo psicológico, y se trata de situar en él la predeterminación psicogenética. Como el tema principal del siguiente capítulo es un análisis y una teoría funcionales de los esquemas, aquí vamos a examinar con más detenimiento la aportación funcional del sistema sociogenético y, en particular, de los esquemas de interacción social, a la evolución de los sistemas cognitivos.

a) La psicogénesis en sus relaciones con la filogénesis

En primer lugar, es evidente que tanto la psicogénesis como la sociogénesis poseen una base filogenética: las capacidades de aprendizaje y de interacción social son específicas de la especie. Ambos sistemas, a su vez, realizan acciones evidentes sobre la filogénesis, por cuanto su producto, la «cultura», se une a la «naturaleza» para formar el nuevo medio que modula, a su vez, la selección natural de la filogénesis. En segundo lugar, y reconocemos en ello una reformulación de la tesis que Piaget desarrolló en *Comportement, moteur de l'évolution* (1976), las interacciones entre ambos sistemas constituyen el motor del proceso filogenético de hominización que conduce a la forma operatoria presente, aunque necesariamente transitoria, de la inteligencia. Son las interacciones mayoritativas recíprocas de dos estrategias evolutivamente estables (cada una de las cuales mayora la productividad del sistema que la construye y lleva a cabo) las que inducen el proceso de hominización. La primera, que ya hemos mencionado, es el aprendizaje, que se organiza de forma progresiva en el curso de este proceso en un sistema de construcción psicogenética. Desde este punto de vista, la psicogénesis no se reduce al aprendizaje, sino que constituye una estrategia administrativa epigenética que organiza los aprendizajes subordinándolos a la «inclusión de lo superado en lo que se está superando», con una reorganización correlativa de lo superado. Esta estrategia ejerce una selección psicogenética negativa de las adquisiciones que no se pueden integrar (lo que se traduce, como sabemos, en un orden de adquisiciones) y de las adquisiciones no integradoras. Esto significa que de dos nociones, teorías, etc., que abarquen el campo de equilibrio cognitivo con una extensión equivalente, sólo se conservará la que sea integradora, es decir, la que integre desde el punto de vista de la comprensión la suma de las integraciones conceptuales precedentes.

Esta estrategia integradora determina la vección interna de la construcción de los conocimientos y constituye la autodeterminación psicogenética cuya ley de dirección es irreductible a las de la filogénesis y la sociogénesis. Esta ley modula la diferenciación en estructuras constituidas de la mayoración psicogenética en su organización temporal, sometiendo sus adquisiciones a una «secuencia de ejercicio» graduada, pero también en su contenido, ya que su mecanismo de «conservación diferencial» sólo retiene las secuencias integradoras. Observemos de pasada que la capacidad integradora y el orden de las adquisiciones son precisamente las características constitutivas del constructivismo epistemológico, que lo distinguen de las otras teorías genéticas, el empirismo y el convencionalismo. Mencionemos, por último, sin desarrollar este punto, que, desde nuestra perspectiva, la ley de dirección evoluciona en el curso de la evolución que determina, diferenciándose en una «sociedad» de estrategias (el mecanismo psicogenético de la evolución se halla autodominado, en el sentido de que se halla sometido a la evolución, es decir, a su propia acción) y que estrategias como «la introducción del máximo de novedad compatible con la conservación del máximo de lo adquirido», realizan una segunda selección sobre las consecuencias integradoras.

b) La sociogénesis y sus relaciones con la filogénesis y la psicogénesis

El segundo mecanismo inductor de la hominización es el de la sociogénesis, que se basa en el establecimiento de intercambios interindividuales sincrónicos (colaboraciones y cooperaciones «intrageneraciones») y diacrónicas («tradiciones» en el sentido jurídico de transmisión «intergeneraciones»). Señalemos de entrada que la transmisión de conocimientos de una generación a la siguiente es la base de la sociogénesis, es decir, de la evolución o génesis histórica (no individual) de los conocimientos, y que dicha transmisión no es una necesidad social o psicológica en sí misma, sino una estrategia evolutivamente estable adquirida en el curso de la evolución. Por otra parte, sólo la hace posible la existencia de la estrategia psicogenética en los miembros del grupo social, y constituye un resultado de la interacción entre los mecanismos de aprendizaje y de intercambio social y, precisamente, una forma de interacción mayorante seleccionada y conservada por la evolución. La estrategia de integración se reconstruye en ella para alcanzar una forma extrema, según nuestra hipótesis, en la aparición histórica de la ciencia, o, según la fórmula, cada nuevo investigador es un «enano (psicogenético) a hombros de un gigante (sociogenético)», en el sentido de que su formación, punto de partida de sus adquisiciones, consiste en la asimilación de la suma integrada de las adquisiciones de sus predecesores. La ventaja sociogenética de esta estrategia es la conservación, que permite la mayoración de lo adquirido a través de las generaciones; su ventaja recíproca es, desde luego, la aceleración correlativa debida a la predeterminación psicogenética que ejerce la tradición cognitiva. Hay que señalar que esta estrategia desempeña una función similar en la psicogénesis, donde la «tradición interna» de los conocimientos que asegura la integración de las experiencias mantiene la continuidad cognitiva del sujeto de estadio en estadio y permite recíprocamente, durante su aplicación y cuando los conocimientos del estadio actual son insuficientes, lo que Minsky denomina la «vuelta a un yo (psicogenéticamente) precedente». Esto asegura una «degradación no brusca» de la inteligencia natural, cuando, por ejemplo, la activación de los esquemas prácticos del nivel concreto permite resolver un problema cuyo mecanismo esencial resulta inaccesible a la reconstrucción y a la comprensión en el plano formal. Esta forma de «éxito sin comprensión» es, además, la norma en la fase de exploración de un universo de problema nuevo. Por último, la interacción entre sociogénesis y psicogénesis es sinérgica, ya que ejercen un influencia de dirección inmediata, recíproca y de naturaleza mayorativa. La transmisión social de la experiencia determina las construcciones psicogenéticas individuales, en la medida en que les permite novedades que sin ella serían inaccesibles en una generación, o también suministrando algunos procedimientos y componentes primitivos relativos a estas construcciones. Son precisamente tales construcciones individuales las que se proponen a cambio de la integración sociogenética y las que suministran las variantes que constituyen la materia prima de su evolución.

La mayoración recíproca se manifiesta en que el incremento gradual de las experiencias sociogenéticas supera a los sistemas cognitivos de productividad incrementada, tanto en la reconstrucción como en la construcción, y en que dicha productividad, acrecentada por la multitud de psicogénesis individuales tiene, a su vez, un efecto multiplicador (y no simplemente aditivo) sobre la producción sincrónica de los conocimientos. Pero ésta sigue siendo fundamental, claro está, ya que sin las adquisiciones derivadas de las psicogénesis individuales no hay conocimientos que integrar y transmitir de una generación a la siguiente.

c) Las diferenciaciones funcionales ligadas a la «división del trabajo»

Recordemos que, desde la perspectiva teórica interaccionista de la epistemología genética, el objeto de la sociología no es ni el todo —el grupo social— ni la suma de las partes —los individuos—, sino la red de sus interacciones sociales, constituida precisamente por los intercambios, y que Piaget pone en evidencia analizando las condiciones del equilibrio estructural. ¿Cuál es entonces la función que motiva y que desempeñan los esquemas del intercambio? La respuesta clásica es que el intercambio es consecuencia de la división del trabajo. Esta sería la estrategia generadora de los intercambios sociales y del propio carácter social, que, como ya hemos indicado, es independiente del de la psicogénesis individual. Siempre desde el punto de vista clásico, la función superior derivada de los intercambios es el incremento de productividad del grupo social formado por los intercambiadores, comparada con la suma de la de sus miembros considerados de forma aislada, es decir, sin intercambios. El análisis funcional lleva a diferenciar un poco este modelo. La productividad diferencial se convierte en la función de evaluación fundamental que determina la «ley de dirección» de la mayoración de los sistemas sociogenéticos. Dicha evaluación se refiere a las variaciones debidas a los aportes psicogenéticos individuales de las formas de organización de la división del trabajo; determina su «selección natural» según los criterios socioeconómicos propios de cada cultura, constituyendo de este modo el mecanismo motor de la sociogénesis. Pero tales formas de organización son las que llevan a cabo las funciones superiores del todo que constituyen, por medio de la coordinación de las actividades de los individuos, quienes, considerados de forma aislada, no las presentan. Lo que se evalúa, por tanto, es la eficacia diferencial de las variantes de dichas formas de organización que compiten por desempeñar la misma función superior. Así, la productividad no es la función emergente del todo social, sino la evaluación del grado de funcionalidad de las formas de organización sociales. A éstas, en cambio, corresponde llevar a cabo las funciones superiores y emergentes de la división del trabajo (como la organización y la administración de la producción y de la distribución) que instituyen funciones puramente sociales por cuanto son irreductibles a las necesidades de los individuos aislados.

La sociogénesis de estas formas de organización ejerce, a su vez, una influencia sobre la psicogénesis, ya que ambas forman un medio de complejidad que crece de forma progresiva con la evolución, constituido por estructuras «inmateriales» —hoy diríamos «logiciales»—, reglas, valores y signos socioindividuales, medio al que deben adaptarse las psicogénesis individuales en la misma medida, si no más, que al medio físico. En efecto, aunque las leyes físicas son invariables, las leyes logiciales no lo son: los sistemas de reglas, de valores y de signos son precisamente el objeto de la evolución sociogenética y, como su riqueza estructural es de naturaleza logicial, aventaja a la de los sistemas físicos con toda la potencia de lo calculable logico-matemático, en tanto que su diferenciación y su transmisión sociogenética tienen como resultado que su número sobrepase considerablemente el de los sistemas físicos a los que debe adaptarse la psicogénesis.

El análisis funcional diferencia, por tanto, dos aspectos de la división del trabajo: la síntesis de funciones características del todo por subdivisión de la función superior en subfunciones —la división de la tarea— y coordinación de tales subfunciones, lo que constituye la cooperación o la colaboración; y el aspecto más clásico de la mayoración de la productividad de dichas formas de organización. El constructivismo funcionalista liga ambos aspectos convirtiéndolos en dos mecanismos cuyo emparejamiento produce una totalidad dotada de propiedades nuevas: el sistema de equilibración mayorante de la sociogénesis. Desde esta perspectiva, el primer aspecto, el de la síntesis funcional, es sin duda el más profundo, en el sentido de que llega a mayorar cualitativamente la evolución de los sistemas cognitivos en interacción al abrirlos a nuevas funciones, constituyendo así la función constructiva del generador de la variación en la equilibración; en cuanto al segundo (la mayoración de la productividad), selecciona «cuantitativamente» estas construcciones o formas variables en términos de su eficacia diferencial en concurrencia con respecto a la misma tarea, evaluando de este modo la «mayoratividad».

d) Funcionamiento de los sistemas de intercambios sociales

Este marco de análisis, que se ha expuesto a propósito de los intercambios diacrónicos constitutivos de la sociogénesis, debe aplicarse ahora a los intercambios sincrónicos que constituyen el propio sistema social. Desde este punto de vista, la construcción de una forma de organización de los intercambios es una prolongación interindividual de la subordinación de los esquemas de medios al esquema de fin, tal como ésta aparece ya intraindividualmente en el comienzo de la función semiótica, cuando la representación del fin precede a la búsqueda de los medios (y, añadimos, la organiza por medio de la estrategia de «asimilación por partes», es decir, descomponiendo un problema en subproblemas).[1] Una forma de organización, aunque elemental, de la división del trabajo, es decir, de la cooperación y la colaboración, constituye, en efecto, desde esta perspectiva, una red de intercambios de los esquemas de los participantes, cuyos esquemas individuales se subordinan, en tanto que medios (es la subdivisión de la tarea o del problema en componentes más elementales) a la consecución de un fin común, «superior» a los subfines conseguidos por los individuos. La coordinación o cooperación consiste, por tanto, en la construcción de dicha red o forma de organización de las subordinaciones de los esquemas individuales al esquema del fin común, red que no es cualitativamente distinta de la que coordina en un mismo «procedimiento» completo (en una misma [sub]sociedad de la mente, según Minsky) los esquemas internos de un solo individuo. Los intercambios se manifiestan de entrada en su forma general «multilateral» (la forma «bilateral» de los intercambios económicos de bienes se presenta como un caso particular), en la que, de forma repetida, los esquemas de un participante se explotan como medios para conseguir un (sub)fin en una etapa de la tarea de conjunto común, etc. Esta red organizadora y coordinadora de las dependencias interesquemas forma la estructura algorística de la actividad observable, estructura cuya formalización constituye una «máquina abstracta», un «autómata formal», etc., cuyo funcionamiento engendra tal actividad.

Por tanto, no hay diferencia cualitativa, en cuanto tal, entre la forma individual de un esquema, en la que los componentes se hallan centralizados en un mismo individuo, y su forma social, en la que sus componentes se distribuyen entre varios individuos. Sin embargo, en este último caso hay que satisfacer ciertas condiciones suplementarias que aclaran la influencia de la estrategia de la división del trabajo en la evolución de los sistemas cognitivos.

Esta estrategia exige que se construya entre las partes una red de «consentimien-

---

1. La noción de «asimilación por partes» será objeto de un estudio posterior.

tos mutuos», un «consenso» o contrato social local, es decir, una convención, explícita o no. Este compromiso se refiere a la forma de organización de los intercambios: a la elaboración de una subdivisión particular de la tarea entre otras posibles, a la atribución de subtareas a las partes y, desde luego, a la coordinación del conjunto, el entramado organizador del esquema. En cada caso, el individuo tiene que subordinar sus esquemas en tanto que medios, coordinándolos con los de los demás pensando en fines comunes. En consecuencia, los participantes deben «compartir» tanto el fin conjunto como su división en subfines y el modo de coordinarlos. Este compartir cognitivo de la tarea se basa a su vez en la comunicación. El papel evolutivo de la función semiótica es, por tanto, doble desde sus orígenes, ya que es la base a la vez de: una coordinación de los medios y de los fines que determina la psicogénesis de la inteligencia reflexiva individual y, en segundo lugar, su prolongación social en la estrategia de la división del trabajo, que determina la sociogénesis de la cooperación interindividual. Esta coevolución es importante porque impone restricciones funcionales a la psicogénesis, cuya naturaleza aclara la relación entre los conocimientos universales o nomotéticos característicos del sujeto epistémico y los conocimientos particulares o iodiotéticos, cuyas enormes variaciones individuales aparecen en el marco del estudio de las estrategias y procedimientos de solución de problemas.

e) Comunicación intersubjetiva y categorías

La comunicación se basa, como señaló Piaget (1965) al referirse al lenguaje, en un sistema de significantes comunes, los signos, que se estabilizan de forma intersubjetiva por un sistema de reglas estructurales normativas y constituyen el objeto de la transmisión diacrónica que se ha mencionado anteriormente, formando una estructura logicial a la que debe adaptarse cada psicogénesis al reconstruirla. Pero la universalidad obligada del sistema de significantes no basta para asegurar la comunicación. Esta función ejerce una influencia nomotética más profunda, por cuanto exige, más allá de la intersubjetivación del sistema de significantes, la de la estructura de los significados. Como observa Skemp (1979), a mayor número de individuos implicados y de situaciones en que se requiere cooperar, mayor es, también, la necesidad de una «realidad compartida». Esta realidad consiste en la concordancia entre los diversos marcos conceptuales a los que los sujetos asimilan la «misma» experiencia y que, por tanto, deben imponer un mismo desglose a su extensión común. Si esta condición no se cumple, los signos comunes no pueden sino designar «realidades» distintas. Ahora bien, en general, hay un número en principio ilimitado de predicados que poseen la misma extensión. Los mapas políticos, económicos, climáticos, geológicos, etc., de un mismo territorio son un ejemplo habitual, y no hay, por ejemplo, correspondencia entre los objetos y relaciones jurídicas de unos y las físicas de los otros. Un todo invariable y conceptualmente homogéneo en uno de ellos (una subdivisión administrativa, por ejemplo) sólo corresponde a desgloses variables que reúnen partes heterogéneas en otro, y a la inversa.

De forma más general, la concordancia entre los mapas, esta vez cognitivos, recibe, en la concepción piagetiana de la cooperación, una definición operatoria que confiere a este término el sentido particular, que hay que subrayar, de puesta en común de operaciones de dos sujetos, que forman un «conjunto de cooperaciones». Esta tesis se ilustra con el análisis de un caso hipotético idealizado de división del trabajo, a saber, la construcción de un puente que parte al mismo tiempo de dos orillas, que demuestra que la subordinación de las acciones de dos constructores a un fin común se basa en el ajuste «por medio de nuevas operaciones (cualitativas o métricas) de correspondencia, reciprocidad o complementariedad, de las operaciones realizadas por cada uno de los dos participantes» (Piaget, 1950, vol. III, pág. 263), puestas en correspondencia que derivan de operaciones geométricas de traslación y rotación propias de cada uno de los dos participantes, pero realizadas con el pensamiento. Las operaciones de puesta en correspondencia recíprocas de cada uno de los participantes son, por tanto, la construcción de dos aplicaciones entre sus marcos de asimilación de lo real. Pero tales sustituciones recíprocas de puntos de vista, condición del éxito de la cooperación, sólo pueden concordar si ambas aplicaciones forman biyecciones directas e inversas de un isomorfismo. Sus marcos de asimilación individuales se convierten, por tanto, en dos materializaciones psicológicas, que pueden no ser isomorfas desde el punto de vista logial, de la misma estructura lógico-matemática del sujeto epistémico. Este comentario subraya de nuevo la necesidad ineludible de un enfoque estructural del constructivismo epistemológico y su complementariedad con relación al constructivismo psicológico, del que no sólo define el objeto de conocimiento, como ya hemos señalado anteriormente, sino que lo hace invariante al abstraerlo de sus múltiples materializaciones en el sujeto psicológico. Por tanto, ya en los mecanismos más primitivos de la intersubjetivación de los conocimientos informales característicos de los lenguajes naturales se encuentran los precursores de la capacidad de transmitir y de reproducir observaciones y deducciones, y, en consecuencia, el fundamento de la objetividad por la intersubjetividad constitutiva de diferentes ciencias.

Al considerar más detenidamente el ejemplo de la construcción del puente, se oberva además que los sujetos deben aprender a compartir, si quieren tener éxito en la cooperación, no sólo el conjunto de los conocimientos categóricos denominados objetivos (objeto, causalidad, espacio, etc., así como el número y las competencias lógicas), sino que también hay que incluir lo que podríamos denominar las categorías ligadas a la finalidad y la subjetividad (Cellérier, 1976). Más concretamente, hay que introducir en los conocimientos categóricos el marco de asimilación teleonómica característica de nuestra forma de captar el universo animado y sus artefactos funcionales (herramientas, máquinas, etc.), y en éste, la red especializada de nociones «intencionales» o psicológicas derivadas de la experiencia subjetiva y conductual de la actividad (terminada) del sujeto y de la intencionalidad en sentido amplio.

Así, en el ejemplo que aquí analizamos, estas nociones categóricas subjetivas, y no objetivas, son únicamente las que permiten a los participantes comprender sus propias actividades de cooperación no como una simple consecuencia de fenómenos físicos naturales (lo que reduciría sus acciones coordinadas a movimientos de objetos físicos complejos, pero sin finalidad ni función, y los intercambios verbales que los regulan, a la emisión concurrente de ruidos diversos sin significado), sino precisamente, por el contrario, como un intercambio completo entre sujetos conscientes e intencionados. Son también únicamente esas mismas nociones que caracterizan la subjetividad las que permiten comprender, a su vez, el intercambio característico, de naturaleza cooperadora (puesto que se basa en el consentimiento mutuo de dos sujetos, su respeto bilateral, su interés recíproco, etc.), distinguiéndolo de otros tipos de intercambios posibles, basados en el deber, la competencia, las diversas formas de restricciones y de engaños, etc. La conclusión de comprometerse en un intercambio se concibe desde ahora basada en la concordancia de las evaluaciones de la tarea común: la construcción del puente debe corresponder a la materialización de un valor en la escala de cada uno de los participantes. Además, dicho acuerdo, que se refiere asimismo a la división del trabajo, lo subdivide de forma eficaz, descomponiendo la tarea en subtareas coordinadas interindividualmente y asignándolas a los esquemas de ambos socios, para formar así, como ya hemos mostrado, el entramado organizador de un esquema compuesto común. La consecuencia inmediata sobre la realidad cognitiva de los participantes es que el resultado de los cuadros perceptivos debidos a su actividad total de construcción se capta como producto por medio de la ejecución de ese esquema compuesto.

Señalemos de pasada que este «modo de producción de los fenómenos» subordina la explicación causal al «determinismo logicial» que controla el funcionamiento de las máquinas informáticas (en el sentido de que la ejecución de la siguiente instrucción del programa es la que determina el estado físico consecutivo del sistema ejecutante, y no a la inversa). La instrucción, con la «transferencia de control» a la instrucción siguiente (incluida ella misma) que especifica, posee múltiples equivalentes formales (quíntuplos de las máquinas de Turing, reglas de reescritura, etc.); constituye a la vez la forma algorística de la relación medio-fin y la relación explicativa fundamental del marco teleonómico. En efecto, cada una de las instrucciones consigue, en calidad de medio, un subfin mínimo del programa total; la red de transferencias de control interinstrucciones coordina dichos medios subordinándolos al fin conjunto, para formar de este modo el entramado organizador (de los subprogramas) del programa.[2] A partir de ahí, el funcionamiento del sistema ejecutante es un fenómeno «logicialmente determinado», ya que su «modo de producción» se explica por la ejecución de instrucciones individuales y de las transferencias entre sí que especifica el programa, es decir, el logicial del sistema. La relación de medio-fin desempeña, por tanto, en el marco teleonómico un papel explicativo semejante al de causa-efecto en el marco causal.

---

2. En el capítulo siguiente vamos a analizar, a propósito de la organización de los esquemas, el «agrupamiento de los desplazamientos de la centración» que subyace a estas transferencias.

De esta doble asimilación y atribución de la actividad a la ejecución (o activación, exteriorización, etc.) de un esquema resulta que ésta se descompone en el plano cognitivo en la configuración de los medios, fines y subfines que corresponde a la de los (sub)esquemas que la componen. Tanto el acuerdo inicial anticipador sobre la repartición de la tarea, que constituye el plan de acción común, como su ejecución, dependen de la adquisición compartida de la relación medio-fin y de que cada uno de los participantes construya una configuración de las relaciones que corresponda a una descomposición funcional isomorfa de la tarea y de su ejecución.

Esta atribución es fundamental desde el punto de vista psicogenético, ya que, a partir de su forma inicial sincrética, la causa final, que constituye el esfuerzo físico que se completa en la propia acción (con el realismo, el artificialismo, el animismo y el finalismo que de ella se desprenden, donde «el niño materializa la mente y espiritualiza la materia» [Piaget, 1926]), se diferencian los cuadros de asimilación del universo objetivo y del universo subjetivo. Éste es el que permite a los participantes compartir la misma realidad, cultural en este caso, que constituye el intercambio interindividual, al comprender sus actividades coordinadas, en primer lugar, como conductas de sujetos conscientes e intencionados, es decir, fenómenos sociológicos y, en segundo lugar, desde luego, como fenómenos físicos naturales objetivos. Hay que precisar en este sentido que ambos marcos de asimilación subjetiva y objetiva son aquí no sólo concomitantes como requería el principio del paralelismo psicofisiológico, sino coordinados por la subordinación de lo material a lo logicial (Cellérier y Ducret, 1990). Los fenómenos físicos, internos o externos, que llevan a cabo la ejecución de un esquema para formar una conducta, se hallan hoy integrados en la perspectiva algorística en calidad de sustrato material «significante» de los fenómenos semióticos y funcionales del universo logicial sociopsicológico.

En resumen, si las transiciones de los cuadros perceptivos correlativos de los participantes son interpretados de forma simultánea por ellos mismos como transformaciones geométricas, desplazamientos espaciales, relaciones de causa-efecto y relaciones de medio-fin, hay que precisar que la propia segmentación del pseudocontinuo perceptivo en transiciones discretas se halla inducida por la de su actividad en episodios subjetivos terminados, que derivan de encadenamientos de la activación y la extinción de los esquemas en juego. Por tanto, el desglose teleonómico de la experiencia es, al mismo tiempo, primitivo en el plano psicogenético y el primero desde el punto de vista jerárquico, en tanto que las demás transiciones, (causal, cinética, etc.,) se subordinan a él o se inscriben en él al diferenciarse. Basta observar que desde el instante en que las transformaciones geométricas se interpretan como desplazamientos, el orden «conjuntista» lógico-matemático de sus situaciones-argumento y de sus situaciones-valor o resultado se interpreta como un orden temporal, en el que el punto de partida se ocupa antes que el de llegada. Es de nuevo el orden temporal de los medios y los fines el que es al mismo tiempo primitivo y primero, en tanto que el tiempo «objetivo» de la cronometría de los movimientos exteriores se diferencia de un tiempo subjetivo cuyo orden de estados instantáneos o instantes es el de los puntos de partida y de detención de los esquemas, y cuyos intervalos o duraciones son los del esfuerzo subjetivo (de mantenimiento de la invarianza del fin a través de las operaciones de recentración que constituyen los «movimientos» interiores de la atención). Los dos tiempos, físico y psicológico, se coordinan por último en un tiempo objetivo por intersubjetivación necesaria a la coordinación temporal (sucesión y sincronización) de los esquemas individuales en la cooperación y la colaboración.

Por sucinto que sea el análisis anterior, bastará para demostrar que la totalidad (o «sociedad» según Minsky) de los conocimientos que por esto hemos denominado «categóricos» interviene de forma cooperativa en la construcción y el mantenimiento de la realidad cognitiva común e individual de los intercambiadores, y que dicha totalidad coincide exactamente con la de las nociones y estructuras que Piaget elige entre el conjunto de conocimientos científicos para formar el sujeto epistémico del constructivismo epistemológico.

Vamos a examinar, por último, para terminar este apartado sobre los sistemas de equilibración y sus interacciones, el delicado tema de las relaciones entre predeterminación biológica y libre construcción psicológica.

De la precodificación a la «libre construcción»

Se ha insistido con frecuencia en la magnitud de la inversión genética (el elevado número de genes para especificarla) y metabólica (la gran proporción de la circulación sanguínea) que corresponde a la construcción y el mantenimiento del cerebro. La inversión, además, corre el riesgo, desde el punto de vista biológico, de convertirse en explotación, ya que este costoso órgano se halla más sujeto que ningún otro a lesiones, riesgo que se ve multiplicado por el hecho de que éstas, aunque no sean graves, pueden producir disfunciones de conjunto que no guarden proporción con su amplitud mecánica. Una inversión semejante debe rentabilizarse mediante un incremento de la (re)productividad correlativa de los genes que la llevan a cabo. Observemos que este argumento biológico se refiere al material del sistema cognitivo, en tanto que las ventajas selectivas que aporta sólo podrían basarse en la funcionalidad de su logicial. Como ya hemos mencionado, su ventaja selectiva sobre un sistema puramente genético de producción de esquemas «instintivos» se fundamenta en el incremento cualitativo y cuantitativo de productividad en esquemas adaptados que aporta un sistema psicogenético. De donde se deduce que toda guía, toda «ley de dirección» que conduzca (más) rápidamente un sistema de este tipo hacia un estado de quilibrio operatorio (más) productivo le conferirá una ventaja selectiva con respecto a las de sus competidores de psicogénesis peor «determinadas».

Estas consideraciones de economía y rentabilidad algorísticas en sus interacciones entre genes, inteligencias y culturas forman el hilo director del análisis de Lumsden y Wilson (1981), del que vamos a mencionar aquí algunas tesis fundamentales para nuestro propósito. Estos autores se oponen a la «concepción tradicional» en psicología y sociología, según la cual, desde su aparición, «la evolución cultural sustituye a la evolución genética». Semejante concepción sería, para esta tradición, la única que respeta la libertad humana, por oposición al determinismo genético. Es lo que Lumsden y Wilson denominan la tesis del «gen prometeico», cuya aparición habría permitido a la sociogénesis liberarse de todo determinismo genético. Se reconocen aquí las premisas, indiferenciadas, de los «debates» sobre la tesis que se atribuye, de forma equivocada, a la sociobiología, según la cual todas las conductas humanas estarían genéticamente determinadas. Hay que señalar, a este respecto, que, desde nuestra perspectiva, los tres determinismos —filogenético, sociogenético y psicogenético— coexisten y cooperan necesariamente en el sujeto. Y hay que señalar asimismo que la autodeterminación de sus conductas psicológicas se vería gravemente limitada por la súbita «libertad» de los módulos precodificados arcaicos, aunque sólo fueran de la motricidad, ya que una decisión a este nivel podría, por ejemplo, no ser llevada a cabo por los módulos efectores que habrían modificado «libremente» el «lenguaje máquina» de las órdenes motrices. Por tanto, en las jerarquías constructivistas psicogenéticas hallamos las mismas limitaciones funcionales que subyacen a la selección conservadora del código genético o del lenguaje en las construcciones filogenética y sociogenética. En realidad, la autodeterminación psicológica es una función construida y llevada a cabo, o no, a ese nivel *sui generis*. En efecto, un programa puede producir un comportamiento «aleatorio», «ilógico», «contrario a las leyes físicas», heurístico etc., en su nivel superior de descripción, en tanto que todas las operaciones de niveles inferiores de las máquinas virtuales y reales que lo llevan a cabo serán deterministas, lógicas, físicas, algorítmicas, etc. La autodeterminación se basa, del mismo modo y con idéntica necesidad, en los determinismos logiciales y físicos de los niveles inferiores de (su) materialización. Así, el cerebro y el sistema cognitivo del amo y del esclavo socráticos se hallan sometidos en la misma medida al determinismo físico y a los determinismos logiciales (incluido el de los genes), pero uno es más libre que el otro.

Por tanto, no es en los niveles funcionales inferiores, sino en los grados de libertad de las actividades psicológicas individuales y de sus interacciones sociales, donde se manifiesta y se define la «libertad humana», con gen prometeico o sin él. Se deduce entonces que debemos pensar, de forma paradójica en apariencia, que nuestro sistema cognitivo se halla determinado tanto desde fuera, y de manera heterónoma, por la filogénesis y la sociogénesis, como desde dentro, y de manera autónoma, por la equilibración psicogenética que hay que construir, en concreto la «sociedad» de los esquemas de las acciones internas sobre los valores, cuya forma de equilibrio final constituye el sistema de las «operaciones de la voluntad» (Piaget, 1964). En efecto, la psicogénesis de éste es la que, como veremos, está en el núcleo de la psicogénesis de la competencia heurística de la inteligencia, en tanto que su completamiento constituye, según nuestra perspectiva, la realización psicológica del libre arbitrio, que tanto la ética como la doctrina jurídica abstraen como condición de la responsabilidad del sujeto de derecho. Que el sistema cognitivo, para cumplir su función, deba poder plantearse fines contrarios a los de su constructor —el sistema genético— no es una paradoja. Que además éste lo conduzca a semejante autodeterminación constituye una posibilidad evolutiva funcional previsible. Este fenómeno no tiene nada de excepcional: es el objetivo confesado de la educación de los padres en el caso de los sistemas cognitivos humanos y de los constructores de «robots autónomos» en el caso de los sistemas artificiales.

La consecuencia teórica inmediata de la sustitución completa de la evolución filogenética por la evolución cultural es, desde luego, que cada psicogénesis partiría de un estado inicial vacío, sin conocimientos preformados o precodificados genéticamente, lo que corresponde a la hipótesis empírica de la *tabula rasa*. Pero esta hipótesis epistemológica sólo constituye una estrategia psicogenética entre otras. Las consideraciones de economía algorísticas que preceden han llevado a Lumsden y Wilson a la conclusión de que ésta es inestable desde el punto de vista filogenético, y como señalan en el caso de una población de organismos que obedece a una estrategia de esta clase: «En un período de varias generaciones, la población es inestable con respecto a su invasión por variantes genéticas portadoras de reglas epigenéticas que predisponen a los individuos a la asimilación de conjuntos con un grado relativo de adaptación. Estas reglas tenderán desde entonces a canalizar el desarrollo hacia ciertos "culturgenes" frente a otros. Denominamos de modo informal esta relación el "principio de la correa", para señalar el hecho de que la selección natural lleva la evolución cultural por la correa» (*op. cit.*, pág. 13, la traducción es nuestra). Desde el punto de vista formal, esta relación constituye una estrategia psicogenética *sui generis*, que, confrontada evolutivamente con la de la *tabula rasa*, la elimina por sustitución. Los autores la denominan «coevolución genes-cultura», y corresponde, desde nuestra perspectiva, a la realización de una parte de las interacciones cooperadoras entre sistemas de equilibración que han determinado la construcción de la inteligencia humana.

Recordemos que la epigénesis se define como el conjunto de interacciones entre el programa genético y el medio (que, hay que subrayar, comprende los productos construidos por las interacciones precedentes) que llevan a cabo la morfogénesis del organismo. La naturaleza de las consecuencias de las interacciones varía según los medios, lo que induce a diferentes consecuencias de bifurcaciones en el programa morfogenético, por lo que el mismo programa (genotipo) puede producir un conjunto de variantes de organismos (fenotipos) adaptados a medios diversos encontrados en el presente y el pasado por el *pool* genético actual.

De la cooperación sucesiva de distintas configuraciones de genes, ellos mismos en cooperación simultánea, resulta lo que, desde nuestra perspectiva, se corresponde con los subprogramas genéticos, definidos por el hecho de determinar la construcción de (sub)estructuras (órganos, organitos, etc.) que realizan una (sub)función biológica. Los autores denominan «reglas epigenéticas» a estos subprogramas funcionales. En el sistema cognitivo, las reglas «primarias» programan la construcción de módulos sensoriales, motores, etc., «automáticos», lo que oculta las nociones clásicas de conocimientos y cálculos preformados, precodificados o precableados. Las reglas epigenéticas secundarias amplían el abanico de las interacciones constructivas que van del *predestined learning* que dirige la psicogénesis del espacio, por ejemplo, a la autonomía psicogenética de la «libre construcción» de las matemáticas, por ejemplo, cuya libertad se define por el hecho de que sólo tiene como limitaciones, en lo esencial, las reglas intrínsecas que derivan de las propias construcciones, no reglas de origen exterior. En resumen, tiene que haber en el mismo sistema cognitivo, según la naturaleza de las especializaciones horizontales y verticales de los subsistemas o áreas cognitivos, soluciones que vayan de la heteronomía psicogenética del precableado a la autonomía de la libre construcción de los conocimientos.

En cuanto a la noción de «culturgen», abarca, en nuestra opinión, tanto los saberes como el «saber-hacer» transmitidos, o, más exactamente, los esquemas correspondientes. En efecto, no se transmiten, por ejemplo, «culturgenes» como una «panoplia de herramientas», un «surtido de alimentos», una configuración de «costumbres de boda», sin transmitir los esquemas que subyacen a la (re)producción (adquisición) de tales «artefactos» y «mentefactos» y su utilización (aplicación).

Hay que subrayar que la teoría de la evolución psicogenética de la «mente» constituye el punto débil de la trilogía «gen, mente, cultura» (lo que revela incidentalmente el compuesto «culturgen» que elimina el término central).[3] De modo característico, el mecanismo que se propone se refiere a las interacciones genes-culturas. Según los autores, un débil sesgo en la selección de los «culturgenes» es suficiente para producir una forma de organización social sorprendente por su novedad. Parece asimismo que es igualmente probable que ligeras predisposiciones innatas a la adopción de un subconjunto de los «culturgenes» disponibles puedan ampliarse, en ciertas condiciones, hasta producir hechos mucho más destacados en la evolución cultural. De ello se deriva que en la teoría de la «coevolución genes-cultura», el acento principal se pone en la función de reconstrucción de la psicogénesis: la de los «culturgenes» transmitidos por la cultura, no en su función fundamental propiamente constructiva de esquemas candidatos en potencia a la categoría de «culturgenes», que la «socio(filo)génesis» conserva y transmite. Poco importa esto para nuestro propósito, ya que, aunque la psicogénesis sea un agujero negro de la teoría, lo que interviene son sus interacciones «externas» con los demás sistemas de equilibración. En otros términos, desde nuestra perspectiva, el mecanismo que Lumsden y Wilson sugieren se basa en las interacciones entre los genes y la psicogénesis y puede que sea ahí donde se generalice de forma más esclarecedora.

Desde luego, son las reglas epigenéticas secundarias las que transforman las micromotivaciones innatas en efectos culturales macrogenéticos. Si la interacción de

---

3. En un plano más profundo, la frase: «*Aunque el propio Piaget haya hablado de una epistemología genética [...] la verdadera relación entre los genes y el conocimiento sólo podrá establecerse si* [...etc.] (pág. 63, *Promethean Fire*) pone de manifiesto una confusión, que revela una ignorancia, ambas ya clásicas, en cuanto al sentido de la genética en la psicología genética.

una regla con la psicogénesis es tal que «cada vez se elige el mismo "culturgen"», se trata de una «transmisión genética pura» equivalente al precableado. Este tipo de interacción existe en numerosas especies de pájaros que tienen que aprender el canto específico de su especie y sólo pueden aprender ése. El caso intermedio es el de la «transmisión mixta», por los genes y la cultura, en la que hay múltiples elecciones, aunque no equiprobables, debido a los efectos micromotivacionales de la regla que sesgan las elecciones. Este caso converge con una de las materializaciones posibles del *predestined learning*, ya que se basa en una predeterminación, pero de la psicogénesis, por los genes y la cultura, hacia ciertos estados intermedios y terminales preferenciales. Por último, en el extremo opuesto, donde todas las elecciones son equiprobables, hay una transmisión cultural pura, lo que corresponde a la estrategia de la *tabula rasa* y que, desde nuestra perspectiva, no es más que un efecto parcial de la autonomía psicogenética que caracteriza la (libre) construcción de determinados conocimientos.

Se habrá podido observar que son las interacciones entre los genes y la psicogénesis las que producen las «transmisiones» de los «culturgenes». En efecto, las transmisiones están constituidas por la reconstrucción psicogenética de los conocimientos anteriores que forma parte de la estrategia sociogenética de la integración. Aplicado a la psicogénesis, se comprende que el mecanismo propuesto, al imponer a su ley de dirección una serie de microcambios locales, pueda producir modificaciones a gran escala en su trayectoria de conjunto, dirigiéndola hacia estados o estadios intermedios y terminales que podrán estar muy alejados de los que habría atravesado en las mismas condiciones una psicogénesis no predeterminada. Nuestra trasposición de este mecanismo a la psicogénesis hace, además, que las micropreferencias que postula puedan derivarse tanto de los genes como de la cultura, por los modelos ideales valorizados que propone a imitación de los aprendizajes espontáneos que impone por la tradición y su institucionalización en el «sistema educativo». De ello se deriva, desde nuestra perspectiva, que la psicogénesis está triplemente determinada por la cooperación de su ley de dirección con la de los otros dos sistemas de equilibración que concurren en la evolución de la inteligencia humana.

Éstos, como ya hemos visto, son sistemas controlados y dirigidos por valores, cuya productividad *sui generis* es, en cada caso y en cierto modo, el *supremum* indiferenciado. Ashby (1956) había demostrado que, para transformar un regulador en servomecanismo, bastaba controlar su valor-meta (*Sollwert*) fijo, haciéndolo variar. Esta toma de control domina la actividad del regulador que trata de alcanzar la serie de valores-meta que le asigna el sistema controlador. Así, por ejemplo, cada ángulo de rotación del volante de un automóvil con dirección asistida asigna un valor al servomecanismo que frenará las ruedas directrices. El sistema evaluativo superior constituido por el conductor es el que asigna este valor como subfin-meta.

De modo idéntico, un sistema de equilibración puede dirigir otro a través del control de su «función de evaluación». Ahora bien, las «micromotivaciones», genéticas o sociales, sólo «sesgan las elecciones» actuando sobre sus evaluaciones por medio del sistema de equilibración psicogenética. En efecto, desde nuestra perspectiva, la afectividad constituye la materialización psicológica, y su vivencia subjetiva, de actos de evaluación del equilibrio y de su mayoración, es decir, de la satisfacción de las necesidades sincrónicas y diacrónicas propias de la integridad psicológica y psicogenética. Por tanto, debido a que subjetivamente se experimenta que un «culturgen» es mejor que sus alternativas, lo que constituye un acto de evaluación (que puede dar lugar a un juicio de valor clásico, si se tematiza), el sujeto se halla (micro)motivado para elegirlo porque mayora sus adquisiciones. El «principio de la correa» es, desde este punto de vista, una formulación en parte precibernética de esta relación de control o de servidumbre. A los sistemas cibernéticos no los controlan, como a los objetos físicos, las fuerzas que tiran de ellos, o los empujan de forma causal en una dirección o en otra, sino que los atraen o rechazan, de forma completa, los «atractores» o «rechazadores» de naturaleza axiológica. Por tanto, hay que considerar las tracciones de la correa como refuerzos, negativos porque se evalúan de ese modo, y el principio se convierte entonces en el del palo —y la zanahoria— característico del control de sistemas completados por la evitación y búsqueda, de forma sincrónica, de valores negativos y positivos y, de forma diacrónica, de su incremento.

Conocimientos categóricos y conocimientos especializados

Vamos a desarrollar, por último, una serie de problemas generales derivados del constructivismo psicológico que ya se han examinado superficialmente en las páginas anteriores.

Constructivismo psicológico y categorías

Desde nuestra perspectiva, y como se deduce del análisis precedente, la construcción de la realidad común (que es la de la inteligencia operatoria del «sentido común informal del adulto no especializado», es decir, una realidad a la vez «corriente» y común a todos) tiene una función adaptativa intraindividual e interindividual fundamental. Constituye la operatividad (y la «cooperatividad») en un universo de problema regido (*rule governed*) por las leyes y los objetos invariantes que permiten la anticipación de la coordinación de las acciones, necesaria para tener éxito, así como la reconstrucción necesaria para el diagnóstico de las causas del fracaso y, por último, la capacidad de imaginar los estados posibles, pero no realizados, necesaria para su recíproco: la adaptación del medio a las representaciones de los fines del sujeto. La adquisición por éste de dichas funciones o facultades prácticas de reversibilización representativa del tiempo y de inclusión de la experiencia real en un conjunto de experiencias posibles imaginadas constituye la materialización piscológica de la operatividad formal hipotético-deductiva del sujeto epistémico. Por tanto, las perspectivas estructurales y funcionales del constructivismo epistemológico y psicológico son de nuevo complementarias: la construcción de marcos de asimilación estructurados que tienen por efecto y función adaptativa estabilizar la realidad cognitiva que construyen, condición tanto para el éxito práctico como para la comprensión racional, individual y común.

Esta convergencia deriva, en un nivel más profundo, del hecho de que la estabilización de la realidad cognitiva sólo es el correlato, en el plano de su extensión (la de los universos de problema que tratan), de la construcción, en el plano de la comprensión, de los mecanismos racionales. Esta observación se aplica, en segundo término, a la empresa racional que constituye la epistemología genética, cuyo problema teórico fundamental es exactamente el de «proceder del hecho a la norma y, más precisamente, del devenir que caracteriza la construcción de las nociones a la inmutabilidad de las conexiones lógicas» (Piaget, 1950). Se sabe que la solución que da Piaget al problema de «engendrar la propia norma por medio de datos móviles del desarrollo» (íd.) es la de (re)agrupar de forma organizada las acciones aisladas en estructuras lógico-matemáticas, en las que los enunciados deducidos o calculados tienen un carácter de necesidad. Esta solución se articula con lo que hemos denominado la estrategia de la inclusión de lo superado en lo que se está superando para estabilizar el devenir teórico, rellenando de este modo una laguna característica de las epistemologías no fijistas. Ni el empirismo, ni el convencionalismo engendran la reversibilidad cognitiva, llamada también permanencia normativa de las verdades. En el caso del primero, puesto que las constantes repetidas no permiten inducir una regularidad necesaria (salvo en el paso ilegítimo del hecho a la norma), la permanencia normativa no se halla asegurada mediante la evolución de los conocimientos. Lo mismo se puede decir del segundo, en el que una convención carece por definición de necesidad interna y la puede derrocar y sustituir la siguiente. Sólo con la inclusión de determinadas estructuras como elementos de las totalidades estructurales siguientes (que es precisamente lo que distingue una construcción de una yuxtaposición), puede engendrarse la permanencia o invarianza de algunas verdades a través de las transformaciones psicogenéticas y sociogenéticas. Así, los enunciados aritméticos siguen siendo verdaderos cuando los números enteros naturales se convierten en casos particulares de números racionales, reales, complejos y, en la actualidad, hipernaturales. Esta estabilización racional de las epistemologías no fijistas por medio del constructivismo se traduce en los planos psicológico y sociológico en la del devenir mental, que denominaremos diacrónico, que constituye en particular un sujeto racional permanente a través de sus transformaciones psicogenéticas. Del mismo modo, las estructuras de asimilación construidas estabilizan de forma creciente el devenir mental sincrónico del sujeto en cada etapa. Por tanto, desde el punto de vista sincrónico, la equilibración de una estructura del sujeto epistémico es la que, al someter de manera progresiva el «devenir mental» de la realidad del sujeto psicológico a los vínculos del sistema estructural, reduce la multivocidad del fenomenismo cognitivo inicial («en la que todo puede seguir a todo») a la univocidad del determinismo lógico. La estabilización del devenir de la realidad cognitiva del sujeto psicológico no es, en consecuencia, sino la materialización psicológica de la permanencia normativa del sujeto epistémico.

En pocas palabras, un universo de problemas fenomenista, sin regularidades diacrónicas (donde «cualquier cosa sigue a cualquier otra») y sin entidades permanentes sincrónicas (donde cualquier cosa acompaña a cualquier otra) no constituye sino el aspecto extensional de un sistema cognitivo irracional. Por la estabilización racional que impone a sus objetos, el constructivismo es un antifenomenismo generalizado. Como ya hemos mencionado, para Piaget la psicología no es una ciencia: por falta de conservación racional, las doctrinas se suceden sin que cada sucesora integre la suma integrada de sus predecesoras. Lo mismo cabe afirmar de las epistemologías, aunque Piaget no menciona este argumento con respecto a ellas. Hay que subrayar que la categoría de ciencia se halla completamente determinada por la conservación racional, no a la inversa; la «vección» fundamental de Piaget es la racionalidad, siendo el carácter científico una de sus consecuencias. Ahora bien, ¿qué es la no conservación racional sino un fenomenismo lógico, en el que cualquier consecuente sigue a cualquier antecedente, el *non sequitur* generalizado del *ex falso sequitur quod libet* de las doctrinas contradictorias, del *post hoc ergo propter hoc* de las inducciones empiristas, etc.? En el sujeto psicológico, el fenomenismo semiótico o representativo se reduce, desde nuestra perspectiva, de forma paralela al de los cuadros perceptivos, bajo la influencia de la cooperación de las mismas estructuras categóricas. Por tanto, son las mismas estructuras integradoras las que imponen al devenir mental en todas sus formas la permanencia normativa de las leyes estructurales que constituyen marcos de asimilación categóricos de las interacciones del sujeto con sus múltiples universos de problemas, internos y externos, animados, inanimados, materiales y simbólicos. Pero, en epistemología, los múltiples *tertium*, que propone Piaget son otras tantas integraciones parciales que conducen a la conservación racional en ese terreno y, por «transitividad», en el de las teorías psicológicas que ponen en práctica sus sujetos epistémicos. Ciertas propiedades del sujeto empirista y del sujeto convencionalista se integran de este modo en los mecanismos de abstracción empírica y reflexiva del sujeto constructivista, viendo aquéllos emerger a cambio, como acabamos de ver, la conservación racional debida a la «estrategia de integración» psicogenética de éste. Por último, en nuestra opinión, hay que recordar que el marco teórico algorístico permite proseguir esta unificación racional al reformular e integrar las tesis históricas centrales de las epistemologías y de sus psicologías explícitas o implícitas. Así, incluso la tesis platónica de la permanencia de las ideas matemáticas en un universo metafísico y de su reminiscencia queda incluida en la noción de su conservación (y transmisión) intersubjetiva en un espacio logicial.

La selección en contra del genio

Hay una selección natural en contra del genio, lo que explica en parte su rareza. Minsky justifica «este espantoso pensamiento» con la observación de que si cada niño pudiera desarrollar nuevas formas de pensar, la sociedad estallaría en una yuxtaposición anárquica de genios autistas. Lo anterior nos obliga afortunadamente a matizar este espantoso pensamiento, mediante la distinción entre la adquisición de conocimientos categóricos y la de conocimientos especializados. El estallido de la génesis de los conocimientos categóricos en múltiples psicogénesis alternativas conduciría, en efecto, a múltiples realidades individuales no compartidas, lo que haría imposible la cooperación sincrónica intrageneraciones y las estrategias diacrónicas de la tradición intergeneraciones y de la integración sociogenética de los conocimientos. Por tanto, en primer lugar hay una selección sociogenética para conservar estrategias formadoras de la sociogénesis y de la propia sociedad. En la medida en que tales estrategias sean además específicas de la especie, se hallarán asimismo sometidas a una selección filogenética conservadora que, como veremos, será tanto más extensa cuanto más antiguas sean en la especie.

Los conocimientos categóricos tienen una función evolutiva homóloga a la del código genético, que, como se sabe, es universal, es decir, común a todos los organismos, incluidos los virus, evidentemente en tanto que parásitos genéticos. Toda innovación en los mecanismos de codificación, de descodificación y en el propio código tiene grandes posibilidades de hacer los mensajes genéticos indescifrables, interrumpiendo de forma semejante los intercambios genéticos, es decir, la comunicación y la cooperación intergenes. Por consiguiente, la evolución de los mecanismos constitutivos de la evolución biológica se halla sometida a una estricta selección conservadora, por las mismas razones que las nociones y estructuras categóricas que constituyen la evolución psicogenética y sociogenética; las innovaciones integradoras o integrables son las únicas no letales, lo que explica, por ejemplo, la universalidad sincrónica que deriva de la cuasiinvarianza diacrónica del código genético, al parecer desde los orígenes de la vida. Por último, los mecanismos constitutivos de la evolución se hallan sujetos a condiciones «antiinnovación» más estrictas que sus productos, para los que ciertas estructuras «superadas» pueden convertirse en vestigios y desaparecer sin integrarse ni conservarse en la forma nueva de lo que está superándolas, lo que constituye exactamente la irreversibilidad de la evolución biológica.

Hay, por tanto, una selección en contra de la innovación en los conocimientos categóricos, cuando no contra el genio propiamente dicho, propiedad detectable y atribuible únicamente a los productos observables y no a los mecanismos productores psicogenéticos, que no se pueden observar y cuyos autores no son conscientes de ellos. Por otra parte, la evolución y la innovación en la operatividad formal y los mecanismos categóricos, igualmente inaccesibles a la conciencia y a la intencionalidad, al tener lugar (según una ley de Lumsden y Wilson denominada de los «mil años», que se expondrá en el capítulo siguiente) en la escala temporal tanto de la filogénesis y de la sociogénesis como de la psicogénesis, no podrían ser muestra del genio individual, sino de una etología y de una psicología cognitiva humana que responda precisamente a las exigencias teóricas de una epistemología basada en la biología. La selección conservadora se lleva a cabo, en nuestra opinión, por medio de una predeterminación parcial de la psicogénesis por el sistema filogenético, (el *predestined learning*) y por el sistema sociogenético, que, con los criterios de selección interna propios de los sistemas cognitivos individuales, hacen converger las psicogénesis individuales en un estado de equilibrio operatorio compartido. Por tanto, es en la adquisición, la extensión y la transmisión de los conocimientos categóricos donde la autonomía psicogenética y la innovación se hallan más alejadas de la «libre construcción» y donde la ley de dirección de la equilibración psicogenética se halla más dominada por la de los demás sistemas, es decir, sometida a orientaciones y refuerzos evaluativos, tanto positivos como negativos, de origen filogenético y sociogenético. Y esto sucede de forma similar en el código genético, lo que explica en parte la necesidad funcional de la universalidad y de la cuasiinvarianza de lo categórico en nuestra especie.

Todo ello subraya suficientemente el papel fundamental de los conocimientos categóricos en las interacciones entre los sistemas de equilibración siognético y psicogenético y permite continuar el análisis en la dirección de los conocimientos que denominaremos especializados, ya que derivan de las psicogénesis posformales que conducen a las diversas especializaciones prácticas e intelectuales de los profesionales o «expertos».

Hay que observar, en primer lugar, que, si los conocimientos categóricos constituyen el marco cognitivo común necesario a los intercambios de naturaleza cooperadora, al ser compartidos, no podrían formar su contenido. En lo que se refiere a éste, en efecto, y como hemos subrayado, el intercambio de bienes, así como el de servicios o ideas, idénticos, carecería de función al no contar con beneficios. La especialización es, por tanto, el correlato funcional directo de la división del trabajo, en la medida en que lo que se divide e intercambia son generalmente las especializaciones profesionales de los participantes, es decir, menos los conocimientos comunes («lo que todo el mundo sabe hacer») que los conocimientos de los especialistas o expertos («lo que ninguno de los otros sabe hacer»).

Por otra parte, las diversas formas de organización de los intercambios, cooperativos y antagónicos, se estabilizan desde el punto de vista evolutivo por su productividad diferencial. De modo clásico, la especialización correlativa a la división del trabajo es la que aporta un incremento de productividad, que generalmente se expresa y mide en unidades de tiempo, y en el que el experto especializado es más rápido que el novato aficionado en la realización de la misma tarea. La productividad acrecentada del experto se atribuye al aprendizaje y a la práctica. En nuestra opinión, sin embargo, dicha productividad acrecentada, cualitativa y cuantitativa al mismo tiempo, es tan sólo la manifestación de una equilibración mayorante. En efecto, desde el punto de vista del constructivismo psicológico, es el aprendizaje y el ejercicio voluntarios de los esquemas de la especialización que hay que adquirir lo que activa y explota los mecanismos y las estrategias de la psicogénesis espontánea. Por ejemplo, nada obliga al matemático a la práctica cotidiana de esta disciplina, mientras que el niño, en cuanto se despierta, ya se pone a practicar con el espacio, el lenguaje, etc., de una manera a la vez continua e inevitable, inconsciente e involuntaria. Pero, en ambos casos, los mismos mecanismos psicogenéticos presiden la adquisición, la aplicación y el dominio cada vez mayor de estos conocimientos, y la única diferencia radica en la naturaleza especializada de los primeros y la categórica de los segundos, así como en su modo de adquisición. En cuanto a éste, la parte de la psicogénesis espontánea o natural del lenguaje, del número, del espacio, etc., constituida por el aprendizaje, se basa en una imitación espontánea, es decir, en gran medida inconsciente e involuntaria, de un modelo de la misma naturaleza. Es lo que Papert denomina aprendizaje sin enseñanza o «salvaje». Esta relación se reconstruye después en el plano de la conciencia para formar la relación que, históricamente, tipifica la del maestro artesano y el aprendiz, característica de las psicogénesis «artificiales» que se basan en una enseñanza consciente y deliberada de «esquemas modelos» del maestro, cuya realización demostrativa y tematizada se somete a la imitación voluntaria del aprendiz. Esta imitación constituye una actividad de práctica o «entrenamiento» cuyas diferencias respecto al modelo normativo se diagnostican y tematizan, y luego el maestro prescribe si hay que corregirla y así lo demuestra. En resumen, el aprendizaje termina cuando el aprendiz ha interiorizado su modelo, incluidos —lo que es primordial— sus esquemas de diagnóstico y de corrección, que forman la capacidad de autodiagnóstico y de autocorrección que constituye la autonomía cognitiva o dominio del experto. El dominio no consiste, por tanto, en una simple adquisición de los esquemas prácticos del experto, que sólo permitiría la reproducción de soluciones conocidas en la disciplina; implica también la adquisición correlativa de sus «metaesquemas» de solución de problemas: esquemas de diagnóstico de las diferencias entre los resultados obtenidos y los pretendidos, que subyacen a la posición del problema, y esquemas de corrección o reducción de las diferencias por asimilación generalizadora o parcial a los esquemas conocidos, que subyacen a la improvisación de soluciones abordadas y su ajuste posterior.

Por tanto, la explotación de los mecanismos psicogenéticos es la base de la mayor productividad del especialista. Su asimilación reproductiva del entramado organizador de los esquemas de su modelo ahorra su reimprovisación, tanto en su adquisición como en su aplicación, en la que la activación del esquema siguiente estará determinada por un entramado memorizado y hecho «automático» mediante la práctica. El experto no tiene que reinventar este encadenamiento en cada problema (con la combinatoria de ensayos que acarrearía), lo que contribuye a que realice con más rapidez las mismas tareas que el novato y, en consecuencia, a una productividad cuantitativa más elevada. Pero, como hemos visto, el dominio de un universo de problema conlleva la «meta» capacidad de plantearse y resolver problemas nuevos, que es precisamente lo que distingue la productividad cualitativa del especialista de la del novato o el aprendiz, en quienes el nivel alcanzado por su psicogénesis especializada limita la inventiva, ya que no les permite concebir ni darse cuenta de ciertos problemas de nivel superior.

Los conocimientos localmente categóricos

Salvo en el caso de que, como en la construcción de un puente por personas que se hallan en ambos lados de un río, sea el hecho de compartir competencias comunes lo que permita la realización de un proyecto común, en general son los conocimientos especializados y sus productos los que constituyen los «servicios» y «bienes», objetos y contenidos de los intercambios. Por tanto, en último término, son las psicogénesis especializadas las que se venden y compran en el «mercado laboral», aunque sean los conocimientos categóricos los que, al construir una realidad global común a los especialistas, les permiten no sólo el intercambio, sino también la adquisición de sus especializaciones.

No obstante, la relación entre ambos tipos de conocimientos se vuelve más compleja porque la explotación de los mecanismos psicogenéticos se traduce, en cada universo de problema especializado en el que se activan, en una abstracción de los marcos o esquemas de aprehensión [*schémas*] que hemos denominado «localmente categóricos» y de los esquemas [*schèmes*] prácticos o semióticos que forman los primitivos «localmente universales». Estos conocimientos son los que construyen una realidad compartida por los especialistas, y sólo por ellos, aunque de forma parcial, según el nivel psicogenético que hayan alcanzado.

La resolución de problemas, incluso elementales, deja ver claramente tales fenómenos. Un novato absoluto, que aún no conozca los movimientos permitidos ni la naturaleza de las piezas del problema de la Torre de Hanoi, por ejemplo, comprenderá sus movimientos sólo en términos fenomenistas de transformaciones arbitrarias de configuraciones físicas sin funciones ni significados (estables). Este fenomenismo cognitivo es característico de la comprensión inicial de todo universo de problema de leyes desconocidas, como se manifiesta en la «construcción de lo real» físico, pero se puede generalizar asimismo a todos los universos de problema especializados, que incluyen tanto los deportes, los juegos, etc., como las actividades prácticas y simbólicas, los lenguajes matemáticos, logiciales, etc. En todos los universos cuyas reglas o leyes desconocemos, las actividades son incomprensibles, carentes de función y de significado (un ejemplo histórico es el de las lenguas extranjeras que son ruidos sin significado, «bárbaras», decían los griegos). La abstracción psicogenética, tanto categórica como procedimental, hace evolucionar la comprensión y la acción del novato desde los movimientos permitidos iniciales hacia *esquemas* [*schémas*] y esquemas [*schèmes*] de configuraciones de movimientos simultáneos y sucesivos. Así, a un determinado nivel, un jugador puede comprender los movimientos de las piezas de la Torre de Hanoi (y organizar su acción) en términos de rotaciones directas de las piezas pares e inversas de las impares, por ejemplo, en tanto que en un nivel de abstracción superior comprenderá la misma realidad en términos de división módulo 3 (los tres «contenedores» permitidos de las piezas) de potencias de dos (las longitudes de las trayectorias de las piezas), etc., y organizará su acción en los mismos términos. A cada «nivel de pericia» corresponden, desde nuestro planteamiento, categorías y primitivos locales relativos (en el nivel) que le son propios y que caracterizan la comprensión del juego que tiene el sujeto: la realidad cognitiva en la que actúa. Estas abstracciones son, además, integradoras, ya que, por ejemplo, una «trayectoria» no es sino la cuantificación de la suma de las rotaciones, cuantificadas en tres partes, etc.

Las relaciones entre conocimientos epistémicos y heurísticos, y entre conocimientos generales y especiales, se han tratado muy pronto en inteligencia artificial (McCarthy y Hayes, 1969; Feigenbaum, Buchanan y Lederberg, 1971). Todo sistema inteligente debe poseer una «competencia epistémica», en términos de McCarthy, que le permita comprender el problema y representar su solución. Esta competencia es, desde nuestra perspectiva, producto de los conocimientos categóricos, y podríamos repetir palabra por palabra, a partir del problema de la Torre de Hanoi, nuestro análisis de la tarea de construcción cooperativa de un puente, para mostrar que tanto el espacio, el objeto permanente, el tiempo, el número, etc., como la clasificación de las nociones de medio (los movimientos permitidos) y de fin (el problema), etc., entran en acción simplemente con que el experimentador formule el enunciado del problema y el sujeto lo comprenda. Pero esta competencia no basta para resolver el problema; se necesita además que el sistema posea lo que denominaremos, en términos de McCarthy, una «competencia heurística», es decir, metaesquemas de posición de problemas nuevos y de construcción de procedimientos y de conceptos nuevos en cuanto a su solución —ambos basados en la construcción de primitivos representativos y procedimentales de nivel superior— y que hemos identificado como el componente del dominio de un universo de problema. Este componente innovador es el que constituye la «autonomía psicogenética» del experto o del especialista, es decir, su aptitud para descubrir e inventar, continuando de este modo la adquisición de conocimientos después de su aprendizaje. Desde esta perspectiva, la función esencial del aprendizaje, frecuentemente ignorada por la pedagogía, es, más que la adquisición de lo conocido, la enseñanza del ejercicio de los metaesquemas heurísticos de construcción de lo nuevo por una reconstrucción «demostrativa» de lo conocido, dirigida por la imitación asimiladora de los modelos que constituyen los metaesquemas (o métodos de producción) de los constructores anteriores.

Es importante señalar que la construcción de esta competencia heurística es tan necesaria en las psicogénesis especializadas, donde constituye un componente esencial de la pericia profesional, como en las psicogénesis espontáneas, donde constituye de forma homóloga un componente fundamental de la «inteligencia operatoria informal» del adulto no especializado, es decir, del «sentido común».

La diferenciación teórica de los componentes epistémicos y heurísticos en McCarthy se inscribe en este marco más general. Hay que observar en este sentido que la ciencia cognitiva, al contraponer los *toy problems* que resuelven numerosos programas de simulación y de inteligencia artificial a los problemas que resuelven los sistemas expertos, los programas de demostración de teoremas, de cálculo diferencial e integral, etc., introduce, sin teorizarla, la distinción entre conocimientos e inteligencias comunes y especializados. Desde nuestra perspectiva, los problemas-«juego» no se distinguen de otros ni por su frivolidad, ni por su facilidad, sino porque su posición y solución exigen conocimientos que pertenecen al «*pool* psicogenético común», no a ulteriores especializaciones. Desde este punto de vista, todos los estudios psicológicos clásicos, cognitivistas, etc., de la solución de problemas (incluidos los más recientes), así como la totalidad de las experiencias de la psicología genética, se refieren a problemas-juguete, accesibles a la competencia epistémica y heurística de las psicogénesis espontáneas en las culturas occidentales.

En resumen, el constructivismo psicológico difiere de los enfoques cognitivos históricos y contemporáneos al sustituir de forma explícita la solución de problemas en una doble perspectiva, macro y microgenética, y al considerar su evolución como constitutiva, por una parte, de la psicogénesis de la competencia heurística general de la inteligencia o del sentido común y, por otra, de una microgénesis en razón directa de la activación de los mecanismos psicogenéticos generales y de su construcción de un universo cognitivo específico del problema.

9 Organización y funcionamiento de los esquemas*

POR GUY CELLÉRIER, EN COLABORACIÓN CON JEAN-JACQUES DUCRET

«Superficie adaptativa» y transformación del sistema de los esquemas

En 1932, Wright había tenido la idea de representar una población de organismos como un tipo de amiboide estadístico situado en una «superficie adaptativa», que hacía ascender a la población hacia una cima próxima, es decir, a un máximo local del paisaje adaptativo, como resultado de la reproducción diferencial debida a la selección natural. Lumsden y Wilson generalizan esta representación demostrando la existencia de un «paisaje adaptativo genes-cultura» donde las interacciones evolutivas de estos últimos pueden describirse mediante los modelos matemáticos usuales de la genética de poblaciones.

Desde nuestra perspectiva, esta generalización y esta demostración derivan, de forma directa, del hecho de que tanto la filogénesis como la sociogénesis constituyen sistemas de equilibración mayorante. Estos sistemas presentan un ciclo fundamental común que consiste en la modificación inicial de partes de un todo para desde ahí formar variantes, a lo que sigue una evaluación sucesiva o simultánea de estas variantes que determina su mayoratividad diferencial (reproductividad, productividad, etc.) y, posteriormente, una selección que consiste en retomarlas en proporción a su grado de mayoratividad (positivo, negativo o nulo) como un todo del que parte el ciclo siguiente. Considerado de modo aislado, el ciclo implica la noción intuitiva de tanteo; está inscrito incluso en las reglas del juego infantil del «frío, frío, caliente» [*cache tampon*] y, bajo una forma más docta, en las teorías de la inteligencia (ensayo y error), del aprendizaje (condicionamiento operante), de la «lógica» del descubrimiento científico (hipótesis y «falsación»), etc. Fue mecanizado bajo la forma de los «servomecanismos autooptimizadores» (Minsky) de la primera cibernética; luego fue redescubierto, programado y utilizado en inteligencia artificial como método heurístico de solución de problemas, y fue denomina-

---
* Traducción de Ileane Enesco y Ángel Rivière.

do *hill-climbing* [escalar cimas] (porque, efectivamente, el sistema asciende hacia una cima —*hill*— evaluativa próxima). Finalmente, constituye el ciclo fundamental de los «algoritmos de aprendizaje» que garantizan la programación indirecta de las redes conexionistas. Observemos que el *hill-climbing* se convierte en el *method of steepest descent* [método de descenso más brusco] mediante una transformación de la superficie evaluativa que revela la confusión epistemológica que tienen esos investigadores entre la finalidad mayorante del valor, característica de estos sistemas cibernéticos, y la «minoración» causal de la energía que determina la evolución entrópica de todos los sistemas físicos, que descienden hacia su nivel de energía mínimo. Así, una bola suelta sobre un relieve físico y que desciende hasta pararse al fondo de uno de los valles próximos, está siguiendo la «línea de máxima pendiente», mientras que sacudir el relieve para que la bola salte fuera de su valle y se detenga eventualmente en un valle más profundo corresponde al método de *simulated annealing*, etc.

La diferencia esencial entre estos sistemas llamados «autooptimizadores» y los sistemas de equilibración mayorante consiste en que, en estos últimos, el mecanismo de optimización no está aislado ni es exterior a aquélla, sino que él mismo forma parte del todo que debe optimizarse. Así, el propio mecanismo genético de la variación y selección darwiniana está sometido a variación y selección, dando lugar a una «evolución de los sistemas genéticos» (Darlington, 1958). En consecuencia, la filogénesis produce tanto formas orgánicas y comportamentales nuevas como «metaformas»: métodos nuevos de producción filogenética de estas formas y, por supuesto, de las propias metaformas. Lo mismo ocurre, y éste es uno de los objetos propios del constructivismo psicológico, con los mecanismos psicogenéticos, cuyos productos son tanto los esquemas que constituyen la realización de funciones o la solución de nuevos problemas, como los «metaesquemas» —tales como los que producen y coordinan los esquemas de medios y de objetivos— con los que la psicogénesis construye progresivamente la competencia heurística de la inteligencia. Finalmente, lo mismo ocurre en la sociogénesis, cuyos mecanismos productores de formas de organización interindividuales de los esquemas evolucionan conjuntamente con los mecanismos intraindividuales de esta coordinación (por ejemplo, el paso de la autocracia del respeto unilateral a la cooperación del respeto mutuo; la democracia y la libre empresa sin duda constituyeron en su origen las formas sociales y económicas de una estrategia multiplicadora de la combinatoria sociogenética de las formas posibles de organización). En suma, la inclusión del mecanismo de la mayoración en su propio ciclo mayorante es pues lo que hace que los sistemas de equilibración sean sistemas autoorganizadores y evolutivos en sentido propio, es decir, en el sentido de que determinan su propia «ley de evolución». El hecho de que estos sistemas se basen en la estrategia de adquisición de conocimientos significa que los productos mayorantes del anterior ciclo constructivo se integran en el todo actual para formar el objeto inicial del siguiente ciclo. De ello resulta, por una parte, que el sistema, en tanto que un todo, es de este modo autoconstructivo; y por otra parte, que las construcciones del anterior ciclo están disponibles para el siguiente ciclo, tanto como componentes para las nuevas construcciones, como a modo de precursores sujetos a una reconstrucción mayorante, y por último, que los productos adquiridos se someten a una reevaluación selectiva continua que puede, en cada uno de los ciclos, reemplazarlos. Esta conservación diferencial de los conocimientos hace de la memoria psicogenética una función que reposa en una inscripción invariable físicamente, pero sin reducirse a ella. Más bien, resulta de una «reinscripción» continua de reconstrucciones sucesivas sometidas a una selección conservadora, origen precisamente de la «estabilidad evolucionista». Estos pocos caracteres son ya suficientes para distinguir los sistemas de equilibración mayorante de los programas actuales de «inteligencia artificial genética», de la *machine learning* [aprendizaje de máquinas], o del «aprendizaje» conexionista, cuyas adquisiciones sucesivas —retomando una distinción de Bresson— no forman más que una crónica, y no una evolución: la diferencia es que, si bien toda evolución tiene su crónica, no toda crónica (por ejemplo, la de las oscilaciones del péndulo) representa necesariamente una evolución.

La conservación diferencial de los esquemas adquiridos, que forman lo que Piaget e Inhelder (1968) llaman la memoria en sentido amplio (y, en consecuencia, el propio sujeto psicogenético), es una necesidad funcional que resulta directamente de su evolución. Efectivamente, el valor de un esquema está ligado a la productividad diferencial que aporta al sistema cognitivo, es decir, que depende sólo del estado de este último en la medida en que depende del subconjunto de los otros esquemas con los que interactúa para el mismo fin, ya sea colaborando o bien compitiendo con ellos. Así, por ejemplo, ciertos esquemas que son mayorantes durante la fase inicial del aprendizaje de una actividad, dejarán de serlo cuando el sujeto esté más avanzado, y no podrán conservarse sin una reconstrucción renovadora que los adapte a sus nuevos «co-laboradores». Desde nuestra perspectiva, esta necesidad funcional subyace bajo la ley de equilibración o de vección de la psicogénesis, que Piaget fundamenta en una integración máxima de lo ya construido en la nueva construcción, con estructuración retroactiva de lo adquirido.

Del mismo modo que la adaptación de una especie a su superficie adaptativa transforma dicha superficie, la integración de las nuevas estructuras, ya sean de origen intraindividual o interindividual, modifica la superficie adaptativa de los sistemas psicogenético y sociogenético. Así es como las ideas de Einstein han modificado el valor de las teorías del éter, por ejemplo, y, como sabemos, esa reevaluación estuvo acompañada, entre quienes mantenían tales teorías, de «resistencias» y de «crisis» que expresaban la naturaleza afectiva de su realización psicológica. Desde nuestro punto de vista, las «crisis» del pensamiento matemático, físico, etc., no son más que una expresión reconfortante de sus convulsiones (¿y catástrofes?) axiológicas, provocadas por su propia evolución. Desde este punto de vista, la afectividad aparece como una función intrínseca e indisociable del funcionamiento cognitivo, para el que ejecuta psicológicamente la «ley de dirección» finalizadora hacia los equilibrios sincrónicos y su mayoración diacrónica; en otras palabras, la motivación afectiva en sentido amplio. Esta última es, pues, el motor de la actividad del sujeto, en la medida en que la moviliza, no en el sentido causal y energético del término (que puede encargarse a su material fisiológico), sino en el sentido teleológico de motivo y de móvil, señalando las propiedades psicológicas del programa de la equilibración, dirigida por valores del sistema cognitivo. Precisamente, el modo de acción de las «reglas epigenéticas» se adecua a esta concepción: efectivamente, mediante la determinación de «micromotivaciones» es como modifican la trayectoria de la equilibración, produciendo así una de las formas posibles de la predeterminación psicogenética que Lumsden y Wilson llaman *prepared learning* [aprendizaje preprogramado]. Así pues, imponer epigenéticamente una micromotivación al sistema de equilibración psicogenética es deformar localmente su propia superficie evaluativa. Se puede concebir, por tanto, que si se da una serie de deformaciones locales de esta superficie evaluativa, sean positivas (atractoras, crecientes o convexas), o negativas (repulsoras cóncavas), se puedan constituir, a lo largo de la evolución, caminos preferenciales de desarrollo, o «creodas», y conducir a la psicogénesis, de un modo cada vez más económico, desde un estado inicial hasta un estado operatorio terminal progresivamente productivo. Todo sistema psicogenético guiado desde el exterior tiene una ventaja con respecto a los que no lo están, y ésta es la razón por la cual la estrategia de la *tabula rasa* es inestable filogenéticamente, del mismo modo que lo es su equivalente sociogenético, el de la autarquía psicogenética del Robinson Crusoe.

Las «reglas epigenéticas» determinan preferencias evaluativas sobre un conjunto de esquemas ya construidos, lo que finalmente no es otra cosa que una selección *a posteriori*. Por tanto, en realidad no producen micromotivaciones que predeterminen la acción o la operación, sino «microevaluaciones afectivas» de sus resultados. Sin embargo, las posibilidades directivas del bucle de la equilibración no se limitan únicamente a ese *feedback* selectivo que reduciría el generador a una variación o a un tanteo ciego. En efecto, no existe información en sí misma, independientemente del lector: Ashby (1961) ha mostrado hace tiempo que la cantidad de información «verdadera» de un mensaje sólo mide, en el bucle sensoriomotor de un regulador orgánico o mecánico que lo lee, la reducción del tanteo necesario para alcanzar su valor-diana adaptativo. Así pues, la cantidad de información se mide por su efecto (que es, evidentemente, su función) anticombinatorio (o antiazar) de dirigir y de reducir el tanteo. Lo opuesto al tanteo ciego es, por tanto, el tanteo totalmente informado, esto es, la «regulación perfecta» que —según Piaget— hace de la operación anticipadora el límite de la regulación que es imperfecta en la medida en que se corrige *a posteriori* por el error. De ello se desprende que el modo complementario de dirigir la equilibración consiste en informar a su constructor o generador de variaciones, ensayos, hipótesis, etc. El grado de información provoca un continuo de modalidades de este tipo, que van desde el tanteo nulo del constructor que ejecuta un esquema adaptado, hasta la combinatoria completa del tanteo exhaustivo que no conlleva ningún conocimiento sobre el universo del problema, pasando por los diversos grados de combinatorias reducidas y dirigidas por conocimientos heurísticos incompletos.

La estrategia de conservar e integrar lo adquirido tiene precisamente el efecto y la función de hacer que la equilibración pase, durante la psicogénesis, de un estado de tanteo exhaustivo al del tanteo nulo. Ello es posible gracias a la función autodirectiva anticipadora, por una parte, de la acción por los esquemas de asimilación preadaptados; y, por otra, de la construcción y reconstrucción de estos últimos mediante metaesquemas de acomodación guiados cada vez mejor por los conocimientos adquiridos. En consecuencia, los esquemas adquiridos por estos medios regulan las necesidades psicológicas propias del equilibrio sincrónico, dirigiendo (de un modo heurístico u operatorio, según su grado de elaboración) el ciclo de la equilibración. Según nuestra perspectiva, es en esta dirección en la que la equilibración desempeña su papel más frecuente, es decir, el de ciclo de interpretación de los programas que representan los esquemas en la medida en que están adaptados, produciendo el funcionamiento, en gran parte inconsciente, del pilotaje automático del sujeto que garantiza la inteligencia en las múltiples tareas de la vida cotidiana. De hecho, esta función de «mano invisible» de la regulación del equilibrio sincrónico, característica de la inteligencia y de los conocimientos de sentido común, ha sido «descubierta» recientemente por el cognitivismo. Pero en cuanto un esquema se muestre inadaptado la situación se invertirá: el esquema dejará de actuar automáticamente sobre el sistema y será este último el que actúe deliberadamente sobre aquél, mediante la toma de conciencia y mediante controles reflexivos llevados a cabo por los esquemas especializados de reparación. De este modo se pone en acción la función diacrónica acomodadora de (re)construcción mayorante del ciclo. Su realización psicológica es el resultado de los metaesquemas acomodadores cuya función consiste en diagnosticar y corregir los errores de programación (*debugging*), que Minsky atribuye a la psicogénesis de la sociedad de los «agentes del yo», y que desemboca en una forma de equilibrio terminal caracterizado por las «operaciones de la voluntad» sobre los valores. La construcción continua de lo adquirido deriva, pues, de la alternancia en cada momento de estas dos funciones complementarias del ciclo de equilibración, una reguladora (homeostática) constituida por la aplicación de los conocimientos; otra, la función mayorante constituida por la adquisición de esos conocimientos. Efectivamente, las reaplicaciones sucesivas de los esquemas a lo largo del tiempo dan lugar, debido a la naturaleza evolutiva del sistema, a acomodaciones acumulativas que les imponen una continua renovación estructural y funcional. Esta autorrenovación es inevitable en los sistemas de equilibración debido a que su propia construcción de estructuras con funciones y valores nuevos, fundamento de su evolución, construye a la vez que modifica su superficie evaluadora. De esta forma, la cima (mayorante) local que ocupan puede hundirse en su nueva topografía. Por tanto, estos sistemas son los autores de sus propias «desequilibraciones» a la vez que de las «reequilibraciones» que provocan, y la fórmula: «la evolución ocurre principalmente por el cambio de función de las estructuras existentes», no hace más que describir las devaluaciones y reevaluaciones funcionales que resultan de ello. Pero hemos de destacar que las dimensiones cualitativas de su espacio evaluativo son las que determinan las del «medio» del sistema, a saber, el subconjunto de los parámetros físicos que forman su «nicho ecológico», es decir, la extensión de su campo de equilibrio.

Así pues, a la vez que estos sistemas llevan su espacio evaluativo en su evolución, también llevan consigo su medio. De ello se deriva, entonces, que los esquemas viejos se encontrarán inevitablemente, durante sus sucesivas aplicaciones, con situaciones nuevas pertenecientes a medios nuevos a las que habrán de acomodarse, y también con esquemas nuevos para los que estas situaciones constituyen el campo de equilibrio, esquemas con los que habrán de coordinarse (por «asimilación recíproca») para adaptarlos a sus nuevas funciones en la división de las nuevas tareas. Según nuestro punto de vista, la explotación de este mecanismo autoevolutivo es lo que está en la base de las microgénesis que resultan del ejercicio voluntario para la adquisición de conocimientos y de «saber-hacer» especializados. Efectivamente, de forma aún más general, el ejercicio de toda actividad experta, ya se trate de su adquisición (entrenamiento) o de su aplicación ulterior, descansa en el mecanismo de la reaplicación de sus esquemas componentes. Esto no se reduce a esa forma degenerada que renace en los laboratorios bajo la repetición sin variación de «listas de sílabas sin sentido» (también llamada «memorización» y, como tal, fundamento de la pedagogía escolar tradicional), sino que, por el contrario, al activar el ciclo de equilibración, produce, como veremos, un «ejercicio mayorante» en el que la repetición diferencial de las reconstrucciones mayorantes de los esquemas componentes y de su entramado organizador produce la evolución microgenética mediante la conservación diferencial de los mayorantes.

La gama completa de las estrategias de autodirección de la equilibración psicogenética que acabamos de mencionar es aplicable a su conducción externa (o predeterminación) por la filogénesis y, según nuestra perspectiva, debe esperarse un conjunto de soluciones diferentes que, según el área cognitiva y además en proporción específica al interior de cada una, podrá ir desde la predeterminación unívoca a la construcción libre. Pero es necesario subrayar que, en todos los casos, este tipo de dirección continúa siendo un *tertium* teórico entre las «tablillas en blanco» de las teorías de la adquisición pura (sobre las que, o bien el medio inscribe sus asociaciones, o el sujeto sus convenciones) y las tablillas «preinscritas» internas o externas de las teorías fijistas. Su mayoratividad respecto a los innatismos históricos y contemporáneos es que la dirección de la psicogénesis mediante las reglas epigenéticas no reemplaza al sistema cognitivo por el sistema genético en la construcción de los esquemas, lo que le quitaría toda función al primero y, en consecuencia, a su propia filogénesis. Muy al contrario, esta estrategia consiste en explotar toda la potencia y la velocidad combinatoria muy superior de construcción de esquemas del sistema cognitivo, coordinándose entre sí (más que sustituyéndose) por la transmisión a este último de informaciones heurísticas evaluativas con efecto anticombinatorio, destinadas a hacerle converger más rápidamente en la construcción de ciertas soluciones. Esta forma de dirección por los valores-diana es, como hemos observado, característica de los servomecanismos en general y deriva, además, de su propia naturaleza. Ciertamente, la explotación de la potencia amplificadora de una dirección asistida (por ejemplo) se lleva a cabo transmitiéndole valores-diana, y no sustituyéndola, lo que, invirtiendo su función (que es precisamente reemplazar el esfuerzo muscular), la anula. Lo que hemos llamado la programación indirecta de las redes conexionistas no es más que este tipo de dirección, donde el «domador» proporciona los valores o puntos de la superficie adaptativa y la red busca el máximo local. Por último, si generalizamos este carácter específico del modo de dirección a las interacciones entre los sistemas de equilibración, ocurre que cada uno de ellos «explota» (o «esclaviza») a los otros dos, en calidad de medio, con el fin de mayorar (la evaluación de) su propia productividad. Las estrategias estables evolutivamente, que realizan esas interacciones en cada uno de ellos, expresan pues las formas sucesivas de equilibrio de esos intercambios. Así es como las formas de colaboración evolutivas («altruistas») pueden emerger de los equilibrios de las explotaciones recíprocas («egoístas») entre esos sistemas. El análisis de la asimilación genética de los esquemas ilustra esta proposición.

La adquisición de nuevos esquemas

El comportamiento, motor de la evolución

La tesis de Piaget del «comportamiento, motor de la evolución» (Piaget, 1976), tesis que introdujo muy pronto y que ha reelaborado a menudo, nos parece que adquiere su significado más pleno precisamente en el nivel de esas interacciones evolutivas en las que la cooperación produce el sistema cognitivo humano. «Aunque la asimilación genética sólo se haya establecido hasta ahora sobre estructuras anatómicas y fisiológicas, debería establecerse también sobre fenotipos comportamentales, incluidas las innovaciones culturales que contribuyen por sí mismas a formar el medio alterado», escriben por su parte Lumsden y Wilson, citando a Waddington, autor a quien se refería el propio Piaget. Esta extensión de la asimilación genética al comportamiento corresponde con exactitud a la reformulación darwiniana de la tesis de Piaget según la cual un esquema de comportamiento construido por un organismo (fenotipo), se podía asimilar genéticamente, es decir, los genes lo podían reconstruir o copiar. De este modo, esta copia por lo genes, o «genocopia», produce una copia del fenotipo, o «fenocopia». El primer término subraya el aspecto darwiniano de esta asimilación, mientras que el segundo enfatiza su aspecto lamarckiano: se trata, pues, de un comportamiento «adquirido» que se convierte en el motor de una evolución de lo «innato». No obstante, desde nuestra perspectiva la predeterminación psicogenética no se reduce a la asimilación genética, a pesar de que ambas se aprovechan de un mecanismo selectivo común. Efectivamente, en el primer caso el esquema que se va a predeterminar se construye mediante un sistema psicogenético: se trata de un esquema psicológico nuevo. Sin embargo, en el segundo caso el esquema que se va a asimilar se construye por un programa epigenético alterado por un medio anormal: se trata, pues, de un esquema instintivo alterado. Por supuesto, en ambos casos el esquema estará o no predeterminado, o será o no asimilado, en función de la ventaja selectiva que proporcione, pero la diferencia teórica irreductible proviene del hecho de que, en el caso de la asimilación genética, el sistema genético se sustituye por el sistema psicogenético en la construcción de esquemas, en lugar de aprovecharse de él para este fin, y ello nos lleva entonces, bien al «estudio del instinto», objeto de la etología, bien al error fundamental algorístico de los preformistas. En esto nosotros no seguiremos a Lumsden y Wilson, y llamaremos predeterminación (y no asimilación genética) a la formación de reglas epigenéticas que modulan localmente la ley de dirección de la psicogénesis.

La regla de los mil años

Basta con que un esquema nuevo tenga una pequeña ventaja selectiva (del orden de un uno por ciento) respecto a sus competidores psicogenéticos para que se forme una regla epigenética que lo favorezca. Además, la sustitución total de un alelo puede entonces producirse en un mínimo de cien años bajo condiciones extremas, mientras que en condiciones más usuales esta duración puede estimarse en mil años. Hay que subrayar que de esta estimación se desprende que existe un acoplamiento evolutivo extraordinariamente estrecho entre la filogénesis y la psicogénesis. Pero cualquiera que sea la exactitud cuantitativa del orden de magnitud del grado de acoplamiento, tal como refleja la «regla de los mil años» de Lumsden y Wilson, lo que tiene un significado teórico central desde nuestra perspectiva es su propia existencia, puesto que constituye una de las realizaciones posibles de una de las conexiones cruciales de la red de interacciones entre sistemas de equilibración. Efectivamente, mediante esta regla el sistema filogenético, constructor del sistema psicogenético, se aprovecha del poder algorístico de este último. En sentido inverso, la psicogénesis —y por medio de la sociogénesis— no sólo es el motor de dos evoluciones, socio y filogenéticas, sino que también las utiliza para acelerar su propia mayoración, por un lado, y para asegurar la regulación, por el otro. En efecto, Minsky destacaba ya en 1950 que un mecanismo de aprendizaje podía convertirse en demasiado crédulo o demasiado rígido según que su umbral de conservación de conocimientos descendiera o aumentara. Desde nuestra perspectiva, que prolonga esta observación, el ciclo de adquisición de conocimientos se descompone en tres subfunciones: por una parte, la construcción de una estructura que cumple una función particular (solución de un problema, etc.); por otra, la evaluación de la mayoración del equilibrio que dicha estructura (candidata a la conservación «permanente» como parte de un nuevo todo) aporta al sistema cognitivo como un todo; por último, la conservación (o no) de esta estructura, cuya accesibilidad en la memoria es proporcional a su valor. Aprender, en el sentido usual («aprender de memoria», «memorizar», etc.) evoca principalmente esta «grabación» por repetición. Mientras que las teorías del aprendizaje engloban y fusionan la evaluación y la repetición dentro de su «repetición diferencial» y, según ello, las adquisiciones que se reutilizan con mayor frecuencia son las que se «graban» más profundamente a la vez que se evalúan como más útiles (es decir, que se conservan mejor a la vez que son más accesibles), el ejercicio mayorante, por el contrario, subordina la evaluación, conservación y accesibilidad de lo adquirido a su propia construcción, considerando que lo adquirido es el «todo» sobre el que actúa el ciclo. Según esto, si una de esas funciones no se cumple, entonces no surgirá la función superior que resulta de su cooperación mutua, esto es, la adquisición (que construye, evalúa y conserva diferencialmente los aprendizajes —y por tanto no se reduce a ellos). Este contexto teórico ampliado es el que nos permite situar y generalizar los fenómenos de «rigidez» y «credulidad» en los mecanismos de aprendizaje tanto artificiales como naturales. En consecuencia, éstos dependen directamente de los dos subcomponentes de evaluación fundamentales y antagónicos que hay que extremar simultáneamente para permitir «introducir el máximo de novedad compatible con la conservación del máximo de lo adquirido», cuya composición en cada instante constituye la «ley de dirección o vección» de la equilibración, es decir, la función de evaluación de la mayoración del sistema cognitivo. Este tipo de regulación por medio de los antagonistas subyace a las relaciones entre la asimilación y la acomodación, donde el equilibrio es lo que constituye la adaptación psicológica, tal como lo define Piaget. Podemos observar que, desde un punto de vista diacrónico, este equilibrio es constitutivo de la propia adquisición. Efectivamente, si reducimos, en un extremo, la función de un esquema a la asimilación pura, la propia adquisición desaparece a falta de nuevos acomodados [*accommodats*] que adquirir; mientras que en el otro extremo, la acomodación pura también elimina la adquisición a falta de una conservación de lo adquirido.

Esta misma regulación se manifiesta, por ejemplo, en relación con la evolución del sistema jurídico, respecto al cual Kelsen (1953) destacaba que mantener cierta tensión normativa entre las reglas imperativas del derecho y su «efectividad» en las prácticas sociales era algo necesario para la propia existencia del derecho. Ciertamente, esta tensión es una consecuencia de la función estabilizadora (de la sociogénesis) que desempeña el derecho, que garantiza, mediante un cierto retraso de la evolución de las normas respecto a la de las prácticas, la conservación en el futuro de los caracteres jurídicos de un hecho presente (validez, licitud, etc.). Proyectado hacia el pasado por la no retroactividad de las leyes, este conservadurismo garantiza «una seguridad jurídica ilusoria», o bien una reversibilidad racional limitada a un campo temporal móvil, fundado sobre una invarianza «a escala humana» de los objetos y de sus propiedades jurídicas que permite su previsión anticipadora y su reconstitución retroactiva en los límites de ese campo. La imposición de esta permanencia normativa en el devenir sociogenético es lo que da lugar a la tensión entre los imperativos de las normas y la arbitrariedad del sujeto. Esta tensión que manifiesta la efectividad impositiva y la propia existencia del derecho desaparece en uno de los extremos, el de la asimilación pura. El derecho es absolutamente conservador, sus reglas ya no tienen ninguna intersección con las prácticas sociales: caídas en desuso, ya no se aplican ni se sienten como obligatorias. Por el contrario, en el otro extremo, el de la acomodación pura, el derecho sigue las prácticas actuales, pero limitándose a describir su evolución sin prescribir ninguna permanencia.

Así pues, determinar el punto de equilibrio entre asimilación y acomodación es un problema general que ha de resolver todo sistema que deba garantizar una regulación adaptativa en un universo de problema evolutivo. Si el sistema no adapta suficientemente sus valores-diana a esa evolución, ésta dejará de estar en su campo de regulación; si los adapta demasiado, su evolución se confundirá con la del medio y, en ambos casos, habrá desaparecido la regulación adaptativa.

Los esquemas candidatos a la predeterminación filogenética

Finalmente, este problema implica dos aspectos, uno cuantitativo —de reglaje de la velocidad (o umbral, según Minsky) de la adquisición—, otro cualitativo —el de la selección de lo que debe adquirirse. Y desde nuestra perspectiva, el problema se resuelve por el hecho de que las estrategias de la integración de los conocimientos que garantizan esta selección están subordinadas a la explotación —en sentido inverso— mediante el sistema psicogenético de la sociogénesis y de la filogénesis en calidad de submecanismos de su propia adquisición. Ciertamente, si las consideramos en este sentido, las interacciones entre estos sistemas forman un «acoplamiento en serie» (en el que las construcciones, resultados del sistema precedente, constituyen los datos del siguiente). En este ciclo, para alcanzar su estabilización por codificación filogenética de las reglas epigenéticas, y para llegar a formar de este modo el estado inicial del sistema psicogenético, un esquema nuevo se somete a una serie de pruebas selectivas según criterios temporales y funcionales diferentes cuya conjunción lógica debe satisfacer, lo que multiplica la selectividad. Conviene destacar, en este contexto, que la predeterminación filogenética de la psicogénesis de ciertos esquemas pasa necesariamente a través de la sociogénesis, puesto que sólo la estrategia de la «tradición» de los conocimientos puede garantizar la reproducción y la transmisión durante las treinta generaciones de la «regla de los mil años». Pero la memoria social no constituye un albergue o un depósito pasivo, no más que la memoria filogenética. La conservación de un esquema resulta más bien de la selección conservadora activa que forman las victorias de sus versiones sucesivas en los constantes «torneos sociogenéticos» (y psicogenéticos) que constituyen sus reaplicaciones y reconstrucciones funcionales. De ello se deduce, dicho brevemente, que sólo los esquemas que ya han sobrevivido a través de las generaciones internas de la transmisión de estadio a estadio de sus reconstrucciones mayorantes, serán los posibles candidatos a la transmisión en los intercambios sociales sincrónicos, una condición de su candidatura a la transmisión intergeneraciones que, a su vez, es condición de su eventual predeterminación psicogenética. Sólo de este modo puede estar predeterminada filogenéticamente la adquisición de los esquemas que satisfacen, a la vez, las condiciones individuales y a (relativamente) corto plazo de la mayoración de la productividad del sistema cognitivo, las condiciones sociales y a medio plazo de la mayoración de la productividad socioeconómica (ligada a las subestrategias de cooperación y de competencia de la división del trabajo), y por último las de largo plazo de la reproductividad genética. Así pues, vemos que los esquemas pueden adquirirse (y, correlativamente, «eliminarse y olvidarse») en cada uno de los sistemas independientemente de los otros, y a una velocidad propia, adaptada a la escala temporal de las regularidades de su universo de problemas. Esto es lo que permite que cada uno de ellos se adapte a lo que Piaget (1965) llama los «desplazamientos de equilibrio», resultado de la «reversibilidad imperfecta» de los sistemas en los que la equilibración descansa sobre mecanismos de regulación por el error, por oposición a la reversibilidad racional normativa de los sistemas cuya equilibración descansa en los mecanismos operatorios. De este modo, los «desplazamientos de equilibrio» del sistema socioeconómico se traducen en cambios no reversibles (porque no son integrativos, añadiríamos nosotros) de las normas jurídicas, de los precios, de la propia naturaleza de los bienes y de los servicios, etc.

Desde nuestro punto de vista, estos cambios obedecen, además, a los mecanismos que subyacen a las fluctuaciones de las modas en general: cuando aparece un nuevo esquema se extiende en razón tanto de su novedad como de su rareza, y su propio éxito en el torneo socioeconómico lo va convirtiendo progresivamente en algo menos nuevo, a la vez que menos raro, y se va preparando así un terreno más ventajoso para sus competidores. En consecuencia, estas fluctuaciones tienen periodicidades diversas, dado que están determinadas por la naturaleza de sus objetos y, por tanto, las velocidades de adquisición deberán adaptarse a aquéllas. El problema de su reglaje es específico a la equilibración por regulación. Los desplazamientos de equilibrio dan a los fenómenos de moda un fundamento completamente general, lo que explica que las ideas científicas no puedan librarse de ello, y sin duda ese tipo de equilibración es el que inspira los aspectos saltacionistas [*saltationistes*] del convencionalismo y de las teorías que se adhieren más a las «rupturas de paradigmas» (Kuhn, 1970) que a su continuidad constructiva. Las observaciones de Minsky sobre el grado de credulidad o de rigidez de los mecanismos de aprendizaje se pueden relacionar, pues, con este tipo de equilibración. Pero entonces hay que subrayar que los programas actuales que hemos llamado «de aprendizaje artificial» en sentido amplio, también se relacionan estrechamente con ese tipo de equilibración. Es decir, no constituyen aún mecanizaciones más que en lo que se refiere a la equilibración por regulación (homeostática), lo que a la vez los sitúa y los define desde nuestra perspectiva teórica. En cuanto a la evolución de los conocimientos es necesario, de modo semejante, observar que está sujeta —como todo sistema en el que la innovación es un criterio evaluativo— a ese tipo de equilibración, así como a los cambios de moda de sus paradigmas que se derivan de ello, pero que no se reduce a eso. Hay que distinguir ahí un núcleo de conocimientos que, al construirse por equilibración operatoria, forma una evolución en sentido estricto, evolución que arrastra con ella un campo de conocimientos sometidos a las equilibraciones reguladoras y que forman un proceso histórico o una crónica. En este sentido, hay que recordar que los fenómenos de moda constituyen un mecanismo suplementario de la producción y de la transmisión sincrónica de los nuevos conocimientos, condición de su candidatura a la selección para una «tradición» intergeneraciones. Así pues, la crónica de los eliminados de la evolución es lo que forma el «proceso histórico». (Este tipo de solución nos parece, además, que debe ampliarse incluso hasta las «totalidades estadísticas» tales como el sistema socioeconómico, en el cual la progresiva integración sociogenética de construcciones psicogenéticas —como, por ejemplo, los esquemas de intercambio que subyacen al paso de una «moral del deber» a una moral de la cooperación— constituye una evolución operatoria de las igualdades y libertades jurídicas, económicas y políticas.)

Lumsden y Wilson se aproximan a esta distinción cuando, al comentar su modelo matemático de las modas de vestir, observan que la fijación genética (y sociogenética, añadiríamos nosotros) de ciertos esquemas será la más débil cuando éstos son del mismo valor selectivo, pues, en este caso, sus sustituciones tienen un período mucho más corto que mil años (mientras que, obviamente, un valor superior sobre un período largo refuerza la fijación). Así, si bien existe una rápida fluctuación de numerosos rasgos de la indumentaria, es significativo —subrayan estos autores— que no ocurra lo mismo ni en el porte del vestido, ni en la variación de su corte en relación con las subdivisiones anatómicas, ni en su función de signo de pertenencia y de estatus tribal. En este ejemplo, lo que es particularmente significativo para nuestros objetivos es la indicación de que en el mismo dominio coexisten esquemas dotados de lo que llamaremos grados de invarianza diferentes, que crecen con su período y que resultan, por una parte, de las velocidades de adquisición decrecientes de los sistemas de equilibración psicogenéticos, sociogenéticos y filogenéticos y, por otra, de la estrategia de la inclusión característica del equilibrio operatorio. Como hemos visto, el efecto de esta última es precisamente el de abstraer las «permanencias normativas» del devenir evolutivo empírico. Por tanto, desde este punto de vista, las estructuras categóricas aparecen como los marcos conceptuales a través de los cuales se aprehende toda evolución, pero sin ser ellos mismos objeto de esta aprehensión y de esta evolución, mientras que correlativamente sus invariantes forman los objetos en términos de las transformaciones estructurales de las que es aprehendida esta evolución. Los conocimientos categóricos tienen, pues, una invarianza evolutiva intrínseca que, permitiéndoles sobrevivir a las selecciones en serie para un grado de invarianza creciente, hacen de ellos candidatos privilegiados para la estabilización filogenética. El espacio, como «continente generalizado» invisible e invariante de los fenómenos evolutivos (en una escala dada), así como las transformaciones de los «objetos permanentes», como contenidos o «sustancia» evolutivamente invariantes de estos fenómenos, son los mejores ejemplos de organización de esquemas que determinan una realidad individual y común, estabilizada y seleccionada por y para las mayoraciones psicogenéticas a la vez que sociogenéticas.

La selección conservadora de los esquemas

Existe una selección conservadora del código genético que se opone a sus modificaciones porque estas últimas cambian de manera arbitraria las traducciones de los genes que contienen el «codon» modificado. De modo semejante, Minsky (1986) observa que un esquema muy explotado por otros está sometido a una estabilización del mismo tipo, puesto que una modificación que lo especializara para servir a uno de sus explotadores podría volverlo, en último extremo, incompatible con el resto de esquemas. Éste es el caso, por ejemplo, de los esquemas primitivos de la motricidad que constituyen una especie de máquina de ejecución para todos los esquemas sensoriomotores y que, en consecuencia, tienen un estatuto de agentes de ejecución universales (o de instrumentos comportamentales, en términos de Lorenz). Estas observaciones deben generalizarse. Efectivamente, la selección conservadora no sólo afecta al código genético, sino también a la máquina de ejecución fundamental del ciclo de equilibración, al que constituye con las otras estructuras que componen el sistema genético que realizan su autoprogramación (mutación, recombinación) y la ejecución de sus programas (ribosomas, mensajeros, etc.). Por supuesto, lo mismo ocurre respecto al sistema psicogenético, en el que, por ejemplo, el «lenguaje máquina» del cerebro, es decir, el código de comunicación y de control entre neuronas, no puede modificarse, a riesgo de que se vuelva inejecutable toda la jerarquía de máquinas virtuales que resultan de la organización de los esquemas en cada estadio de equilibrio (y en el que cada una es explotada por las de estadios superiores) y que reposan directa e indirectamente sobre él. Por consiguiente, toda «renovación» que modifica un nivel anterior de esta jerarquía se deberá poder integrar en ella, o integrarla, sin modificar el formato ni el comportamiento exterior de los componentes existentes. La explotación de tales componentes mediante su integración en los entramados organizadores de esquemas nuevos constituye una «abstracción procedimental» cuyos productos se someten, de este modo, a una estabilización complementaria a los de la abstracción estructural. El nivel más bajo de la jerarquía de las máquinas virtuales engendradas de esta forma es la máquina de ejecución del ciclo de equilibración, constituida por la arquitectura funcional del propio cerebro. Desde nuestra perspectiva, este último está «prearquitecturado» para la psicogénesis, y esta organización se revela en una doble predivisión anatomofuncional de esta tarea: división del trabajo horizontal en áreas cognitivas especializadas, y vertical en máquinas de ejecución especializadas. Esta concepción surge, en el primer caso, de la noción clásica de localización cerebral, y, en el segundo, de la subdivisión filogenética del *triune brain* de McLean (1970) en tres (sub)cerebros de origen reptiliano, mamífero y homínido «tresunidos» por la evolución y que corresponden a una jerarquía anatómica de estratos cerebrales superpuestos (en la que el más reciente se debe a la corticalización que caracteriza a la hominización). Las nociones de áreas cognitivas y de jerarquía cognitiva constituyen la interpretación algorística de estas subdivisiones basadas en la anatomía del material cerebral. Una consecuencia teórica inmediata de esta reinterpretación es que la propia organización jerárquica de conjunto de la teoría triunitaria debe subdividirse y distribuirse horizontalmente, y que cada área cognitiva debe manifestar una estratificación cognitiva en diversos grados, desde la precodificación hasta la construcción libre de conocimientos. Así pues, ahora se trata de examinar esta organización jerárquica.

La organización de los esquemas

Subdivisión del sistema cognitivo, organización de los esquemas y memoria

Observemos, para empezar, que la división en áreas cognitivas constituye una prediferenciación a la vez que una preestructuración de la función evaluadora de la mayoración global del sistema cognitivo en subfunciones que evalúan la equilibración de subestructuras predeterminadas para tareas particulares de adquisición (espacio, lenguaje, etc.). De este modo, la psicogénesis está predeterminada en segundo grado por la propia elección de ciertas tareas que se le asignan entre todas las que son posibles para la mayoración de un sistema cognitivo. Además, la adquisición está guiada localmente en cada una de las «áreas cognitivas» por la subfunción de evaluación que le es propia. El «crédito» de una mayoración global del sistema cognitivo se «asigna» así a la actividad local particular responsable de ello, lo que tiene como consecuencia aumentar la accesibilidad y la prioridad motivacional de su ejercicio en la «agenda» de tareas del sujeto. Esta localización de la mayoración tiene un efecto anticombinatorio que es el de la «subdivisión del problema» de la mayoración del sistema cognitivo en subproblemas: los de la mayoración de subsistemas o áreas cognitivas más pequeños. Tal efecto no es desdeñable: para ilustrarlo, recordemos que si el conjunto de las combinaciones posibles para abrir una caja fuerte de diez teclas, cada una de las cuales puede ocupar diez posiciones, es de cien mil millones, se reduce a cien cuando la función de evaluación se subdivide en diez subfunciones localizadas (una para cada tecla). Evidentemente, esta subdivisión es una consecuencia inmediata de las limitaciones algorísticas del propio sistema genético, que no ha podido construir el cerebro más que siguiendo un método de «adiciones locales» de «periféricos especializados», integrables o integrativos, con un tamaño suficientemente limitado como para ser materialmente construibles por los genes, y programables logicialmente por la psicogénesis. Así, las áreas cognitivas no hacen más que «recapitular» los resultados de esta adición filogenética limitada de periféricos especializados. Por último, la organización de conjunto de las áreas cognitivas forma un sistema de ajuste a las variaciones de los esquemas que los reúne y los cataloga automáticamente «por materias».

Hay que destacar que las propiedades lógicas de semejanza sobre las que se funda la copertenencia a una misma clase se establecen según propiedades topológicas de vecindad (y de proximidad) intraárea, así como de separación interáreas. *«The brain is a layered registered somatotopic computer*», escribía Arbib (1972). Añadiremos que la somatotópica de las áreas cerebrales (donde las vecindades topológicas respetan las de los receptores sensoriales) es un caso particular de una «semantotópica» más general que utiliza las relaciones espaciales del material cerebral para establecer relaciones significativas y funcionales entre los programas. De nuevo, esta preorganización de la arquitectura de los «continentes» de la memoria general, en los que se formarían y se conservarían las construcciones psicogenéticas, está preadaptada en particular a la estrategia de la inteligencia por el conocimiento que lleva a cabo la psicogénesis. Efectivamente, esta estrategia exige que los esquemas adquiridos se activen en «tiempo real» para su (re)aplicación a las situaciones que asimilan, lo que exige que se «encuentren» antes de que estas situaciones hayan cambiado. En un extremo teórico, este problema puede resolverse mediante una búsqueda muy rápida a través de los contenidos organizados independientemente de su naturaleza, así como de su adquisición y de su aplicación. El orden alfabético de las palabras en el diccionario ilustra esta perspectiva. La propia búsqueda puede acelerarse por ciertos procedimientos (por ejemplo, utilizando este orden para localizar la palabra por aproximación), así como por el paralelismo, el empleo de material más rápido, etc. Las soluciones «semantotópicas» constituyen el extremo teórico opuesto, según el cual un contenido nuevo se relaciona con contenidos de la misma naturaleza (es decir, una clasificación por temas), y que están constituidos, podríamos añadir, por sus precursores o «gérmenes» psicogenéticos que forman el marco organizador en el que se inscriben las adquisiciones ulteriores. El crecimiento morfogenético de las estructuras, que forma progresivamente la memoria general, vuelve a «trazar» ahí sus filiaciones psicogenéticas. Así, la organización de la memoria se ilustra mejor mediante el «almacenaje» espontáneo de objetos de uso corriente en nuestras viviendas, que mediante el modelo frecuentemente propuesto de los libros colocados en la biblioteca. Esto último nos conduciría, por ejemplo, a formar un amontonamiento general centralizado del conjunto de nuestras posesiones, aunque «alfabéticamente ordenado» para el observador prevenido. Por el contrario, el almacenaje ordena las nuevas adquisiciones situándolas en relación con los vínculos funcionales o estructurales (Minsky, 1986) que tienen con los objetos adquiridos anteriormente, lo que permite encontrarlas posteriormente con un mínimo de búsqueda. De este modo, nuestros sistemas de ordenación práctica actualizan una organización semantotópica que, al incorporar lo nuevo a su naturaleza, su adquisición y su aplicación, viene a exteriorizar, desde nuestra perspectiva, el modo de organización mnemónica de los esquemas que la engendran.

Para ilustrar lo esencial de esta organización semantotópica podemos observar que, de forma semejante a las áreas cognitivas, nuestros espacios prácticos están subdivididos en subespacios de trabajo especializados donde los instrumentos y materias primas específicos a cada tarea están reunidos al alcance de la mano y ordenados en emplazamientos fijos. El hecho de que el emplazamiento sea fijo no es más que la exteriorización de la conservación de su plan, que permite encontrar los objetos sin búsqueda y, así, saber «de memoria» dónde está el instrumento necesario sin necesidad de desplazar los ojos de la tarea, etc. De este modo, el sistema se descentraliza y no existe un lugar común en el que se reúnan y ordenen, por ejemplo, las herramientas, los materiales de costura, de cocina, de oficina, etc., así como los alimentos, telas, papeles y libros. Esta subdivisión se prolonga en el interior de cada subespacio, donde los límites físicos del espacio de manipulación sin locomoción, tanto como las limitaciones algorísticas de los esquemas de emplazamiento y de recuperación en tiempo real, tienen como efecto limitar la magnitud de los sistemas y el número de las entidades que gobierna. Así, más allá de este límite, las nuevas adquisiciones que surgen del propio ejercicio mayorante determinan la abertura de un nuevo subespacio especializado. En el espacio mnemónico, este mismo principio de la «subdivisión por desbordamiento» extiende a las áreas psicogenéticas el de la subdivisión filogenética en áreas cerebrales especializadas, y nuestra hipótesis es, pues, que existe una prearquitectura de la memoria general en subáreas o módulos preconectados y de «magnitud psicogenética», que limita de esta manera la dimensión algorística máxima de los esquemas a lo que es psicogenéticamente construible durante la adquisición, y operable en tiempo real durante la aplicación —e impone, en consecuencia, la subdivisión o modularización mnemónica, a la vez que la preorganiza.

Este tipo de organización semantotópica tiene como consecuencia que el acceso a las zonas intramódulos o a los módulos libres para las nuevas adquisiciones sólo se hace a través de los conocimientos existentes. No existe, pues, un modo de acceso (de tipo *random access*) en el que un sistema de coordenadas defina un espacio unificado y permita alcanzar directamente cualquiera de sus puntos. La composición de aproximación progresiva del agrupamiento es, pues, común a los recorridos a través de la memoria y a los desplazamientos sensoriomotores en el universo exterior. Esta coincidencia en la forma de la composición de los desplazamientos en estos dos espacios quizá no sea fortuita filogenéticamente: Minsky recuerda que la memoria espacial de los lugares y de los trayectos que los unen (y que forma precisamente, podríamos añadir, en la escala superior del espacio de la locomoción que engloba y conlleva el de la manipulación, el sistema de ordenación y de recuperación de los contenidos de estos lugares —congéneres, presas, depredadores, etc.— que realiza la función fundamental de los espacios prácticos) precede a la del lenguaje (porque es coextensiva con la propia emergencia evolutiva del comportamiento). Así, en la medida en que la memoria «verbal» se construye en el marco organizador de la memoria sensoriomotriz que constituye sus significados iniciales, su forma de organización (semantotópica en sentido literal) se la imprime esta última: «Tratamos nuestras ideas —dice Minsky— como objetos en el espacio y nuestra reflexión como un recorrido acabado de este universo simbólico». Añadiremos que el principio de «subdivisión por desbordamiento» coincide también con una concepción de la memoria espacial que subdivide el «mapa cognitivo» en un atlas, formado por «panoramas» limitados por los obstáculos visuales cuyas transiciones orientadas (que corresponden a los indicadores de llamadas de una página a otra del atlas, que conservan la red de las vecindades orientadas entre submapas) están constituidas por los trayectos locomotores orientados que, partiendo de cada panorama, lo unen a sus vecinos descubriendo éstos. Observemos, además, que este tipo de subdivisión de los mapas (o áreas) cognitivos en atlas formados por módulos integrados por una red de indicadores semantotópicos, se extiende de modo natural al mapa cognitivo en el sentido amplio, original, que incluye el conjunto de los conocimientos. Con las transiciones espaciales de escena a escena bajo el efecto de los esquemas semiooperadores, se articulan luego las transiciones lógicas de concepto a concepto bajo el efecto de los esquemas sensoriomotores. Así pues, en la organización semantotópica se encuentran tanto los clásicos mapas cognitivos como las asociaciones de ideas, aunque el papel que desempeñan y el sentido teórico que adoptan son complejos y están diferenciados de sus sentidos originales.

En este contexto teórico, las «leyes» de formación de las asociaciones por contigüidad espacial y temporal no son, en efecto, más que el resultado indiferenciado del hecho de que los esquemas que cooperan en la realización de una función están efectivamente «asociados», pero en el sentido mucho más estricto de los vínculos (de coordinación funcional, de estructura lógica y de transferencia de control de procedimiento) que constituyen el entramado organizador de la «sociedad» de los subesquemas de un esquema. La asociación debe, pues, diferenciarse en relación con estas tres dimensiones teóricas: funcional, estructural y procedimental. Además, esta diferenciación debe proseguirse en cada una de estas dimensiones: las asociaciones estructurales, por ejemplo, no son uniformes, sino que están cualificadas por predicados para formar las propiedades cualitativas de los componentes conceptuales y sus relaciones coordinadoras. Así pues, la relación de pertenencia lógica («*is-a*» [«es un»]) de las redes semánticas «asocia» bien sus elementos a la clase pero no se confunde con la relación de pertenencia infralógica («*has-part*» [«forma parte»]) que «asocia» sus partes al todo. Las contigüidades espaciales y temporales de estos componentes sólo son, pues, la manifestación de sus relaciones —cuya naturaleza es de implicación, en sentido amplio— sobre cada una de estas dimensiones. Las relaciones del sistema semantotópico tienen una función fundamental, que es la de realizar la red de acceso de la memoria en sentido amplio, aunque en sí misma esta red tiene múltiples funciones: especifica, fija y conserva en el tiempo las relaciones lógicas estructurales constitutivas de las entidades cognitivas (conceptos, esquemas, estructuras, etc.) desempeñando el papel de sistema de inscripción de las adquisiciones, y de lectura durante sus aplicaciones. Además, al asumir este papel es recorrida como una red de caminos de acceso para buscar y activar ciertos esquemas, realizando así las funciones de búsqueda y de localización de los contenidos memorizados sobre los que se apoyan, como hemos visto, tanto la disposición ordenada de las adquisiciones como su recuperación. Las propiedades psicológicas subjetivas de las asociaciones están relacionadas con estas funciones. El acceso inter o intramodular, que constituye la emergencia de una «asociación de ideas», desvela al pensamiento (o a la acción, en el caso de la inteligencia sensoriomotora) el contenido de la idea asociada, abriendo un «panorama» cognitivo o activo que hasta el momento era «invisible» porque no se había accedido a él y, por consiguiente, no se había activado. De modo semejante a la forma operatoria de la clasificación —que se basa en la conservación, a través de todas las disposiciones posibles de los elementos, no sólo del criterio de semejanza, sino también del propio fin (clasificar y no seriar o decorar, etc.)— también el pensamiento racional se basa en la conservación de un mismo objetivo, pregunta o problema, lo que constituye la atención monoideica o la concentración, y de los mismos tipos de relaciones cualificadas a través de la sucesión de asociaciones. Las llamadas asociaciones libres se distinguen, así, de las asociaciones dirigidas por el cambio de los criterios indicadores de acceso a través de la red. Por tanto, la naturaleza de estos criterios, y la relativa permanencia que les imponen los esquemas de control de la centración voluntaria, es lo que relaciona en un mismo continuo, a la vez que los diferencia, el sueño, lo imaginario, el pensamiento simbólico y el pensamiento racional.

Desde esta perspectiva, el pensamiento es esencialmente un fenómeno de memoria, un movimiento más o menos dirigido de activación progresiva de los conocimientos en este espacio semantotópico. Hay que señalar que la existencia de estas formas diversas de pensamiento no es más que una consecuencia natural del funcionamiento de un sistema cognitivo en el que la inteligencia se basa en la estrategia de adquisición de conocimientos. Por último, hay que subrayar que, desde el punto de vista de la aplicación de los esquemas (es decir, de su ejecución), el entramado organizador de las «transferencias de control» de los subesquemas sólo constituye un aspecto de la red de asociaciones mnemónicas formadas por estas relaciones. La «transferencia del control» de la actividad a un subesquema es, pues, una de las funciones de la propagación dirigida de la activación a través de esa red de acceso. De este modo, para la «máquina de ejecución sensoriomotora» (o semiooperatoria), ejecutar un esquema sería acceder sucesivamente a los componentes de la memoria, activándolos. Así pues, desde el punto de vista de las operaciones de la memoria general, no hay una diferencia esencial entre la ejecución de los esquemas sensoriomotores y presentativos. El pensamiento es en sí mismo una acción interior (que interioriza la acción exterior en la medida en que la reconstruye simbólicamente), y uno y otra derivan de las «composiciones progresivas» de las operaciones de acceso y de recuperación en la red mnemónica. Tanto el pensamiento como la acción están sometidos, pues, a un orden de ejecución que se ajusta a la orientación que imprimen las indicaciones mnemónicas a las operaciones de acceso, de tal manera que, en el caso de la acción, dibujar una letra o una figura en sentido inverso, así como invertir el orden de numeración de una lista que se ha aprendido, supone la adquisición *de novo* de las sucesiones invertidas. De ello se desprende, en lo que se refiere al constructivismo psicológico, que si las estructuras del sujeto epistémico son reversibles, esta reversibilidad debe estar inscrita en sus realizaciones psicológicas por lo que llamaremos el agrupamiento de los desplazamientos operatorios de la centración o de la atención, que desempeña el papel de la razón constituyente respecto a las estructuras constituidas de este modo (y que, desde este momento, canalizarán el pensamiento según estas nuevas vías de reversibilidad racional, como consecuencia de la estrategia del propio conocimiento). Por ejemplo, al principio tenemos que calcular y aprender no sólo los resultados de nuestras operaciones aritméticas (las tablas de adición y de multiplicación), sino también los de sus inversas, y, desde luego, también su conmutatividad: aprender el resultado de 5+3 no nos enseña el de 8−3; de la misma manera que aprender 7*9 no nos enseña el resultado de 9*7, etc., y sólo cuando se forman las redes de la propiedad transitiva de estas relaciones, se adquiere la reversibilidad práctica del número y del cálculo mental.

Para concluir, observemos por último que si la concepción informática de la memoria la convierte en una especie de biblioteca central común y exterior a los mecanismos de la inteligencia —que, en consecuencia, acceden a ella desde fuera— para la concepción semantotópica, por el contrario, las operaciones de la inteligencia (en particular, las de la asimilación por partes) se desenvuelven en el propio seno de la memoria, en la red de los esquemas que la constituyen. El acceso progresivo y a través de los conocimientos existentes, hace imposible su enumeración exhaustiva para la búsqueda de un contenido, mientras que esta enumeración es posible para el sistema de acceso independiente de los contenidos, que está en la base de la concepción informática del *retrieval* [«recuperación»]. Este caso es el mismo que el de los puntos de la red de carreteras y sus representaciones en un mapa. Si un lector que mira el mapa puede llegar a cualquiera de sus puntos y enumerarlos en cualquier orden, para un viajero que está situado en esa red y se desplaza dentro de ella, esos puntos sólo son accesibles si atraviesa sus vías de acceso y según el orden de recorrido determinado por su conectividad particular. En cuanto a los puntos que no están ocupados por la red, éstos son inaccesibles y sólo llegarán a serlo por aproximaciones sucesivas, mediante el crecimiento de la red. Lo mismo ocurre con la memoria: la libertad de acceso al conjunto de los puntos de la red, que se comprueba en el paradigma informático, está muy limitada en el caso de la organización semantotópica que sólo permite a la actividad mnemónica seguir las asociaciones cualificadas existentes, y ello según los órdenes de acceso impuestos por la conectividad de la red que forman aquéllas. De hecho, son precisamente estas restricciones las que se explotan para predirigir heurísticamente esta actividad. Si, en un extremo, en el caso del paradigma informático de la memoria, las adquisiciones se pueden situar en un orden independiente de su contenido y volverse a encontrar mediante un procedimiento de búsqueda rápida, la memoria humana se sitúa en el otro extremo, el de una localización organizada desde el principio de manera que reduzca o elimine toda búsqueda. Ésta es, precisamente, la función de la organización semantotópica, mientras que las limitaciones de las operaciones de acceso (que, afectando o no a la inscripción de los indicadores de dirección y de itinerario que constituyen las asociaciones cualificadas, y a la conectividad de la red que forman, permiten determinar para cada contenido cuáles serán los próximos contenidos que se alcanzarán y en qué orden) son los medios de esta organización y de su ubicación. La aplicación de los conocimientos ejerce por este cauce un efecto a su vez estructurante sobre la organización de las adquisiciones.

En su «metáfora geográfica» de la memoria, Minsky (1986) destaca, a propósito de este problema de la accesibilidad, que de la misma manera que cada una de las regiones de un país no está unida directamente por un camino a cada una de las restantes, cada una de nuestras ideas no puede estar asociada a todas las restantes, y ello por las mismas razones de «coste de crecimiento» exponencial del establecimiento de una interconexión total de estas características, tanto como de su utilización (conectar el elemento suplementario a otros 10.000 cuesta 10.000 conexiones nuevas y conduce a un total de más de cien millones, lo que constituiría una red prácticamente inutilizable). Podríamos añadir que la solución práctica de este problema está inscrita en la estructura jerárquica del sistema de direcciones postales, de los números telefónicos, etc. Tal solución consiste, precisa Minsky, en imponer a las conexiones (y a los elementos) una estructura jerárquica en la que algunos centros principales (o capitales), poco numerosos, están conectados directamente por ejes principales en los que desembocan las vías de centros secundarios que, a su vez, están directamente conectadas entre sí por vías secundarias de menor escala, etc. Esta jerarquía se traduce en extensión por una subdivisión correlativa del mapa del país en una inclusión de subatlas o áreas administrativas (provincias, departamentos, comunidades, barrios, etc.) en las que esta forma de organización de los accesos se reproduce en escala decreciente; el nivel más bajo de las «áreas» y de los «centros» sería el de las viviendas donde se localizan las direcciones individuales. Partiendo de este nivel podemos, pues, subir por la jerarquía de los centros y de las áreas, y conectar cada elemento a todos los restantes, pero de modo indirecto, es decir, mediante (y a costa de) el rodeo por los centros y ejes superiores comunes. En este contexto teórico, la función de indicador de acceso sigue diferenciando la noción clásica de asociación en el sentido de que ésta ya no se limita a señalar la próxima dirección (de una idea) individual, sino que puede señalar la jerarquía ascendente y descendente de los centros superiores, y los órdenes de recorrido que les impone la conectividad de la red. Así, estos indicios permiten jalonar ciertos itinerarios con indicaciones propiamente heurísticas para el sujeto de sus destinos (y de los subdestinos o etapas inducidos por aquéllos) para formar las vías bien trazadas de las actividades realizadas. La noción de *desbrozamiento* [*frayage*], clásicamente cuantitativa, debe, pues, reconstruirse cualitativamente mediante una jerarquía de indicadores heurísticos. Desde nuestra perspectiva, la conducción del ciclo de equilibración la realiza precisamente este sistema de jalonamiento [*jalonnage*], y lo que determina los límites del funcionamiento equilibrador es el grado de detalle de sus indicadores (en lugar de la profundidad de sus huellas), límites que van desde el tanteo (re)improvisador dirigido hasta la ejecución automática de un esquema familiar. De nuevo, es una jerarquía de marcadores de prioridad relativa la que, impuesta a esos indicadores, lleva a cabo la accesibilidad diferencial que expresa e inscribe en la propia organización mnemónica de los esquemas la evaluación de su productividad psicogenética actual. De este modo, algunos esquemas se señalarán con prioridad y, por ejemplo, se ensayarán antes que otros. En consecuencia, la familiaridad de un esquema refleja a la vez la frecuencia diferencial de activación que deriva de su prioridad y la creciente precisión de su «jalonamiento» que deriva de ello. Desde la perspectiva constructivista que proponemos, la organización de conjunto «geográfica» descendente de la topografía de la accesibilidad de las adquisiciones es, pues, el resultado macroscópico de un proceso de crecimiento morfogenético ascendente cuasiorgánico, parcialmente prearquitecturado filogenéticamente y sometido a limitaciones algorísticas locales que se repiten en las escalas crecientes que induce la psicogénesis. Al repetirse las mismas soluciones locales de subdivisión y ajuste a la variación de las adquisiciones, en las escalas intra, y luego intermódulos, que resultan del propio crecimiento de la red cognitiva, determinan un encajamiento de conjuntos cuya estructura se reproduce en cada escala inferior de sus subdivisiones. Así pues, podemos observar que la propia noción de construcción es implícitamente semantotópica, y que es un resultado bastante directo de estos principios de organización de las adquisiciones. Por ejemplo, la construcción ascendente del número en el marco de un precursor organizador revela un semantotopismo doble: por una parte, los conocimientos numéricos forman reagrupamientos por materia «colaterales», determinando la apertura y el crecimiento de una misma área cognitiva; por otra parte, los sucesores psicogenéticos que se inscriben en el marco constituido por sus predecesores forman estratificaciones psicogenéticas reagrupándolas verticalmente en filiación. La proximidad semantotópica está subordinada a la accesibilidad interesquemas, y este reagrupamiento vertical está ligado precisamente a la explotación de los conocimientos precedentes por parte de los siguientes (construidos a partir de aquéllos). Así, por ejemplo, el entramado organizador de la nueva operación de adición de las fracciones explota las operaciones conocidas de adición y multiplicación integrándolas en una nueva cooperación. Observemos que esta filiación garantiza la «degradación no brutal» de las actuaciones por el retorno a las composiciones improvisadoras de los primitivos relativos que forman la generación psicogenética precedente.

Encontramos una situación semejante en la construcción sociogenética, donde existe un catálogo por materias implícito, invisible y descentralizado, distribuido en los índices bibliográficos de las obras y al que, de nuevo, sólo puede accederse por aproximaciones sucesivas, a través de los contenidos de las bibliotecas que señalan (y dan acceso a) sus «referencias», formando así la red de sus colaterales sincrónicos y la filiación de sus precursores diacrónicos. Así pues, los sucesores sociogenéticos constituidos por las nuevas obras se colocan en el marco de las adquisiciones precedentes, situándose ahí por el conjunto de las referencias bibliográficas que aquéllos proyectan y que, de este modo, garantizan el mantenimiento a la vez que el crecimiento de la red de acceso y de clasificación formando su última generación sociogenética. Esta formación y sus asociaciones constitutivas conllevan una asimetría intrínseca, puesto que los sucesores son los que pueden indicar sus fuentes en los predecesores, y nunca a la inversa. El acceso progresivo garantiza una amnesia sociogenética, selección natural semejante a la amnesia psicogenética que, según Papert, caracteriza el olvido de las nociones preoperatorias. Así, algunos predecesores alejados se convierten en «obras inmortales», citadas durante mucho tiempo sin que se las haya leído, antes incluso de que se dejen de mencionar.

La organización de los esquemas y el «agrupamiento de los desplazamientos de centración»

Este esbozo de análisis del sistema organizador semantotópico del emplazamiento de las adquisiciones inducido por las necesidades funcionales de su aplicación en tiempo real a la equilibración del sistema cognitivo, bastará para introducir algunas ideas sobre su funcionamiento. Una consecuencia inmediata de la limitación de las operaciones de acceso (o de «desplazamiento de la centración») aproximativas en el interior de la red es que en cada momento el campo de atención que constituye la centración se sitúa necesariamente en esa red, por el hecho de que el contenido de conjunto (la «escena») de ese campo de aprehensión (y de intervención) se construye por la coordinación de los campos parciales de asimilación de los esquemas activados de un módulo o área cognitiva. De este modo, ni la «evocación» de los significantes, objetos de los esquemas presentativos, ni el «reconocimiento» de los objetos de los esquemas sensoriomotores, descansan nunca en una búsqueda sistemática que se extienda al conjunto de los contenidos de la memoria, porque su punto de partida siempre está «situado semantotópicamente» en este mapa cognitivo de conjunto; es decir, está localizado en una subdivisión particular de la jerarquía de los centros de acceso, en la que la escala y el contenido son pertinentes, pues corresponden a la centración de la situación actual. La propia subdivisión está subdividida y organizada recursiva y semantotópicamente, formando en cada escala un área o módulo cognitivo limitado y organizado en un «espacio de trabajo» por un sistema de ubicación que especifica, predice y señala el acceso y el emplazamiento exactos de cada instrumento cognitivo funcional y que, por consiguiente, es «plausible» en este punto de la situación. Por tanto, el siguiente esquema pertinente está siempre próximo y se puede encontrar gracias al funcionamiento automático de la «arborescencia de recognición» que forman los indicadores de ubicación, sin que la centración deba abandonar su tarea para realizar una búsqueda exterior a ella. Desde este punto de vista, las formas de organización de la «representación» de los conocimientos en la memoria, como los *frames* [marcos] de Minsky (1986) y los *scénarios* [escenarios] y *scripts* [guiones] de Schank (Schank y Abelson, 1977, 1982), constituyen módulos organizados semantotópicamente que reúnen —en el espacio, en el caso de los *frames* y en el tiempo, en el caso de los escenarios— los componentes funcionales prototípicos de las perspectivas de un objeto o de un lugar para los primeros, de la sucesión prototípica de esas perspectivas en las escenas del segundo, etc. Estos módulos forman, pues, espacios de trabajo en los que cada componente típico (por ejemplo, en el *frame* de una habitación) está en su sitio típico según el esquema de ubicación y de acceso prototípico de este conjunto, lo que permite situar la centración en una de sus perspectivas y encontrar, anticipar o reconocer sin tener que buscar los componentes o las escenas precedentes o siguientes. La centración, pues, está situada en cada momento en un espacio práctico o tiempo episódico típicos y familiares, en los que son accesibles todos los componentes y sus sucesiones. De este modo, cuando, por ejemplo, abrimos la puerta de una habitación, aunque sea desconocida, nos situamos «instantáneamente» en la escena de las paredes, puertas, muebles, etc., y si, además, esta habitación se asimila al prototipo de la de un restaurante, entonces esta escena nos sitúa temporalmente en el comienzo del escenario del restaurante. Los *frame systems* de Minsky permiten, desde nuestra perspectiva, coordinar estos dos puntos de referencia en una única red de acceso, idea más próxima a la concepción de esquema que introduce el constructivismo psicológico.

En este tipo de red de acceso intra e intermódulos, la centración actual constituye, por tanto, lo que llamaremos un «situador», generalizando a los mapas cognitivos en su globalidad una idea que Kuipers (1977) introduce para los mapas espaciales. Por ejemplo, en los planos de la red de transportes urbanos que se exponen en carteles para los viajeros, encontramos a menudo lo que este autor llama un *you are here pointer*, señal que nos indica en el plano dónde nos encontramos. Esta puesta en correspondencia fundamental de la centración actual entre la posición del viajero y su representación en el mapa, y su propagación progresiva, constituye, por supuesto, la propia condición del acceso a su contenido, en adecuación a lo real, y del mantenimiento de este morfismo durante su utilización. Sin ese situador del sujeto (que es, a la vez, espacial y temporal) en su panorama perceptivo actual y de éste en el mapa, la aplicación de los conocimientos que contiene el mapa para la búsqueda de esta correspondencia inicial exigiría una exploración que podría extenderse al conjunto de sus puntos. El papel de situador que desempeña la centración es, de este modo, heurístico a la vez que fundamental porque, al eliminar esta búsqueda, establece la propia correspondencia (o adecuación) entre el conocimiento y lo real y mantiene ese contacto progresivo a través de las centraciones asimiladoras. A este respecto, hay que distinguir pues las dos funciones que cumple el situador: la función instantánea de adaptación asimiladora de la centración a lo real, y la función «sucesiva» de desplazamiento de esta última. La segunda resulta fundamental para nuestros propósitos. En efecto, forma la base de lo que hemos llamado el agrupamiento de los desplazamientos operatorios de la centración, que subyace a la atención monoideica del razonamiento hipotético-deductivo de la inteligencia reflexiva, y a la acción monotélica de la resolución de problemas de la inteligencia práctica. En suma, estas formas de inteligencia descansan, desde su inicio, en una subordinación del «esquema del medio» al «esquema del fin» (Piaget, 1936 y 1947), que implica un rodeo teleonómico, es decir, un desplazamiento pasajero de la centración hacia una submeta (espacial o no) seguido de un regreso a la meta superior. La reversibilización de estos desplazamientos de la centración exige que se suspenda la ejecución del esquema superior, lo que implica una operación de (transferencia de) control que interrumpe o inhibe su ejecución. Esta interrupción sólo puede ser reversible si el «contexto», que precisamente es el situador, conserva la identidad o la «dirección» del esquema, y si la situación en la que se ha interrumpido se conserva con el fin de permitir la operación (teleonómica) inversa de reactivación del esquema y de recuperación de su ejecución en el punto en que fue interrumpida. Señalemos que estas operaciones tienen la función de conservar recursivamente el hilo del pensamiento y de la acción intencionados a través de las interrupciones de los estados, etc. Mecanizadas informáticamente, donde actúan sobre un conjunto de contextos, según interpreta Lisp, por ejemplo, y extendidas a la modelización psicológica, donde actúan sobre un conjunto de metas y submetas, por ejemplo en el programa GPS, estas operaciones cumplen, en ambos casos, una función homóloga de conservación de la continuidad télica de la actividad. Desde nuestra perspectiva, constituyen el ciclo fundamental de la equilibración racional al garantizar la conservación obligada de los valores y de la finalidad que provocan durante las asimilaciones por partes a través de la red semantotópica de los esquemas.

Así pues, la noción de situador ya se ha abstraído en diversos dominios teóricos (lenguaje, programación, planificación, deducción, formación de teorías), y bajo formas que están conectadas a ella (multitud de contextos, metas, hipótesis, registro de tareas, etc.). La concepción teórica que proponemos incluye estas últimas pero generaliza esta noción extendiéndola a la infraestructura de control de toda actividad finalizada, e independizándola de su escala temporal (es decir, aplicándola tanto al «corto plazo» de la resolución de un problema como al «largo plazo» de una empresa reflexiva o práctica). Conservar un situador es conservar un «estado mental anterior» (Minsky, 1986) perteneciente a una actividad —por ejemplo, la «descripción instantánea» de una máquina de Turing en medio de un cálculo— para volver a evocarlos a ambos, lo que implica, por tanto, que sean (re)localizados por un indicador. Esta doble función se particulariza en el ejemplo familiar de la lectura, en el que colocamos una marca o señal entre las páginas que nos indica el lugar en el que dejamos la actividad («situando», de este modo, la última frase leída, o una cita, etc., en su «contexto»), y por el propio título de la obra, que nos indica la «identidad» de la actividad a la que pertenece esta instantánea. Las operaciones de control voluntario de la centración se aplicarán, pues, sobre esas marcas, en el sentido particular de memento («marca cuya función es recordar algo pasado o algo que se ha de hacer», según Robert), es decir, sobre su elaboración, su supresión, su colocación ordenada (en «montones»: constitutivos de los planes, listas, ayudas mnemónicas, pero también de los horarios, calendarios de trabajo, agendas; y también en «descripciones articulares» de estructuras y de proceso, como veremos más adelante), y sobre sus desplazamientos y cambios de orden. De nuevo, la necesidad funcional de estas operaciones deriva de las limitaciones algorísticas del sistema cognitivo que sólo dispone de una única máquina de ejecución sucesiva para el conjunto simultáneo de sus esquemas. En consecuencia, toda construcción, como toda actividad adaptativa, finalizada por una necesidad o una meta, descansa en la conservación obligada de este valor superior a lo largo de la sucesión de las acciones componentes. Así, la construcción de una máquina a partir de sus piezas sueltas se basa en la conservación de la función y de la estructura del todo que constituye un objetivo que se va a ir alcanzando a medida que se vayan reuniendo, de modo ascendente, sus componentes en subestructuras, y estas últimas en unidades superiores, etc. Si en uno de los puntos de esta cadena no se garantiza la conservación del objetivo, se romperá la concentración (en el sentido literal de subordinación de la sucesión de centraciones parciales a la centración sobre el todo). En un caso se construirá otra máquina con otra función, mientras que en el otro nos encontraremos con la distractibilidad y el cambio progresivo de objetivo (o de criterio), característico del estado preoperatorio de los esquemas de transferencia de centración.

Esta conservación, que caracteriza correlativamente la operatividad psicológica de la «ilación de ideas» y también de acciones, del hilo del pensamiento, del discurso, de la demostración, de la argumentación y, por supuesto, de sus complementarios en el espectador, el lector, el oyente, etc., quien debe «seguir» ese hilo conductor (de las submetas hacia la meta) sin «dejar de atender» para no «perderlo», es necesaria tanto para la construcción de significados y de artefactos como para su reconstrucción simbólica y su comprensión por parte de su destinatario. En efecto, ya se trate de construcción o de conducta finalizada, nos encontramos en ambos casos frente a un conjunto de esquemas conservados y que constituyen simultáneamente la memoria, que sólo se pueden evocar y ejecutar sucesivamente. La solución general a este «problema de la secuencialización» es precisamente la descomposición o análisis funcional, cuyo estatuto fundamental se concibe aquí dentro del constructivismo psicológico; en ambos casos consiste en descomponer de forma descendente la función superior del todo simultáneo tal como se ve en una jerarquía o arborescencia de subfunciones, y construir posteriormente el todo reuniendo sucesivamente sus componentes de forma ascendente. El recorrido descendente, anticipador, planificador, formador de la arborescencia, etc., así como el recorrido ascendente de la ejecución, se basan en una secuencialización de sus esquemas componentes que, al ser evocados y elegidos sucesivamente, trazan descendentemente la arborescencia del plano y luego, al ser ejecutados sucesivamente, la vuelven a trazar de manera ascendente. Estos trazados son, pues, los que resuelven el problema de la secuencialización, y sus recorridos en ambos sentidos son lo que está en la base de nuestra intuición acerca de la existencia de un hilo conductor de la actividad. A su vez, la continuidad y unilinealidad lógica y teleológica de aquélla proviene de las operaciones de desplazamiento de la centración, que permiten pasar poco a poco, y de un modo idealmente reversible, de un vecino a otro del mismo nivel, así como de un nivel a sus vecinos superior e inferior en la jerarquía funcional, garantizando el acceso —tanto en la construcción como en la ejecución simbólica o real— a todos los puntos del subespacio de ubicación de los esquemas que forma ese entramado organizador. De nuevo, esta reversibilización de las operaciones de acceso en esas estructuras representativas es la que realiza y está en la base de la del pensamiento operatorio.

Encontramos, pues, en la escala reducida del entramado organizador de los esquemas, el agrupamiento de los desplazamientos de centración que genera los recorridos racionales del pensamiento en la red semantotópica general. Los dos son, efectivamente, de la misma naturaleza, puesto que los esquemas se construyen mediante asimilación por partes a partir de este último que, a su vez, es construido progresivamente por su conservación organizada. Estas operaciones de partición de desplazamiento y de reubicación que actúan sobre la red de los esquemas, son constitutivas del curso del tiempo psicológico, cuyo origen Piaget (1950) sitúa, acertadamente, en el orden de los medios y de los fines. De hecho, esas operaciones están ligadas al papel situador temporal que constituye nuestro presente, origen y lugar móvil de la transformación de las *agenda* [planes] que forman nuestro futuro, en los *acta* [actos] de nuestro pasado y de los órdenes opuestos que los detectan. La reversibilización y la generalización de este «acceso» a los *acta* y a las *agenda* no hace más que manifestar sobre su extensión la de las operaciones de transferencia de centración. Efectivamente, su función central es la de operaciones de partición y de (re)ubicaciones infralógicas (pero no espaciales) ordenadas, que actúan sobre las redes organizadoras de los esquemas y de sus (re)particiones en subesquemas. Consisten esencialmente en generalizar a todos los puntos de esas redes el proceso de inserción (o de «escisión») de un subesquema, que realiza la «subordinación del esquema-medio al esquema-fin». La operación de inserción de este «rodeo» (que, de nuevo, no es espacial, sino teleonómico) mediante un subesquema debe completarse de hecho con la construcción de su inverso, el «abreviado» [*le raccourci*], que consiste en poder desplazar la centración obviando o ignorando un subesquema en una «situación nueva», coordinando la conducta de no atender voluntariamente a aquello que no es esencial con la conducta complementaria de atender voluntariamente a lo esencial, para formar la indistractabilidad de la concentración. Al generalizarse de este modo, estas operaciones permiten interrumpir un esquema en cualquier punto de su construcción o ejecución marcando el esquema y la situación sobre la que se efectúa esta interrupción, para posteriormente insertar (o ejecutar) o suprimir (u obviar) un subesquema y volver a esa situación en el esquema principal. La consecuencia de la generalización del acceso intranivel es que un subesquema se puede insertar «horizontalmente» en cada punto de articulación de la red jerárquica o entramado organizador de los componentes de un esquema o de una sucesión de esquemas del mismo nivel. El acceso interniveles generaliza verticalmente estas operaciones a los superiores y subordinados de un esquema. Hay que subrayar que su composición interesquemas permite, pues, construir, modificar y suprimir cualquier entramado organizador, mientras que su composición intraesquema, en el interior de esos últimos, permite insertar «recursivamente» un subesquema dentro de un subesquema que, a su vez, está en curso de inserción, etc. Esta autoinclusión recursiva, en principio indefinida, constituye el mecanismo esencial de la «asimilación por partes».

La continuidad del «hilo» teleonómico también está garantizada localmente en cada «inserción» por la subordinación del subesquema del medio al del esquema del fin, y por la recuperación de este último en el punto de su interrupción que, al restablecer el fin superior, manifiesta su conservación obligada durante su suspensión. A su vez, la recursividad de estas operaciones garantiza, al descender hasta los niveles terminales, que cada una de las submetas de cada una de las partes componentes se subordinen por transitividad progresiva a la meta del todo. Esta continuidad y su necesidad se manifiestan, de modo concreto y familiar, por el hecho de que la «emergencia» de la función del todo, la de un péndulo, un programa, una solución, etc. (y sin duda es un aspecto del «Heureca Erlebnis» de la emergencia de la Gestalt) sólo aparece bruscamente cuando está disponible el último componente funcional, desvaneciéndose en cuanto uno de entre ellos se vuelve disfuncional.

A menudo se ha considerado que la recursividad de estas (auto)inserciones de esquemas, que garantiza así la invarianza obligada de los fines y funciones superiores a través de las jerarquías de inclusiones de submetas y subfunciones que, en principio, son ilimitadas, es un mecanismo e incluso *el* mecanismo esencial de la inteligencia humana. Éste es el tema central del libro de Hofstadter, *Gödel, Escher, Bach*, en quienes descubre los efectos de dicho mecanismo en la estructura de sus productos: construcciones y composiciones matemáticas, gráficas y musicales. La recursividad es la fuente de la productividad ilimitada de frases nuevas que caracteriza, según Chomsky de un modo singular, el lenguaje humano. Por supuesto, esta propiedad es falsa si se la limita a las producciones del lenguaje, pues es intrínseca, según nuestra perspectiva, a las formas de organización de todas las construcciones de la inteligencia reflexiva y práctica: potencialmente, existen tantos teoremas, cuadros y fugas, y también tantas danzas, juegos, deportes y sombreros del cofre de Lewis Caroll, así como tantos programas, organismos, sociologías y máquinas, como frases del lenguaje. El «análisis medio-fin», recursivo en la medida en que busca el medio de aplicar el medio, etc., sigue siendo el método en el que, según Newell y Simon (Ernst y Newell, 1969), se fundamenta la generalidad y poder de su *General Problem Solver*: «Un programa que simula el pensamiento humano». Más en profundidad, Minsky (1986) subraya el poder del instrumento que aporta el lenguaje al pensamiento, permitiendo a este último designar y cualificar recursivamente a sus propios productos (y a sí mismo) por medio de la inclusión, en principio ilimitada, de las proposiciones relativas.

Estas observaciones deben relacionarse a la vez que relativizarse desde la perspectiva del constructivismo psicológico. Recordemos que para éste la razón de toda construcción, y del propio aparato de construcción, es la función nueva (o mejorada) del todo que emerge de ella. La construcción es, pues, la estrategia fundamental de la mayoración innovadora del sistema cognitivo. Sin embargo, su realización está sometida a limitaciones debidas a la finitud de sus máquinas de ejecución semiótica y motriz («espacios de trabajo» mental y manual limitados) debidas a su vez, en el nivel más bajo, a la realización física, necesariamente finita, de estas máquinas, cuyo efecto es limitar la dimensión máxima de los componentes unitarios manejables por una única operación de construcción. Esta limitación se supera por la subdivisión de toda construcción y de toda actividad en unidades de esta dimensión. Esta solución plantea el doble problema del orden de secuencialización de la «colocación» de las partes y el de la conservación o reconstrucción de la forma de organización del todo por las relaciones y enlaces entre partes. Así es como cada página de un atlas, al indicar sus cuatro páginas vecinas, permite reconstruir su forma de organización en el mapa total antes de su subdivisión, forma que a su vez está subdividida, distribuida e inscrita en las partes. Esta redundancia de las indicaciones permite una exploración progresiva en cualquier orden, lo que no sería posible mediante una secuencialización más económica (como, por ejemplo, la del orden de escritura). Tal forma de organización de los componentes, que es exactamente la que acabamos de examinar, de la realización de su jerarquía o arborescencia de subordinación recursiva a la función del todo, es pues independiente del orden de construcción, pero la debe realizar él, lo que implica que la centración debe trazar o volver a trazar todos los puntos respetando sus enlaces. Estos órdenes pueden coincidir cuando, por ejemplo, la jerarquía «medio-fin» tiene la «forma degenerada» de una sucesión lineal. Así, una torre formada por plataformas puede construirse mediante la planificación y la ejecución de una sucesión lineal de submetas, de forma $(((P_1)P_2)P_3...)$, y por supuesto no $(P_1(P_2(P_3...)))$, donde cada subtorre sucesiva realiza la función de sostener la siguiente plataforma que se debe poner, y así hasta llegar a la plataforma de la cima.

En relación con esto hay que observar que, según nuestra perspectiva, la psicología cognitiva, en sus estudios de resolución de problemas, no distingue entre el orden de realización de la acción que es, por descontado, siempre lineal, y la forma arborescente o lineal de la descomposición funcional, reduciendo de este modo, implícitamente, el caso general al caso lineal particular, y confundiendo a la vez el orden de secuencialización de la representación del plan o de su ejecución con el de la red de las subordinaciones funcionales que dicho plan de conjunto «presenta» simultáneamente. El caso general se ilustra mejor mediante el de las máquinas clásicas como el péndulo, cuya subdivisión funcional en submáquinas está inscrita en la nomenclatura tradicional: motor, movimiento, escape, etc., que a su vez están subdivididas en (sub)submáquinas, hasta llegar a las piezas llamadas «elementales» porque pueden colocarse en una sola operación de construcción, y que constituyen los primitivos locales del universo de problema de los mecanismos. El orden de construcción se diferencia claramente del de la subordinación funcional si observamos que en la cima de este último las tres submáquinas principales pueden construirse una a una en cualesquiera de los seis órdenes de permutación de tres elementos, para luego reunirlas e interconectarlas en el orden particular que indica las relaciones funcionales especificadas en el plan de montaje, observación que puede repetirse en cada nivel, descendiendo hasta el de las piezas elementales. Este ejemplo ilustra concretamente la distinción entre el orden de las subordinaciones jerárquicas, de naturaleza lógica y «atemporal», constitutivas del entramado de las formas de organización de todas las construcciones de la inteligencia, y el orden temporal de sus recorridos posibles. Tal organización recursiva, que garantiza la continuidad de la subordinación de las partes a la función del todo, se manifiesta de este modo en las construcciones de la inteligencia, sean éstas concretas (máquinas y objetos corrientes, pero también máquinas industriales, fábricas y «obras de arte», producto tanto del genio civil como de la arquitectura y de las propias artes, si seguimos a Hofstadter en este aspecto) o simbólicas (teoremas, teorías, narraciones, y también máquinas formales, algoritmos, procedimientos industriales y artesanales de producción de montaje, de reparación, así como programas). Aparte de estas formas de organización «simultáneas» que constituyen las construcciones, las formas de organización «secuenciales» de las exteriorizaciones de la inteligencia, constituyen a la vez las conductas y actividades del sujeto. En efecto, si el lenguaje permite «referirse a él mismo», según la fórmula de Minsky, es fundamentalmente para situar y relacionar sucesivamente sus componentes conceptuales en los lugares apropiados del esquema de una idea enunciada con anterioridad, construyendo de esta manera, unidad por unidad, su red conceptual, o para inscribir ahí, a su vez, sus subcomponentes, etc., y finalmente unir y subordinar esta construcción, una vez acabada, al todo local, subiendo (recursivamente) al nivel superior del hilo del pensamiento. Incluso el lenguaje escrito, a diferencia del lenguaje Logo, contiene muchos niveles de paréntesis lógicos invisibles a partir del primero, que corresponden exactamente —y volveremos sobre ello— a las marcas evocadas anteriormente que sitúan y circunscriben las operaciones de inserción, adjunción e inclusión de los componentes y subcomponentes, constituyendo los propios elementos de la sucesión subordinada a una finalidad intencional permanente y única de los actos de toda construcción, cualquiera que sea la naturaleza de los componentes.

Aunque no lo desarrollemos aquí, subrayemos no obstante que la lógica descansa a la vez en esta doble organización de la concatenación y de la inclusión de subdeducciones, que es explícita incluso en la llamada lógica natural (y precisamente por esta razón, desde nuestra perspectiva) de Gentzen, en la que Hofstadter *(op. cit.)* saca a la luz la correspondencia entre la introducción y la eliminación de las barras verticales que marcan las (sub)hipótesis con las operaciones de *push-down* y *pop-up* sobre el conjunto de metas y submetas del análisis medio-fin de Newell y Simon *(op. cit.)*. La conservación recursiva de los medios es también evidente en las actividades espaciales en las que una conducta tan banal para el sentido común como la ejecución de una lista de compras exige que la lista ordenada de submetas que forma cada compra sucesiva quede pendiente y se conserve a lo largo de los rodeos inclusivos y las suspensiones recursivas de submetas formadas por las sucesiones del tipo: llegar a la calle, luego al almacén, la planta, el departamento, la sección, etc., luego salir en sentido inverso sin perder el hilo de las metas pendientes, es decir, reactivándolas en orden inverso de manera que salgamos de la sección hacia la entrada del departamento, de la planta, del almacén, para finalmente salir de la calle hacia el lugar de la siguiente compra pendiente de la lista, y que se ha reactivado según el orden de concatenación de esta última. Lo mismo ocurre con las representaciones no uninarias [*uninaires*] del número, en las que, por ejemplo, la lectura de un número escrito en notación decimal obliga a que la centración descienda a las unidades para volver a subir, a través de la inclusión de las decenas, centenas, etc., inscrita en la memoria permanente de los discursos, para alcanzar la comprensión del todo sólo al final de este recorrido. De este modo, «1, 3, 6» se convierte sucesivamente en seis, treinta y seis, ciento treinta y seis, y no «uno, tres, seis»: la forma verbal obligatoria de la numeración, al expresar el resultado de ese cálculo recursivo, convierte así en comunicables aquellos números cuyo tamaño sobrepasa al de una centración única.

Observemos que, de modo muy general, la inclusión recursiva de las centraciones es una estrategia algorística que, a través de la repetición en escalas crecientes o decrecientes de una misma forma de organización, permite con los medios necesariamente finitos del sistema cognitivo (por ejemplo, diez cifras decimales y no una infinidad de unidades) construir y situar en un sistema de acceso organizado los elementos de extensiones potencialmente infinitas (como el conjunto de los números enteros naturales). Esta misma estrategia, cuando se trata de cubrir extensiones mucho mayores —aunque finitas— que las de una única centración, incluye entonces una sucesión finita de formas de organización diferentes: la enumeración cronométrica, que (como los demás sistemas de medida de los pesos, volúmenes, etc.) conserva las huellas de su sociogénesis práctica, inscritas en la propia estructura de sus contadores reales y formales, reemplaza el encajamiento uniforme indefinido de las potencias de diez del número matemáticamente resistematizado por los encajes de módulo sesenta de los segundos, luego de los minutos, en los del módulo veinticuatro de las horas, luego siete de las semanas, doce de los meses —y éstos son también de módulo no uniforme, como lo son los años—, para alcanzar de nuevo la base diez con los siglos, etc. Lo mismo ocurre en el espacio geográfico de la navegación, que hereda en parte este sistema de numeración, y también en el espacio urbano ordinario, en el que el sistema de localización bidimensional de viviendas en las calles no es el mismo que el de las propias calles (a veces bidimensional), etc. No podemos seguir desarrollando más estos ejemplos ni este tema, por lo que nos limitaremos a subrayar que este tipo de microanálisis estructural y algorístico de los saberes y del «saber-hacer» prácticos del sentido común, que es el instrumento principal del *reverse engineering* característico del constructivismo psicológico, prolonga de modo natural la epistemología de los conocimientos categóricos abriéndole un campo rico en formas nuevas, más múltiples por ser más especializadas.

Si las construcciones y las conductas que acabamos de mencionar manifiestan una organización recursiva semejante es, según nuestra perspectiva (y esta observación es fundamental), porque lo que hacen es exteriorizar la propia organización de los esquemas, cuya «ejecución» produce entonces actividades estructuradas de este modo. Por ejemplo, si los péndulos tienen la forma de organización que hemos analizado es, en suma, porque los propios esquemas presentativos que forman el «modelo operable» de su mecanismo («modelo mental» que subyace tanto a su concepción y su comprensión como a su plan y su construcción) están organizados recursivamente en módulos funcionales limitados a la «dimensión mental» de una centración. (Dicho de otro modo, a la vez que la inteligencia se construye a sí misma, no puede librarse de las limitaciones de sus propias operaciones de construcción.) Efectivamente, si la centena de piezas que componen un mecanismo de relojería, y en consecuencia su modelo o reconstrucción simbólica, no es asimilable en una sola centración, basta con construir tres niveles jerárquicos ascendentes de subdivisiones y de reagrupamientos ternarios de este conjunto de piezas para terminar, en la cima, en los tres modelos de las submáquinas tradicionales (motor, movimiento, escape) mencionados antes. Es al describir descendentemente esta jerarquía constructiva cuando se manifiesta el encaje recursivo que aquí nos interesa.

Vemos que la estrategia del reagrupamiento constructivo recursivamente ascendente engendra la red de la estrategia de la explicación o de la deducción *more geometrico* a partir de los principios primeros, o de la ejecución «racionalizada» estrictamente planificada, descendentes recursivamente. Esta descomposición jerárquica modular, aunque no uniforme, del modelo presentativo es tan fundamental que hasta está inscrita en la nomenclatura relojera tradicional, que no se limita a enumerar las piezas elementales del catálogo de piezas «visiblemente» sueltas, sino que también otorga a los módulos funcionales nombres que los reagrupan dentro de fronteras conceptuales invisibles. El fenómeno de modularización es, además, general; se extiende a todos los vocabularios técnicos, en sentido amplio, en los que no se describe, por ejemplo, un automóvil, un ordenador, etc., en términos de sus (millares de) piezas, sino de jerarquías de submáquinas (hacen falta aproximadamente dieciséis niveles para un automóvil); ni se describe un organismo en términos de sus (millones de) células, sino de (sub)órganos; ni una empresa o una sociedad en términos de individuos, sino de sus «órganos» administrativos; ni un sistema solar en términos subelementales, etc. Recordemos que la función de esta modularización es producir una red de acceso señalizado por marcas entre los módulos, cada uno de los cuales sea asimilable en una única centración. En un modelo operable construido de este modo, el funcionamiento de conjunto de su objeto no se puede comprender mediante una centración, sino que es accesible a través de etapas descendentes. Así, en el ejemplo precedente del péndulo, éste puede aprehenderse (funcionalmente, causalmente, algorísticamente, deductivamente, etc., según las categorías a las que pertenecen los esquemas asimiladores de «centración») en un primer análisis por la comprensión del flujo de energía disipado por el escape, del flujo inverso de la información que vuelve a llevar las señales isocronas emitidas por el péndulo para que las cuente y anuncie el movimiento, etc.; posteriormente el descenso recursivo a través de los submodelos respectivos de esas tres submáquinas permitirá repetir esta asimilación y propagar poco a poco su comprensión hasta las piezas elementales. El funcionamiento simultáneo de conjunto permanece como algo incomprensible e inimaginable, es decir, no operable cognitivamente, pero la operabilidad de principio está garantizada recursivamente por la «transitividad» de la propagación de la comprensión, desde la cima hasta la base de la jerarquía. Es pues esta transitividad de principio de la operabilidad, fundada en la de la accesibilidad real, en todo momento y lugar de la red de los submodelos, mediante las operaciones de desplazamiento de la centración, lo que garantiza el carácter de necesidad racional a los razonamientos y a las evidencias de sentido común en estos modelos informales. La centración puede, en efecto, seguir deductivamente, demostrativamente, etc., en la red de acceso, las transmisiones y transformaciones causales a través de cada una de las piezas individuales, o de las transmisiones y transformaciones correlativas de información, etc., y formar así los encadenamientos característicos de la deducción, de la explicación, etc. La centración sobre el funcionamiento simultáneo de conjunto está, pues, subdividida y repartida en una cadena de centraciones coordinadas racionalmente, que permite comprender y recuperar por completo este conjunto simultáneo. Estos encadenamientos lineales de «símbolos terminales» y de sus reglas son los que aparecen en las formalizaciones de la lógica, de la demostración, de la argumentación, etc., «natural», pero abstraídos de la organización recursiva jerárquica del razonamiento de sentido común que los ha engendrado, y que, por tanto, está —con perdón— «formolizado», sin defensa frente a las maniobras logicistas.

Esta perspectiva hace que, a cambio, aparezca un efecto recíprocamente estructurante de la adquisición y de la aplicación de los conocimientos, en el que las limitaciones del campo de la centración inducen un reagrupamiento modular ascendente en red semantotópicamente señalizada sobre las adquisiciones, y en el que esta forma de organización de los conocimientos conservados induce a cambio una estructuración recursiva descendente de las aplicaciones de estas adquisiciones, formando el pensamiento de sentido común racional y el «saber-hacer» adaptable de las conductas ordinarias. También desde este punto de vista, Hofstadter *(op. cit.)*, buscando la recursión en sentido estricto (del autoencajamiento reversible uniforme lineal de una misma función) en las construcciones simbólicas de la inteligencia, las hace entrar a la fuerza en esta forma que hemos introducido aquí (ilustrando el «logicialismo» [*logicielisme*] bastante general de la psicología cognitiva que actualmente prolonga y supera el logicismo de ciertas formalizaciones clásicas), que inscribe ahí el funcionamiento de los esquemas de los constructores. Simplificando al límite, el dibujo acabado de un paisaje puede, en efecto, no incluir figuras comparables a las de Escher, mientras que el estudio de las etapas de su dibujo podría revelar un proceso de composición y de ejecución modularmente descendente, por ejemplo, hacia los «detalles de los detalles», etc. Conviene subrayar, a este respecto, que el proceso de asimilación por partes induce de modo natural una modularización que es a la vez no lineal, no uniforme, y de campo variable pero ajustado punto por punto al de una centración individual, de tal modo que los propios esquemas asimiladores que se han reagrupado tienen precisamente esta organización jerárquica y esta naturaleza heterogénea. Además, la profundidad del propio proceso está limitada por la de los esquemas existentes que, a su vez, es la profundidad de sus estratos psicogenéticos, de tal modo que la profundidad de los modelos construibles a partir de ellos está determinada en cada etapa por el nivel de los conocimientos ya adquiridos en el dominio. En consecuencia, si la centración está ocupada por el campo de asimilación de un esquema muy elaborado, basta con una sola centración asimiladora y resulta inútil una explicación, bien porque su destinatario ya tiene la noción y el modelo operables de un péndulo, por ejemplo, bien porque puede «reconocer» en ese caso modelos homólogos: cadenas no homogéneas de divisores de impulsiones, de contadores, de multiplicaciones, «*flip flops* no binarios», etc. Por el contrario, en el caso opuesto será necesario describir y explicar cada una de las piezas elementales de un mecanismo, o las reglas de un juego o los sentidos de las palabras del lenguaje, etc. Así pues, si el campo de la centración determinado por el material neurofisiológico es limitado y relativamente invariable, su campo cognitivo varía, en cambio, según el de los esquemas que lo forman, ampliándose a partir de los componentes elementales, luego de los intermediarios, para alcanzar las totalidades bajo el efecto de la elaboración psicogenética progresiva de los esquemas.

Esta extensión cognitiva «artificial» de un campo materialmente limitado es, evidentemente, el efecto y la función del reagrupamiento semantotópico que constituye la propia construcción de los esquemas, mientras que el crecimiento de su extensión, correlativo a la dimensión de las entidades construibles, resulta de las conservaciones obligadas de valores a plazos cada vez más largos, que son el resultado y el objeto del desarrollo del agrupamiento de las operaciones del control voluntario y de la centración.

Las dos dimensiones, estructural y algorística, del «agrupamiento de las operaciones de transferencia de centración»

«En una fórmula cualquiera, tal como ($x^2+y=2-u$), cada término designa en definitiva una acción [...] que podría ser real pero que el lenguaje matemático se limita a designar abstractamente bajo la forma de acciones interiorizadas, es decir, de operaciones del pensamiento», escribe Piaget (1947). Desde nuestra perspectiva, esta afirmación debe extenderse a los objetos (o argumentos) y a los resultados (o valores) de las acciones (u operaciones) de toda construcción. La representación de estos últimos mediante el lenguaje matemático aparece entonces como la solución de un precursor particular del «problema de la representación» de los conocimientos en general, mediante los lenguajes de programación de la inteligencia artificial y que, para el constructivismo psicológico, constituye un componente central del de (la representación de) la realización psicológica de las estructuras del sujeto epistémico.

El agrupamiento, como representación de estas últimas, debido a su naturaleza algebraica «moderna» (bourbakista y estructural), y con merecida razón como ya hemos subrayado, hace abstracción de la dimensión algorística característica de las realizaciones y aplicaciones de las álgebras originales. Los esquemas de los algoritmos prácticos de adición y de multiplicación usuales se representan ahí «atemporalmente» mediante «operaciones» «+», «.», etc., que hacen abstracción de este aspecto procedimental de su realización psicológica para separar el aspecto algebraico estructural de sus leyes de interacción (de «composición» matemática y de «coordinación» psicológica), entre ellos (la multiplicación es «distributiva respecto a la adición», pero no la recíproca: a+[b.c] [a+b].[a+c], etc.), y con ellos («la adición es asociativa»: [a+b]+c = a+[b+c], etc.). Desde nuestra perspectiva, este aspecto algebraico es el que caracteriza las propiedades teóricas de las «coordinaciones generales de las acciones». Pero hasta los lenguajes matemáticos tradicionales, por muy abstraídos que estén los objetos y acciones del carácter práctico y procedimental de sus raíces psicogenéticas sensoriomotoras, llevan marcas del aspecto algorístico característico de la ejecución de las acciones. Esto se manifiesta en las expresiones aritméticas comunes «más algunos» [*plus quelconques*], como en las del álgebra usual analizada por Piaget.

El análisis algorístico —incluso en esbozo— de expresiones de la aritmética escolar como (4+6)/2 revela ya tal complejidad de ese sistema de conocimientos (que se han convertido en) comunes, que sobrepasaría nuestro propósito hacerlo aquí. Ahora nos limitaremos a exponer las perspectivas teóricas pertinentes empezando por señalar que el lenguaje aritmético, como el lenguaje oral y escrito, las notaciones musicales, etc., y también la lógica de predicados, los lenguajes de programación, etc., resuelve el «problema de la secuencialización», es decir, de la representación bajo una forma lineal (la del acto de escritura) de organizaciones no lineales de esquemas, cuya ejecución «secuencial» tiene, a su vez, como objeto la producción de configuraciones que son tanto pluridimensionales (construcciones materiales y simbólicas) como lineales (procedimientos de transformación, recorridos y trayectos espaciales, y también «movimientos» y «figuras» de las actividades deportivas, musicales, coreográficas, etc.).

Desde este punto de vista, si desarrollamos la idea de Piaget, las acciones sobre los objetos que designan los términos de la expresión algorísticamente más simple (4+6)/2, componen un procedimiento de transformación por etapas de una colección inicial (de unidades) en una colección resultado, más que una construcción formada por la agregación sucesiva de componentes. En efecto, si representamos la sucesión de acciones y situaciones resultantes, producidas como contenidos sucesivos de la centración en el curso de su asimilación y ejecución secuencial de esta expresión, vemos cómo se forma o aparece (según que el sujeto sólo sepa contar «con los dedos», o haya aprendido las «tablas» de operaciones sobre colecciones numéricas) la colección inicial del aumentando 4 de la primera operación de adición, que la del sumando 6 transforma en la colección de la suma 10 que, situada ahora como dividendo de la siguiente operación de división, será subdividida en una colección cociente de 5 pares divisores, etc. De nuevo, como en el caso de los movimientos del péndulo, la forma de organización común de cada uno de estos componentes y de su composición en cadena está inscrita en el vocabulario aritmético tradicional de las situaciones «operandos» (multiplicando, etc.) sobre las que actúan «operadores» (multiplicador, etc.), cuyas situaciones «resultado» (producto, etc.) son asimiladas a los operandos de los siguientes operadores, realizando la combinación lineal recursiva de estas dos unidades en cadena. Podemos observar que los grafos de los espacios de problema (o de estados ligados por los operadores que los engendran) de la inteligencia artificial contienen, desde este punto de vista, la representación de la «figura oculta» de las sucesiones de desplazamientos de la centración en las de sus contenidos visibles: acciones y situaciones.

Cuando se trata de construcciones, las múltiples notaciones en inteligencia artificial que realizan las «descripciones articulares» (término de Minsky que evoca las articulaciones del «tarso, metatarso», etc., de las descripciones anatómicas recursivas naturalmente), secuencializan de la misma manera estas entidades pluridimensionales. Por consiguiente, esquematizando exageradamente, una sucesión unidimensional como: $L/((P_1/x)(P_2/y))$, donde «/» significa «sobre», permite especificar dos (o más) puntos de partida (x e y) o suboperandos de la construcción en el operando global, susceptible de una reconfiguración indefinida, que constituye la centración o situación inicial vacía, y a continuación colocar sucesivamente los dos pilares P_1 y P_2, luego sobre estos últimos el dintel L de un arco, además de encajar «hacia arriba» este arco, en la construcción de una arcada que lo engloba, y que llamaremos A, lo que constituye a la vez un módulo y un indicador que permite referirse a él y designarlo como operando para una construcción (o una modificación) ulterior, etc. Asimismo, la descripción de la construcción de los pilares: $C/(B/(A/X))=P_1$, a partir de las plataformas A, B y C, por ejemplo, puede encajarse hacia abajo en las de los arcos, etc. Descripciones alternativas como, por ejemplo $((B/C)/(A/X))=P_1$, permiten especificar en el mismo módulo formas alternativas de organización de los mismos elementos, especificando entramados organizadores de esquemas de acción y de exploración perceptiva, que segmentan de modo diferente la construcción (la pieza compuesta BC está situada molarmente sobre A), y luego su asimilación (por partes) perceptiva.

Nuestra definición de la centración como «escena» o «situación» operando global y vacía (véase el conjunto vacío {}, la función F( ) independientemente de sus operandos, etc.) permite abrir recursivamente, desplazar y cerrar las subcentraciones múltiples, designándolas en el mismo nivel como lugares de prosecución de la construcción (adjuntar P_3 a P_2 del arco A, por ejemplo), o como lugares de subconstrucciones encajadas: $P_1=C/B/A/X$. Esta noción de *lugar operando* corresponde a la de *slot* (que generaliza las de «parámetros formales» y de punto de inserción de una constante —o de una expresión— en una expresión, «uniendo» una «variable libre» lógica o numérica, etc., nociones que están presentes en las matemáticas clásicas y en la programación) en las descripciones articulares de la inteligencia artificial. Nuestra perspectiva establece el carácter genético de estas relaciones cualificadas, como el de las transferencias de control clásicas: por una parte, convirtiéndolas en el objeto de operaciones de escritura —de apertura, de ubicación, de desplazamiento «horizontal» y «vertical» en la red descriptiva, de modificación, de prorrogación y de extinción—; por otra parte, identificándolas en los lugares de las señales de situación de las operaciones de desplazamiento de la centración a lo largo de sus trazados constructivos, y de los nuevos trazados que forman las aplicaciones. En suma, la conservación diferencial de las relaciones «intracentraciones» que componen la red descriptiva de una «situación», forma los esquemas asimiladores iniciales, intermediarios y terminales de los «escenarios» de los esquemas, realizando la función conceptual reconocedora (en la que el «esquema perceptivo» dirige la exploración asimiladora de lo real) y representativa (en la que el «esquema presentativo» dirige el trazado de lo conocido y los trazados de lo imaginario) de estos últimos. Por su parte, la conservación de las relaciones intercentraciones, que son debidas a las actividades que producen la situación siguiente a partir de la precedente, constituye la parte motriz u operadora de los esquemas.

Vemos que el caso de la construcción de estructuras pluridimensionales englobaba al de la composición unidimensional de operaciones, lo que refleja el hecho de que una arborescencia degenerada, por carecer de ramas, es una cadena. Efectivamente, en una sucesión de operaciones el resultado global es el operando de la operación siguiente; operando y situación (o «estado instantáneo compuesto» de un proceso: construcción inacabada, escena, etc.) no han sido diferenciados en el lenguaje matemático que, además, no compone entre ellos más que esquemas de la misma naturaleza sobre objetos del mismo tipo (por ejemplo, las cuatro operaciones sobre los números aritméticos). Esta homogeneidad es necesaria para la abstracción de las propiedades —precisamente estructurales— de los sistemas que forman (cierre que garantiza el carácter de [re]composición indefinida de los resultados introducidos de nuevo en el sistema como operandos de las siguientes composiciones, asociatividad, distributividad, etc.). Pero los universos de problemas prácticos especializados, característicos de la inteligencia de sentido común, ponen en juego muchas áreas y categorías cognitivas sobre el mismo problema, formando «composiciones no homogéneas» de esquemas. Por ejemplo, tornear la madera pone en marcha especializaciones prácticas de esquemas múltiples: medida y geometría tridimensionales, particiones infralógicas en «madera» para hacer piezas, clasificación de las «especies» de madera, «adición supralógica» de estos componentes en «obras de carpintería», etc. Al haberse creado universos de problemas-«juguete» (que, como el del juego de construcciones, son «maquetas», y literalmente «modelos reducidos», de universos prácticos) la inteligencia artificial ha tenido que ampliar, sin saberlo, la noción clásica de composición a esas composiciones no homogéneas y no unilineales prácticas, reagrupando los múltiples operandos específicos de estos esquemas diferentes en un operando total complejo: situación, estado, etc. Este reagrupamiento (y sus operaciones de descomposición en subcentraciones) permite, en una misma entidad compuesta, centrar y designar en cada estado instantáneo los múltiples lugares operandos específicos de los diferentes esquemas, y elegir (ejecutar, diferir, etc.) el siguiente de acuerdo con el lugar que le asigna el plan de conjunto en la agenda de las subtareas y subconstrucciones, funcionalmente heterogéneas —y ello en ausencia de homogeneidad estructural (lógica, numérica) con el precedente.

La multiplicidad de los suboperandos es pues una proyección sobre su extensión de la forma de organización general ramificada de los planes prácticos, que permite la ejecución de las organizaciones recursivas no unilineales de los esquemas sobre los que se basan. De modo recíproco, su reagrupamiento en «situación» conserva y generaliza la composición clásica de las operaciones y funciones, porque conserva la continuidad de las cadenas que forman reconstruyéndola en el nivel superior de las situaciones que están definidas y engendradas por la realización de la continuidad teleonómica de la tarea. Efectivamente, la siguiente situación de conjunto es lo que se define como resultado de la precedente, a condición de que el esquema que pertenece al plan que liga a ambas situaciones tenga como operando un componente de la precedente, y esto es así incluso aunque ese esquema sea de naturaleza diferente (véase serrar la madera, pulirla, encolarla, clavar, etc.) y actúe en un lugar diferente sobre, y con, un componente de naturaleza diferente y que, además, pertenezca a otra subconstrucción. Es pues la continuidad del hilo teleonómico de la actividad (que subordina recursivamente cada uno de los esquemas de la composición a la función permanente del todo) lo que, a través de la heterogeneidad estructural de las acciones y de sus objetos, hace de su composición una sucesión y un todo homogéneo, y no el triste espectáculo que se ofrece ante el novato de la yuxtaposición temporal y lógica arbitraria de actividades sin relación entre sí, sobre componentes heteróclitos. En cualquier caso, la «revelación» al «iniciado», desde el espectador de juegos de ajedrez hasta el teólogo, de las funciones y significados de la actividad es lo que proporciona una unidad racional «sub-yacente» a estos devenires sin continuación.

Así pues, el «lenguaje aritmético», como caso particular de composición unilineal y estructuralmente homogénea, revela bajo una forma simple las propiedades generales que conforman nuestros objetivos. Para empezar, observemos que en toda expresión de todo lenguaje escrito, material o formal, las «operaciones de escritura», y las operaciones y «reglas de reescritura» de los sistemas formales, incluyen términos así como «vecindades tipográficas» entre esos términos, y luego las expresiones, proposiciones, etc., de acuerdo con la conocida modularización ascendente. Estas vecindades son, además, topográficas más que topológicas porque están orientadas espacialmente (por ejemplo, a.b y a/b debe leerse «a arriba, b abajo de la barra de fracción) por los mismos esquemas perceptivos que los que dirigen la lectura de mapas y representaciones gráficas en general. Son los «vacíos» de esas vecindades tipográficas llamadas sintácticas, aunque con mayor propiedad algorísticas, los que se utilizan como significantes invisibles para designar e incluir la estructura semántica de los significados en las composiciones sintácticas de las transformaciones, relaciones y de sus objetos sintácticos (operandos y resultados), formando así las «descripciones articulares» de los procedimientos de formación o aprehensión que designan tales términos. Así, por ejemplo, los dos órdenes tipográficos diferentes: 5-3 y 3-5 de los términos numéricos 3 y 5, así como los órdenes A/B y B/A de los términos supralógicos A y B, designan transformaciones, relaciones y estructuras compuestas resultantes diferentes, en el «lenguaje objeto» de la extensión de los conceptos significados. Lo mismo ocurre respecto al orden diferente de las operaciones 3-5+1=-1 y 3+5-1=7, y $A / B \setminus C = C / A / B$ y $A \setminus B / C = B / A / C$. En suma, al cambiar el orden tipográfico que designa objetos (A,B) y operaciones de ubicación (/ sobre, \ bajo) se producen cambios semánticos: procedimientos de ubicación diferentes y «configuraciones arquitecturales» diferentes en el «universo objeto». Así, las operaciones de escritura y reescritura que se refieren a los términos y el orden tipográficos son las que forman los «enunciados» de las descripciones y los transforman, componiendo los cálculos y derivaciones. Lo que quieren subrayar los ejemplos anteriores es que estas operaciones son independientes de la naturaleza de los significados que designan las expresiones diseñadas por aquéllas, en los «(micro)universos objetos» que forman las diversas áreas cognitivas: formación y transformación de «colecciones numéricas» o de «sólidos geométricos», etc. Desde nuestra perspectiva, el componente o dimensión algebraica estructural común a todos los agrupamientos (espaciales, lógicos, infralógicos, etc.) es lo que constituye y expresa esas operaciones tipográficas, que manifiesta y fija mediante la escritura los términos y las operaciones evanescentes de enunciación «orales» («mudas», además, para el «lenguaje interior»), expresando así, bajo una forma más observable (la lectura) y comprensible (la reescritura), sus propiedades y «leyes», llamadas «algebraicas» precisamente en un sentido amplio. De este modo, la no conmutatividad de la composición de dos predicados (relaciones, propiedades, funciones, operaciones, transformaciones, operadores, etc.): $F*G \; G*F$ (véase 3-5+1, ejemplo anterior), se manifiesta y se observa en los cálculos, y se expresa en su tematización mediante esas transformaciones de términos y de vecindad orientados de los significantes tipográficos. Ocurre lo mismo en el nivel inferior de los objetos, argumentos y valores de esos predicados en donde también este orden horizontal de su «vínculo» al predicado es lo que expresa, por ejemplo (piénsese a-b, como veíamos antes), la no simetría: $P(x,y) \; P(y,x)$, etc. Pero a su vez esos órdenes tipográficos son resultados construidos por «operaciones de escritura» de significantes: de colocación y de desplazamiento «laterales» (de caracteres), y cuyos esquemas son los objetos de las operaciones de desplazamiento de la centración, que hemos denominado horizontales. El objetivo de estas colocaciones lineales de significantes es, como hemos visto, formar las descripciones articulares unilineales de estructuras que son o no unilineales, en el universo de los significados del lenguaje objeto.

Las propiedades algebraicas expresan, pues, la existencia de regularidades particulares en este universo. Por tanto, en la perspectiva algorística que es la nuestra, tienen una función anticombinatoria, como observa Braffort (1968). Efectivamente, señala este autor, si, por ejemplo, la suma no fuera conmutativa cada uno de los seis (3!) órdenes de estos términos ($a+b+c=s_1$; $a+c+b=s_2$, etc.) produciría una suma (S_j) diferente (y recordemos que el valor n! supera cuarenta mil con sólo ocho términos [8!]). Esta cifra debería multiplicarse por la de las particiones de cada una de estas sucesiones si la suma no fuera asociativa ($[a+b]+c$ $a+[b+c]$, etc.), cifra que también crece multiplicativamente. Observemos ahora que las igualdades («=»)

expresan esta «redundancia» e inducen clases de equivalencia en las expresiones (S1 S2 S3...) [S], cuyo efecto central es hacer que la estructura del objeto de estos descriptores articulares se vuelva invariante bajo cierto número de transformaciones algebraicas. Así, por ejemplo, el objeto [36] de las cuarenta mil descripciones no conmutativas de la suma de los ocho primeros números enteros se vuelve invariante bajo estas transformaciones de perspectiva «algebraica», y estas últimas se inscriben en las equivalencias de las transformaciones del orden de ligazón tipográfico de los operandos (a,b) en las operaciones (+): (a+b=b+a), luego en el nivel superior de las operaciones, de las transformaciones de su orden de composición $a+_1 (b+_2 c)=(a+_2 b)+_1 c$, donde $(+_1)*(+_2)=(+_2)*(+_1)$, etc. De nuevo, si del constructivismo epistemológico se desprende la existencia y la formación psicogenética de estructuras, la perspectiva algorística deja entrever las razones y restricciones funcionales a las que responden estas construcciones; se comprende entonces por qué estas propiedades algebraicas anticombinatorias son las que, bajo la forma de coordinaciones generales de la acción, caracterizan la estructura lógico-matemática y presiden el reagrupamiento de sus esquemas constituyentes e incluso a veces su evolución o formalización reconfiguradoras, con vistas a satisfacerlos.

Si las descripciones articulares resuelven parte del «problema de la secuencialización» al transformar formas totales de organización de esquemas, que son pluridimensionales en su generalidad, en formas de organización unidimensionales que componen la dimensión horizontal que acabamos de analizar, estas expresiones, sin embargo, siguen siendo totalidades cuya dimensión sobrepasa a la de una centración única (y, recordémoslo, la razón misma de la «estrategia de la construcción», que hemos analizado antes, es la de trascender esta limitación). De ello se desprende que no pueden construirse (diseñarse) y adquirirse, ni aplicarse en un acto único, sino que deben modularizarse. Obtenemos, así, la dimensión vertical de los reagrupamientos recursivos ascendentes y de las subdivisiones y encajes sucesivos descendentes. Desde la perspectiva algorística, en las expresiones unidimensionales, la indicación (o marcaje) de los reagrupamientos que forman «asociaciones» o módulos funcionales se realiza principalmente por los paréntesis (por ejemplo, la asociatividad expresada por los dos reagrupamientos [a+b]+c = a+[b+c]) que, recordémoslo, en su origen envolvían por completo a los términos reagrupados. Aquí haremos abstracción de su segunda función accesoria, práctica y no uniforme formalmente, de «abuso de sintaxis», que permite modificar las prioridades tipográficas intra e interoperaciones (es lo que permite escribir a-[b-c], por ejemplo, en lugar de la forma «regular» sin paréntesis a+-b+c, y lo mismo en a.[b/c], en lugar de a.c/b, o «mejor» $a.c.b^{-1}$, etc., y también a.[b+c], que contraviene a ab+c, en lugar de ab+ac, donde la distributividad hace legítimo el «abuso»). También haremos abstracción de esas prioridades sintácticas para hacer que reaparezcan los paréntesis invisibles que reemplazan. Así, por ejemplo, la expresión 1+3+5+7... que se concibe y se describe, y redescribe en la lectura o la ejecución, según el orden «ortográfico» de la escritura, lleva los paréntesis implícitos (...((1+3)+5)+7...) que resultan del hecho de que, a igual rango, la prioridad de las operaciones sigue el orden de lectura, ejecutando la primera operación «+» (entre 1 y 3) antes que la segunda (entre 3 y 5). En la forma $(1+(3+(5+7)))=16$, otra descomposición y composición de la descripción articular del todo 16, este objeto sigue siendo el mismo debido precisamente a la asociatividad de la suma que garantiza la invarianza bajo las diferentes descomposiciones (verticales, subrayémoslo) de la misma sucesión horizontal. Vemos que hasta en este ejemplo elemental estas dos dimensiones se diferencian, la primera (des)composición de la misma sucesión tipográfica horizontal produce los «reagrupamientos» ascendentes de los componentes en los resultados sucesivamente incluyentes $4 \subset 9 \subset 16$, mientras que en la segunda lo que se produce es la sucesión $12 \subset 15 \subset 16$. Dos formas diferentes de organización vertical del reagrupamiento de los mismos componentes (que constituyen dos formas articulares de la construcción de la misma forma de organización horizontal) producen, en este caso, el mismo todo, pero siguiendo etapas intermediarias de construcción o articulaciones diferentes, en completa similitud con la «multimodularizabilidad» de los esquemas de la construcción del mecanismo de relojería «serial», que analizábamos antes. En ambos casos, la equivalencia estructural de los resultados (las construcciones acabadas, semióticas o mecánicas) es independiente de la no equivalencia algorística de las diferentes formas de organización de los procedimientos de construcción que los producen: observemos que $(1+[3+5])+7$ o $(1+3)+(5+7)$ no son lineales, sino arborescentes.

La modularización de estos reagrupamientos está inscrita en la propia estructura del lenguaje aritmético, en la naturaleza «binaria» fundamental de las cuatro operaciones usuales, que, a su vez, resulta de las limitaciones de recursos del calculador humano. Incluso la suma «en columnas» de más de dos operandos se realiza psicológicamente por una cadena de operaciones de nivel inferior, cada una de ellas binaria: en efecto, el calculador (y aquí es donde se revelan en parte estas limitaciones algorísticas más profundas) añade «binariamente», por ejemplo: «nueve y ocho, diecisiete; diecisiete y siete, veinticuatro» y no «trinariamente»: «nueve y ocho y siete, veinticuatro», porque la tabla de Arquímedes o «tabla» de sumar, reagrupa unos cientos de parejas que deben aprenderse (por ejemplo, $9+1=?$, $9+2=?$, etc.), en lugar de los miles de tríos ($9+1+1=?$; $9+2+1=?$...) que harían «trinaria» esta operación. En resumen, la forma de los sistemas prácticos tales como la aritmética refleja en cada instante tanto las limitaciones algorísticas de la naturaleza del calculador como los *(re)bricolages* evolutivos heterogéneos que su naturaleza le ha impuesto sucesivamente. La propia naturaleza binaria de la suma es resultado de tal «reconstrucción racional». Efectivamente, como hemos destacado, la forma de organización de la modularización funcional de la suma, incluida en la terminología aritmética usual, la liga a sus orígenes psicogenéticos, los de la ejecución concreta, como la hemos llamado, de cálculos formados de acciones reales de «trasvases numéricos» referidos a colecciones de unidades «concretizadas» por objetos y continentes espaciales, que encontramos bajo la forma de «cuentas» [*calculi*] trasvasadas de un continente (o casilla de la red, columna, etc.) a otro, según las reglas de reescritura decimales «concretizadas» del siguiente nivel algorístico que realiza el ábaco, etc. El esquema de la suma concreta vuelve a configurar los componentes de la operación binaria a+b=c (donde «+» actúa sobre la pareja [a,b]), de acuerdo con una organización que se expresa mejor bajo la forma $S^b(a)=c$ del operador o función sucesora uninaria $S(n)$ (donde S actúa sobre el objeto único n). Efectivamente, al denominar «aumentando» [*augende*] a la colección *a* que «debe aumentar», la aritmética usual le asigna la función de objeto (paciente, operando, etc.) que sufre la acción del esquema operador S (indicando su nombre «suma» la naturaleza de la operación que efectúa) mediante la colección *b* cuya denominación de «sumando» [*addende*] (un sumando cuya adición produce el aumento) señala la función instrumental. El término «suma» precisa esta organización indicando que el resultado *c* se lee en la colección *a* receptora del aumento cuando su nivel alcanza su *summum*, dejando de aumentar. Esta organización psicológica del esquema de la operación debe distinguirse, pues, de su reconstrucción matemática bajo la forma de operación binaria que, reconstruida a su vez bajo la forma de un verdadero predicado ternario $S(x,y,z)$ cuando sus tres argumentos satisfacen la relación de ecuación x+y=z, elimina toda operación considerando sólo las relaciones entre la infinidad de los argumentos y de los resultados ya calculados (potencialmente). Por el contrario, la forma de organización psicológica divide la actividad de la suma en escenas iniciales y finales, ligadas por una acción del escenario de la transición del esquema de reunión de las colecciones. Por último, observemos que en esta transición, estilizada en alguna medida por la aritmética, encontramos una descomposición en acción, instrumento, objeto, resultado, etc., muy próxima, en este esquema semiooperador, a la organización de los esquemas sensoriomotores o de la acción de colocación de una plataforma en una torre en construcción, que mantienen exactamente las mismas relaciones cualificadas abiertas que la adición unitaria, el sumando, el aumentando, la suma.

Si la modularización psicológica natural no se confunde con la modularización formal de la operación y de su unión a sus objetos, lo mismo ocurre en el nivel superior de la composición formal de estas operaciones y de su encadenamiento psicológico. Efectivamente, la función recursiva de composición G_n $(f_1(x_1)f_2(x_2)...$ $f_n(x_n)$ define la composición de un número de funciones tan grande como se quiera, cada cual relativa a argumentos x_i, que pueden ser vectores $x_i = (x_{i1}... x_{i2}...)$ (y recursivamente: cada función f_I puede ser una composición G_i, y cada argumento x_i, el resultado de tal composición). El módulo constituido así por la abstracción procedimental es, entonces, potencialmente infinito para la matemática, pero para el sujeto (el matemático), esta unificación instantánea de la multiplicidad de las composiciones simultáneas o sucesivas las reduce al «macrooperador» único de una transición psicológica sobre un vector de resultados, también instantáneo, y en consecuencia reducido y unificado en la situación o escena inicial de ese esquema semiooperador.

Por tanto, la operación, así como su composición matemática, deben diferenciarse de sus realizaciones psicológicas constituidas por las transiciones de esquemas y sus encadenamientos en sucesiones medios-fines. Desde este punto de vista, la acción de marcar en montones reversibles, y el trazado de los reagrupamientos verticales de composiciones interesquemas, ponen de manifiesto una organización operatoria de los desplazamientos horizontales de la centración. Pero estas «jerarquías entremezcladas» (Hofstadter, *op. cit.*), que llamaríamos mejor «recursivas no uniformes», de organización de esquemas (a título) de medios tienen necesariamente una base, es decir, un nivel en el que asimilan un universo de problema en el cual sus operandos son «objetos» reales o semióticos, y no el resultado modular de la actividad de esquemas funcionales subordinados (o, más precisamente, «constantes», resultados «objetivos» de la actividad de esquemas categóricos), mientras que sus operadores son los esquemas primitivos característicos de las máquinas de ejecución semioperadora o sensoriomotriz. En este nivel, la transición es, pues, lo que constituye el formato organizador de los desplazamientos verticales intraesquema de la centración que subyacen a la asimilación de los objetos. En suma, si en el nivel superior el control de la centración realiza la subdivisión de la tarea de coordinación recursiva interesquemas de los medios, subordinándolos a un objetivo común, en el nivel más bajo de lo «real» que constituye un universo de problema, aquélla describe el entramado organizador intraesquema constitutivo de la propia «acción», es decir, del esquema individual en tanto que medio o instrumento de la adaptación inteligente.

El análisis de una expresión aritmética simple permite que aparezcan ya suficientemente estas características: hasta el 5+3=? de los ejercicios elementales constituye ya un árbol de dos niveles (que podemos reescribir bajo la forma articular =[+(5,3), (?)], donde la jerarquía de los paréntesis marca la de los niveles), en cuya cima se encuentra el signo «=» del que parten las dos ramas, una de ellas con el signo «+», como cima, de la que parten también otras dos ramas que llevan en sus extremos los signos terminales «5» y «3»; la otra rama, con el signo terminal «?». La interpretación operatoria término a término de esta expresión obliga a la centración a hacer un recorrido que empieza al entrar por la izquierda de la cima de este árbol («=»), descendiendo hacia el signo «5», sigue el contorno exterior, y vuelve a salir subiendo por su derecha hacia el signo «?» que indica que la expresión debe ejecutarse. Dado que, literalmente, la pregunta, el objetivo, el problema, etc., y su propia naturaleza, no aparecen hasta el final del trayecto, todo lo que precede a ello se debe conservar y luego evocar en sentido inverso para entonces poder interpretarlo a la luz de este objetivo. Se trata, pues, de localizar sucesivamente los esquemas de los objetos y de las acciones que designan estos significantes, relacionando el número 5 que hemos encontrado al principio con relaciones calificadas como «aumentando» [*augende*] del esquema de la suma que hemos encontrado después de aquél, y posteriormente el número 3 con el sumando. Al asimilar así la expresión (5+3), se trata entonces de relacionarla con la localización «miembro de la izquierda» del esquema de la ecuación, y el encuentro con el «?» le asigna, finalmente, el estatuto concreto de «problema para resolver» más que el «formal» de igualdad algebraica (por ejemplo, 5+3=3+5).

En el nivel intraesquema observamos que la centración empieza localizando la situación inicial (el aumentando), luego el esquema de adición que queda en suspenso hasta la localización del sumando. Esto permite unir instrumentalmente este último al esquema para luego activarlo con el fin de que actúe sobre el objeto inicial para producir la situación-resultado, ligándola al lugar correspondiente de la transición del esquema. Esta segunda parte en sentido inverso del recorrido de la centración (del fin: el sumando, al principio: el aumentando) se basa en la reversibilidad mnemónica (en el doble sentido de la evocación y de la inversión del orden) actuando sobre el «montón» de las localizaciones (y de los esquemas que indican). Vemos que la forma más elemental del entramado organizador de la ligazón de sus objetos instrumentos y resultados a una actividad para formar una acción —totalidad que es candidata a la asimilación reproductora— está bastante alejada de la «asociación» E-R, pues aparece como un producto complejo de la «linealización» del contorno de una arborescencia y no como una relación primitiva, simple e inmediata. Si pasamos al nivel superior interesquemas, vemos que ese mismo esquema de suspensión y desplazamiento reversible de la centración de los subesquemas opera sobre la relación entre el esquema superior de la ecuación que hay que resolver, que constituye el esquema-meta, y el subesquema de la suma que constituye el medio. Efectivamente, este último, que se mantiene en suspenso, no puede interpretarse retrospectivamente como esquema que se va a ejecutar, pues ya está activado, hasta que el esquema superior de la meta se haya asimilado.

La adquisición de estos esquemas de control reversible de la centración, que permiten colocarla y desplazarla recursivamente a cualquier punto y a cualquier profundidad de la red de acceso formada por el entramado organizador —construida o en construcción— de los esquemas y subesquemas, está formada tanto por la propia acción, en el nivel fundamental de la interacción de los esquemas con los universos de problemas que forman lo «real», como por los niveles superiores de sus composiciones ascendentes en organizaciones cuya constructividad ilimitada encuentra su expresión pura en la de las matemáticas, y cuyo «nivel de base» garantiza la «efectividad interactiva» (de la eficacia de la acción sobre lo real y de la retroacción de este último), condición de la equilibración y de la adaptación. Una vez adquiridos los dos ejes horizontal y vertical del control de la centración, el sistema cognitivo podrá trazar (y volver a trazar) de forma modularizada el conjunto ilimitado de entramados organizadores de formas observables, teleonómicamente integradas (el conjunto infinito de las máquinas de Turing lo expresa de forma abstracta), de carácter social, mecánico, simbólico, etc., y que incluye la construcción de aquellas que son interiores a sus propios subsistemas y productos, siendo las primeras su exteriorización.

De este modo, el énfasis que ponen Minsky y Hofstadter en la relación entre esta productividad y la recursividad se justifica plenamente. Pero si la recursividad es, sin duda, uno de los «secretos de la inteligencia humana», no es el único, puesto que, considerada aisladamente, sería inoperante. Ciertamente, sin la estrategia psicogenética de integración de los conocimientos, y sin la estrategia «categórica» de la abstracción de los objetos y de las leyes estructurales invariantes, características de las diferentes áreas o universos cognitivos, con la infinidad de redescripciones articulares —que también son invariantes racionalmente, regidas por esas leyes que ellas mismas permiten— la recursividad sólo permitiría organizar modularmente y volver a conectar las «redes encajadas» ilimitadas de continentes sin contenido. De nuevo, la función (o facultad) superior del todo sólo puede proceder de la interacción sinérgica de los componentes. Desde este punto de vista, la recursividad tiene un papel esencial, que comparte con la abstracción estructural, una de cuyas funciones es reducir en cada universo cognitivo la diversidad indefinida de los observables y de su devenir a la invarianza de leyes y de propiedades definidas sobre clases de equivalencia de objetos y de fenómenos. Este papel continuo de las abstracciones estructural y procedimental permite hacer prácticamente realizables, algorísticamente construibles, accesibles y aprovechables de hecho, es decir, psicológicamente realizables mediante un sistema de recursos necesariamente finitos, la infinidad potencial de los posibles, construibles de derecho, que ofrece la estrategia de la conservación de los conocimientos a la inteligencia.

Conclusión: la razón constituyente y las dos abstracciones

Hemos observado que los esquemas del control horizontal «articular» y vertical «recursivo» de las composiciones de desplazamientos de la centración son invariantes e independientes de la naturaleza de las estructuras lógicas que construyen o aplican, naturaleza que puede ser categórica: espacial, numérica, etc., o especializada: modelos operables que reúnen componentes cognitivos heterogéneos tales como, por ejemplo, los componentes mecánicos, químicos, electrónicos, de los sucesores de los movimientos del péndulo. Desde esta perspectiva, y sin entrar aquí en el detalle del análisis, conviene distinguir, en el «agrupamiento lógico-matemático», la manifestación de los dos tipos de abstracción —estructural y procedimental— que presiden la construcción de los reagrupamientos de esquemas que realizan esta entidad teórica. Recordemos que la *abstracción procedimental* (Abelson y Sussman, 1985) designa el procedimiento de construcción de esquemas por «reagrupamiento» y coordinación funcionales ascendentes y recursivos de (sub)esquemas. La construcción de estas estructuras logiciales se basa en composiciones de desplazamientos finalizados de la centración en (y entre) estos edificios. Estos desplazamientos engendran un «espacio logicial» *sui generis* (en el cual los «objetos» pueden incluirse [recursivamente] en ellos mismos, o recíprocamente, uno dentro de otro, o encontrarse en dos «lugares» a la vez, etc.), exteriorizado, en parte, en las «operaciones tipográficas», analizadas antes respecto a las nociones aritméticas, y también mecanizado, en parte, en los descendientes informáticos de estos primeros lenguajes «artesanales» para calculadores humanos. Las composiciones de estas operaciones sobre objetos logiciales manifiestan en este espacio, y sobre el eje teleonómico, cierto número de propiedades que Piaget ha descubierto en los agrupamientos de esquemas lógico-matemáticos (numéricos, espaciales, etc.). Esto es precisamente lo que hace que la naturaleza de esta entidad teórica —a la vez (proto)grupo y (re)agrupamiento— sea ambigua, algebraica y orgánica, poniendo de manifiesto la estructura del sujeto epistémico, así como el funcionamiento algorístico del sujeto psicológico que lo realiza. Esta observación nos lleva a disociar estos dos aspectos, y las dos abstracciones subyacentes, diferenciando las propiedades estructurales de sus realizaciones y funciones algorísticas. Así, como hemos observado, si no hay composición los esquemas permanecen yuxtapuestos y no forman estructura, ni operatoria (psicológica) ni algebraica, mientras que cuando existe composición basta para engendrar la estructura. También hemos puesto de manifiesto la función anticombinatoria de la abstracción estructural (a partir de esas composiciones de acciones) de leyes como la asociatividad, la conmutatividad, etc. Pero las funciones psicológicas, como la posibilidad de llegar a un mismo punto por dos recorridos diferentes, la conducta de rodeo, el regreso a un punto de partida que permanece idéntico, y la reversibilidad del pensamiento, son independientes de su inscripción en estructuras construidas bajo la forma de «leyes», asociativa, conmutativa, distributiva, de composiciones de elementos neutros, de inversas, etc., pues aquéllas ponen de manifiesto operaciones de desplazamientos teleonómicos de la centración que son independientes de la naturaleza de esos objetos lógicos construidos o en construcción. Así es como la inteligencia llega a pensar reversiblemente en un sistema real o simbólico irreversible, desplazando la centración en sentido inverso al de su recorrido (véase el *backup* de ciertos programas de demostración o de solución de problemas, por ejemplo), sobre la red de acceso de la representación de la «genealogía» de un proceso histórico, de un juego, de un problema, etc., cuyas jugadas o generaciones elementales no tienen inversas temporales, legales o formales. Vemos aquí que esta reversibilidad es una extensión directa de la del apilamiento ordenado de marcas de acceso, necesaria tanto para la asimilación por unión de sus situaciones-objetos a los esquemas, como para la composición recursiva de estos últimos. En un nivel más profundo, la propia memoria se define por la reversibilidad de acceso de la centración en las construcciones o edificios mnemónicos logiales que la constituyen, permitiendo el retorno a un objeto que permanece idéntico, mientras que el «rodeo» y los «trayectos alternativos» caracterizan los aspectos teleonómicos de la composición de (sub)componentes, y la «multirrealizabilidad de las funciones» mediante formas de organización alternativas de las composiciones de los mismos componentes y por la multiplicidad de los componentes alternativos. «Para llegar a comprender la verdadera naturaleza psicológica del agrupamiento, hay que entender que estas diversas transformaciones solidarias son, de hecho, la expresión de un mismo acto global, que es un acto de descentración completa o de transformación completa del pensamiento» (Piaget, 1947, pág. 169). Estas transformaciones son estructurales y son el producto de la adquisición de la «composición transitiva», de su «reversibilidad», «asociatividad», etc. En realidad, este acto de descentración completa es lo que caracteriza la naturaleza psicológica del agrupamiento, que recibe un mecanismo logial que, según nuestra perspectiva, lo disocia de las adquisiciones estructurales «lógicas», propias de la abstracción reflexiva. El agrupamiento se concibe, pues, como la terminación —con el consiguiente «surgimiento» de las funciones superiores del todo— de la construcción y del (re)agrupamiento progresivos de los esquemas del control algorístico de las transferencias de centración, características de la conducta operatoria de la atención voluntaria, que forman la abstracción procedimental. Como hemos visto, las dos abstracciones, estructural y procedimental, están unidas funcionalmente sobre los dos ejes algebraico y recursivo de este agrupamiento de las operaciones de control de la centración. Además, la abstracción progresiva de las leyes estructurales de coordinación de las acciones es necesariamente correlativa a la propia construcción de las transiciones, entramados organizadores elementales de los esquemas presentativos, y de los organizadores verticales de sus composiciones recursivas, puesto que propiedades tales como las de cierre, transitividad, asociatividad, etc., sólo se manifiestan sobre los objetos de los esquemas y, posteriormente, de sus composiciones. Así pues, las dos abstracciones tienen un papel de «razón constituyente», mecanismo teleonómico de la construcción de las estructuras de la razón constituida, formando de algún modo un agrupamiento algorístico invisible que está presente en todos los agrupamientos lógico-matemáticos, así como en las estructuras que se construyen ulteriormente, tanto categóricas como especializadas. La adquisición o conservación diferencial de estas últimas, consecuencia de la estrategia psicogenética, y su aplicación o su retrazado, someten, por su parte, la razón constituyente a las relaciones permanentes que ella misma se ha trazado, formando así la autodisciplina de la razón constituida.

Esta perspectiva teórica unifica la construcción de la operación psicológica identificándola con la de los metaesquemas de control reversibles de las «operaciones logiciales» de formación y de retrazado de los entramados organizadores, independizándola de la naturaleza y de la estructura de los universos objeto de estas últimas. La construcción de las transiciones presentativas de los esquemas aparece, así, como subyacente a las relaciones entre lo figurativo y lo operativo; mientras que, una vez constituidas estas transiciones, la construcción progresiva del formato organizador recursivo de su composición se manifiesta uniformemente en las relaciones entre la forma preoperatoria y operatoria de diversas nociones. Ya se trate de la composición de las relaciones transitivas $A<B$, $B<C$, para formar la relación resultante $A<C$ que existe, por ejemplo, entre las varillas que hemos comparado, o de las composiciones de las covariaciones inversas del diámetro y del nivel del líquido trasvasado, para formar la conservación resultante por compensación, o bien de las clases A (rosas) y A' (otras flores) para formar la clase B del ramo de flores, etc., la centración descendente siempre debe descomponer un fenómeno «molar» en (sub)componentes para volver a llegar, coordinándolos, a una totalidad articular subordinadora. Este proceso, descrito a menudo por Piaget como el de la diferenciación de una forma indiferenciada en componentes que al principio están yuxtapuestos, seguida de su coordinación en una forma operatoria, recibe de este modo una infraestructura algorística uniforme. Así, por ejemplo, la «yuxtaposición» preoperatoria corresponde a una etapa «irreversible» de la formación des-

cendente y del retrazado ascendente de la relación jerárquica entre el «todo y sus componentes», durante la cual estos dos desplazamientos verticales «inversos» de la centración pueden ejecutarse aisladamente pero no pueden componerse en una unidad «ida-vuelta», todavía a falta de formato mnemónico (pre)organizador lógicial que «automatice» ese desplazamiento total.

La unificación teórica que introduce esta perspectiva prosigue, por último, en los niveles y en las escalas temporales psicogenéticas superiores. Efectivamente, si la asimilación a los esquemas y su composición constituyen las operaciones elementales instantáneas del flujo del pensamiento, sus reagrupamientos integrados superiores son los que forman la continuidad del hilo teleonómico de las actividades finalizadas de solución de subproblemas y problemas, de construcción por etapas, etc. Pero los propios esquemas de la voluntad operatoria presiden, en la escala temporal superior, la construcción y la ejecución de las agendas que constituyen la continuidad teleonómica interna de la red de empresas heterogéneas constitutiva de las psicogénesis especializadas; empresas que deben distribuirse continuamente de forma longitudinal sobre los períodos indefinidos de su ejercicio mayorante con una conservación «obligada» tanto de la finalidad de la actividad como de la perseverancia del sujeto. Estos mismos esquemas, al subordinar las agendas entretareas a la prioridad de estas últimas en la escala de los valores que forman la personalidad *sui generis* del sujeto, garantizan su permanencia y su continuidad teleonómicas, tanto interna como en los intercambios intersubjetivos —intercambios durante los cuales la conservación obligada de la propiedad jurídica de los objetos, con los derechos y obligaciones invisibles y permanentes que la forman, solo podría ligarse a un sujeto jurídico correlativamente permanente, en calidad de «punto de imputación» (Kelsen, 1953).

Así pues, podemos atisbar cómo se desprende cierta unidad teórica de dominios tradicionalmente divididos por la psicología: del estudio de la (reversibilidad de) la «memoria a corto plazo», etc., al estudio de los mecanismos intra e intersubjetivos normativos de la conservación obligada de los valores, encontramos los esquemas de control de la centración, con las estructuras no uniformes que tales esquemas construyen en niveles diferentes. Por último, y esto es fundamental, la unidad entre la evolución de lo afectivo y lo cognitivo, que aparece de una vez por todas en la definición («homeostática» sincrónica, y «mayorante» diacrónica) del esquema, se encuentra en cada uno de los niveles superiores de sus composiciones: en las jerarquías recursivas de centros motivacionales y evaluadores que forman sus entramados organizadores o agendas. Por consiguiente, para el constructivismo psicológico, la inteligencia sin una finalidad motivacional que movilice las estructuras, y sin el *feedback* afectivo y evaluativo del resultado mayorante o no de esta actividad, no es más que ese sistema material sin función de los reduccionismos, mientras que la intencionalidad inmaterial puede quedarse para los trascendentalismos metafísicos.

Notas finales*

POR BÄRBEL INHELDER, GUY CELLÉRIER,
DENYS DE CAPRONA Y JEAN-JACQUES DUCRET

Al término de esta obra, somos plenamente conscientes del carácter exploratorio de las investigaciones aquí expuestas y de lo que queda por realizar hasta llegar a un estudio profundo del funcionamiento psicológico de los procedimientos de descubrimiento en el niño. Por lo demás, es agradable constatar que antes de haber dado el último toque a esta obra, unos jóvenes autores italianos (Carli y Longo, 1991) ya se han referido a nuestros trabajos en un librito excelente, y que en un simpático artículo («Ships in the night; Piaget and American cognitive science»), nuestro amigo Terrance Brown (1988) ha atraído la atención sobre nuestros trabajos en curso.

El objetivo que nos habíamos propuesto con este conjunto de investigaciones era contribuir a sentar las bases de un «constructivismo psicológico» llevando la atención no hacia el sujeto epistémico, sino hacia los procesos funcionales del «sujeto psicológico» que se enfrenta a tareas concretas. Intentábamos así discernir la parte innovadora de los descubrimientos procedimentales del niño. El niño descubre o inventa nuevas maneras de organizar sus instrumentos de resolución de problemas y de adaptación a las situaciones con las que se encuentra. Esta creación de novedades, este «constructivismo psicológico», es lo que constituye el objeto principal de nuestras investigaciones.

Desde nuestra perspectiva, tres problemas parecen esenciales: la naturaleza de las relaciones complejas entre el estudio procedimental del conocimiento en el niño y la inteligencia artificial, las relaciones entre microgénesis y macrogénesis, y por último el problema de la función que desempeñan los esquemas cognitivos en el funcionamiento psicológico.

En lo que concierne al primer problema, debemos al estudio de la inteligencia artificial una manera renovada de abordar el funcionamiento intelectual. Al rehabilitar la noción de finalidad, la cibernética, al igual que la inteligencia artificial

* Trad. cast. de Cristina del Barrio.

—en menor medida y quizá sin saberlo— nos hace considerar no sólo la acción como algo crucial en este funcionamiento, sino también —incluso más— la dimensión teleonómica de la acción. Por otro lado, al situar en el núcleo de los trabajos la cuestión de la mecanización de la inteligencia, la inteligencia artificial ha reforzado nuestro interés por el estudio de los procesos funcionales de adaptación y de resolución de problemas en los niños. Nuestras referencias a modo de análisis teleonómico y procedimental propios de estas dos disciplinas no implica que hayamos caído en la trampa de reducir fenómenos psicológicos a una forma caricaturesca de *information processing*, reducción demasiado a menudo presente en los «cognitivistas» contemporáneos y que Bruner condena en *Actos de significado* (1991).

Hemos subrayado la «necesidad ineludible» del nivel de descripción estructural, ya que contribuye a definir los objetos mismos del constructivismo psicológico. La estructura lógico-matemática es por tanto una noción teórica invariante en relación a sus múltiples realizaciones psicológicas (los diferentes reagrupamientos operatorios de esquemas construibles por la psicogénesis), y por consiguiente es independiente y no puede reducirse a ellas. Y ocurre lo mismo, a su vez, con la noción teórica de esquema, núcleo del constructivismo psicológico. Precisamente, lo mismo que la operación de adición es invariante en relación a sus múltiples realizaciones algorítmicas, y no puede reducirse, por consiguiente, a un algoritmo particular, de la misma manera el esquema de la adición no puede reducirse a sus múltiples realizaciones psicológicas ni, por consiguiente, a sus múltiples simulaciones mediante «procedimientos efectivos» o programas de la psicología cognitiva. Así, el nivel de descripción teórica del constructivismo psicológico que proponemos en esta obra se distingue del propuesto generalmente por el cognitivismo actual.

Si en nuestro caso la IA ha dado valor al estudio del funcionamiento, de modo recíproco nuestros estudios sobre las relaciones entre microgénesis y macrogénesis nos parecen susceptibles de sugerir respuestas al problema de una inteligencia artificial que se propone construir máquinas capaces no sólo de resolver tareas locales mediante auténticas competencias adaptativas, sino, más profundamente, de transformar las estructuras subyacentes a estas competencias.

En cuanto a la microgénesis y a la macrogénesis, se trata de procesos que se desenvuelven en escalas de tiempo diferentes. Siguiendo lo más finamente posible el desarrollo secuencial de los procedimientos, no se estudian las etapas y transiciones de una macrogénesis mirándolas con lupa (como habíamos hecho en nuestras investigaciones sobre aprendizaje operatorio). La función de las dos formas de elaboración cognitiva es diferente, lo mismo que los métodos por los que pueden descubrirse. La macrogénesis asegura la regulación homeorrética de la evolución cognitiva, mientras que la microgénesis es el espacio donde se crean los «saber-hacer». Si bien el estudio de la macrogénesis se centra en las etapas de construcción de categorías generales del conocimiento, el estudio microgenético se interesa por la multitud de procedimientos inventados por el niño, y por la manera en que los modifica y pone a prueba. En el primer caso, tomando como referencia los conocimientos científicos, el experimentador busca explicitar estas etapas (y las normas implícitas que subyacen a ellas) por el método de exploración crítica. En el segundo caso, se parte del «sujeto psicológico» buscando comprender los significados que se atribuyen sucesivamente a la situación y a sus acciones. El experimentador es aquí un observador que apenas interviene en el desarrollo de las acciones del niño. Por tanto, no hay que esperar reencontrar en la microgénesis los procesos macrogenéticos, y sin embargo nuestras investigaciones sugieren interdependencias entre ambos. Si la macrogénesis proporciona a cada nivel del desarrollo un conjunto de posibles y una norma de acomodación, en contrapartida los procedimientos de la microgénesis nos parecen susceptibles de contribuir a la macrogénesis. ¿Acaso no contribuyen los procedimientos, por ejemplo, a la elaboración de las clasificaciones, de las seriaciones lógicas, así como de las operaciones numéricas? Lo que proporciona el «interface» entre macrogénesis y microgénesis son los esquemas, puesto que conllevan una dimensión tanto procedimental como estructural.

Sobre todo, los esquemas coordinan la acción, y muchos capítulos de esta obra han mostrado de qué manera se realiza esta función coordinadora en la resolución de problemas. Como hemos señalado en el capítulo 1, lo propio de los estudios microgenéticos es alcanzar las conductas acabadas, y un resultado original de las investigaciones es haber mostrado cómo se coordinan los aspectos teleonómico y causal de la conducta. En efecto, la elaboración de los esquemas procedimentales está fuertemente vinculada a la organización temporal de la conducta, es decir, a la puesta en marcha de instrumentos teleonómicos que permitan efectuar pasos precursivos. Las investigaciones muestran la importancia de la constitución de tales instrumentos cognitivos en las fases en que no hay una estabilización completa de los conocimientos.

Observemos, no obstante, que lo que tienen de particular los esquemas procedimentales es que se vuelven prototípicos de determinadas situaciones cognitivas. Dicho con otras palabras, los procedimientos estudiados están «organizados localmente». Un esquema procedimental que se haya hecho prototípico se distinguirá por su carácter familiar. Se plantea entonces el problema de las relaciones entre esquemas familiares, es decir, de la transferencia del control de la actividad cognitiva de un esquema a otro: se trata de la accesibilidad «entre esquemas» tratada en el capítulo 9, y es probable que un modelo que haga intervenir limitaciones de acceso al repertorio de los esquemas en función de la centración cognitiva del sujeto será el más capaz de rendir cuentas de la economía cognitiva. La dirección de la acción, las centraciones sucesivas de la actividad cognitiva, nos parecen bien ilustradas por las investigaciones de esta obra, y llenas de posibilidades de nuevos estudios.

¿Sería demasiado audaz esperar que un cognitivismo constructivista tuviera que dar simultáneamente una orientación de pensamiento y de investigación a las construcciones futuras de «máquinas de arquitectura psicogenética», y un conocimiento cada vez más profundo de los procesos de dirección, regulación y evaluación que subyacen a las rutas por las que discurre el descubrimiento en el niño?

Bibliografía

Abelson, H. y Sussman, G. J. (1985). *Structure and interpretation of computer programs.* Cambridge: M.I.T. Press.
Ackermann-Vallãdao, E. (1977). «Analyse des procédures de résolution d'un problème de composition de hauteurs.» *Archives de psychologie,* 45 (174), 101-125.
Ackermann-Vallãdao, E. (1980). «Étude des relations entre procédures et attribution de signification aux instruments, dans une tâche de construction de chemins.» *Archives de psychologie,* 48 (184), 59-93.
Ackermann-Vallãdao, E. (1981). *Statut fonctionnel de la représentation dans les conduites finalisées chez l'enfant.* Tesis doctoral. Facultad de Psicología y Ciencias de la educación, Universidad de Ginebra.
Ackermann-Vallãdao, E. (1985). «Que peut apporter une étude sur la construction de connaissance locale au débat général sur le constructivisme?» *Archives de psychologie,* 53 (204), 141-152.
Albers, G., Brandt, H. y Cellérier, G. (1986). *A microworld for genetic artificial intelligence* (GENAILAB Memo n. 1). Ginebra: Facultad de Psicología y Ciencias de la Educación.
Amarel, S. (1968). «On representations of problems of reasoning about actions.» *Machine intelligence,* 3, 131-173.
Anderson, J. R. (1983). *The architecture of cognition.* Cambridge: Harvard University Press.
Apostel, L. (1982). «Genetic epistemology and artificial intelligence.» En *Genetic epistemology and cognitive science* (págs. 97-103) (Cahiers de la Fondation Archives Jean Piaget; n. 2). Ginebra: Fondation Archives Jean Piaget.
Arbib, M. A. (1972). *The metaphorical brain.* Nueva York: Wiley.
Ashby, W. R. (1961). *Introduction to cybernetics.* Londres: Chapman y Hall. Trad. cast.: *Introducción a la cibernética.* Buenos Aires: Nueva Visión, 1977.
Atwood, M. E., y Polson, P. G. (1976). «A process model for water-jug problems.» *Cognitive psychology,* 8, 191-216.
Baroody, A. J. (1984). «The case of Felicia: A young child's strategies for reducing memory demands during mental addition.» *Cognition and instruction,* 1 (1), 109-116.
Baroody, A. J. (1987). *Children's mathematical thinking.* Nueva York y Londres: Columbia University Press.

Baroody, A. J. (1991). «Procédures et principes de comptage: Leur développement avant l'école.» En J. Bideaud, Cl. Meljac, y J. P. Fisher (edición a cargo de), *Les chemins du nombre* (págs. 133-158). Lille: Presses Univ. de Lille.
Bastien, C. (1987). *Schèmes et stratégies dans l'activité cognitive de l'enfant*. París: Presses Univ. de France.
Bates, E. (1991). *Language acquisition in 1990's* (ponencia presentada en SRCD, Seattle, abril de 1991).
Beilin, H. (1987). «Current trends in cognitive development research: Towards a new synthesis.» En B. Inhelder, D. de Caprona y A. Cornu-Wells, *Piaget today* (págs. 37-64). Hove, Londres, Hillsdale: LEA.
Bideaud, J. (1988). *Logique et bricolage chez l'enfant*. Lille: Presses Univ. de Lille.
Bideaud, J., Meljac, C. y Fisher, J. P. (1991). *Les chemins du nombre*. Lille: Presses Univ. de Lille.
Blanchet, A. (1977). «La construction et l'équilibre du mobile: Problèmes méthodologiques.» *Archives de psychologie*, 45 (173), 29-52.
Blanchet, A. (1981). *Étude génétique des significations et des modèles utilisés par l'enfance lors de résolutions de problèmes*. Tesis doctoral (n. 102). Facultad de Psicología y Ciencias de la Educación, Universidad de Ginebra.
Blanchet, A. (1986). «Rôle des valeurs et des systèmes de valeurs dans la cognition.» *Archives de psychologie*, 54, 252-270.
Blanchet, A. (1987). «La construction de modèles spontanés chez l'enfant et le rôle de l'assimilation.» En A. Giordan y J. L. Martina. *Modèles et simulation*, págs. 63-70.
Blanchet A., Thommen E. y Weiss, J. (1988). «Connaissance de l'équilibre et construction de mobiles.» En *Dossier de psychologie* 34, Universidad de Neuchâtel, (págs. 5-10)
Boden, M. A. (1977). *Artificial intelligence and natural man*. Hassocks: Harvester Press. Trad. cast.: *Inteligencia artificial y hombre natural*. Madrid: Tecnos, 1984.
Boden, M. A. (1982). «Chalk and cheese in cognitive science: The case for intercontinental interdisciplinarity.» En Fondation Archives Jean Piaget (edición a cargo de), *Genetic epistemology and cognitive science* (págs. 27-46) (Cahiers de la Fondation AJP, n. 2). Ginebra: Fondation Archives Jean Piaget.
Boder, A. (1978). «Études de la composition d'un ordre inverse: Hypothèse sur la coordination de deux sources de contrôle du raisonnement.» *Archives de psychologie*, 45 (178), 87-113.
Boder, A. (1982). *Le rôle organisateur du schème familier en situation de résolution de problèmes*. Tesis doctoral (n. 115) presentada a la Facultad de Psicología y Ciencias de la Educación, Universidad de Ginebra.
Boder, A. y de Caprona, D. (1980). «D'un ordre direct à son inverse.» En J. Piaget, *Les formes élémentaires de la dialectique* (págs. 85-100). París: Gallimard. Trad. cast.: *Las formas elementales de la dialéctica*, Barcelona: Gedisa, 1982.
Boesch, E. E. (1991). *Symbolic adict theory and cultural Psychology*. Berlín, Springer Verlag.
Braffort, P. (1968). *L'intelligence artificielle*. París: Presses Univ. de France.
Bresson, F. (1987). «Les fonctions de représentation et de communication.» En J. Piaget, P. Mounoud y J. P. Bronckart (edición a cargo de), *Psychologie: encyclopédie de la Pléiade* (págs. 933- 982). París: Gallimard.
Brown, T. (1988). «Ships in the night: Piaget and American cognitive science.» En *Human development*, 31, 60-64.
Bruner, J. (1990). *Acts of meaning*. Cambridge, Mass.: Harvard Press.

Bruner, J. S., Goodnow, J. J. y Austin, G. A. (1956) *A study of thinking.* Nueva York: John Wiley. Trad. cast.: *El proceso mental en el aprendizaje.* Madrid: Narcea, 1978.
Campbell, R. L. y Bickhard, M. H. (1986). *Knowing levels and developmental stages.* Basilea: Karger.
Carli, L. y Longo, L. (1991). *Modelli di processi cognitivi.* Turín, Bollati Boringhieri.
Case, R. (1985). *Intellectual development: Birth to adulthood.* Nueva York: Academic Press. Trad. cast.: *El desarrollo intelectual: del nacimiento a la edad madura.* Barcelona: Paidós, 1989.
Cellérier, G. (1968). «Modèles cybernétiques et adaptation.» En G. Cellérier, S. Papert, y G. Voyat, *Cybernétique et épistémologie* (págs. 5-87) (Études d'épistémologie génétique; vol. 22). París: Presses Univ. de France.
Cellérier, G. (1972). «Information processing tendencies in recent experiments in cognitive learning -theoretical implications.» En S. Farnham-Diggory (edición a cargo de), *Information processing in children* (págs. 115-123). Londres: Academic Press.
Cellérier, G. (1976). «La genèse historique de la cybernétique ou la téléonomie est-elle une catégorie de l'entendement?» *Revue européenne des sciences sociales,* 14(38/39), 273-290.
Cellérier, G. (1979a). «Structures cognitives et schèmes d'action I et II.» *Archives de psychologie,* 47 (180/181), 87-122.
Cellérier, G. (1979b). «Stratégies cognitives dans la résolution de problèmes.» En M. Piatelli-Palmarini (edición a cargo de), *Théories du langage, Théories de l'apprentissage: Le débat entre Jean Piaget et Noam Chomsky* (págs. 114-120). París: Seuil. Trad. cast.: «Estrategias cognoscitivas en la resolución de problemas.» En M. Piatelli-Palmarini (edición a cargo de), *Teorías del lenguaje, teorías del aprendizaje.* Barcelona: Crítica, 1982.
Cellérier, G. (1983). «Guidance of action by knowledge.» En R. Gruner, M. Grunerand y F. Bischof (edición a cargo de), *Methods of heuristics* (págs. 141-151). Hillsdale, NJ.: Lawrence Erlbaum Associates.
Cellérier, G. (1984). «On genes and schemes.» *Human development,* 27, 342-352.
Cellérier, G. (1987a). «La psychologie génétique et le cognitivisme.» *Le débat,* 47, 116-129.
Cellérier, G. (1987b). «Structures and functions.» En B. Inhelder, D. de Caprona y A. Cornu-Wells (edición a cargo de), *Piaget today* (págs. 15-36). Hove, Londres, Hillsdale: LEA.
Cellérier, G., y Ducret, J. J. (1990). «Psychology and computation: a response to Bunge.» *New Ideas in psychology,* 8, 159-175.
Claparède, E. (edición a cargo de) (1933). «La genèse de l'hypothèse: Étude expérimentale.» *Archives de psychologie,* 24 (93-94), 1-154.
Cranach, M. von y otros (1980). *Zielgerichtetes Handeln.* Berna: H. Huber.
Dami, C. (1975) Stratégies cognitives dans les jeux de compétition à deux. *Archives de psychologie,* 44 (monografía n. 2), 163p.
Darlington, C. D. (1958). *Evolution of genetic systems.* Londres: Oliver y Boyd.
DeKleer, J. (1979). *Causal and teleological reasoning in circuit recognition* (AI-TR-529). Cambridge MA: Artificial Intelligence Laboratory, M.I.T.
DiSessa, A. (1981). *Phenomenology and the Evolution of intuition* (DSRE Working Paper n. 12). Cambridge MA: M.I.T.
DiSessa, A. (1982). *Progress report on «Intuition as knowledge».* Spencer Foundation, EUA.
Drescher, G. L. (1991). *A constructivist approach to artificial intelligence.* Cambridge: MIT Press.
Droz, R. (1981). «Psychogenèse des conduites de comptage.» *Bulletin de l'Académie Nationale de psychologie,* 1, 45-49.

Droz, R. (1991). «Les multiples racines des nombres naturels et leurs multiples interprétations.» En J. Bideaud, Cl. Meljac y J. P. Fisher (edición a cargo de), *Les chemins du nombre* (págs. 285-303). Lille: Presses Univ. de Lille.

Ducret, J. J. (1984). *Jean Piaget, savant et philosophe. Essai sur la formation des connaissances et du sujet de la connaissance.* Ginebra: Droz.

Ducret, J. J. (1991). «Constructivisme génétique, cybernétique et intelligence artificielle.» En J. Montangero y A. Tryphon (edición a cargo de), *Psychologie génétique et sciences cognitives* (págs. 19-40) (Cahier de la Fondation Archives Jean Piaget; n. 11). Ginebra: Fondation Archives Jean Piaget.

Ernst, G. W. y Newell, A. (1969). *GPS: A case study in generality and problem solving.* Nueva York: Academic Press.

Feigenbaum, E. A., Buchanan, B. G. y Lederberg J. (1971). «On generality and problem solving: A case study using the DENDRAL program.» En B. Meltzer y D. Michie (edición a cargo de), *Machine intelligence*, vol. 6 (págs. 165-190). Nueva York: American Elsevier.

Feldman, C. (1987). «Thought from language: The linguistic construction of cognitive representations.» En J. Bruner y H. Haste (edición a cargo de), *Making sense: the child's construction of the world* (págs. 131-146). Londres y Nueva York: Methuen. Trad. cast.: «El pensamiento a partir del lenguaje.» En: *La elaboración del sentido*. Barcelona: Paidós, 1990, págs. 125-138.

Fischer, K. W. y Pipp, S. L. (1984). «Processes of cognitive development: optimal level and skill acquisition.» En R. J. Sternberg (edición a cargo de), *Mechanisms of cognitive development* (págs. 45-80). Nueva York: Freeman.

Foerster, H. von. (1982). «A constructivist epistemology.» En Fondation Archives Jean Piaget (edición a cargo de), *Structures and cognitive processes* (págs. 191-213) (Cahiers de la Fondation Archives Jean Piaget n. 3). Ginebra: Fondation Archives Jean Piaget.

Frey, L. (1983). «Deux indissociables.» *Archives de psychologie*, 51 (196), 1-8. (n. especial: Homenaje a Bärbel Inhelder con ocasión de su sesenta y dos cumpleaños.)

Fuson, K. y Hall, J. W. (1983). «The acquisition of early number word meaning: A conceptual analysis and review.» En H. Ginsburg (edición a cargo de), *The development of mathematical thinking* (págs. 49-107). Nueva York: Academic Press.

Fuson, K. (1991). «Relation entre comptage et cardinalité chez l'enfant de 2 à 8 ans.» En J. Bideaud, Cl. Meljac, y J. P. Fisher (edición a cargo de), *Les chemins du nombre.* Lille: Presses Univ. de Lille.

Gelman, R. (1990). «Structural constraints on development.» Introducción a un número especial de *Cognitive science. Cognitive science*, 14.

Gelman, R. y Gallistel, C. (1978). *The child's understanding of number.* Cambridge: Harvard University Press.

Giddey, C. (1984). «Transfert de connaissances dans la résolution de deux problèmes analogues.» *Archives de psychologie*, 52 (201), 121-132.

Gillièron, C. (1976). «Le rôle de la situation et de l'objet expérimental dans l'interprétation des conduites logiques: Les décalages et la sériation.» *Archives de psychologie*, 44 (monografía n. 3), pág. 152.

Glasersfeld, E. von. (1982). «Subitizing: The role of the figural patterns in the development of numerical concepts.» *Archives de psychologie*, 50 (194), 191-218.

Glasersfeld, E. von. (edición a cargo de) (1988). *Constructivism in mathematics education.* Dordrecht: Reidel.

Gréco, P. (1965). «Analyse structurale et étude du développement.» *Psychologie française*, 10, 87- 100.
Greeno, J. G. (1983). «Conceptual entities.» En D. Gentner y A. L. Stevens (edición a cargo de), *Mental models* (págs. 227-252). Hillsdale N. J.: LEA.
Gruber, H. E. y Vonèche, J. J. (1977). *The essential Piaget*. Londres: Routledge and Kegan Paul.
Gruber, H. E. (1989). «The evolving systems approach to creative work.» En D. B. Wallace y H. E. Gruber (edición a cargo de), *Creative people at work: Twelve cognitive case studies* (págs. 3-24). Nueva York: Oxford University Press.
Hammond, E. K. (1966). *The psychology of Egon Brunswik*. Nueva York: Hold, Reinhard and Winston.
Hayes-Roth, B. y Hayes-Roth, F. (1979). «A cognitive model of planning.» *Cognitive Science*, 3, 275-310.
Hoc, J. M. (1987). *Psychologie cognitive de la planification*. Grenoble: Presses Universitaires de Grenoble.
Inhelder, B. (1943). *Le diagnostic du raisonnement chez les débiles mentaux*. Neuchâtel, París: Delachaux y Niestlé. Trad. cast.: *El diagnóstico del razonamiento en los débiles mentales*. Barcelona: Nova Terra, 1971.
Inhelder, B. (1954). «Les attitudes expérimentale de l'enfant et de l'adolescent.» *Bulletin de psychologie*, 7(5), 272-282.
Inhelder, B. (1955). «Patterns of inductive thinking (En "Actas del 15th International congress of psychology", Montreal, 1954).» *Acta psychologica*, 11, 217-218.
Inhelder, B. (1965). «Operational thought and symbolic imagery.» En P. Mussen (edición a cargo de), European research in cognitive development. *Monographs of the society for research in child development*, 30 (2, serial 100), 4-18.
Inhelder, B. (1972). «Information processing tendencies in recent experiments in cognitive learning - Empirical studies.» En S. Farnham-Diggory (edición a cargo de), *Information processing in children* (págs. 103-114). Londres: Academic Press.
Inhelder, B., Ackermann-Vallãdao, E., Blanchet, A., Karmiloff-Smith, A., Kilcher-Hagedorn, H., Montangero, J. y Robert, M. (1976). «Des structures cognitives aux procédures de découverte: Esquisse de recherches en cours.» *Archives de psychologie*, 44 (171), 57-72.
Inhelder, B., Blanchet, A., Boder, A., De Caprona, D., Saada-Robert, M. y Ackermann-Vallãdao. (1980). «Procédures et significations dans la résolution d'un problème concret.» *Bulletin de psychologie*, 33 (345), 645-648.
Inhelder, B. y Caprona, D. de. (1985). «Constructivisme et création de nouveautés: Introduction.» *Archives de psychologie*, 53 (204), 7-17.
Inhelder, B. y Caprona, D. de. (1987). «Introduction.» En B. Inhelder, D. de Caprona y A. Cornu-Wells (edición a cargo de), *Piaget today* (págs. 1-14). Hillsdale NJ: LEA.
Inhelder, B. y Caprona, D. de. (1990). «The role and meaning of structures in genetic epistemology.» En W. F. Overton (edición a cargo de), *Reasoning necessity and logic: Developmental perspectives* (págs. 33-44). Hillsdale NJ: LEA.
Inhelder, B. y Piaget, J. (1955) *De la logique de l'enfant à la logique de l'adolescent. Essai sur la construction des structures opératoires*. París: Presses Universitaires de France. Trad. cast.: *De la lógica del niño a la lógica del adolescente*. Buenos Aires: Paidós, 1972.
Inhelder, B. y Piaget, J. (1959). *La genèse des structures logiques élémentaires*. Neuchâtel, París: Delachaux et Niestlé. Trad. cast.: *La génesis de las estructuras lógicas elementales*. Buenos Aires: Guadalupe, 1967.
Inhelder, B. y Piaget J. (1979). «Procédures et structures.» *Archives de psychologie*, XLVII, págs. 165-176.

Inhelder, B., Sinclair, H. y Bovet, M. (1974). *Apprentissage et structures de la connaissance.* París: PUF. Trad. cast.: *Aprendizaje y estructuras del conocimiento.* Madrid: Morata, 1975.
Janet, P. (1926-1928). *De l'angoisse à l'extase* (2 vols.). París: Alcan.
Karmiloff-Smith, A. (1979). «Problem-solving procedures in children's construction and representations of closed railway circuits.» *Archives de psychologie,* 47 (180), 37-59.
Karmiloff-Smith, A. (1984). «Children's problem solving.» En M. E. Lamb, A. L. Brown, y B. Rogolf (edición a cargo de), *Advances in developmental psychology,* vol. III (págs. 39-99). Hillsdale N. J.: Lawrence Erlbaum Associates.
Karmiloff-Smith, A. (1985). «A constructivist approach to modelling linguistic and cognitive development.» *Archives de psychologie,* 53 (204), 113-126.
Karmiloff-Smith, A. (1991). «Beyond modularity: Innate constraints and developmental change.» En S. Carey y R. Gelman (edición a cargo de), *Epigenesis of the mind: Essays in biology and knowledge* (págs. 171-197). Hillsdale N. J.: Lawrence Erlbaum Associates.
Karmiloff-Smith, A. y Inhelder, B. (1975). «If you want to get ahead, get a theory.» *Cognition,* 3 (3), 195-212. Trad. cast. de J. I. Pozo: «Si quieres avanzar, hazte con una teoría.» En M. Carretero y J. A. García Madruga (edición a cargo de) (1984) *Lecturas de psicología del pensamiento.* Madrid: Alianza, págs. 307-320.
Kelsen, H. (1953). *La théorie pure du droit.* Neuchâtel: La Baconnière. Trad. cast.: *Contribuciones a la teoría pura del derecho.* Buenos Aires: Fontamara, 1992.
Kilcher, F. y Robert, M. (1977). «Procédures d'actions lors de constructions de ponts et d'escaliers.» *Archives de psychologie,* 45 (173), 53-83.
Klahr, D., Langley, P. y Neches, R. (edición a cargo de) (1987). *Production system models of learning and development.* Cambridge: M.I.T. Press
Kuhn, T. S. (1972). *La structure des révolutions scientifiques.* París: Flammarion. Trad. cast. del original inglés: *La estructura de las revoluciones científicas.* Madrid: Fondo de Cultura Económica, 1975.
Kuipers, B. J. (1977). *Representing knowledge of large-scale space* (AI-Tr-418, AI Lab. Memo). Boston: AI-Lab, M.I.T.
Lawler, R. W. (1985a). «A case analysis support environment» (Poster au 6ème Cours avancé des Archives Jean Piaget, Ginebra).
Lawler, R. W. (1985b). *Computer experience and cognitive development.* Chichester: E. Horwood.
Leiser, D. y Gilliéron, C. (1990). *Cognitive science and genetic epistemology: A case study of understanding.* Nueva York: Plenum Press.
Lévy-Strauss, C. (1962). *La pensée sauvage.* París: Plon. Trad. cast.: *El pensamiento salvaje.* México: Fondo de Cultura Económica, 1964.
Lumsden, C. J. y Wilson, E. O. (1981). *Genes, Minds and Culture.* Cambridge MA: Harvard University Press.
MacLean, P. D. (1970). «The triune brain, emotion and scientific bias.» En F. O. Schmitt (edición a cargo de), *The neurosciences second study program* (págs. 336-449). Nueva York: The Rockfeller Press.
McCarthy, J. y Hayes, P. J. (1969). «Some philosophical problems from the standpoint of artificial intelligence.» En B. Meltzer y D. Michie (edición a cargo de), *Machine intelligence,* vol. 4 (págs. 463-502). Nueva York: American Elsevier.
McCulloch, W. S. (1965). *Embodiments of Mind.* Cambridge: M.I.T. Press
Maes, P. (1989). «How to do the right thing.» *Connection science,* I, 291-323.

Maes, P. (1991). «Situated agents can have goals.» En P. Maes (edición a cargo de), *Designing autonomous agents.* Cambridge MA: M.I.T. Press.

Maier R. (1975). *Le développement de systèmes d'anticipation chez l'enfant.* Ginebra: Éditions Grounauer.

Miller, G. A. (1989). George A. Miller [Autobiografía]. En G. Lindzey (edición a cargo de), *A history of psychology in autobiography* (vol. VIII) (págs. 390-418). Stanford CA: Standford University Press.

Miller, G. A., Galanter, E. y Pribram, K. (1960). *Plans and the structure of behavior.* Nueva York: H. Holt. Trad. cast.: *Planes y estructura de la conducta.* Madrid: Debate, 1983.

Minsky, M. (1953). «Steps toward artificial intelligence.» En E. A. Feigenbaum y J. Feldman (edición a cargo de), *Computers and thought.* Nueva York: McGraw-Hill.

Minsky, M. (1975). «A framework for representing knowledge.» En P. H. Winston (edición a cargo de), *The psychology of computer vision* (págs. 211-277). Nueva York: McGraw Hill.

Minsky, M. (1986). *The society of mind.* Nueva York: Simon and Shuster. Trad. cast.: *La sociedad de la mente.* Buenos Aires: Galápago, 1986.

Monod, J. (1970). *Hasard et nécessité.* París: Seuil. Trad. cast.: *El azar y la necesidad: ensayo sobre la filosofía natural de la biología moderna.* Barcelona: Bamel, 1971, 3ª ed.

Montangero, J. (1977). «Expérimentation, réussite et compréhension chez l'enfant dans trois tâches d'élévation d'un niveau d'eau par immersion d'objets.» *Archives de psychologie,* 45 (174), 127-148.

Moreau, M. L. y Richelle, M. (1981). *L'acquisition du langage.* Bruselas, Madraga.

Mounoud P. (1970). *Structuration de l'instrument chez l'enfant. Intériorisation et régulation de l'action.* Neuchâtel: Delachaux et Niestlé.

Mounoud, P. (1976). «Les révolutions psychologiques de l'enfant.» *Archives de psychologie,* 44, 103-114.

Neisser, U. (1983). «Components of intelligence or steps in routine procedures?» *Cognition,* 15, 189-197.

Newell, A. (1972). «A note on process-structure distinctions in developmental psychology.» En S. Farnham-Diggory (edición a cargo de) *Information processing in children* (págs. 125-139). Nueva York: Academic Press.

Newell, A. y Simon, H. (1972). *Human problem solving.* Englewood Cliffs, NJ.: Prentice-Hall.

Papert, S. (1967a). «Epistémologie de la cybernétique.» En J. Piaget (Dir.), *Logiques et connaissance scientifique*: Encyclopédie de la Pléiade (págs. 822-840). París: Gallimard.

Papert, S. (1967b). «Remarques sur la finalité.» En J. Piaget (Dir.), *Logiques et connaissance scientifique*: Encyclopédie de la Pléiade (págs. 841-861). París: Gallimard.

Papert, S. (1982). «Structure et intelligence.» En Fondation Archives Jean Piaget (edición a cargo de), *Structures and cognitive processes* (págs. 193-186) (Cahiers de la Fondation A.J.P. n. 3). Ginebra: Fondation Archives Jean Piaget.

Papert, S. (1990). «Prefacio.» En J. Piaget, *Morphismes et catégories* (págs. 7-13). Neuchâtel, París: Delachaux et Niestlé.

Papert, S. y Voyat, G. (1968). «A propos du perceptron: "Qui a besoin de l'épistémologie?".» En G. Cellérier, S. Papert y G. Voyat, *Cybernétique et épistémologie* (págs. 93-130) (Études d'épistémologie génétique; vol. 22). París: Presses Univ. de France.

Parisi, D. (1991). «Connectionism and Piaget's sensory-motor intelligence» (Talk given at the Conference on *'Evolution and cognition: The heritage of Jean Piaget's genetic epistemology'*). Bergamo: Lunbrina.

Piaget, J. (1918). *Recherche.* Lausana: La Concorde.
Piaget, J. (1926). *La représentation du monde chez l'enfant.* París: Alcan. Trad. cast.: *La representación del mundo en el niño.* Madrid: Morata, 1973.
Piaget, J. (1927). *La causalité physique chez l'enfant.* París: Alcan. Trad. cast.: *La causalidad física en el niño.* Madrid: Espasa Calpe, 1934.
Piaget, J. (1936). *La naissance de l'intelligence chez l'enfant.* Neuchâtel, París: Delachaux et Niestlé. Trad. cast.: *El nacimiento de la inteligencia del niño.* Madrid: Aguilar, 1969.
Piaget, J. (1937). *La construction du réel chez l'enfant.* Neuchâtel, París: Delachaux et Niestlé. Trad. cast: *La construcción de lo real en el niño.* Buenos Aires: Proteo, 1965.
Piaget, J. (1941). «Le mécanisme du développement mental et les lois du groupement des opérations: Esquisse d'une théorie opératoire de l'intelligence.» *Archives de psychologie*, 28 (112), 215- 285. Trad. cast.: *El mecanismo del desarrollo mental.* Madrid: Editora Nacional, 1975.
Piaget, J. (1947). *La psychologie de l'intelligence.* París: Armand Colin. Trad. cast.: *La psicología de la inteligencia.* Buenos Aires: Psique, 1955; Barcelona: Grijalbo, 1983.
Piaget, J. (1950). *Introduction à l'épistémologie génétique.* París: Presses Univ. de France. (Tome I: *La pensée mathématique.* Tome II: *La pensée physique.* Tome III: *La pensée biologique, la pensée psychologique et la pensée sociologique*). Trad. cast.: *Introducción a la epistemología genética* (3 vols.). Buenos Aires: Paidós, 1978-1979.
Piaget, J. (1962). «The relation of affectivity to intelligence in the mental development of the child.» *Bulletin of the Menninger clinic*, 26 (3), 129-137.
Piaget, J. (1965). *Études sociologiques.* Ginebra: Droz. Trad. cast.: *Estudios sociológicos.* Barcelona: Ariel, 1977.
Piaget, J. (1966). «Nécessité et signification des recherches comparatives en psychologie génétique.» *International Journal of Psychology*, I (1), 3-13. Trad. cast.: Necesidad y significación de las investigacines comparativas en psicología genética. En J. Piaget: *Psicología y epistemología.* Barcelona: Ariel, 1971, págs. 59-81.
Piaget, J. (1967a). *Biologie et connaisance: Essai sur les relations entre les régulations organiques et les processus cognitifs.* París: Gallimard. Trad. cast.: *Biología y conocimiento.* Madrid: Siglo XXI, 1969.
Piaget, J. (Dir.) (1967b). *Logique et connaissance scientifique.* París: Gallimard. Trad. cast.: *Lógica y conocimiento científico.* Buenos Aires: Proteo, 1970; nueva ed.: *Tratado de lógica y conocimiento científico.* Buenos Aires: Paidós, 1979.
Piaget, J. (1968). *Le structuralisme.* París: Presses Univ. de France. Trad. cast.: *El estructuralismo.* Buenos Aires: Proteo, 1968; Barcelona: Oikos Tau, 1974.
Piaget, J. (1971). *Les explications causales.* París: Presses Univ. de France. (*Études d'épistémologie génétique*; 26). Trad. cast.: *Las explicaciones causales.* Barcelona: Barral, 1973.
Piaget, J. (1974a). *Adaptation vitale et psychologie de l'intelligence: Sélection organique et phénocopie.* París: Hermann. Trad. cast.: *Adaptación vital y psicología de la inteligencia.* Madrid: Siglo XXI, 1978.
Piaget, J. (1974b). *La prise de conscience.* París: Presses Univ. de France. Trad. cast.: *La toma de conciencia.* Madrid: Morata, 1976.
Piaget, J. (1974c). *Réussir et comprendre.* París: Presses Univ. de France.
Piaget, J. (1975). *L'équilibration des structures cognitives: Problème central du développement.* París: Presses Univ. de France. (*Études d'épistémologie génétique*; 33). Trad. cast.: *La equilibración de las estructuras cognitivas. Problema central del desarrollo.* Madrid: Siglo XXI, 1978.

Piaget, J. (1976a). *Le comportement, moteur de l'évolution.* París: Gallimard. Trad. cast.: *El comportamiento, motor de la evolución.* Buenos Aires: Nueva Visión, 1977.

Piaget, J. (1976b). «Le possible, l'impossible et le nécessaire: Les recherches en cours ou projetées au Centre international d'épistémologie génétique.» *Archives de psychologie,* 44 (172), 281- 299. Trad. cast.: «Lo posible, lo imposible y lo necesario.» *Monografías de Infancia y Aprendizaje,* 2 (número especial de homenaje a Piaget), 1981, págs. 108-121.

Piaget, J. (1980). *Recherches sur les correspondances.* París: Presses Univ. de France. (*Études d'épistémologie génétique;* 37). Trad. cast.: *Investigaciones sobre las correspondencias.* Madrid: Alianza, 1982.

Piaget, J. (1987). «Les conduites de l'adulte: Introduction.» En J. Piaget, P. Mounoud et J.-P. Bronckart (edición a cargo de), *Psychologie: encyclopédie de la Pléiade* (págs. 847-852). París: Gallimard.

Piaget, J. (1990). *Morphismes et catégories.* Neuchâtel, París: Delachaux et Niestlé.

Piaget, J., Ackermann-Vallãdao, E. y Noschis, K. (1983). Les nécessités relatives à la mesure des longueurs. En J. Piaget, *Le possible et le nécessaire,* Vol. 2: *L'évolution du nécessaire chez l'enfant* (págs. 61-75). París: Presses Univ. de France.

Piaget, J. y García, R. (1983). *Psychogenèse et histoire des sciences.* París: Flammarion. Trad. cast.: *Psicogénesis e historia de la ciencia.* México: Siglo XXI, 1982.

Piaget, J. y García, R. (1987). *Vers une logique des significations.* Ginebra: Murionde. Trad. cast.: *Hacia una lógica de los significados.* Barcelona: Gedisa, 1989

Piaget, J., Grize, J.-B., Szeminska, A. y Vinh Bang. (1968). *Epistémologie et psychologie de la fonction.* París: Presses Univ. de France. (*Études d'épistémologie génétique,* 23).

Piaget, J. e Inhelder, B. (1941). *Le développement des quantités chez l'enfant: Conservation et atomisme.* Neuchâtel, París: Delachaux et Niestlé. Trad. cast.: *El desarrollo de las cantidades en el niño.* Barcelona: Nova Terra, 1971.

Piaget, J. e Inhelder, B. (1948). *La représentation de l'espace chez l'enfant.* París: Presses Univ. de France.

Piaget, J. e Inhelder, B. (1963). «Les images mentales.» En P. Oléron, J. Piaget, B. Inhelder, y P. Gréco, *L'intelligence* (págs. 71-116). París: Presses Univ. de France. (*Traité de psychologie expérimentale,* 7). Trad. cast.: *La inteligencia.* Barcelona: Paidós, 1983.

Piaget, J. e Inhelder, B. (1966) *L'image mentale chez l'enfant: Étude sur le développement des représentations imagées.* París: Presses Univ. de France.

Piaget, J. e Inhelder, B. (1968). *Mémoire et intelligence.* París: Presses Univ. de France. Trad. cast.: *Memoria e inteligencia.* Buenos Aires: El ateneo, 1972.

Piaget, J., Inhelder, B. y Szeminska, A. (1948). *La géométrie spontanée de l'enfant.* París: Presses Univ. de France.

Piaget, J. y Szeminska, A. (1941). *La genèse du nombre.* Neuchâtel, París: Delachaux et Niestlé. Trad. cast.: *Génesis del número en el niño.* Buenos Aires: Guadalupe, 1967.

Richard, J. F. y Poitrenaud, S. (1988). «Problématique de l'analyse des protocoles individuels d'observations comportementales.» En J.-P. Caverni (edición a cargo de), *Psychologie cognitive, modèles et méthodes* (págs. 405-426). Grenoble: Presses Univ. de Grenoble.

Robert, M., Cellérier, G. y Sinclair, H. (1972). «Une observation sur la genèse du nombre (microgenèse).» *Archives de psychologie,* 41 (164), 289-301.

Robert, M. y Sinclair, H. (1974). «Réglages actifs et actions de transformations.» *Archives de psychologie,* 42 (167/168), 425-548.

Rumelhart, D. E. y Ortony, A. (1976). «The representation of knowledge in memory.» En R. C. Anderson, R. J. Spiro, y W. E. Montague (edición a cargo de), *Schooling and*

the acquisition of knowledge (págs. 99-135). Hillsdale N. J.: Lawrence Erlbaum Associates.
Saada-Robert, M. (1979). «Procédures d'actions et significations fonctionnelles chez des enfants de deux à cinq ans.» *Archives de psychologie*, 47 (monografía n. 6), 177-234.
Saada-Robert, M. (1989). «La microgenèse de la représentation d'un problème.» *Psychologie Française*, 34 (2/3), 193-206.
Sacerdoti, E. D. (1977). *A structure for plans and behavior*. Nueva York: Elsevier.
Schank, R. C. (1982). *Dynamic memory: a theory of learning in computers and people*. Cambridge: Cambridge University Press.
Schank, R. C. y Abelson, R. P. (1977). *Scripts, plans, goals and understanding: An inquiry into human knowledge structures*. Hillsdale N. J.: Lawrence Erlbaum Associates. Trad. cast.: *Guiones, planes, notas y entendimiento*. Barcelona: Paidós, 1987.
Schoenfeld, A. H. (1985). «Making sense of "out loud" problem solving protocols.» *Journal of mathematical behavior*, 4 (2), 171-191.
Siegler, R. S. (1987). «The prils of averaging data over strategies: An exemple from children's adition.» *Journal of experimental psychology: General*, 116, 250-264.
Simon, H. A. (1969). *The sciences of the artificial*. Cambridge: M.I.T. Press. Trad. cast.: *Las ciencias de lo artificial*. Barcelona: A.T.E., 1979.
Simon, H. A. (1982). «Cognitive processes of experts and novices.» En Fondation Archives Jean Piaget (edición a cargo de), *Structures and cognitive processes* (págs. 153-178) (Cahiers de la Fondation A.J.P. n. 3). Ginebra: Fondation Archives Jean Piaget.
Sinclair, H., Bamberger, J., Ferreiro, E., Frey-Streiff, M. y Sinclair, A. (1988). *La production de notations chez le jeune enfant: Langage, nombres, rythmes et mélodies*. París: Presses Univ. de France.
Skemp, R. R. (1979). *Intelligence, Learning and Action*. Nueva York: J. Wiley.
Sloman, A. (1978). *The computer revolution in philosophy*. Hassocks: Harvester Press.
Steffe, L., Glasersfeld, E. von, Richard, J. y Cobb, P. (1983). *Children's counting types: Philosophy, theory, and application*. Nueva York: Praeger scientific.
Sussman, G. J. (1975). *A computer model of skill acquisition*. Nueva York: American Elsevier.
Tinbergen, N. (1951). *The study of instinct*. Oxford: Clarendon Press. Trad. cast.: *El estudio del instinto*. México: Siglo XXI, 1969.
Van den Bogaert-Rombouts, N. (1966). «Projection spatiale d'une série temporelle.» En J. B. Grize, K. Henry, M. Meylan-Sacks, F. Orsini, J. Piaget y N. Van den Bogart-Rombouts, *L'épistémologie du temps* (págs. 137-148) (*Études d'épistémologie génétique*, n. 20). París: Presses Univ. de France. Trad. cast.: *La epistemología del tiempo*. Buenos Aires: El Ateneo, 1971.
Vergnaud, G. (1985). «Concepts et schèmes dans une théorie opératoire de la représentation.» *Psychologie française*, 30 (3/4), 245-252.
Vinh-Bang (1978). «Les conduites constitutives de l'ordre chez l'enfant de deux à six ans.» *Archives de psychologie*, 46 (178), 75-86.
Wallace, D. B. (1989). «Studying the individual: The case study method and other genres.» *Archives de psychologie*, 220, 69-90.
Weizenbaum, J. (1981). *Puissance de l'ordinateur et raison de l'homme*. Boulogne-sur-Seine: Éd. d'informatique.
Winograd, T. (1975). «Frame representations and the declarative-procedural controversy.» En D. G. Bobrow y A. Collins (edición a cargo de), *Representation and understanding* (págs. 185-210). Nueva York: Academic Press.